国家级教学团队编写教材

教育学原理

主编／李继宏　副主编／李　军

科学出版社
北　京

内 容 简 介

随着基础教育实践的发展和教育理论研究新成果的不断涌现，师范生的培养方案和教学计划需要重新制定，根据实际需要编写新的教材就是非常必要的举措。教育学原理是教师教育课程体系中的一门重要课程，是师范生的必修课程。它主要反映普通教育学中最典型、最一般的基础理论问题。本课程主要以研究教育的本质为逻辑起点，进一步探讨教育与社会的发展、教育与人的发展、教育目的、教育制度、课程、教学、德育、教师与学生、教育评价与改革以及班级管理等内容。本书编写注重学术性，突出教材的实用性，内容编排上兼顾学习者的不同需求，力求理论与实践相结合。

本书可作为师范院校、综合性大学的师范生教材，也可供中小学教师、申请教师资格的学习者以及教育教学研究者参阅。

图书在版编目（CIP）数据

教育学原理/李继宏主编. —北京：科学出版社，2020.8

ISBN 978-7-03-065495-3

Ⅰ. ①教…　Ⅱ. ①李…　Ⅲ. ①教育学-教材　Ⅳ. ①G40

中国版本图书馆 CIP 数据核字（2020）第 099712 号

责任编辑：胡云志　乔宇尚　张春贺 / 责任校对：彭珍珍

责任印制：赵　博 / 封面设计：华路天然工作室

科学出版社 出版

北京东黄城根北街 16 号

邮政编码：100717

http://www.sciencep.com

北京市金木堂数码科技有限公司印刷

科学出版社发行　各地新华书店经销

*

2020 年 8 月第　一　版　开本：720 × 1000　1/16

2025 年 7 月第六次印刷　印张：23 1/4

字数：456 000

定价：68.00 元

（如有印装质量问题，我社负责调换）

前　言

教育学原理是教师教育课程体系中一门重要的基本理论课，也是师范生的必修课程。良好的教学离不开高质量的教材，教材建设是一项重要的基本建设。好的教育学教材能为推进教学改革、提高教学质量奠定基础，能为培养合格的中小学教师以及培养高层次研究型人才提供有力的保证。随着学校教学改革尤其是教师教育改革、师范生的培养方案和教学计划的重新制定，原有教材在内容和结构体系上，有些部分已不能满足当前教师教育变化发展的趋势，也不能满足教育改革与发展的需要。根据实际需要编写新的教材就是非常必要的举措。本教材系聊城大学应用型人才培养特色名校建设工程中，教育学专业课程体系精品课程建设项目，也是应用型人才培养特色名校省级精品课程建设项目，还是专业教学资源库建设规划主要教材之一。

本教材主要突出以下特征。

第一，注重学术性，丰富教育学的理论成果；突出中国特色，并反映我国教育发展的新趋向。近年来，我国的教育理论研究发展迅速，在教育基本理论和中国特色的教育实践研究等方面都取得了显著的进步。本教材力图充分吸纳改革开放以来教育发展的新理念和教育理论研究的新成果，反映当前教育思想和教育理论发展变化的新形势，吸收当代国内外教育理论研究最新成果。比如，“教育学概述”一章中增加了对元教育学的介绍；“教育与社会发展”一章中增加了对再生产理论、信息社会与教育变革的论述；“教学”一章中增加了社会互动教学理论、分层教学与走班制、慕课、翻转课堂等内容。

第二，注重实用性。实用性有利于学习者学习教育学的理论知识，同时也有利于关照学习者的实际需要。本教材结合教育学专业基础综合考试大纲中关于教育学原理的内容编写，在内容上具有系统性、全面性和完整性，以便于学习者全面扎实地掌握教育学的理论知识，提升教育学理论素养，满足学习者考研、晋升的需要。同时本教材结合中小学教师资格考试大纲的有关内容编写，理论联系实际，有利于申请教师资格人员理解和掌握教育教学的基础知识、基本理论，并能很好地利用理论解决教育教学中的实际问题。

此外，本教材在教育学原理的体系和结构上做了调整，加强了作为教育学基础的理论和原理部分，又突出了实践性和应用性的内容。教育学原理研究教育学中的基本理论问题，探求教育的一般原理和规律，这是毋庸置疑的，加强理论建设是题中之意。此外，教育理论要服务于教育的实际需要，因此，本教材着眼于基础教育教学改革的需要，贴近基础教育教学实践，彰显教育学教材的实践性、应用性。

本教材的编写人员主要是国家级教学团队核心成员，是多年从事教育学教学工作的教师，教学经验丰富；编写人员大都具有博士学位，均系高级职称，主持过国家级或省部级科研、教研课题，有着较高的科研、教研水平，保证了本教材的编写质量。此外，编写人员具有较高的马列主义理论修养，在本教材的编写过程中始终坚持马列主义理论的指导，使教材既具有学术性又具有思想性。

本教材编写分工：李继宏，第一章、第二章；侯爱荣，第三章；杨光海，第四章；岳建军，第五章；李涛，第六章；张朝珍（临沂大学），第七章；王平，第八章；张跃刚（齐鲁师范学院），第九章；李玉峰，第十章；满忠坤，第十一章；韩登亮，第十二章。李继宏担任主编，李军任副主编。李继宏、李军商议写作提纲，并统稿、定稿。

限于编者水平，书中难免存在不足之处，恳请学者及读者批评指正。

编　者

2020 年 7 月

目　　录

第一章　教育学概述

学习目标

1. 掌握教育学的概念，理解教育学的研究对象，了解教育学的研究任务。

2. 了解教育学的发展历程及 20 世纪以来教育学的主要流派，认识当代教育学发展的现状。

3. 了解教育学的理论基础，认识教育学的价值。

基本概念

1. 教育学。教育学是研究教育现象和教育问题、揭示教育规律的科学。

2. 元教育学。元教育学是对教育研究的研究，也就是对教育的元研究，是研究教育学的教育学。比较而言，教育学是关于教育实践和教育现象的理论，元教育学则是关于教育学理论的理论。

框架结构

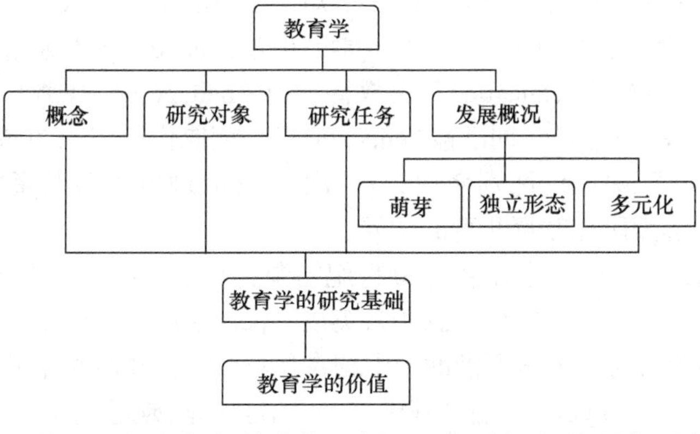

任何一门学科，通常首先应说清楚这样一些问题：它的研究对象是什么，它是一门什么样的学科，它要阐明什么问题，这门学科是怎样产生与发展起

来的，研究这门学科的方法是什么。总之，对一门学科的学习，对这些问题应有一个概括的了解和认识。

第一节　教育学的概念及研究对象

人类教育思想的积淀和有文字记载的教育事实源远流长。但是研究“教育之学”的教育学，作为一门学科，是近代社会发展的产物。自教育学学科化以来，经历了 300 多年的历史发展，其研究对象的问题一直受到人们关注。

任何一门学科都有其特定的研究对象。科学研究的区分，依据就是科学对象所具有的、特殊的矛盾性。因此，对某一领域中某种现象所特有的某种矛盾的研究和揭示，就构成了某一门学科。教育学作为一门独立的学科，它是以什么作为研究对象的呢?

一、教育学的概念

“教育学”一词，英语为 pedagogy，德语为 pädagogik，法语为 pédagogie。在英语国家中，作为一门学科或一个研究领域，教育学通常被称为“pedagogy”、“pedagogics”或“education”，其中，“pedagogy”一词首先出现于 16 世纪末期的欧洲，意为关于研究儿童的抚养和教育的方法、技巧或理论的学问。从词源学的角度来说，“教育学”一词，来源于古希腊语“pedagogue”，意为“教仆”。“教仆”是指在古希腊时期专门负责照顾、接送奴隶主的孩子上学并督导其学习的奴隶。“教仆”是需要具备相当的知识方可胜任的特殊奴隶，通常情况下是由古希腊诸城邦之间战争中俘获的其他部族有文化的人来充当。可以看出，教育学本身是一个既关注儿童的抚养又重视儿童知识学习的研究领域。

现在，在讲英语的国家中，教育学已由过去使用“pedagogy”逐渐转向使用“education”一词，“education”（教育）和“pedagogy”（教育学）几乎成了同义词，甚至“pedagogy”一词已被“education”一词取代。不过，在欧洲，“pedagogy”和“education”两词仍区别使用，把 education 理解为对儿童的培养过程，把 pedagogy 理解为研究教育儿童的学问。

在中国，教育学是个译名，20 世纪初源自日本。日语教育学（kyoiku-gaku）是三音节词，“学”为后缀，意译自英语“pedagogy”。明治时期，日本在翻译西学的复杂含义时，不得不借助于中国古代典籍，并用种种形式创造了大量新汉语，“教育”（音 kyōiku）便是其中之一，出自中国典籍《孟子·尽心上》中“得天下英才而教育之”。根据马西尼等的考证，汉语的“教育”是来自日语的“回归借词”，属于“形借词”，即除了发音，意义与书写形式皆相同。汉语的“教育学”一词，则是来自日语的“原语汉字借词”。[①]

1901 年，《教育世界》刊载王国维翻译的立花铣三郎讲述的《教育学》[实际上是赫尔巴特（J. F. Herbart，1776—1841）的教育思想]，中国开始出现教育学的概念，这是中国引进西方教育学的起点。1904 年，清政府颁布的《奏定学堂章程》要求师范学堂讲授“教育学”。自此，我国师范学校开设教育学课程成为定制。

一方面，我国的教育学在 20 世纪的发展主要是教材的翻译和撰写。20 世纪初主要是学习日本，20 世纪 20 年代开始学习美国，50 年代后转向学习苏联，而改革开放后的 80 年代则是学习、借鉴各国先进的教育理论（主要学习美国）。当然，另一方面，国内学者也在努力建构自己的教育学。

那么，什么是教育学？在日本学者田浦武雄看来，对教育进行学术性研究并综合成一个理论体系，这就是教育学。[②]法国学者贝斯特认为，教育学既是教育的科学，又是教育的艺术。但是，法国的语言通常不允许用一个词既表示一种艺术又表示与艺术相对应的科学，我们必须在两者之中做出选择。因此，贝斯特直接把教育学定义为教育的科学，为什么教育学是一门科学而不是一门艺术？因为教育学的本质中更多的是理论分析，而不是活动过程本身，教育学通过理论分析来发现、评价和协调这些过程。[③]苏联教育家斯皮库诺夫则指出，教育学是关于专门组织的、有目的地和系统地培养人的活动的科学，是关于教育、教养和教学的内容、方式和方法的科学。[④]美国学者亨德森则认为，教育学通常被理解为教的科学和艺术。[⑤]德国教育家赫尔巴特认为，教育学作为一门科学，是以实践哲学和心理学为基础的。前者说明教育的目的，后者说明教育的途径、手段与障碍。赫尔巴特还十分明确地指出，教育学是教育者自身所需要的一门科学，但他还应当掌握传授知识的科学。[⑥]

在中国，无论是教育工具书还是教科书，对教育学的定义基本上是一致的，即教育学就是研究教育现象和教育问题、揭示教育规律的科学。

二、教育学的研究对象

每一门学科都有自己的研究对象，都有它研究的特定内容，那么，什么是教育学的研究对象呢？关于教育学的研究对象，在学界存在着各种各样的观点，有

---

① 侯怀银，张小丽. 论“教育学”概念在中国的早期形成[J]. 教育研究，2013，34（11）：11-21.
② 转引自瞿葆奎. 教育学文集・教育与教育学[M]. 北京：人民教育出版社，1993：320.
③ 转引自瞿葆奎. 教育学文集・教育与教育学[M]. 北京：人民教育出版社，1993：334.
④ 转引自瞿葆奎. 教育学文集・教育与教育学[M]. 北京：人民教育出版社，1993：308.
⑤ 转引自瞿葆奎. 教育学文集・教育与教育学[M]. 北京：人民教育出版社，1993：295.
⑥ 转引自朴泰洙，金哲华. 教育学原理[M]. 北京：科学出版社，2011：1.

的学者认为教育学的研究对象是“教育现象”，有的学者认为是“教育事实”，有的学者认为是“教育规律”，还有的学者认为是上述三者中的两项或三项。

学界一般较为认同的观点是，教育学是研究教育现象和教育问题，从而揭示教育规律的一门社会科学。从哲学观点来看，现象是事物的外部联系，是事物本质的外部表现。教育现象是以培养人为主体内容的社会实践活动的外在表现形式。具体来说，教育现象有三个内涵：①教育现象是一种可感知、可认识的古今中外已经存在或正存在于现实中的存在物；②教育现象是教育实践的表现物或正从事着的教育实践，它包括各种形式、各种类型、各种模式的教育事实、教育活动、教育问题、教育理论研究等；③教育现象是以教与学为主体形式的客观存在。古今中外以教与学为主体形式的各种教育实践都可称为教育现象，它是客观存在的，不是人们的主观臆造。社会中的观察、模仿等学习形式，虽可获得零星的知识和技能，但不以教与学为主体形式，因此亦不属于教育现象的范畴。①

教育现象十分丰富，范围非常广，但并不是所有的教育现象都构成教育学的研究对象，只有那些人们意识到的客观存在的教育现象才能成为教育学的研究对象。当某些教育现象成为人们关注的中心，被人们评说、议论并被要求予以解决时，这些教育现象便成了教育问题。教育问题是指反映到人们大脑中的、需要探明和解决的教育实际矛盾和理论疑难。教育问题的发现和不断解决是推动教育学发展的内在动力。当这些教育问题得到回答、解释后，人类便获得了更丰富的教育知识。但是，并非所有的教育问题都能构成教育学的研究对象，只有那些有价值的、能够引起社会普遍关注的教育问题才能构成教育学的研究对象。所以，要善于从教育现象中发现有价值的教育问题。②

教育学不仅研究教育现象和教育问题，更重要的是透过纷繁复杂的教育现象，揭示教育规律。规律是事物内部或事物之间稳固的、必然的、本质的联系，它是人们意识之外并不以人的意志为转移的客观存在。教育规律是教育活动内在的、本质的和必然的联系，包括教育内部诸要素之间、教育与其他事物之间具有的本质性的联系，以及教育发展变化的必然趋势。它摆脱了教育实践的具体形式、地点、时间、类别的种种限制，具有普遍性、客观性。

综上所述，教育学是研究教育现象和教育问题、揭示教育规律的科学。教育学的研究对象就是教育现象和教育问题，教育学的根本任务就在于揭示教育规律。

---

① 柳海民. 教育学原理[M]. 北京：高等教育出版社，2011：2.

② 汪刘生. 教育学原理[M]. 杭州：浙江大学出版社，2007：2.

第二节　教育学的研究任务

人类教育产生后，随着教育实践和认识的发展，人们认识到为了更好地进行教育工作，必须对教育活动进行研究。教育学的研究任务主要包括解释教育现象、教育问题，总结教育经验，揭示教育规律，指导教育实践等。

一、解释教育现象、教育问题

教育现象丰富多彩，解释教育现象产生、变化、发展的原因和内在动力是教育学研究的任务。对教育现象的解释，有助于揭示和把握教育规律，有助于推动教育的发展。[①]当人们关注、研究教育现象的时候，教育现象就演变为教育问题。问题是研究的核心，一切研究都是围绕问题进行的。教育科学研究的任务就是阐明教育的诸多问题，换言之就是探寻和发现教育问题、分析和解释教育问题、应答和解决教育问题。教育学对教育现象、教育问题的科学解释，是超越日常生活经验的、理性的、系统的解释，其解释是有理论视角、根据或预设的，而不是直接建立在感性经验与判断的基础上，也不是零散的、个别的解释。教育学对教育现象、教育问题的科学解释，有其专门的语言、概念或符号。教育学借助于这些语言、概念或符号的解释，可以在不同个体间进行准确传播。由于不同的研究者所处的时代、立场与观点的不同，对教育的认识不同，因此会对同一现象、问题有不同解释。正是通过这些不同解释，人类的教育知识才能持续不断地增长，才促进了教育理论的发展。

二、总结教育经验

教育学的研究，不仅解释教育问题，还要总结教育经验。何为教育经验？教育经验是指符合教育规律的有效做法。经验既然是一种做法，它便带有工作的程序性、作用的有限性、产生的偶然性。教育经验是对教育实践的较低层次的反映，是教育规律的实践形态，成功的教育经验必定反映着教育规律，教育规律则潜藏于教育经验之中。因此，教育学研究的另一任务就是总结教育经验，从中找出教育规律，以更好地促进教育的发展。

教育是人类社会的特有现象和永恒范畴，教育的历史使命，就是使人类世界的进化富有内在的承续性。当人们在长期的教育实践中积累了相当丰富的、行之有效的教育经验之后，就要对这些经验进行总结、概括和理论升华，形成各种教

① 王坤庆，谢新国. 教育学[M]. 武汉：华中科技大学出版社，2015：13.

育思想，否则，这些宝贵的经验随着时间的流逝就会消失，因此通过对教育学的研究，将这些教育经验上升至理论层面加以保存、推广是十分必要的。此外，在日常教育生活中产生的教育经验往往具有特殊性而缺乏普遍性，教育学研究可将这些经验汇总、澄清，找出其中带有一般性、规律性的理念，从而增强教育经验的推广性和指导性。①

三、揭示教育规律

教育作为一种社会实践活动，一直处于不断变化、发展之中，但不论是制度化的教育还是非制度化的教育，也不论是学前教育还是高等教育，虽然教育的类型和具体形态不同，但其中都蕴含着同一的、普遍的规律。教育规律就是教育内部诸因素之间、教育与其他事物之间具有的本质性的联系，以及教育发展变化的必然趋势。教育学研究的基本任务就是透过教育现象的发展和变化，去找寻其中蕴含的教育规律（包括宏观的和微观的），即试图在总结经验的基础上提升到较高的理论层次，通过把握规律对怎样进行教育提出建议和规定，以便为更普遍的教育活动提供有效的借鉴、指导和帮助。

四、指导教育实践

教育学的研究离不开教育实践，同时又指导教育实践，并为教育实践奠定坚实的基础。教育学者对教育学中教育基本问题的思考与学习，有助于养成正确的教育态度，培养坚定的教育信念，指导人们去行动，并付诸实践。教育学中对教育或教学实践的解释，可以启发教育工作者的教育自觉，促使他们不断地领悟教育的真谛。教育学者对教育学的研究可以指导决策者借助理性的规范，遵循教育发展的客观规律去做出各种正确的决策；可以帮助教师提高自身的素养，促进教师专业化发展，使教师按照教育和教学规律以及学生身心发展的特点去完成教育和教学的任务；可以提高学校教育管理者的教育理论水平和管理能力，使其善于利用和协调各种资源，提高管理的科学化水平。

第三节　教育学的产生与发展

任何一门学科都有其产生和发展的过程，教育学也不例外。教育学是随着社会发展和人类教育经验的丰富而逐渐形成和发展起来的一门科学。教育学的发展史源远流长，一脉相承，若以《学记》的流传为源头，则教育学的历史有两千年

① 柳海民. 教育学原理[M]. 北京：高等教育出版社，2011：5-7.

之久；若以夸美纽斯（J. A. Comenius，1592—1670）的《大教学论》的问世为肇始，则教育学的历史已有近四百年；若以赫尔巴特的《普通教育学》的出版为起点，则教育学的历史也已有两个世纪之久。本书从教育学的萌芽、独立形态教育学的产生与发展、20 世纪以来教育学的发展三个方面来加以梳理和解说。

一、教育学的萌芽

人类步入奴隶社会后，由于学校的产生，教育实践得以不断发展，人们开始对教育实践中积累起来的教育经验进行总结，形成了一定的教育观点和思想。近代之前，人们对教育的认识活动主要停留在经验和习俗的水平上，从而没有形成系统的理性认识，没有成为教育之“学”，最多只是在论述哲学或社会问题时涉及教育问题，表述自己的教育思想，而且思想家在论述教育问题时也多是从他们自己的某些观念出发，阐释“教育应如何”的问题，而不是从教育的事实出发，采用科学的手段，回答“教育是什么”的问题。因此，这一阶段只能说是教育学的萌芽阶段。这一时期尽管没有教育之“学”，但也出现了一些有影响的教育认识成果，这些认识成果主要体现在一些哲学家、思想家的哲学或思想著作中。

在中国，作为儒家学派的经典著作之一的《论语》，充分体现了孔子的教育思想。孔子从探讨人的本性入手，认为“性相近也，习相远也”，主张“有教无类”，希望把人培养成“贤人”和“君子”。孔子的教学思想和教学方法是承认人的先天个性差异，重视“因材施教”，因材施教的基本方法是启发诱导。孔子认为“不愤不启，不悱不发”，“启发”一词由此而来。孔子重视诱导式的启发教育，不要求学生读死书，而贵在“触类旁通”。在教育内容上，孔子所使用的教材多是沿用周代贵族学校所用的六艺，即《诗》《书》《礼》《乐》《易》《春秋》。

孔子之后的孟子和荀子分别从不同的人性论出发，阐述了教育的功能。孟子主张性善论，认为每个人都有“恻隐之心”“羞恶之心”“恭敬之心”“是非之心”。恻隐之心，仁也；羞恶之心，义也；恭敬之心，礼也；是非之心，智也。仁义礼智，非由外铄我也，我固有之也，弗思耳矣。[①]所以，教育在于扩充这些善端，存心养性。而荀子则主张性恶论，他认为“人之性恶，其善者伪也”。所以，教育在于“化性起伪”。[②]

道家是中国传统文化的一个重要组成部分，道家文化蕴含着丰富的教育思想。由于它主张“绝圣弃智”“绝仁弃义”，长期不为教育理论所注意。根据“道法自然”的哲学，道家主张回归自然、“复归”人的自然本性，一切任其自然，

① 孟子. 孟子[M]. 牧语译注. 南昌：江西人民出版社，2017：261.

② 张觉. 荀子译注[M]. 上海：上海古籍出版社，1995：497.

便是最好的教育。[①]

战国后期的《学记》，对先秦时期儒家教育经验与教育思想进行了总结，论述了一系列重要的教育问题。《学记》是中国古代教育文献中最早的、体系比较严整的一篇教育论文，也是世界教育学术史上最早的教育文献。它比国外最早的教育著作、古代罗马帝国教育家昆体良（M. F. Quintilianus，约 35—约 95）写的《论演说家的培养》一书要早三百多年。《学记》是《礼记》49 篇中的一篇，共有 20 节，1229 字，以简洁的语言、生动的比喻，系统阐述了教育的社会作用，学制的体系，教育与教学的原则、方法，教师的作用和地位等。它所提出的“教学相长”“禁于未发”“道而弗牵，强而弗抑，开而弗达”“长善救失”等教育思想至今仍具有重要的现实意义。

除了以上所及，还有汉代的董仲舒、唐代的韩愈、宋代的朱熹、明清时期的王夫之和颜元等，他们都有丰富的教育理论和精辟的教育见解。

在西方，古希腊的教育实践孕育了丰富的教育思想和教育经验，也形成了系统的教育理论。德谟克利特（Democritus，约公元前 460—约公元前 370）强调教育在人的造就中的作用。他说：“天性与教育在某些方面是相似的，后者可以改变人……创造第二天性。”德谟克利特教导人们，要追求智慧与道德，以指导自己的私人生活和公共生活。在他看来，智慧和道德是不可分的。他指出了理智在教育过程中的重要性，“人应该多发展理智，而不是多积累知识”[②]。

苏格拉底（Socrates，约公元前 469—公元前 399）主张“知识即美德”，他把道德修养作为教育的最高目的，提出教人道德就是教人智慧，“智慧就是最大的善”[③]。其教学方法以“产婆术”闻名。他的教学方法是通过与对方共同讨论，不断提问，使对方认识并承认自己的错误，自然而然地获得正确的结论。苏格拉底认为，自己虽无知，但却能帮助别人获得知识，就像他的母亲是一个助产婆一样，尽管年老不能生育，但能接生，能帮助别人获得新生命。

柏拉图（Plato，公元前 427—公元前 347）的教育思想主要体现在《理想国》和《法律篇》这两部对话集中。《理想国》是一部重要的哲学、政治学著作，同时也是一部重要的教育理论著作。柏拉图是西方理念论（或观念论）的代表，认为人的灵魂具有天赋的知识，但是不同的人具有不同的灵魂。因此，他主张应该根据灵魂的不同性质施以不同的教育，强调“学习即回忆”和“教育是灵魂的转向”。

---

① 袁振国. 当代教育学[M]. 北京：教育科学出版社，2004：15.

② 转引自胡德海. 教育学原理[M]. 2 版. 兰州：甘肃教育出版社，2006：79.

③ 色诺芬. 回忆苏格拉底[M]. 吴永泉，译. 北京：商务印书馆，2009：139.

亚里士多德（Aristotle，公元前384—公元前322）的教育思想主要见于他的《政治学》与《尼各马可伦理学》。亚里士多德是实在论的代表，认为人的心灵就像蜡块，因此，教育可以形塑任何东西。他认为人的灵魂由三部分构成，即植物性灵魂、动物性灵魂和理性灵魂，与之相应也有三方面的教育：体育、德育和智育，教育的目的在于对儿童进行德、智、体多方面的和谐发展教育。亚里士多德还注意到了儿童心理发展的自然特点，主张按照儿童心理发展的规律对儿童进行分阶段教育。

此外，古罗马的西塞罗（M. T. Cicero，公元前106—公元前43）是罗马共和国后期的一位雄辩家，同时也是一位具有影响力的教育家。他把自己的教育理想总结为“人道”（humanitas）。所谓“人道”，是指为人之道。只有有文化修养的人才能算作“人”，只有他们才能尽为人之道，才能以“人道”待人。所谓文化修养，西塞罗指的是文法、修辞、逻辑、几何、天文、音乐等普通文化学科，以及文学、历史、哲学、法学等高级文化学科的修养。

昆体良（约35—约100）是古罗马著名的教育家，他的《雄辩术原理》被称为“世界上第一部研究教学法的书”。昆体良主张教育的目的就是培养具有良好修养、品德高尚的雄辩家。他还主张学校实行分班教学和课程交替进行的方式。

综上所述，所有的教育方面的思想或者论著，多停留于对经验的描述，而缺乏科学的理论分析，没有形成完整的体系，因而，只可以说它们是教育学的萌芽或雏形。需要说明的是，这种对教育现象和问题的前科学的认识，不仅存在于人类教育认识的早期，而且还存在于当前和今后人类对教育的认识中，主要就是指那些经验性的认识。只有把各种教育问题和教育思想材料作为客观的问题加以研究，形成关于这些问题和思想的系统的理论体系时，才能超越前科学时代或前科学形式，达到科学时代或科学形式。

二、独立形态教育学的产生与发展

随着生产力的发展、科学的进步以及教育实践活动的发展，人们对教育问题的认识也不断深入和系统。首先，17世纪以来，随着新型的实科学校的出现，传统的教会学校和骑士教育中所采用的教育教学方法已经不适用，实科学校需要新的教师和新型的教育教学方法，这在教育学的创立上更进了一步。其次，教育学从哲学中分离出来，成为一个专门的研究领域。自古以来，不少哲学家在哲学基本原理的论述中都包含了一定的教育思想。其中，培根（F. Bacon，1561—1626）所开拓的新时代的哲学，为教育学的形成提供了具有时代意义的理论基础。1623年，培根发表《论科学的价值和发展》一文，首先提出人类应该有一门学问，名称为“教育学”。这是人类历史上最早提出的教育学学科名称。教育学被培根理解为“指导阅读”的学问，并被作为一门单独学科提了出来。最后，独立形态教育学的产生也离不开一批著名的学者和教育家的努力。

在教育学的创立过程中，捷克教育家夸美纽斯取得了突出的成就。夸美纽斯是人类教育史上具有里程碑式的人物，被称为“教育学之父”。他的《大教学论》被认为是使教育学成为一门独立学科的标志。在《大教学论》中，夸美纽斯提出了教育要适应自然的思想。在他看来，人是自然的一部分，人以及人的教育都从属于自然界的普遍规律。他主张根据学生年龄特征建立学校教育制度。他提出了泛智教育思想，探讨“把一切事物教给一切人们的全部艺术”。他首次提出并论证了班级授课制，规定了广泛的教学内容，提出了教学的便利性、彻底性、简明性与迅捷性原则，高度评价了教师的职业，强调了教师的作用。

继夸美纽斯的《大教学论》之后，西方资产阶级教育家又陆续出版了许多教育著作，这些著作一般都具有完整的理论体系。

洛克（J. Locke，1632—1704）是英国著名的哲学家、教育家，著有《教育漫话》一书。洛克是英国经验主义的代表，反对天赋观念，认为人的心灵就像一块白板，教育者可以随心所欲地涂写和塑造。他主张教育万能，从唯物主义的经验论出发，极为重视教育在人的形成中的作用。教育的目的就是培养绅士，即培养有德行、有用、能干的人，这样的人应具有道德、智慧、礼仪和学问四种品质。

卢梭（J. J. Rousseau，1712—1778）是法国著名的启蒙思想家、自然主义教育家，他的小说体的著作《爱弥儿》反映了自然主义的教育思想。卢梭强调教育要顺其自然，他认为人的天性或自然本性是良善的，因此主张教育要“返归自然”，顺应儿童的本性，遵循儿童的发展阶段，尊重儿童的身心特点和个性特征，培养身心和谐的自然人。

在西方教育史上，卢梭的自然主义教育思想被誉为“旧教育”与“新教育”的分水岭，他之后的教育思想家无不受其影响。

卢梭之后，把教育思想和理论提高到学科水平、对教育学的科学化做出重大贡献的是德国哲学家、教育家赫尔巴特，他是完整教育学体系的创立者，在世界教育学史上被认为是“现代教育学之父”或“科学教育学的奠基人”。他的《普通教育学》被看成是具有划时代意义且被认为是世界上第一本具有完整教育学体系的著作。赫尔巴特认为，教育学要成为一门科学，就需要以伦理学和心理学作为基础，把道德教育理论建立在伦理学的基础上，把教学理论建立在心理学的基础上。前者说明教育目的，后者说明教育的手段或途径。他还从统觉心理学出发，提出了教学形式阶段理论，即明了（感知新教材）、联想（由个别到一般，形成概念）、系统（新旧观念的组合）、方法（练习）。此外，他还提出了“教育性教学”的概念，认为没有无教育的教学，也没有无教学的教育。在师生关系上，他强调教师的绝对权威，强调教育外部的灌输作用；在方法上重视严格的管理和训练。赫尔巴特的《普通教育学》曾风靡世界，对许多国家的教育产生了很大影响。

此外，其他一些著名的哲学家、思想家也出版了专门的教育学著作，为教育学的建立做出了应有贡献，如瑞士教育家裴斯泰洛齐（J. H. Pestalozzi，1746—1827）著有《林哈德与葛笃德》，在该书中，他把教育目的规定为全面、和谐地发展人的一切天赋力量和能力。他明确提出“使人类教育心理学化”的口号，对推动教育活动的科学化起到了重要作用。哲学家康德（I. Kant，1724—1804）于1776年在哥尼斯堡大学的哲学讲座中讲授了教育学，这是教育学作为一门学科在大学里讲授的开端。康德之后，赫尔巴特接替康德讲授教育学。康德的教育学讲稿，由其学生林克整理并出版，名为《论教育学》（或《康德论教育》）。康德认为，教育的任务是充分发展人的自然禀赋，教育的最终目的是使人人得到自我完善，并主张儿童在16岁之前应接受体育、智育、德育。

总而言之，上述教育思想家为了阐明他们的教育主张，在总结人类以往教育经验的基础上，撰写了一系列教育著作，出现了体系较为完整的教育学，教育学逐渐成为一门独立的学科。这一阶段之所以被称为教育学的独立学科阶段，是因为：第一，提出了“教育学”概念；第二，具有建立“教育学”的明确目的；第三，构建了一个完整的教育理论体系。但是，这一时期对理论的论证，多是采用与自然现象相类比，或者演绎和推理的方式，但没能运用实证和实验的方法，因此，这一时期的教育学并没能达到科学化的地步。

三、20世纪以来教育学的发展

（一）教育学的流派

20世纪是教育学活跃和发展的世纪。随着各国教育实践的不断发展和教育理论研究的不断深入，教育学得到迅速发展并日益走向多元化，出现了众多的教育学流派和教育学著作。

1. 实验教育学

实验教育学是19世纪末20世纪初在德国出现，并在欧美一些国家传播较广、影响较大的一个教育理论学派。自然科学在自身发展进程中，以科学的理论、概念和方法，对社会科学产生了积极的影响，从而推动了社会科学的发展。它的成果被引入教育学领域，促使实验教育学的产生。1879年，德国心理学家冯特在莱比锡大学创设了世界上第一个心理学实验室，在思想和方法上，为实验教育思想提供了借鉴。1901年，德国教育家梅伊曼（E. Meumann，1862—1915）首先将实验教育思想称为“实验教育学”。梅伊曼的代表作是《实验教育学纲要》。此后，德国教育家拉伊（W. A. Lay，1862—1926）出版了《实验教育学》一书，完成了对实验教育学的系统论述。

实验教育学的主要观点有五个。第一，反对以赫尔巴特为代表的强调概念思辨的教育学，认为这种教育学对检验教育方法的优劣毫无用途。第二，提倡把实验心理学的研究方法和成果应用于教育研究，从而使教育研究真正“科学化”。第三，把教育实验分为三个阶段：首先就某一个问题构成假设，其次根据假设制订实验计划，进行实验，最后将实验结果应用于实践，以证明其正确性。第四，认为教育实验和心理实验的差别在于心理实验是在实验室进行的，而教育实验则要在真正的学校环境和教学实践活动中进行。第五，主张用实验、统计和比较的方法探索儿童心理发展过程的特点及智力发展水平，用实验数据作为改革学制、课程和教学方法的依据。实验教育学所强调的定量研究成为 20 世纪教育学研究的一个基本范式，近百年来得到了广泛的应用和发展，极大地推动了教育科学的发展。[①]在实验教育学的推动下，实验方法被引入教育研究领域，克服了以往教育理论研究中的思辨加例证式的固有缺陷，形成了注重定量、追究原因的教育实验的基本形式。

实验教育学提倡定量的研究方法，推进了教育科学的发展，但由于受实证主义和自然科学研究方法的影响，其提倡的实验科学方法具有很大的局限性。教育研究不全是价值无涉的，如教育目的这样涉及价值判断的问题就不能用实验的方法来解决。

2. 文化教育学

文化教育学亦称“精神科学教育学”。文化教育学思想是 19 世纪末以来出现在德国的一种力图从文化或精神科学的角度来探索人以及人的教育问题的教育思潮。文化教育学从 20 世纪的社会、文化、教育问题出发，反对将人片面化、工具化，呼吁教育学应为“塑造具有完整精神世界和充满创造力的人”做深入研究。[②]它产生于德国本土，并逐渐影响到欧洲大陆和美国，然后又影响到日本和中国。代表人物和代表作有狄尔泰的《关于普遍妥当的教育学的可能》（1888 年）、斯普朗格的《教育与文化》（1919 年）、利特的《职业陶冶、专业教育、人的陶冶》（1958 年）等。文化教育学试图从人文科学和文化哲学的高度，综合教育思想中形式训练与实质陶冶、强制与自由、训练与放任、努力与兴趣、教师传授与儿童活动等因素，以文化财富去陶冶学生，寻绎出教育与陶冶的真正目标、价值

① 全国十二所重点师范大学. 教育学基础[M]. 北京：教育科学出版社，2002：18.

② 楚江亭，李廷洲. 范式重构：教育学研究取得进步的必然选择[J]. 北京师范大学学报（社会科学版），2014（05）：25-34.

和意义，从而达到生成完整的人。[①]文化教育学的基本观点包括：第一，人是一种文化的存在，人类历史是一种文化的历史；第二，教育过程是一个历史文化的发展过程；第三，教育研究必须采用精神科学或文化科学的方法；第四，教育的目的就是要促使社会历史的客观文化向个体的主观文化的转变，并将个体的主观世界引向博大的客观文化世界，培养完整的人格；培养完整人格的主要途径就是"陶冶"与"唤醒"，建构和谐对话的师生关系。[②]文化教育学作为科学主义的实验教育学和理性主义的赫尔巴特教育学的对立而存在与发展，深刻影响了20世纪德国乃至世界的教育学发展，在教育的本质问题上给人以许多启发。文化教育学有其坚实的理论基础，提倡文化的生命观，重视教育主体性、人文精神价值，注重文化价值的创造。不足之处是思辨气息很浓，脱离教育实践，在解决现实的教育问题上很难提出有针对性和可操作性的建议；忽略了教育受政治、经济及个人身心发展规律的影响；用理解作为教育研究的唯一方法，具有很大的片面性。此外，内容结构上异种嫁接，内容庞杂，语言晦涩难懂，概念多义，因而对于诸家的思想未能完全融通。

3. 实用主义教育学

实用主义教育学是19世纪末20世纪初在美国兴起的一种教育思潮，也是在批判以赫尔巴特为代表的传统教育学的基础上提出和发展起来的。实用主义教育学以实用主义作为哲学基础和理论依据，对20世纪整个世界的教育理论研究和教育实践发展产生了极大的影响。其代表人物有美国哲学家、教育学家杜威（J. Dewey，1859—1952）和克伯屈（W. H. Kilpatrick，1871—1965）等。代表著作有杜威的《民主主义与教育》和《经验与教育》，克伯屈的《设计教学法》等。实用主义教育学的基本观点有六个。第一，教育即生活。教育即是生活本身，教育的过程和生活的过程是合一的，教育要与当前的生活紧密相连，而不是为将来的某种生活做准备。第二，课程组织以学生的经验和兴趣为中心。学校的课程是以学生的经验为中心的，打破了原来以学科为中心的课程体系。杜威认为，经验与知识是有区别的，知识可以通过传播而为众人所共有，而经验具有个体性和情境性。这表明教育不是让学生学习与他们生活无关的一些知识，而是促进学生日常生活经验的不断改造和改组。第三，学校是一个雏形的社会。杜威认为，学校不应该是一个与社会隔绝的象牙塔，而应该是社会的一部分，与社会紧密相连。第四，从做中学。杜威认为，儿童应该从各种各样的活动中，从生活实践中获得知

① 夏国英. 蔡元培文化教育学思想初探[J]. 绍兴文理学院学报（哲学社会科学版），2000（03）：1-5.

② 全国十二所重点师范大学. 教育学基础[M]. 北京：教育科学出版社，2002：19.

识经验等。第五，以学生为中心。教育教学中不再以教师为中心，教师只是学生成长的帮助者，学生才是教育教学的中心。第六，在教育教学过程中，要注重儿童的创造性的发挥，提倡让儿童在学习的过程中独立探讨、发现。实用主义教育学以美国实用主义文化为基础，是美国文化精神的反映，对以赫尔巴特为代表的传统教育理念进行了深刻批判，推动了教育学的发展。其不足之处在于在一定程度上忽略了系统知识的学习，忽视了教师的主导作用，忽视了教育的相对独立性。

4. 马克思主义教育学

马克思、恩格斯创立的历史唯物主义和辩证唯物主义，为马克思主义教育学的建立，提供了科学的世界观和方法论。马克思主义教育学包括两部分内容。一部分是马克思、恩格斯以及其他马克思主义经典作家对教育问题的论述。马克思主义创始人及马克思主义经典作家虽然没有教育学方面的专著，但他们都非常关心教育，有许多精辟的教育论述，指导着马克思主义教育学的研究。另一部分是苏联和我国的教育学家根据和运用马克思主义的基本原理（包括教育原理）对现代教育一系列问题的研究成果。这些成果有马卡连柯（A. S. Makarenko，1888—1939）的《教育诗》，加里宁（M. Kalinin，1875—1946）的《论共产主义教育》，凯洛夫（I. A. Kairov，1893—1978）的《教育学》等。其中凯洛夫的《教育学》是第一部比较系统的马克思主义教育学著作，这本书曾被译为中文，对我国建国初期的教育工作产生过深刻的影响，教育家杨贤江于 20 世纪 30 年代撰写的《新教育大纲》是试图用马克思主义观点阐明教育基本理论问题的第一本著作。

马克思主义教育学的基本观点包括：教育是一种社会历史现象，在阶级社会里具有鲜明的阶级性；教育起源于生产劳动；教育的根本目的在于促进学生的全面发展；教育与生产劳动相结合，这不仅是促进生产力发展的重要方法，也是培养全面发展的人的唯一方法；在与政治、经济、文化等的关系上，教育一方面受它们的制约，另一方面又具有相对独立性，并反作用于它们，对于促进社会政治、经济、文化等的发展具有巨大作用。①

马克思主义的产生为教育学的发展奠定了科学的世界观和方法论基础，促使教育学走向科学化发展的新阶段。

5. 批判教育学

批判教育学可分为具有创新性的英美流派和具有保守性的德国流派，它产生于 20 世纪 70 年代，也是当前在西方教育理论界占主导地位的教育思潮。批判教

① 全国十二所重点师范大学. 教育学基础[M]. 北京：教育科学出版社，2002 ：20.

育学的代表人物有美国的鲍尔斯（S. Bowles）、金蒂斯（H. Gintis）、阿普尔（M. Apple）、吉鲁（H. Grioux），法国的布厄迪尔（P. Boudieu）等，代表性著作有鲍尔斯与金蒂斯的《资本主义美国的学校教育》、布厄迪尔的《教育、社会和文化的再生产》、阿普尔的《教育与权力》、吉鲁的《批判教育学、国家与文化斗争》等。批判教育学流派思想复杂，基于不同的思想基础与社会背景，不同流派有不同的特点。但是，这些流派都注重对传统教育的批判与"解放"，强调通过运用批判的研究方法进行教育研究与分析。

批判教育学的基本观点包括：第一，当代资本主义的学校教育不是一种民主的建制和解放的力量，而是维护现实社会的不公平和不公正的工具，是造成社会差别、社会歧视和社会对立的根源；第二，教育是与社会相对应的，有什么样的社会政治、经济和文化，就有什么样的学校教育机构，社会的政治意识形态、文化样态、经济结构都强烈地制约着教育的目的、课程、师生关系、评价方式等，学校教育的功能就是再生产出占主导地位的社会政治意识形态、文化关系和经济结构；第三，社会大众已经对这种事实上的不平等和不公正丧失了"意识"，将其看成是一种自然的事，而不是某些利益集团故意制造的结果；第四，批判教育学的目的就是要揭示看似自然事实背后的利益关系，帮助教师和学生对自己所处的教育环境及形成教育环境的诸多要素敏感起来，即对他们进行"启蒙"，以达到意识"解放"的目的，从而积极地寻找克服教育及社会不平等和不公正的策略；第五，教育现象不是中立的和客观的，而是充满着利益纷争的，教育理论研究不能采取唯科学的态度和方法，而要采用实践批判的态度和方法。

批判教育学继承了马克思主义的某些基本观点和方法，有利于更深刻地认识资本主义的教育，具有很强的战斗性、批判性和解放力量。从某种意义上说，批判教育学的批判性是一种立场、一种态度、一种理性的追求，更是一种方法论。可以说，批判教育学的产生是必然的，其存在是合理的，但发展的道路却不可能是一帆风顺的。

6. 实证主义教育学

实证主义教育学兴盛于19世纪中后期，主张运用实证的方法研究教育问题，代表人物是英国著名的实证主义者斯宾塞（H. Spencer，1820—1903），其代表作是《教育论》（包括《德育》《智育》《体育》《什么知识最有价值》四篇论文）。19世纪三四十年代，英国率先完成工业革命，自然科学如物理学、化学、生物学等获得很大发展，但是英国中等教育与高等教育严重脱离社会实际，古典主义教育占统治地位，表现为重人文轻科学。英国实证主义哲学家穆勒、斯宾塞等，对古典主义的教育提出了批评。斯宾塞提出科学知识最有价值的命题，批判以"绅士教育"为代表的传统教育，明确主张以科学教育取代古典教育，强调科学知识是学校教育必不可少的一部分。

实证主义教育学的基本观点包括以下内容。第一，运用实证的方法来研究知识的价值问题，认为直接保全自己的知识最有价值，其次则是间接保全自己的知识，其他的知识价值次第下降。第二，注重教育与社会生活的联系，以社会需要和产业发展来设置学校课程，培养学生在工业化社会所需要的知识和技能。斯宾塞明确主张，教育建立在儿童未来生活的实际需要基础上，为儿童未来的完满生活做准备。强调生理学、卫生学、数学、机械学、物理学、化学、地质学、生物学等实用学科的重要性，特别重视体育，反对古典语言和文学的教育。第三，主张启发学生学习的自觉性，反对形式主义的教学。

实证主义教育学家重视教育学研究的事实性，排斥教育学研究的价值性。实证主义教育学的兴起，强烈地冲击了传统的以“哲学-思辨”为特征的教育研究范式，给教育研究领域带来了新的生机，推进了教育学的科学化。它强调从教育事实出发，对具体的教育事实进行细致的研究，增强了对教育实践的指导功效。在实证主义的推动下，教育科学研究领域也开始引入自然科学研究方法，开创了实验教育科学研究。但是，它把自然科学方法作为教育学研究的唯一正确方法，抹杀了教育现象同自然现象、教育规律同自然规律之间质的区别。教育活动从根本上说是一种价值选择的活动，教育的这种性质，决定了教育学必然是价值关涉的，是事实与价值的统一，如果完全用自然科学的方法来研究教育，必然难以做出价值判断，难以对各种教育活动做出合目的、合规律、合价值的规范。

实证主义教育学重视实科教育的思想，反映了19世纪大工业生产对教育的要求，具有明显的功利主义色彩。

（二）教育学分支学科

教育学从哲学中分化出来成为一门独立的科学以后，它就处于一种混沌的综合状态。但是，随着科学的发展，人们对教育现象认识的不断深入，它的分类在不断变化，分得越来越细。“教育科学”也经历了由“单数教育科学”到“复数教育科学”的变化。历史地看，有关教育知识的学科经历了由一门“教育学”到多门教育学科的发展过程。今天的教育学或有关教育的学问已不再是一门学科，而是已发展为一个包含若干分支学科的学科群。有研究提出，截至20世纪末，“我国已形成一个近百门二级、三级分支学科构成的丰富多彩的庞大教育学学科群”[①]。在教育学学科分化的同时，20世纪中叶以来，教育学的发展也出现了高度综合的趋势。教育学的子学科和子学科之间，子学科与边缘学科之间，子学科、边缘学科与其他非教育学科之间出现了多种形式、多种层次和多种类型的综合，出现了

① 金林祥. 20世纪中国教育学科的发展与反思[M]. 上海：上海教育出版社，2000：280.

许多新的教育知识增长点。随着学科综合化趋势的日益明显，教育学分支学科也呈现出前所未有的新态势。

胡德海在《教育学原理》一书中，根据科学体系应该由宏观、中观、微观或由基础理论、中间研究和应用研究组成这一构架，将教育学分为宏观、中观、微观三个不同层次。

宏观层次的教育学亦即理论教育学，包括教育学原理、教育基本理论、教育哲学、教育史学等。中观层次的教育学，又分为部门教育学、边缘教育学及研究教育活动与过程的学科。其中部门教育学包括高等教育学、中等教育学、初等教育学、幼儿教育学、特殊教育学；边缘教育学包括教育心理学、教育社会学、教育经济学等；研究教育活动与过程的学科包括教学论、学习论、课程论等。微观层次的教育学亦即应用教育学，具体包括教育管理学、教育统计学、教育工艺学、教育卫生学、教育评价学、教育测量学、教育建筑学等，还包括各种专业教育学，如音乐教育学、语文教育学、美术教育学、历史教育学、数学教育学等。[①]

（三）元教育学

元教育学是从传统教育学中分化出来的，是教育学发展到一定阶段的产物。它是对教育研究的研究，也就是对教育的元研究，是研究教育学的教育学。德国元教育学家布雷岑卡认为，元教育学不是把教育现象（教育）而是把教育理论作为研究对象。元教育学的研究对象就是作为理论知识形态的教育学自身，而不是以教育学的传统问题或经典问题（如教育中的主体与客体、知识与能力、认知与情感等问题）为对象。具体而言，教育学的研究对象可以分为教育学理论的对象论、范畴论、解释论、性质论、动力论、实践论等。如教育学由哪几部分构成？如何对教育学进行分类？建立教育学的方法是什么？也即教育学研究的方法论问题。教育学是科学还是艺术？教育学是理论学科还是应用学科？也即教育学理论的性质问题等。元教育学注重对教育学的历史与逻辑的形式化研究，以元理论和对象理论的区分为前提。元理论是关于理论（观念）的理论，对象理论是关于实践和事实（存在）的理论，因而，教育学是关于教育实践和教育现象的理论，元教育学则是关于教育学理论的理论，因为它只讨论作为对象论的教育学自身。

四、当代教育学的发展现状

当代教育学的发展，不仅教育学研究的新领域得以不断拓展，研究方法越来越多元，而且教育学研究的理论及实践成果越来越丰富，当代教育学已成为政府制定政策、公众进行决策的智力之源。就发展趋势来看，哲学思辨范式明显弱化，

---

① 胡德海. 教育学原理[M]. 兰州：甘肃教育出版社，1998：30-34.

研究共同体显著减小；科学实证范式依然坚挺，分享的学者人数众多；诠释规范范式日趋多样化，不仅研究者日渐增多，且已成为当代西方学者的主导范式之一。

（一）教育学问题领域的扩大

随着教育学的不断发展，教育研究关注的问题范围不断扩展，教育学研究边界不断扩张。20世纪初，教育学研究主要集中在对学校教育问题的研究上，尤其是在对学校教育教学过程中出现的问题的研究上。到20世纪末，越来越多的研究者有意识地捕捉教育中的新问题、新领域，开始致力于对新主题、新领域的研究。教育学研究的问题领域已经从微观的教育教学过程扩展到宏观的教育规划，从正规教育扩展到非正规教育，从学校教育扩展到社会教育，从正常儿童的教育扩展到一些有特殊需要的儿童的教育，从儿童、青少年的教育扩展到成人教育、老年教育等。一个巨大的教育问题领域已经形成，未来的教育学必将不但注重学校教育的研究，而且注重家庭教育、社会教育等领域的研究，注重对人的一生发展都起着重大作用的终身教育的研究。这一现象，从一定意义上说明了教育研究边界的扩张趋势以及教育学问题领域的扩大。

（二）教育学研究学科基础的扩展与教育学研究范式的多样化

在赫尔巴特时代，教育学的基础主要是哲学和心理学，当代教育学的基础涵盖了更加广阔的学科领域，如生理学、脑科学、社会学、经济学、政治学、法学、人类学、文化学、科学哲学、技术学、管理学等。不同的人可以从不同的理论基础出发进行研究。

另外，教育学正逐步成为一项边界不断扩大的专门化研究，[①]多学科的渗透以及教育学对其他学科研究成果的吸收，使教育学的研究范式越来越模糊，并缓慢地趋向于多元化。就教育学研究的发展趋势来看，哲学思辨范式明显弱化，研究共同体显著减小；科学实证范式研究者人数众多，有学者从科学主义的角度进行研究，强调对教育活动中数量关系的描述；当然，也有学者从人文主义的角度进行研究，强调对教育活动中非数量关系的质的东西进行分析；或者有学者综合运用科学主义与人文主义的研究方法来促进教育学的研究；当代西方学者中采用诠释规范范式研究的教育学者较多，诠释规范范式成为主要研究范式之一。[②]由此可以看出，教育学的研究范式呈现出多样化的发展趋势。

---

① 劳凯声. 中国教育学研究的问题转向——20世纪80年代以来教育学发展的新生长点[J]. 教育研究，2004（04）：17-21.

② 楚江亭，李廷洲. 范式重构：教育学研究取得进步的必然选择[J]. 北京师范大学学报（社会科学版），2014（05）：25-34.

（三）教育学的进一步分化与综合

近代以来，所有关于教育问题的研究都是在教育学的名义下进行的。20 世纪以来，随着教育问题领域的扩展以及研究基础和范式的多样化，教育学也发生了快速的学科分化，教育学的一个个组成部分纷纷发展为独立的学科，如根据组成的内容分化出了教育概论、课程与教学论、德育论等；根据教育的阶段，分化出了学前教育学、小学教育学、中学教育学、高等教育学、成人教育学等；根据教育范围和性质分化出了职业技术教育学、特殊教育学、家庭教育学等。与此同时，这些相对独立的学科又与其他类型的学科进行交叉，出现了许多子学科、边缘学科，如教育哲学、教育社会学、教育管理学、教育经济学等。

值得注意的是，就像其他任何学科一样，20 世纪后半叶的教育学在发生高度分化的同时又出现了高度综合的现象。所谓高度综合不是指再综合出一个无所不包的大教育学来，而是指教育学的子学科与子学科之间，子学科与边缘学科之间，以及子学科、边缘学科与其他非教育学科之间出现了多种形式、多种层次和多种类型的综合，出现了许多新的教育知识增长点。例如，教学论是从教育学中分化出来的，分化出来的教学论与哲学和教育哲学综合产生教学哲学，与社会学和教育社会学综合产生教学社会学，与人类学和教育人类学综合产生教学人类学，与技术学和教育技术学综合产生教学技术学。这种多层次、多类型、多形式的学科综合，打破了传统学科界限，扩展了研究视野，深化了问题研究。①

（四）教育学与教育实践的关系日益密切

教育学是从哲学中分离出来的，刚刚独立的时候主要是一种形而上学的研究，对教育实际活动中所面临的问题关注不够。而当代教育学的研究者更关心的是教育实践中到底存在哪些问题，问题产生的原因以及如何解决这些问题等。从国际教育研究趋势来看，越来越多的研究者关注教育实践或关注教育理论的应用性和实践性问题，如重视行动研究、课堂观察等，使教育研究成果能够为教育实践提供必要的指导，从而提高教育质量。②与此同时，当代教育实践的发展也日益呼唤着教育理论的指导，为教育学的发展提供强大的社会动力。在这种情况下，教育理论工作者与教育实践工作者之间会出现多种形式的接触、交流和对话。因此，教育理论研究和教育实践的关系逐渐紧密起来。

---

① 全国十二所重点师范大学. 教育学基础[M]. 北京：教育科学出版社，2002：22.

② 王光明，张楠. 国际教育学研究发展趋势[J]. 当代教育与文化，2015（06）：20-27.

第四节　教育学的理论基础及其与相关学科的关系

所谓教育学的理论基础，就是指作为知识形态而存在的教育学逻辑体系的理论根源与逻辑出发点。这个逻辑出发点构成了教育学逻辑结构展开的基础。赫尔巴特的教育学以实践哲学和心理学为基础；杜威则在其实用主义哲学和机能主义心理学基础上建立教育理论。目前公认的教育学理论基础为心理学、哲学和社会学。教育学正是吸收了这三个学科的营养，才搭建成了当前教育学的理论体系。教育学以这三个学科为理论基础，系指"教育学"只从这三个学科中获取关于"心理"、"社会"、"哲学"之类的观念，在教育学中把这类研究成果当作不证自明的公理，它本身不必重复那些学科中的论证。教育学之所以需要以比它更具有基础性质的学科知识为其理论基础，是由于"教育"现象不同于自然科学所研究的自然现象，也不同于比它更具有根本性的社会现象，如经济现象、政治现象、文化现象有别。它是由一定目的联系的一整套的实践活动，是为社会经济、政治、文化活动制约的实践活动。[①]它的研究和理论建构离不开哲学、心理学以及社会学等的理论成果。

一、哲学基础

教育学与哲学之间有着密切的联系，早期的教育论述大都蕴含在哲学家的哲学著作之中，许多教育家在实际教育经验的总结中也阐述了哲学观点。作为一种有目的地培养人的社会实践活动，教育学正是从哲学当中分化出来建立的学科体系。一直以来，各种哲学流派都从不同程度上影响着教育理论的形成。教育学也以一定的哲学为指导，可以说没有哲学的教育学是不存在的。西方早期对教育的研究，是从哲学思辨的、规范的方法开始，以求把握教育的一般性质。当时教育学的基础是哲学，教育学本身实际上是一种应用哲学，也就是广义的教育哲学。后来一些西方的哲学家、教育家，也都曾从哲学本体论、认识论和价值论推导出各种教育见解。[②]在我国，特别重视对马克思主义哲学与教育学研究之间的关系的深入探讨，重视马克思主义哲学观对社会主义教育的影响。其实，几乎哲学上任何新流派都会在教育研究上有所反映。比如，在西方教育界，存在主义、要素主义、永恒主义、结构主义等哲学流派的出现，以及其对相应的教育问题进行的探讨，无不对教育学产生了重要影响。随着社会的变化，20 世纪 90 年代，现象学、解释学、分析哲学兴起，也给教育学带来了新一轮冲击。因此不同的哲学观

---

① 陈桂生. 教育学的建构（增订版）[M]. 上海：华东师范大学出版社，2009：35.

② 胡德海. 教育学原理[M]. 兰州：甘肃教育出版社，1998：55.

为教育学提供了丰富的思想源泉，教育学将其作为分析教育现象或矛盾的"利器"，从而深刻改变了教育学研究对人以及活动的立场和看法。

二、心理学基础

教育学研究的另一个主要的学科基础就是心理学。研究教育现象、揭示教育规律的教育学，同研究心理现象、揭示心理规律的心理学之间，存在着一种天然的联系。早期的教育学家、心理学家都注重运用心理学来解决教育问题。比如，赫尔巴特、杜威都是其代表。这是因为心理学为教育理论和教育实践、为培养和教育人提供了科学的理论根据。一般而言，学生对知识、技能的掌握，智力、才能的发展和个性品德的形成都是通过学生的感觉、知觉、记忆、思维、情感、意志等心理活动实现的。心理学研究学生感知、记忆、思维等心理活动的规律，研究气质、性格、兴趣、能力等个性特征形成的途径和方法。所有这些，对教育、教学内容的确定和方法的选择都是必不可少的。只有掌握学生这些心理活动的规律，才有可能富有成效地对学生进行教育和教学，提高教育和教学工作的效率。①再比如，当代心理学的主要流派，如行为主义心理学、认知主义心理学、人本主义心理学、建构主义心理学、多元智能理论、精神分析学说等，都对教育学的发展产生了较大影响，导致教育理论和实践发生了一系列的变化。

三、社会学基础

社会学是对各种社会问题进行研究的学问，教育学也是从社会学中分化而来、专门研究教育领域的学问。教育学只有从社会角度来观察，才能避免就教育论教育、就教育学论教育学的偏颇。教育是社会现象，它的发展同人类社会的进步和发展是一致的。探讨教育的普遍规律，首先要研究教育与社会基本矛盾运动的关系，要弄清楚教育同社会的关系。教育问题的解决有赖于社会学问题的研究，社会学问题的解决有赖于教育问题的研究；社会发展趋势中有教育制度的影响力量，而社会在政治、经济等方面的发展，也要求教育制度做出相应的改变以适应社会发展的需要；许多教育问题，实际上也是社会性问题，往往起因于家庭、学校与社会关系的冲突。这些问题的顺利解决，必须借助对一门专门的教育社会学的深入研究。②总之，社会学与教育学之间的关联，促进了对教育学的深入研究，拓展了教育学的研究视野。

---

① 胡德海. 教育学原理[M]. 兰州：甘肃教育出版社，1998：64.

② 胡德海. 教育学原理[M]. 兰州：甘肃教育出版社，1998：59.

第五节　教育学的价值

价值指客体的属性和功能按照主体的尺度能够满足主体的需要。价值表示人们的需要与外物的属性之间的一种关系。这种关系反映在人们头脑中，就产生了不同的价值观念，并进而上升为不同的系统化的价值观体系。[①]教育学的价值是教育学的属性与功能对不同主体需求的满足程度。无论是谁从事教育学的研究和学习，都要有一个思想前提，即要弄清教育学的价值。当然，教育学的价值不完全是一个理性认识的问题，也在于指导教育实践，并通过对教育学的体认在教育过程中积累教育经验，获得对教育的感受和体会，以及批判和认同。

一、教育学的理论价值

教育学的价值，就在于对教育学的需要，在于对教育进行深刻认识和掌握其客观规律性的需要。这是指导实践的要求，更是人们掌握教育学的一种理论自觉。教育学主要是一门理论科学，从认知的角度而言，它可以形成人们的教育思维。教育思维就是从教育学的角度来观察、思考教育事实。它有助于人们加深对教育在社会中意义的正确理解，有助于在纷繁复杂的教育思想、教育学说、教育现象中辨别是非，把握真理。

由于现代教育科学的发展和普及，教育理论知识也走出了大学的象牙塔，对学校、家庭以及社会日常教育生活产生了越来越大的影响。随着教育实践活动范围的扩大和内容的日益丰富，日常教育经验逐渐失去了解释、规范与指导的作用。因此，现代社会就必然要求以科学的教育理论来代替日常的教育经验。

教育学研究的主要任务是对教育问题提供超越日常习俗认识和传统理论认识的新解释，这种对于教育问题的科学解释必须使用专门的语言、概念或符号，必须通过理性的、深层的和积极的交流与对话，才能增长教育知识，以满足不断发展的教育实践的需要。因此，教育学研究的基本任务就是要促进教育知识的增长，提供对教育问题新的、更有效的解释。[②]

二、教育学的实践价值

教育学对教育问题进行科学研究，其最终目的是更好地服务于教育实践。教

---

① 李继宏. 师范生教师职业价值观培养：内涵、价值与策略[J]. 教育理论与实践，2010（13）：44-46.

② 全国十二所重点师范大学. 教育学基础[M]. 北京：教育科学出版社，2002：24-25.

育学要揭示教育中的客观规律，那么，人们通过掌握这些客观规律，就能正确把握教育的运行轨迹，从而使教育实践更加自觉和有效。历史经验表明，按照教育规律办事，教育就会在数量上获得发展，在质量上得到提高，就会取得良好的效果；反之则不然。教育实践呼唤着理论的指导，这是普遍存在的事实。一般来讲，教育学的实践价值应能启发教育实践工作者的教育自觉，使他们不断地领悟教育的真谛；使教育实践工作者获得大量的教育理论知识，扩展教育工作者的理论视野；使教育实践工作者养成科学的教育态度，培养坚定的教育信念；提高教育实践工作者的自我反思能力，促进其得到更好的专业发展；引导教育实践工作者开展教育研究，使其成为研究型的教师。①

思考题

一、单项选择题

1. 以教育现象为研究对象，探索教育规律的科学是（　　）。

A 教育　　B 教育学

C 教育论　　D 德育论

2. 开始运用心理学的知识来论述教育的问题发生在教育学发展的哪个阶段？（　　）。

A 萌芽阶段　　B 独立形态阶段

C 成熟阶段　　D 多元化发展阶段

3. 实用主义教育学的代表是（　　），其著作是《民主主义与教育》。

A 杜威　　B 荣格

C 斯宾塞　　D 赫尔巴特

4. 教育学首次被作为独立的学科提出来是在（　　）中。

A 培根的《论科学的价值和发展》　　B 夸美纽斯的《大教学论》

C 卢梭的《爱弥儿》　　D 赫尔巴特的《普通教育学》

5. 教育是一种社会历史现象，产生于生产劳动，其根本目的在于促进人的全面发展；提倡教劳结合，教育科学的方法以唯物辩证法和历史唯物主义为基础。这一观点来自（　　）。

A 实用主义教育学　　B 制度教育学

C 实验教育学　　D 马克思主义教育学

---

① 全国十二所重点师范大学. 教育学基础[M]. 北京：教育科学出版社，2002：26-27.

6. 西欧最早的教育专著是（　　）。

A 《大教学论》　　B 《论演说家的教育》

C 《普通教育学》　　D 《我的教育信条》

7. “教育即生活”、“学校即社会”、“从做中学”是（　　）的重要主张。

A 实践教育学派　　B 实证教育学派

C 传统教育学派　　D 实用主义教育学派

8. 英国哲学家和自然科学家(　　)对教育学的独立做出了重要贡献，于 1623 年首次把教育学作为一门独立的学科提了出来，与其他学科并列。

A 培根　　B 卢梭

C 裴斯泰洛齐　　D 柏拉图

9. 标志着教育学作为一门独立的学科开始形成的教育论著是（　　）。

A 《学记》　　B 《普通教育学》

C 《大教学论》　　D 《教育论》

10. 提出“泛智”教育思想，探讨“把一切事物教给一切人们的全部艺术”的教育家是（　　）。

A 培根　　B 夸美纽斯

C 赫尔巴特　　D 赞科夫

11. 提出教育的目的是“为完满生活做准备”这一思想的教育家是（　　）。

A 卢梭　　B 斯宾塞

C 裴斯泰洛齐　　D 夸美纽斯

12. 首次将教育学作为一门学科在大学里进行讲授的是（　　）。

A 赫尔巴特　　B 卢梭

C 康德　　D 克伯屈

13. 被尊称为“现代教育学之父”的是（　　）。

A 斯宾塞　　B 卢梭

C 洛克　　D 赫尔巴特

14. 19 世纪末 20 世纪初，德国教育学家梅伊曼和拉伊创立的教育学流派是（　　）。

A 实验教育学　　B 文化教育学

C 批判教育学　　D 科学教育学

15. 世界上最早的一部教育专著是（　　）。

A 《教育漫话》　　B 《大教学论》

C 《学记》　　D 《教育学》

二、简答题

1. 简述教育学的研究任务。
2. 简述当代教育学的发展现状。

三、分析论述题

论述 20 世纪以来主要的教育学流派及其主要观点。

阅读推荐

1. 王道俊, 郭文安. 教育学[M]. 北京: 人民教育出版社, 2009.
2. 赫尔巴特. 普通教育学・教育学讲授纲要[M]. 李其龙, 译. 北京: 人民教育出版社, 1989.
3. 杜威. 民主主义与教育[M]. 王承绪, 译. 北京: 人民教育出版社, 2001.
4. 凯洛夫, 冈查洛夫, 叶希波夫, 等. 教育学[M]. 陈侠, 朱智贤, 邵鹤亭, 等, 译. 北京: 人民教育出版社, 1957.
5. 筑波大学教育学研究会. 现代教育学基础[M]. 钟启泉, 译. 上海: 上海教育出版社, 1986.
6. 奥恩斯坦. 美国教育学基础[M]. 刘付忱, 姜文闵, 陈泽川, 等, 译. 北京: 人民教育出版社, 1984.

第二章　教育及其产生与发展

学习目标

1. 掌握教育的概念及教育的构成要素。
2. 理解教育的性质和教育的基本功能。
3. 了解教育的起源、基本形态和不同形态下教育的特点。

基本概念

1. 教育。广义的教育是有意识的、以积极影响人的身心发展为直接和首要目标且教育者与受教育者双方都积极参与的社会实践活动。狭义的教育是由专职人员和专门机构承担，有制度保证的、有目的、有系统、有组织地对入学者的身心发展产生积极影响，以便把他们培养成为一定社会所需要的人的实践活动。狭义的教育常指学校教育，也叫制度化教育。

2. 教育功能。教育功能是教育学中的一个基本理论问题，是教育活动、教育系统对个体和社会发展所产生的各种作用和影响。

3. 正规教育。正规教育主要指学校教育（有人也用制度化教育的术语来指称正规教育），是由教育部门认可的教育机构（学校）所提供的有目的、有组织、有计划、由专职人员承担的，以影响入学者的身心发展为直接目标的、全面系统的训练和培养活动。

4. 非正规教育。非正规教育与正规教育相对，是指在正规教育体制以外所进行的有目的、有计划、有组织的教育和培训活动，包括各种岗位培训、校外教育、继续教育等。

5. 全民教育。全民教育即全体国民都有接受教育的基本权利并必须接受一定程度的教育，它通过各种方式满足全体国民基本的学习需求。

6. 终身教育。终身教育指人在一生各阶段所受各种教育的总和，是人所受不同类型教育的统一综合。

框架结构

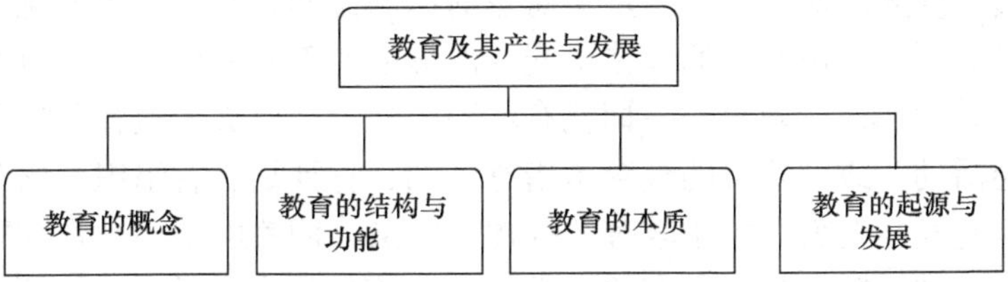

第一节　教育的概念

教育是什么？这一看上去非常简单的问题，在某些时候却令人难以做出确切的回答，因为教育是随着人类社会的产生而产生、随着人类社会的发展而发展的一种社会现象。由于教育本身在不断发展，其外延也在扩大，因此，正确揭示教育的本质和内涵并非易事。

一、“教育”定义的类型

使用下定义的方法把已经达到的对教育的认识总结和确定下来，才有利于进一步的研究。我们每个人从生到老都在受教育，人人对教育都有发言权。但要对教育下一个确切的、科学的定义，又非一件容易的事。那么，我们究竟应该如何界定教育呢？

基于形式逻辑，给概念下定义，一般采取“属加种差”的方法，就是先找出一个外延比“被定义的概念”的外延大的概念，也就是它所属的属概念，然后找出“被定义的概念”同其他与之相并列的种概念间的本质区别，即种差，最后把种差和属概念放在一起形成一个新的概念。[①]比如，我们可以说教育是培养人的（种差）一种社会实践活动（属）。当然，教育是复杂的，给教育下一个完美的定义并非易事。

关于教育定义的类型，分析教育哲学的代表人物谢弗勒（Scheffler）在其《教育的语言》（*The Language of Education*）一书中，曾把教育的定义区分为三种：规定性定义（the stipulative definition）、描述性定义（the descriptive definition）和纲领性定义（the programmatic definition）。这种划分可能有助于我们从不同的角度来理解教育的定义。规定性定义是“创造性”的定义，就是某一研究者用自己的语言对有关概念或术语所下的定义。这个被界说的术语在后面的讨论中，始

① 王聘兴. 怎样下定义[J]. 前线，1962（09）：20-22.

终表示这种规定的意义。这实际上就是要遵循概念或术语使用中的逻辑学的“同一律”原则。比如“教育”一词，不管其他人所用的“教育”一词是什么意思，我所指的“教育”一词就是这个意思。描述性定义是指对被定义对象的某些关键特征的适当描述或对如何使用定义对象的适当说明。在词典上所见到的大多是描述性定义的罗列。由于有的词在不同的语境中有不同的用法，也就有着多种描述性的含义。比如，“教育”一词就有不同定义：“广义的教育是指有目的地培养人的社会活动”或“狭义的教育是指有目的、有计划、有组织地培养人的社会活动”。这些实际上就是关于教育的描述性定义，回答的是“教育实际上是什么”的问题。纲领性定义是一种有关定义对象应该是什么的界定。纲领性定义总是明确或隐含地告诉人们，教育应该是一个什么样子，它经常包含着一个价值判断。例如，我们经常把教育界定为“有目的地促进人的身心发展的活动”，实际上就暗示着，教育应该以促进学生的积极方向的身心发展为方向，那些与学生正向的身心发展相违背的做法是不允许的。因此，纲领性定义实际上就是规定性定义和描述性定义的结合。

可以说，这三种定义的分类是根据定义出现的上下文情境来决定的，同一定义根据不同的上下文情境可能归属不同的类型。三种定义的功能各不相同，规定性定义的功能是使该定义能够表达下定义者所需要的含义，使该定义能够在群体之间进行沟通和交流，描述性定义的功能是说明该定义的用途，而纲领性定义的功能是指明一种价值取向。对于这三种定义，谢弗勒总结道：“规定性定义的重要性在于交流，即旨在促进谈话；描述性定义的重要性在于解释，即澄清词语的常规应用；纲领性定义的重要性在于道德方面，即它体现行动的纲领。”①正是这些不同的定义方式使人们对教育做出了不同的表述。

二、教育概念的内涵和外延

（一）教育概念的内涵

1. “教育”概念的词源

1）中国“教育”概念的词源

在中国，一般认为“教育”概念最早见于《孟子·尽心上》中的“得天下英才而教育之，三乐也”。但这两个字在当时没有确切的含义，而是分别指“教”或“育”。按东汉许慎《说文解字》的解释，“教，上所施，下所效也”；“育，养子使作善也”。在20世纪以前，我国很少把“教”“育”二字合在一起使用。在我国古代思想家的教育论说中，与“教”相伴出现的字多为“学”。就甲骨文

① 转引自韩古珍. 谢弗勒教育哲学思想研究综述[J]. 教育理论与实践, 2010, 30（34）：11-14.

的“教”“学”而言，“教”主要指“成人手拿器械督促孩子的学习行为”，“学”主要指“儿童在房子里学习有关的知识”，从词源上看，“教”与“学”只是从不同角度描述同一种事物、同一种活动，“教”与“学”是统一的。因此，我们把“教”与“学”的词源看成是中国文化背景下的“教育”词源。

需要说明的是，我们现在使用的“教育”一词，与我国古代的“教育”一词的语义有所不同。现代意义上的“教育”一词来自日本。但日文中的“教育”一词是借用自我国的《孟子·尽心上》，近代日本人又用这个词解释欧美语词。我国学者如王国维等又转译大量的日文教育学著作和教材，“教育”一词又重新传回国内，并被赋予了新的含义。自此，“教育”一词就渐渐取代了传统的“教”与“学”，成为我国教育学的一个基本概念。这也是我国教育现代化和传统教育学范式现代转换的一个语言学标志。

2）西方“教育”概念的词源

在西方，“教育”由拉丁语 educare 分别分化为英语的 education，法语的 éducation，德语的 erziehung。其中，拉丁语中的 e 为“出”的意思，ducare 为“引导”之意，二者合起来就是“引出”，意思就是采用一定的手段，把某种本来就潜藏于人身上的东西引导出来，从一种潜质转变为现实。从词源上来看，西方“教育”之于人的发展而言，具有内发之意，强调教育是一种顺其自然的活动，旨在把自然人所固有的或潜在的素质自内而外引发出来，成为现实的发展状态。

2. 教育概念的界定

古今中外的教育家、思想家、政治家从各种角度对“教育是什么”做过回答，从不同侧面揭示了教育的特性，但受认识水平和时代条件的局限，特别是由于教育这一社会现象在不同历史时期有不同的形态和表现，对社会所起的作用不同，这就给教育下定义带来了困难。翻开中外教育史，对教育所下的定义有千百条，各有不同。

1）中国的“教育”释义

在我国，对教育的认识远早于西方国家。春秋战国时期，百家争鸣，出现了一批思想大师，他们对教育有着不同的认识和表述。

孔子认为，教育是一种重要的社会统治手段。他认为，“道之以政，齐之以刑，民免而无耻；道之以德，齐之以礼，有耻且格”①。在孔子看来，教育才是提高人的整体素质和社会文明程度的根本手段。荀子认为，教育是以善教人。《荀子·修身》中说：“以善先人者谓之教。”②教育就是让人效仿善，让人形成善，

① 孔子. 论语[M]. 马学永，译注. 北京：北京时代华文书局，2019：17.

② 荀子. 荀子（卷一）[M]. 沈阳：万卷出版公司，2009：15.

这即教育的目的。

我国古代乃至世界上最早的专门论述教育的著作《学记》中说：“学者有四失，教者必知之。人之学也，或失则多，或失则寡，或失则易，或失则止。此四者，心之莫同也。知其心，然后能救其失也。教也者，长善而救其失者也。”[①]这就是说，良好的教育既善于发扬学生的优点，又善于克服学生的缺点。因之，“教也者，长善而救其失者也”。儒家经典《中庸》记载：“天命之谓性，率性之谓道，修道之谓教。”[②]这句话是说，天所赋予人的气质叫作“性”，一切顺着人的本性叫作“道”，修道（修即是修自身的心性）的方式叫作“教”。这里把教育定义为“修道”。儒学大师、宋代理学家朱熹认为，圣贤千言万语，只是教人明天理，灭人欲，学者须是革尽人欲，复尽天理，方始是学。他认为教育是让人“明天理，灭人欲”。

由上可知，我国古代教育家所论教育基本都是聚焦在道、德、善，都指向人之德行及将其向善的方向的引导和教化。“教育”一词逐渐被中国人所认识、传播，并成为使用频繁的词，与西方教育传入中国有关。来华的传教士翻译、介绍了各种科学文化知识，同时带来了与传统封建教育不同的西方新教育。另外，去日本留学的一些人开始翻译日文教育学书籍。由于日文中有“教育”“教育学”等词语，故翻译过来的有关“兴学”活动和理论就被称为“教育”“教育学”。“教育”一词的出现，逐渐代替了原先使用的“教”和“学”的单音词。[③]关于何为教育，蔡元培说：“教育者，养成人格之事业也。”他认为教育是以追求实体世界的最高精神境界为最终目的的，所以，智育、体育、美育都是围绕这个最终目的开展并为此目的服务的。[④]陶行知提出以生活为中心的教育，“生活即教育”。生活教育是给生活以教育，用生活来教育，为生活向前向上的需要而教育。生活教育是生活所原有、生活所需自营、生活所必需的教育。教育的根本意义是生活之变化。生活无时不含有教育的意义。[⑤]近现代教育家杨贤江在其著作《新教育大纲》中，对“教育是什么？”这个关乎教育本质的问题做了开宗明义的说明，他认为，“教育为‘观念形态（意识形态）的劳动领域之一’，即社会的上层建筑之一”。从学校来考察，“一般的学校，无论是高级，是中等，是小学，都是社会的劳动领域，为赋予劳动力以特种的资格的地方，就是使单纯的劳动力转变

---

① 戴圣. 礼记[M]. 陈澔，注. 上海：上海古籍出版社，2016：420.

② 孔子，等. 四书五经[M]. 沈阳：万卷出版公司，2010：14.

③ 杨其勇，李宗远. 理论教育学研究[M]. 成都：西南交通大学出版社，2013：29.

④ 张人杰，王卫东. 20 世纪教育学名家名著[M]. 广州：广东高等教育出版社，2002：754.

⑤ 转引自杨斌. 什么是真正的教育——50 位大师论教育[M]. 福州：福建教育出版社，2010：192.

到特殊的劳动力的地方”①。

1928 年，由中华书局出版的《中国教育辞典》对“教育”的定义是：“教育之定义，有广狭两种。从广义而言，凡是影响人类身心之种种活动，俱可称为教育；就狭义而言，则唯用一定方法以实现一定之改善目的者，始可称为教育。”②

中华人民共和国成立以后，前期受到苏联教育学的影响，对教育的定义有了新的变化。《中国大百科全书·教育》对教育的定义是：“从广义上说，凡是增进人们的知识和技能、影响人们的思想品德的活动，都是教育；狭义的教育，主要指学校教育，其含义是教育者根据一定社会（或阶级）的要求，有目的、有计划、有组织地对受教育者的身心施加影响，把他们培养成为一定社会（阶级）所需要的人的活动；教育这个词有时还作为思想品德教育的同义词使用。”③《教育大辞典·总论》对教育的定义是：“教育是传递社会生活经验并培养人的社会活动。通常认为，广义的教育，泛指影响人们的知识、技能、身心健康、思想品德的形成和发展的各种活动。”④

从以上可以看出，我国不同时期的教育学者在吸取西方教育思想以及苏联教育思想的基础上，立足于不同的时代背景，阐释了教育的定义。目前，大多倾向于把教育定义为活动或社会活动。

2）外国有代表性的“教育”释义

外国教育思想可以追溯到古代希腊。古代希腊的柏拉图说：“什么是教育？教育是为了以后的生活所进行的训练，它能使人变善，从而高尚地行动。”柏拉图试图通过教育来改造人性，认为适当的教育只要保持下去就可以培育人性。他还说，“我们可以断言教育不是像有些人所说的，他们可以把知识装进空无所有的心灵里，仿佛他们可以把视觉装进盲者的眼里”，教育乃是“心灵的转向”⑤。在柏拉图看来，教育的目的，不是以知识使人惊异，不是为获得实际技能，而是为了“灵魂”从朦胧的光线转向真实的日光，也就是说，使遭受心灵束缚的人走出洞穴，得以见到理想的国度。灵魂转向了的人就会从沉浸于尘世的经验的事物中上升，转向对事物的秩序有明晰的理解。柏拉图还认为，“知识是每个人灵魂里都有的一种能力，而每个人用以学习的器官就像眼睛”⑤。在柏拉图看来，教育主要是引导、教化的过程，这个过程即把天赋能力引导出来（或者说把理性从

---

① 中央教育科学研究所，厦门大学. 杨贤江教育文集[M]. 北京：教育科学出版社，1982：412.

② 王克仁，等. 中国教育辞典[M]. 上海：中华书局，1928：642.

③ 中国大百科全书总编辑委员会《教育》编辑委员会. 中国大百科全书·教育[M]. 北京：中国大百科全书出版社，1985：1.

④ 顾明远. 教育大辞典（增订合编本）[M]. 上海：上海教育出版社，1998：725.

⑤ 柏拉图. 理想国[M]. 郭斌和，张竹明，译. 北京：商务印书馆，1986：277.

灵魂中引出来，因为理性是每个灵魂的本质，是人之为人的本源）。

中世纪以后，尤其是西方经过文艺复兴运动，随着资本主义经济、文化、教育事业的发展，从捷克著名的教育家夸美纽斯开始，出现了一批有影响力的教育家。他们基于自己的哲学观和对社会的理解，提出了各自的教育见解。

夸美纽斯提出，教育在于发展健全的个人。他认为，人人都有知识、德行和虔信的种子，但这个种子却不能自发地生长，需要凭借教育的力量。“只有受过一种合适的教育之后，才能成为一个人。”[①]英国哲学家洛克在《教育漫话》中指出：教育的最高目的在于培养绅士。在洛克看来，绅士应该是“有德行、有用、能干的人”[②]。英国教育家斯宾塞认为，教育是为我们未来的完美生活做准备。法国教育家爱弥儿·涂尔干（又译为迪尔凯姆，Durkheim，1858—1917）认为：教育是成人一代对那些不能成熟地应付社会生活的年轻一代所施加的影响。教育的目的是为年轻一代的身体、智力和道德发展创造条件，并使之在上述方面达到政治社会的统一性和以特殊方式而产生的特殊环境所提出的要求。美国实用主义教育家杜威在《民主主义与教育》说：“教育是生活的过程，而不是将来生活的准备，教育即经验的改造，‘教育即生长。’”[③]

苏联教育家加里宁说：“依我看来，教育是对于受教育者心理上所施行的一种确定的、有目的的和有系统的感化作用，以便在受教育者的身心上，养成教育者所希望的品质。”[④]

德国哲学家雅斯贝尔斯（K. Jaspers，1883—1969）在《什么是教育》一书中说：“所谓教育，不过是人对人的主体间灵肉交流活动（尤其是老一代对年轻一代），包括知识内容的传授、生命内涵的领悟、意志行为的规范，并通过文化传递功能，将文化遗产教给年轻一代，使他们自由地生成，并启迪其自由天性。”又说，“教育是人的灵魂的教育，而非理性知识的堆积”[⑤]。

从上述定义可以看出人们对“教育”的定义和定义的方法是仁者见仁，智者见智，其原因不仅在于个人观点的差别，还在于文化背景、哲学基础、阶级立场等的差别及各自所处特定时代精神的不同，因此想求得一个普遍认可的教育定义是很困难的。不过，归其究竟，不外从社会需要论教育和从人的发展论教育。这两种定义从不同的方面揭示了教育活动的某些本质属性，对于理解教育活动都是

---

① 夸美纽斯. 大教学论[M]. 傅任敢，译. 北京：教育科学出版社，1999：24.

② 洛克. 教育漫话[M]. 傅任敢，译. 北京：人民教育出版社，1985：138.

③ 杜威. 民主主义与教育[M]. 王承绪，译. 北京：人民教育出版社，1990：4.

④ 转引自《主客体关系学系列丛书》撰写组. 教育是什么：智能的积累遗传[M]. 北京：商务印书馆，2000：33.

⑤ 雅斯贝尔斯. 什么是教育[M]. 邹进，译. 北京：生活·读书·新知三联书店，1991：3-4.

有价值的。但是，这两种定义中也存在着各自的缺陷，它们对于一方的过分强调往往会导致在现实中对另一方的忽略。所以给“教育”下定义时，应该兼顾社会和个体两个方面，至于如何具体表述，则因人而异。

关于什么是教育，我国主要从教育者与受教育者之间的关系以及教育的目的来界定其内涵，国外主要是从人的发展或社会发展的角度来阐述教育的概念。目前我国比较一致的看法是，教育有广义和狭义之分。广义的教育是有意识的、以积极影响人的身心发展为直接目标和首要目标，且教育者与受教育者双方都积极参与的社会实践活动。狭义的教育多指学校教育，是由专职人员和专门机构承担，有制度保证的，有目的、有系统、有组织地对入学者的身心发展产生积极影响，以便把他们培养成为社会所需要的人的实践活动。

（二）教育概念的外延

对教育的理解包含内涵和外延两个方面，概念的内涵是指该概念所反映的对象的本质属性的总和，教育的内涵即教育的定义。概念的外延是指具有该概念所反映的本质属性的一切对象，教育的外延即教育的形态。教育的形态指教育作为一种社会现象存在的外在形式和状态，教育的形态是教育内涵的外在具体表现。教育内涵与教育外延是唯一对多样、相对稳定对具体变化的关系。

1. 正规教育和非正规教育

从广义的教育来分析，依据教育活动的规范程度划分，可以将教育分为正规教育和非正规教育。

1）正规教育

正规教育主要指学校教育（有人也用制度化教育来指称正规教育），指由教育部门认可的教育机构（学校）所提供的有目的、有组织、有计划的、由专职人员承担的，以影响入学者的身心发展为直接目标的、全面系统的训练和培养活动。正规教育有一定的入学条件和规定的毕业标准，通常在教室（课堂）中进行，使用规定的教学大纲、教材。其特点是：有固定的校舍，有稳定的教育周期，有统一的学制和人才培养目标，有固定的教师和学生。正规教育相当于当今学校教育中的学历教育，包括学前教育、中小学教育和高等教育。

2）非正规教育

非正规教育与正规教育相对，是指在正规教育体制以外所进行的有目的、有计划、有组织的教育和培训活动，包括各种岗位培训、校外教育、继续教育等。非正规教育的教育目的具有实用性和直接性，并与个人的学习需要和国家发展要求相一致。它是有组织的，但不是充分制度化的；是系统的，但不是完全常规化的。它基本上是在校外进行，与正规教育相比，其内容、方法、形式具有较少的正规性、较多的灵活性。[①]

2. 实体教育和虚拟教育

按教育活动的存在形式，可以把教育分为实体教育和虚拟教育。

1）实体教育

实体教育是指在一个现实的空间里，根据现实空间的要求规范人们的行为的一种教育。

2）虚拟教育

虚拟教育是以信息为中心、网络为媒介，实现各种信息资源共享的新型教育形态。

3. 家庭教育、学校教育和社会教育

按教育活动的存在范围，可以将教育分为家庭教育、学校教育和社会教育。

1）家庭教育

家庭教育是在家庭生活中，由家长或监护人（首先是父母）对其子女实施的教育，即家长有意识地通过言传身教和家庭生活实践，对子女施以一定教育影响的社会活动。家庭教育是同家庭同时产生的，它作为一种独立教育形式先于学校教育，在出现专门的教育机构之前，家庭是教育儿童的场所，父母是儿童的第一任教师。家庭教育对培养年轻一代具有特殊的地位和作用，它同年轻一代的健康成长息息相关。我国宪法明文规定：父母对未成年子女有抚养、教育的义务。对子女的教育是每个公民应尽的社会职责。家庭教育是学校教育的基础。同时，家庭教育对社会不良因素的影响起着净化作用。

家庭教育与学校教育、社会教育相比较，具有启蒙性、终身性的特点。其一，家庭是抚育孩子的“摇篮”，父母担负着教育启蒙孩子的重任。这种启蒙教育首先表现为家长的直接教育。其二，孩子从家长对周围事物的评价和态度中学习，间接地了解生活和认识社会。其三，家长的思想品德、行为表现对孩子具有潜移默化的作用。家长的举止言谈、待人接物、为人处世等种种行为表现，都可能成为孩子模仿的对象。由于家庭的血缘关系，家庭教育对孩子思想品德、行为习惯、意志性格的形成起特殊的教育作用，良好的家庭教育，孩子可终身受益。另外，孩子长大成人后，无论在事业上取得多大成就，由于父母与孩子之间关系的存在，父母仍是一种有权威的教育力量，家长永远是孩子的“教师”。[②]

---

① 顾明远. 教育大辞典（增订合编本）[M]. 上海：上海教育出版社，1998.

② 田玉敏. 当代教育哲学[M]. 天津：天津社会科学院出版社，1991：28-29.

2）学校教育

学校教育就是上文中我们说的狭义的教育，指教育者根据一定社会（或阶级）的要求，遵循受教育者身心发展的规律，对受教育者所进行的一种有目的、有计划、有组织地传授知识和技能，发展受教育者的智力和体力，使受教育者形成一定的世界观，培养受教育者思想品德的系统影响活动。

3）社会教育

社会教育指学校教育以外的一切文化教育机构对青少年、儿童和成人进行的各种教育活动。过去人们把社会教育看成是学校教育的简单补充，对象是部分青少年，范围比较狭小。随着社会的发展，社会教育对象的范围不断扩大，几乎包括社会的每个年龄阶段的成员。近些年来，越来越多的团体、机关、企业甚至个人开始兴办社会教育。从社会教育的内容看，既有电视台、报社和有关团体举办的广播及函授教育，也有各类团体举办的专题讲座；既有着眼于提高人们素养的内容，如各级文化宫、少年科技馆所提供的内容，也有普及性的内容，如机关团体组织的各种宣传和讲座等活动；既有道德、法律、理想和纪律教育的内容，也有智力竞赛、卫生保健、生活常识等方面的内容。社会教育不仅内容广泛，而且也具有实用性。社会教育不是简单地追求理论上的完整和系统，而是根据不同对象，进行适当的取舍，着眼于解决生活和工作中所遇到的实际问题。通过良好的社会教育，在一定意义上可以减少反社会行为，促进社会的安定和进步，可以增强社会对人力供求矛盾的调节，可以促进教育机会均等。①

从狭义的教育来分析，也即从学校教育来分析，按照教育的层次又可以把教育分为学前教育、初等教育、中等教育、高等教育。依据教育目标和职能，教育也可分为普通教育和职业教育。

第二节　教育的结构与功能

教育的结构是指一定社会、一个国家或地区在一定时期内，教育总体系中各级教育和各类型教育的组合和比例关系。教育结构同物质结构一样，各种教育因素间的不同比例关系和组合，会产生不同的功能。教育结构是教育系统的基础，是教育系统实现育人功能的内在支柱。

一、教育的结构

结构是指事物内部诸要素的比例关系和组合方式。教育的结构是教育内部诸要素的比例关系和组合方式。教育结构可以从教育活动结构和教育系统结构两个

---

① 田玉敏. 当代教育哲学[M]. 天津：天津社会科学院出版社，1991：31.

方面来认识和把握。

（一）教育活动的结构

教育活动的结构，即教育活动主体参与要素的构成。由于教育是一种复杂的社会现象，加之人们在分析教育活动的结构时往往从不同的视角出发，因此，对教育活动的基本构成要素的概括也不完全一样。一般来说，教育作为在一定社会背景下发生的促进个体的社会化的实践活动，应包括三个基本要素，即教育者、受教育者、教育影响。

1. 教育者

“教育者”是构成教育活动的人的要素，也是基本要素。对于“教育者”的理解因“教育”定义的不同而不相同。如果将“教育”做广义理解，也即教育是有意识的、以积极影响人的身心发展为直接目标和首要目标的，且教育者与受教育者双方都积极参与的社会实践活动，那么，凡是对受教育者在知识、技能、思想、品德等方面起到积极影响的人，都可以称为“教育者”。像家庭教育中的父母、爷爷奶奶，社会教育中的师父等都是教育者。如果将“教育”理解为“学校教育”，那么教育者主要就是具有一定资格、具备专业知识、以从教为业、能够促进个体社会化和社会个性化的教师。

教育者是教育活动的主导者，教育者必须有明确的教育目的，目的性是教育活动的一个重要特征。教育者所从事的是一种以培养和教育人为目的的社会实践活动，这一活动直接指向受教育者的身心发展。离开了教育者及其有目的的活动，也就不存在教育活动。教育者有目的的教育实践活动，是具有社会性的，社会性是教育者的又一基本特征。教育者受社会的正式委托，代表社会对受教育者施加影响。教育者对受教育者所发生的作用，无论是性质、方向、范围还是水平等方面都较为集中地反映了一定的社会要求。

2. 受教育者

“受教育者”是教育活动的对象，没有受教育者，就没有教育活动。与教育者一样，受教育者是构成教育活动的人的要素，也是基本要素。对于受教育者的理解也因教育定义的不同而不相同。如果将教育做广义理解，那么受教育者是指在各种教育活动中从事学习的人，或者说所有为提高自身素质而进行学习的人都是受教育者。随着终身教育制度的建立和全民教育的实行，教育对象范围已经扩展到一个人从生命形成（胎教）到死亡的整个过程，以及全社会的所有人，其中，学校中的学生是受教育者的主体和代表。如果将教育理解为学校教育，那么受教育者就是各级各类学校中的学生。

受教育者既是教育活动的主体，又是教育活动的客体。受教育者既具有受教性，又具有主动性。受教育者是教育实践活动的对象，他要接受来自教育者的影响，通过与教育者的互动实现自身的发展。同时，受教育者在教育活动中要把教育影响内化为自身的知识、智慧、品德等，离不开受教育者的自主性、能动性。试想，没有受教育者主动参与和积极投入教育活动中去，能有受教育者的良好发展吗？作为参与教育、教学活动的人员，受教育者自主学习的主体性、能动性不容忽视。

3. 教育影响

教育影响是教育者与受教育者进行教育活动时介于二者之间的一切中介的总和，是教育者作用于受教育者的全部信息。教育影响包括作用于受教育者的影响物以及运用影响物的活动方式和方法。

教育内容是教育者与受教育者之间的媒介，是教育者借以实现教育目的，受教育者借以实现发展目的的媒介。教育内容是教育者根据教育目的以及受教育者身心发展的规律和需要从浩瀚的文化中选择和加工的，是受教育者所要学习的各种知识、技能、思想、行为的总和。教育内容在学校教育中的具体表现形式是课程标准和教科书。现代教育内容不仅体现在各种教科书、教学参考书和其他形态的信息载体中，也体现在教育者自身拥有的知识、经验、思想品德和工作作风等之中。当然经过选择或精心安排的具有积极影响的自然环境、人际环境也构成教育内容的要素。

此外，教育内容的运作方式、方法和手段等也是教育影响中的应有内容。教育者和受教育者在教育活动中所采用的教和学的方式、方法以及所运用的一切物质手段，是实现教育目的的工具和方法。教育方式、方法有讲授法、谈话法、谈论法、实验法等。教育手段是指那些帮助教育活动进行的物质工具与技术手段，是某些信息载体传递时必须有的工具或手段，如印刷物、多媒体课件、计算机、网络以及软件等。

教育方式、方法和手段围绕着一定的教育内容设计和实施，受教育内容和当下技术手段的制约，同时也应与学习者身心发展规律相适应。正是这种教育内容与外在教育形式的统一所构成的教育影响，使得教育活动成为区别于其他社会活动的相对独立的社会实践活动。

上述教育的三要素既相互独立，又相互联系，共同构成一个完整的实践活动系统。没有教育者，教育活动就不可能开展，受教育者也不可能得到有效的指导；没有受教育者，教育活动就失去了对象，将无的放矢；没有教育影响，教育活动就成了无米之炊、无源之水，再好的教育意图、发展目标，也都无法实现。因此，教育是由上述三个基本要素构成的一种社会实践活动系统。[①]

（二）教育系统的结构

教育系统的结构是指一个国家或地区，在一定政治、经济结构和其他社会结构基础上建立的教育系统的各单元、各要素的组成形式和关系形式。伴随经济社会的发展变化，教育系统中各个子系统及其相互间的比例关系和组合形态也在不断变化。

从人类社会教育的历史来看，在原始社会，有教育这种社会现象，但教育融合在生产劳动和社会生活中，还没有从生活、生产中分离出来，没有专门的教育机构。这时的教育是非学校教育。

自奴隶社会出现学校后，就有了学校教育。从此教育活动就分为两大类：学校教育和非学校教育。随着社会的进步和学校教育的发展，尤其是资本主义社会实施义务教育以来，学校教育对象的扩展以及教育内部系统的丰富、完善，使得学校教育成为整个教育活动的核心。

近现代社会教育变得越来越复杂，教育制度、教育体系也越来越完备。就狭义的教育而言，从教育的层次来看，一般分为初等教育、中等教育和高等教育。这三个层次的教育是以学校为主体进行的，又称为小学教育、中学教育和大学教育。近几十年来，这种模式已逐步发生变化，教育过程突破了这三个层次的界限，向前后延伸扩展。在小学教育前出现了幼儿教育或学前教育阶段；在大学教育后，出现了研究生教育阶段。这种由低到高按教育程度划分的各级教育结构，常被称为教育的纵向结构。

在各级教育主要是中等、高等教育中，从横向上，可按教学内容、培养目标和学制的不同分为各种类型，如中等教育分为普通中学、职业中学和中专/技校三大类型。高等教育社会化的趋势，使高等学校的类型和形式更为灵活多样。在传统的大学本科和大专院校两大类型之外，又兴起了广播电视大学、函授（刊授）大学、夜大学、业余大学、自学考试、网络教育及各种短期培训和进修班等，它们之间的比例关系都属于横向结构。

按教育机构的所有制和管理体制划分，有国家和集体兴办的学校，有群众团体集资创办及个人开办的学校，还有华侨、外商投资创办的学校。这些以不同经费来源而形成的各种所有制形式结构，反映了教育渠道多样化的发展程度，以及教育投资（包括人力、财力、物力）多元化的状况。[②]

① 全国十二所重点师范大学. 教育学基础[M]. 北京：教育科学出版社，2002：7.

② 刘厚成，张泽厚. 中国教育结构研究[M]. 太原：山西经济出版社，1989：6-9.

二、教育的功能

教育功能是教育学中的一个基本理论问题，是教育活动、教育系统对个体和社会发展所产生的各种作用和影响。教育的功能的实现，是教育在与人及周围环境相互影响中所发挥的作用。教育的个体发展功能是指教育对个体身心发展所具有的推动作用；教育的社会发展功能是指从宏观的角度来说教育对整个社会发展所具有的作用。

（一）个体发展功能与社会发展功能

教育功能从教育作用的对象上可以划分为个体发展功能和社会发展功能。

作为一种独立的社会活动，教育的目的就是培养人的个体的全面发展。因此，教育具有促进个体发展的功能。人既是个体的人，又是社会的人。作为个体的人表现为具有个性，追求个体的独特性；作为社会的人表现为人具有社会性，追求个体的共性。教育就是促成个体的社会化和个性化，并将两者统于一体。简而言之，教育的个体发展功能表现为教育的个体个性化功能和个体社会化功能。社会主义教育以马克思主义关于人的全面发展理论为指导，重视教育促进个体社会化的功能，使个体具备现代人的德、智、体、美、劳诸方面的素养，同时尽可能地发展个体的个性。随着社会主义事业的发展，社会化与个性化的统一会日臻完善。此外，教育的个体发展功能是在教育活动的内部发生的，也称为教育的本体功能或教育的固有功能。

教育的社会发展功能是指教育对社会其他子系统的作用，这些子系统包括政治、经济、文化等方面，具体表现为：教育是传递和继承人类文化的重要工具，它能传承文化，促进文化的延续和发展（即“文化功能”）；能提高国民的科技运用能力，对生产力的发展具有极大的推动作用，能促进经济的增长（即“经济功能”）；能影响世界观、价值观、道德、思想意识的形成，维护社会的稳定和推进政治民主化的进程（即“政治功能”）。教育的社会发展功能不是教育自身的功能，而是教育培养的人参与社会生活而发生的功能。因此，教育的社会功能是教育的本体功能在社会结构中的衍生，是教育的派生功能，也称教育的工具功能。

教育的个体发展功能和社会发展功能的关系是辩证统一的。一方面，要看到教育的个体发展功能是教育的社会发展功能衍生的前提和基础；没有教育的个体发展功能就谈不上教育的社会发展功能。另一方面，还要看到教育的社会发展功能对教育的个体发展功能发挥的制约作用。

（二）正向功能与负向功能

教育功能从性质上可以划分为正向功能与负向功能。

这种教育功能的思想源于美国社会学家默顿（R. K. Merton，1910—2003），正向功能与负向功能是默顿于20世纪50年代末提出的功能分析的一个维度。他认为“功能”是指功能事项对功能承受单位起作用从而产生的“可观察到的客观结果”。这种结果依其对社会协调所起的作用性质，可分为正向功能和负向功能。正向功能有助于一个系统的适应或顺应，而负向功能则削弱系统的适应或顺应。① 也就是说，正向功能是“贡献”性的功能，负向功能是“损害”性的功能。按照默顿的思想，教育功能也分为正向功能和负向功能。教育的正向功能，即积极地促进社会的进步和发展，积极地促进人的成长与发展。比如，教育作为人类传承社会文化的活动，在促进人的发展以及社会的进步、经济的繁荣等方面具有举足轻重的作用。当然，现实中的教育并非总像人们预期的那样出现符合人们愿望的结果，教育也可能产生负效应，体现为教育的负向功能，即对社会的进步和发展起着阻碍作用，对人的成长发展起着消极作用。教育的负向功能在现实生活中也有很多表现形式，如因教育结构失调而造成的学生学非所用，因一味追求考试成绩和升学率而造成的学生负担过重，等等。从正负这两个方向来划分教育的功能是对功能认识的深化，有利于提醒或引导人们更科学、更全面地对待教育的改革和发展。

（三）显性功能与隐性功能

教育功能从呈现方式上可划分为显性功能与隐性功能。

美国社会学家默顿不仅提出了正向功能与负向功能的分析维度，在批判了传统功能主义混淆“主观动机”和“客观结果”的基础上，还提出了“显性功能”（manifest function）和“隐性功能”（latent function）的概念。默顿认为，显性功能是主观目标与客观结果相符的情况，是有助于体系之适应或顺应的客观结果，这种结果为此体系的参与者所预期并认可。而隐性功能与显性功能相对，指这种结果既非事先筹划，也是非预期的，亦未被认可或未被觉察到。可见，显性功能是有目的地实现的功能，而隐性功能是主观愿望之外的结果。按照默顿这一思想，教育功能也分为显性功能和隐性功能。

教育的显性功能是依照教育目的，在实际运行中所出现的与之相符合的结果。显性功能的主要标志是计划性，因此，教育的个体发展、政治、经济等功能均属于教育的显性功能。教育的隐性功能是伴随显性教育功能而出现的非预期的功能。隐性功能的显著标志是非计划性、非预期性，如不公正的教育复制了现有的社会关系，再现了社会的不平等。教育的显性功能和隐性功能的区分是相对的，一旦隐性的潜在功能被有意识地开发、利用，就转变成了显性教育功能。

---

① 王等等. 论教育功能观[J]. 教育评论，2008（03）：21-24.

（四）多维功能

日本学者柴野昌山运用默顿关于功能划分的理论，以默顿的“正向功能、负向功能”及“显性功能、隐性功能”这两对功能概念为基础，构建了学校教育功能的理论分析框架。

他把学校的教育功能分为四大类，即显性正向功能（A）、隐性正向功能（B）、显性负向功能（C）、隐性负向功能（D）（图 2-1），并从理论上表明了负向教育功能和正向教育功能同时存在于教育功能系统之中。柴野昌山还举例说明了这四类功能现象的存在，比如，他认为，考试及成绩报告单作为教师评价学生学习效果和强化学生学习欲望的工具，具有显性正向功能，但是若教师仅凭考试成绩来评价学生便会导致学生产生书呆子型成就中心的偏向，此可谓隐性负向功能；又如学校中的表扬制度及晨会之类的仪式性活动的本来目的只是帮助学生区分正误，但作为“副产品”，也可能出现增强学生对学校的归属意识、促进群体整合之预料外的结果，这种结果便是隐性正向功能；至于显性负向功能，学校一开始就竭力避免，但还是存在一些学生的不良行为则属于显性负向功能。这就需要我们在教育实施时必须考虑教育功能的各种可能性，努力争取正向的教育功能，并避免出现负向的教育功能。

客观结果	主观意向	
	显性	隐性
正向	A	B
负向	C	D

图 2-1　柴野昌山关于学校教育功能的分析框架图

此外，按教育作用的方向和教育作用的对象划分，即按照教育对人与社会的正向功能、负向功能来划分又可以把教育的功能分为：教育对人的正向功能（A）；教育对社会的正向功能（B）；教育对人的负向功能（C）；教育对社会的负向功能（D）（图 2-2）。这四类功能中既有显性功能又有隐性功能。

教育作用的方向	教育作用的对象	
	人	社会
正向	A	B
负向	C	D

图 2-2　学校教育功能分析框架图

第三节　教育的本质

本质是事物的基本规定性，是一事物区别于其他事物的本质特征。教育的本质也就是教育作为一种特殊社会实践活动的质的规定性，所要回答的就是“教育是什么”的问题。人们对“什么是教育”这个问题的回答，可以直接反映出人们的教育视野，并从总体上决定人们对教育的外延、内涵和教育的现象与本质问题的认识，是一个带根本性的教育理论和教育观问题。

关于教育本质的问题，学界历来有不同的主张。在长期对教育本质的争论中，人们提出了许多不同的理论观点，这些理论观点从不同侧面、不同角度研究了教育的功能和属性，对教育本质的研究都有一定贡献。因此，对以往关于教育本质问题的争论进行认真总结和反思，弄清楚这些理论观点各自的得失所在，有利于我们更深入透彻地认识教育本质。

教育本质的问题最早是由苏联教育学者在20世纪50年代初提出的，当时斯大林的《马克思主义与语言学问题》一文发表，苏联学术界围绕着教育是不是上层建筑以及它的专门特点展开了讨论。我国学者于同一时期就此问题开展了讨论。20世纪70年代末至90年代，围绕着教育本质问题，教育学者曾经有过几次集中的讨论，新时期的重要教育学者几乎都参与了这场讨论。在教育本质的讨论中，由于各自的视野不同、立场不同，教育学者提出了许多不同的观点，归纳起来，大致可以分为以下几种。

一、教育是上层建筑

持这一观点的人都是从教育与社会的政治、经济有密切的本质联系和教育具有阶级性等方面来论证的。他们认为，教育是由一定社会的政治、经济所决定的，又反过来为一定社会的政治、经济服务。教育的主要方面，如教育的思想、教育目的、教育方针、政策等，都属于社会的意识形态范畴。随着一种社会经济结构被另一种社会经济结构所代替，一种教育类型就会改换成另一种教育类型，教育的目的、内容、方法、形式等都要发生根本的变化。换句话说，经济基础决定了教育的性质，经济基础的变化决定了教育的变化。教育具有鲜明的上层建筑的特点。例如，教育反映一定社会经济基础，集中体现统治阶级的利益和意志，因而教育是上层建筑。得出教育的本质是上层建筑的结论具有明显的片面性或局限性，因为它所关注和强调的教育具有的上层建筑或意识形态的特性，原本只是教育的一个方面的属性和功能。研究者却有意或无意地将教育的一个方面的属性和功能放大成教育的本质，这便是这种教育本质论最根本的缺陷。上层建筑属性只是教育的多种属性中的一种，它不是教育的本质属性，而是非本质属性。

二、教育是生产力

与“教育是上层建筑”的传统派观点不同，“教育是生产力”是现代派的观点。这种观点认为，教育与社会再生产之间存在着本质的客观联系，教育是劳动力再生产的手段，培养出什么规格的劳动力，首先由生产力决定，而不是由生产关系所决定的。教育是社会再生产的必要条件，是社会生产和延续的手段。教育的根本任务，它的内容和方法，使用什么样的设备和手段等，归根到底都要反映生产力发展的需要。教育的对象是人，人是生产力最重要的因素。人通过学习并掌握科学文化知识和技能，提高了创造与革新的能力，也就促进了生产力的发展。同时，教育也是把科学技术由潜在生产力变为现实生产力的桥梁，因而，可以把教育看成是社会生产力。“生产力说”的出现，体现着人们对于教育本质认识的进步和发展。这一观点是基于对教育本质“上层建筑说”进行批判与反思基础上的理论构建。这种观点与“上层建筑说”一样，把事物之间的“本质联系”，直接等同于事物的本质属性，混淆了两个不同的概念。教育的生产力属性，也只是教育的多种属性中的一种属性。但它不是教育的本质属性，而是非本质属性。教育本质“生产力说”，作为一种教育本质理论，虽然由于观点的偏狭而很快被人们所否定，但却因其对教育的生产力特性的揭示和强调而在教育本质理论发展史上功不可没。

三、教育具有上层建筑和生产力的双重属性

此观点认为，教育不仅与生产关系有着直接的联系，也与生产力有着直接的联系。教育既具有为生产实践服务的社会职能，在阶级社会中也具有为阶级斗争服务的社会职能。教育思想，教育理论，教育的政治观点，教育的路线、方针、政策、制度，道德教育的任务和内容等都是经济基础的反映，同时，教育又为巩固经济基础服务，在阶级社会中带有鲜明的阶级性，这是教育中的上层建筑部分。但另外一部分，如读、写、算的基本技能，自然科学的教学内容，生产知识和技能，教学方法，教学组织形式和现代化的教学手段等，这部分不属于上层建筑，其中，有的与生产力有着直接的联系，或者本身就是生产力。教育本来具有上层建筑和生产力的双重属性，既不能简单地把它归于生产力，也不能简单地把它归于上层建筑。它既不像生产力那样仅仅表现为人们在生产中与自然界的关系，也不像经济基础那样在经济上为社会服务，更不像上层建筑那样以政治、法律等为社会服务。教育是通过培养人才来为社会服务的，它既同生产力的发展有关，也同生产关系有关；既与经济基础相联系，同时也与政治、法律、道德等上层建筑相联

系。[1]这种双重属性观点是存在严重问题的，因为事物的本质，应该为该事物的一切对象所具有（必然具有和必须具有），既然上层建筑属性和生产力属性都只为一部分教育所具有，那么它们就都不具备本质属性的特征，所以二者都不可能是教育的本质属性。

以上讨论的几种理论观点，有一个共同的特征，就是都把注意力集中在教育与周围事物的外部联系上，试图从教育的外部矛盾中去探寻教育的本质。他们往往忽视了这样一个最基本的道理：事物的本质一定在事物的内部，在事物的内在矛盾之中，而不在于事物的外在矛盾之中。显然，社会的政治、经济（包括生产力、生产关系和上层建筑）对教育发展的作用，都是教育发展的外在矛盾，是教育发展的外部条件。所以要想从教育的这些外部矛盾，以及由这些外部矛盾所决定的属性中，去分辨孰主孰次，孰是本质，孰是非本质，这些都是空费心神的。

四、教育是一种综合性的社会实践活动

"社会实践说"，开始是作为"上层建筑说"中"教育是一种社会意识形态"的悖论出现的。此论认为教育的本质属性是培养人的社会实践活动。因为在认识与实践的关系方面，人在社会实践中改造客观世界的同时也在改造主观世界。教育不是观念形态的社会现象，而是一种独立的、基本的实践形式，它蕴含在实践中，其本质是实践的；在教育者与受教育者的关系方面，教育者作用于受教育者，实践在其中起着媒介作用；在思想品德形成过程中，知、情、意、行都是在社会实践中形成和发展的；在人的个性方面，遗传的素质只有通过社会生活的实践才能得到发展。在社会现象中，教育既不属于上层建筑，也不属于经济基础和生产力。教育是一种有意识、有目的、有计划地培养人的社会实践活动，它是人类种族繁衍、社会生活延续所必需的活动。教育就是这样一种特殊的社会实践活动。

五、教育是促进个体社会化的过程

这种观点认为，应当从教育与社会发展以及与人的发展相统一、从教育的内部矛盾入手探讨教育的本质，认为教育的产生是由社会发展和人的发展的需要决定的，同时又是由社会要求与个体心理水平间的矛盾所规定的。这一过程的实质，就是促使生物学意义上的个体转化为社会存在的人。教育能有效地促进人的社会化，使教育影响转化为受教育者的精神财富。据此提出"教育概念一般可表述为：教育乃是促成人的社会化的人影响人的活动。学校教育的概念可表述为：学校教

---

① 杨其勇，李宗远. 理论教育学研究[M]. 成都：西南交通大学出版社，2013：73.

育乃是教师以人类社会所积累的知识和经验对学生的身心所施加的有目的、有计划和有组织的影响，并使之转化为学生的精神财富——掌握这些知识的经验，促进学生身心发展的过程”①。

六、教育是培养人的社会活动

教育是培养人的社会活动即“育人活动说”是继“上层建筑说”和“生产力说”之后，活跃在我国现阶段教育理论界的一种最具影响力的教育本质说。这种观点认为，“育人活动说”揭示了教育作为一种人类社会实践活动的最基本的特性，人们据此可以将教育与其他不同性质的社会活动相区别。从这个意义上说，“育人活动说”克服了过去关于教育本质的“上层建筑说”和“生产力说”所体现出的明显的局限性，因而具有一定的科学性，并得到了比较广泛的认同。另外，该学说研究的注意力从教育外部转向教育内部，从教育与社会的发展关系中去探寻教育的本质到从教育与人的发展关系中去探寻教育本质，这无疑是教育研究的一大进步。但是，把教育定义为培养人的活动，仍是不准确的。因为，“培养人”的属性并不是唯教育才具有的功能和属性。教育虽然是培养人的重要途径，却不是唯一的途径，社会实践活动（包括阶级斗争、生产劳动、科学实验等）也是培养人的一条重要途径。这就是说，社会实践活动也具有“培养人”的功能和属性。“培养人”是教育和社会实践活动所共有的属性，它不是只有教育所特有的属性，所以说教育是培养人的活动不是教育的本质属性。这种说法，并没有揭示教育内部所发生的过程，也没有揭示教育内部各组成要素（教育目的、教育内容、教育结果，以及教育者和受教育者等）相互间的内在联系。由此我们可以判断“育人活动说”仍然没能揭示教育的本质。

关于教育本质的讨论并没有最后的结论，但围绕着讨论，学者开始了深层次的反思，开始了教育本质问题的元研究。从理论上，对教育本质的认识有助于我们深入地理解教育活动质的规定性，从而建构科学的教育理论体系。在实践中，对教育本质的认识有助于使教育实践按照教育本质的要求发展，使教育实践向着培养全面发展而又具有独立个性的人的方向努力。

第四节 教育的起源

追溯教育的源头，探明教育的起点，梳理教育发展的历史流变，对于认识今天的教育以及教育的发展都具有重大意义。教育是人类社会的永恒现象，从人类

---

① 成有信. 教育学原理[M]. 郑州：河南教育出版社，1993：63.

社会产生起，教育就相伴而生。然而，教育是如何起源的学界曾经有过不同的观点，影响较大的有生物起源说、心理起源说和劳动起源说。

一、生物起源说

教育的生物起源说的提出者是法国的社会学家勒图尔诺（C. Letourneau，1831—1902），他在《各人种的教育演化》一书中认为，教育并非人类社会所独有的活动和现象，教育是在人类社会范围以外，远在人类出现之前就已产生的现象。他根据对动物生活的观察，认为成年动物对小动物的爱护和照顾便是教育行为，昆虫界也有老师和学生。生存竞争是产生教育的基础。动物为保存自己的物种，本能地要把自己的“知识”和“技巧”传授给小的动物。[①]据此，他认为后来出现的人类教育，不过是继承了动物界业已存在的教育形式，使其获得了新的性质而已。

后来，英国教育学家沛西·能（T. Percy Nunn，1870—1944）在他的《教育原理》一书中也阐发了他的生物学化的理论观点。他在一次报告中提出：“教育从它的起源来说，是一个生物学的过程，不仅一切人类社会——不管这个社会如何原始——都有教育，甚至在高等动物中，也有低级形式的教育。教育是扎根于本能的不可避免的行为，生物的冲动是教育的主流。”[②]

概而言之，教育的生物起源说的主要观点是：①教育活动不仅存在于人类社会之中，而且存在于人类社会之外，甚至存在于动物界；②人类社会教育的产生是一个生物学的过程，生物的冲动是教育的主要动力，人类社会的教育是对动物界教育的继承、改善和发展；③教育的产生完全来自动物的本能，是种族发展的本能需要。

教育的生物起源说是教育学史上第一个正式提出的有关教育起源的学说，也是较早地把教育起源问题作为一个学术问题提出来的学说，它看到了人类教育与动物类似行为之间的相似性，这是一个巨大的进步，标志着在教育起源问题上从神话解释转向科学解释。但是，该学说也存在一个根本的错误，它把教育的起源归为动物的本能行为，把教育过程看成是按照生物学规律进行的本能过程，这就完全把教育概念生物学化了，它没能把人类教育行为与动物类“教育行为”之间的差别区别开来，因而也没能把握人类教育的目的性和社会性。

二、心理起源说

教育的心理起源说的代表人物是美国教育家孟禄（P. Monroe，1869—1947）。

---

① 瞿葆奎. 教育学文集·教育与教育学[M]. 北京：人民教育出版社，1993：156-177.

② 沛西·能. 教育原理[M]. 王承绪，赵端瑛，译. 北京：人民教育出版社，1992：38.

他在其 1919 年出版的《教育史教科书》一书中，从心理学观点出发，认为教育的生物起源说忽视了人的心理与动物的心理之间的本质区别。他根据原始社会时期还不存在传授各种知识的专门教材和相应的教学方法，提出教育起源于儿童对成人的无意识模仿。他在其所著的《教育史教科书》中写道：原始社会的教育普遍采用的方法是简单的无意识模仿，儿童对老年成员的无意识模仿就是原始人的教育的起源。因此，心理起源说认为原始教育的形式和方法主要是日常生活中儿童对成人生活的模仿。

教育的心理起源说虽然使教育从动物界回到了人类社会，但这种观点把全部教育都归于无意识状态下产生的模仿行为，则是与人类教育的大前提相矛盾的。如果教育起源于原始社会中儿童对成人行为的“无意识的模仿”的话，那么这种“无意识的模仿”就肯定不是获得性的，而是遗传性的，是先天的而不是后天的，也就是说，是本能的，而不是文化的和社会的。

总之，教育的生物起源说和心理起源说虽从不同角度揭示了教育的起源，但它们的共同缺陷是否认教育是一种社会现象，否认教育是一种有意识、有预期目的的活动，把动物本能和儿童无意识的模仿同有意识的教育混为一谈，因而都是不正确的。

三、劳动起源说

教育起源于劳动的学说，是经典马克思主义教育学的理论之一，是由苏联教育家凯洛夫等提出，后在许多社会主义国家教育界广为盛行。其主要理论基础是恩格斯关于劳动创造人的思想，即其在《劳动在从猿到人的转变过程中的作用》一文中所提出的观点。恩格斯曾说：“它（指劳动——引者注）是整个人类生活的第一个基本条件，而且达到这样的程度，以致我们在某种意义上不得不说：劳动创造了人本身。”[①]

这种理论认为，教育起源于人类所特有的生产劳动，是一种人类所特有的活动，动物界并不存在教育现象，动物所表现出的各种活动只不过是本能而已。

他们认为，教育起源于原始社会早期，是在劳动过程中产生的，产生的根本动力在于社会需要和人的发展需要的辩证统一。教育从人类生产自己需要的生活资料和生产资料的时候就开始了。教育从产生之日起其职能就是传递在劳动过程中形成和积淀的社会生产经验和生活经验。人类为了自身的生存和延续，必须把年长一代在创造使用工具、进行生产劳动中所掌握的技能、技巧、经验传给下一代，这种传递生产劳动经验的活动是教育产生的基础。人类劳动是社会的共同劳

① 中共中央马克思恩格斯列宁斯大林著作编译局. 马克思恩格斯选集（第 3 卷）[M]. 北京：人民出版社，1972：508.

动，劳动中（及生活中）社会成员要遵守一定的行为准则，如服从纪律、尊敬长者、敬神拜祖等。在共同劳动和生活中所形成的各种道德规范、风俗习惯、宗教禁忌等方面的知识和经验也要传给下一代，以促进族群（部落）的兴旺发达，这种传递生活经验的活动也促进了教育的产生和发展。

他们还认为，教育是人类所特有的一种社会活动，它的特点之一就是教育是一种有意识、有目的的活动，而且教育产生于劳动是以人类的语言为条件的，语言和教育都是在劳动中产生和发展起来的。教育范畴是历史性与阶级性的统一，而不是一个永恒不变的范畴，生产力和生产关系的形态以及二者之间的关系改变了，教育形态也必须发生改变。

劳动起源说符合马克思主义的历史唯物论与辩证法，从而为科学、合理地揭示教育起源问题奠定了基础，但是，关于教育起源的确切提法仍然是一个值得探讨的问题。

第五节　教育的发展

教育自产生之日起，就随着人类社会的发展、变化而发展、变化。在不同的社会历史阶段中，由于生产力发展的水平不同，生产关系、政治制度以及文化的不同，教育也就具有了不同的形态和特征。

一、原始社会教育的特征

原始社会的教育是教育的一种形态。原始社会是人类的初始阶段，包括从原始人群到氏族公社的漫长时期，这时人类的一切活动都处在低级原始的阶段。由于生产力水平极其低下，环境恶劣、劳动工具简陋、生活资料匮乏、没有剩余劳动产品，人们只能通过简单协作来共同劳动，在极其艰苦的条件下勉强生活。在这个时代中，人们无论是对自然的认识，还是对社会和自身的认识都处于比较低的水平，很难谈得上有多少确实可靠的知识，生产工具主要是采用自然的或经过简单打磨的石器（即旧石器与新石器）。这种知识的贫乏与工具的简陋既反映了早期人类实践水平的低下，又制约了早期人类实践的范围。也正因为如此，原始社会生产关系简单，为了维护族群的生存，大家共同参与劳动，生产资料公有，平均享有劳动产品，没有阶级，没有剥削，没有压迫，他们在纯天然的协作中过着一种原始共产主义式的生活。原始状态的社会生产状况和社会生活方式，决定了教育的原始性质。与其相适应，教育就有了如下特点。

（一）教育具有非独立性

在原始社会，人类还处于蒙昧和野蛮的状态，由于生产力发展水平低下，原始的教育是完全融合在生产和生活过程中的，教育还没有从劳动（如狩猎、捕鱼等）和生活（各种仪式等）中分化出来成为专门的社会活动，教育是在生产劳动和社会生活中进行的，也就是说，这一时期有教育活动，但还没有专门的学校教育，即没有形成制度化的教育机构。没有专门从事教育的教育人员和较为固定的教育对象，也没有专门用于教育的内容和场所，教育的目的就是生产和生活，这是一种低级的、没有专门化的、处于萌芽状态的教育。

（二）教育内容、方法的贫乏和简单性

原始社会没有产生制度化的教育机构（即正规的学校）和专职教师，没有文字和书籍等记载和传递的工具，教育只是在生产和社会生活中进行的，教育的内容非常简单，主要是传递生产生活经验，包括制造生产工具的经验、狩猎捕鱼的经验、采集野果的经验、公共生活的规范；原始社会后期，随着畜牧业和农业生产的分工和发展，教育的内容逐渐增多，年长者向年轻者传授饲养牲畜、种植庄稼、制造陶器、建筑房舍等生产生活经验与技术，并向他们进行礼仪、音乐、舞蹈、风俗习惯等方面的教育。①但教育内容依旧只是形而下的简单的生产生活经验。教育方法单一，由于没有文字和书籍，教育方法只限于动作示范与观察模仿、口耳相传与耳濡目染。

（三）教育具有平等性

原始社会由于生产力水平低下，没有私有财产，没有阶级，体力劳动和脑力劳动也没有分离。由于共同生活，部落中人与人之间的关系基本上是平等的，教育资源没有为一些特殊的阶层所独占，而是面向所有的氏族、部落的儿童。因此原始社会的教育是没有阶级性的，教育是共同的、平等的，无论是男是女，每个人都享有平等受教育的权利。如果说有差别的话，只是在教育方式上会根据他们的年龄、性别和劳动分工不同而有差别，比如，可能让女孩子学习采集，让男孩子学习打猎等。

二、古代教育的特征

古代教育一般指奴隶社会和封建社会的教育。了解和认识古代教育的特征，首先必须明确奴隶社会和封建社会生产力的发展和生产关系的类型。随着生产力

---

① 罗玉莲. 教育学原理[M]. 北京：教育科学出版社，2011：24.

的提高，人们开始把青铜器和铁器运用于生产，剩余劳动产品越来越多，出现了私有制，产生了阶级，人与人之间的关系从原始社会的无差别的平等转向人身依附的关系，人类逐渐进入古代文明的奴隶社会。从世界史的范围看，大约在公元前 3500 年，埃及最早建立奴隶制国家，其次就是印度、巴比伦、中国等。奴隶社会是人类历史上第一个阶级社会，它把人类无阶级的原始社会变成了历史，为人类文明的多样化发展开辟了先河。随着生产力的进一步发展，铁制农具得到普遍使用，畜力用于耕作，农业得到快速发展，冶金、纺织、城建、交通、商贸等都相当发达，在劳动产品丰富、知识经验增多的情况下，科学文化教育事业也得到进一步的发展，这时的社会已经发展到封建社会。在欧洲，人们一般把公元 5 世纪末西罗马帝国的灭亡看成是封建社会的开始；在中国，人们一般认为是在春秋战国之交进入了封建社会，秦始皇统一中国后建立起了第一个封建国家。奴隶社会和封建社会这两个历史阶段，虽然生产力发展水平不同、政治经济制度不同，但是也存在着许多相同之处，比如，相同的剥削阶级社会形态、手工操作的劳动方式、自给自足的自然经济形态。与其相适应，奴隶社会和封建社会的教育虽然在目的、制度、内容和组织规模等方面有所不同，但也存在许多相同之处，我们把它们统称为古代教育形态。古代教育形态的教育特征如下。

（一）出现了专门的教育机构——学校

经济的发展促进了人类文明的进步，产生了文字，并出现了脑力劳动和体力劳动的分工。这些都为古代教育形态的出现创造了条件。学校的产生是人类社会发展到一定历史阶段的产物，也是人类教育发展过程中的重大飞跃。但是，作为独立存在的社会实践部门，学校的产生需要具备如下条件。第一，社会生产水平的提高，为学校的产生提供了必要的物质基础。人类进入奴隶社会，生产力有了较大发展，剩余产品逐步增多，生活条件有所改善，出现了脑力劳动和体力劳动的分工，这样就使一部分人可以摆脱繁重的体力劳动，专门从事社会管理和文化活动。第二，文字的产生和应用是学校产生的重要标志。文字的出现，为大量、准确地传递和学习历史上的社会生产与生活经验提供了独特的载体。所以，只有文字产生以后，才有可能建立起专门进行教育、组织教学的主要场所——学校，才会出现专门从事教育和根据文献资料传授知识的人——教师。可见，没有文字，教育只能靠人们的口传身授，就不会有学校产生。文字的产生和学校的出现是直接联系的。第三，文化的发展、经验的传递需要专门的教育机构。到了奴隶制社会，随着人们经验的增多，认识范围的扩大，文字的出现，科学技术的萌芽，使文化交流得到发展。人类积累的生产劳动经验和社会生活经验，有不少已经在漫长的岁月中系统化、抽象化，形成了分门类的知识和学问，如天文、地理、水文、医学、数学、建筑等，对这些知识和学问的掌握已不可能通过日常实践活动中的非正规教育来进行，客观上要求有专门的学校来传授这些知识。学校的出现，使教育成为人类社会实践活动中的一个相对独立的专门领域，教育具备了独立的社会职能。

（二）学校教育同生产劳动相脱离

如上所述，进入奴隶社会以后，有了专门的教育机构——学校。由于奴隶主对学校教育权的控制，学校教育的主要目的就是传播统治阶级的意识形态和治国方略，培养能够维护和巩固其统治的官吏。因此，教育从生产实践中分离出来成为统治阶级的特权后，两者便由分离走向对立。在学校接受教育的统治阶级的子弟一般学习一些统治术、战争术、外交术等，统治阶级从思想观念上教唆自己的子弟鄙视生产劳动和与之有关的知识技能。其实，当时的学校教育是鄙视和轻视体力劳动的。例如，亚里士多德反对学习实用的生产知识，重视理智享受。那时，奴隶及其子弟没有权利接受学校教育，他们只有在生产劳动中通过“师父带徒弟”的方式学习一些生产经验。

封建社会的学校教育较之奴隶社会的学校教育，在规模上逐渐扩大，在类型上逐渐增多，在内容上也日益丰富，并且具有等级性、专制性和保守性。但是，由于封建社会的生产仍是手工操作的小生产，生产劳动者的培养不需要通过学校教育，因而封建社会的学校教育仍然没有培养生产工作者的任务，基本上也是与生产劳动相脱离的。

（三）教育具有鲜明的阶级性与严格的等级性

原始社会非制度化的教育是没有阶级性的，教育机会对于所有的氏族青少年都是平等的，教育内容也没有阶级的偏见。奴隶社会的教育则截然不同。由于奴隶主阶级对物质、精神生活和生产资料的绝对占有，他们同样也占有学校。实际上，学校从一开始就是奴隶主国家机器的一个组成部分，是为巩固奴隶制服务的，而不是为奴隶和一般的自由民服务的。因而，教育的对象主要是一些奴隶主贵族子弟，教育内容多是以军事教育和道德教育为主。[①]例如，在古代希腊的斯巴达，奴隶主的子弟 7～20 岁都在国家教育场所接受军事训练，以将其培养成为效忠国家、为国家机器服务的军人和武士。其教育目的就是培养奴隶主阶级治理国家所需要的人才。

在封建社会中，学校一般也只对统治阶级的子弟开放。一般农民或农奴人家的孩子是没有资格上学的，与奴隶社会不同的是，封建社会阶级性的教育在强调

---

① 郭瑞英. 教育学原理[M]. 北京：长征出版社，2004：19.

教育为统治阶级服务的同时，还强化了教育的等级性或宗教性。教育的等级性就是指在封建统治阶级内部，不同官职出身的子弟接受不同等级的教育。如在我国唐代有六学二馆：二馆即弘文馆、崇文馆；六学即国子学、太学、四门学、书学、算学、律学。弘文馆和崇文馆只招收皇亲国戚的子弟；国子学只招收三品以上文武官员的子弟；太学只招收五品以上文武官员的子弟；四门学只招收七品以上文武官员的子弟；书学、算学、律学则招收八品以下文武官员子弟及庶人子弟。教育的宗教性主要是指欧洲封建教育。在中世纪欧洲，宗教权力高于世俗权力，封建政权各级领导人的更迭都需要经过教会的认可。在这种情况下，僧侣教育主要就是传播宗教教义，培养人们对上帝的虔诚和热爱。骑士教育尽管主要是世俗教育，但是也浸透着宗教精神，需要学习宗教教义。

（四）学校教育的内容有所丰富

随着文字的不断发展，人们对有关人文、社会、自然的认识也越来越深刻。随着典籍的不断积累，教育内容也逐渐丰富。比如，我国奴隶社会的教育内容主要是“六艺”，即礼、乐、射、御、书、数。到了封建社会，提倡尊孔、读经、尽忠、尽孝，学校以“四书”（《大学》《中庸》《论语》《孟子》）和“五经”（《诗经》《尚书》《礼记》《周易》《春秋》）为主要内容，宣扬“三纲”（君为臣纲、父为子纲、夫为妻纲）和“五常”（仁、义、礼、智、信）等封建伦理思想。在西方，古代希腊时期柏拉图的学园的课程简称“四艺”：即算术、几何、天文和音乐。古代罗马修辞学校的课程称“七艺”：文法、修辞、辩证法、算术、几何、天文、音乐。

（五）教育教学方法崇尚严格的纪律、注重机械练习

古代社会的教育，其教学方法主要以严格的纪律约束为主，呆读死记，注重机械练习。以学习书本知识为主的学校教育以掌握知识为主要目的，因此，在教育教学上注重死记硬背，机械练习。古代象形文字、楔形文字、图形文字在用植物茎干制成的草纸上或者泥板上书写很困难。宫廷学校和僧侣学校的学生，一方面要学习已有的各种文稿，另一方面要用大部分时间进行抄写，把各种各样教诲式的格言、铭文、信札等抄写在草纸或泥板上，以备保存。课业负担相当繁重，学校纪律严酷，盛行体罚。[①]另外，由于学校教育具有鲜明的阶级性和严格的等级性，在个人品质方面的一个基本要求就是内心想法和外在行为的坚决服从，因此，学校教育也就是培养服从统治阶级秩序的官吏、骑士或牧师，而要养成教育对象这样的品质，外在的纪律约束是必不可少的。所以，机械记忆、背诵、体罚

① 柳海民. 教育学原理[M]. 北京：高等教育出版社，2011：50.

是常用的教育教学方式及管理措施。[①]

（六）个别施教或集体个别施教的教学组织形式

古代社会生产的手工业方式决定了教育上的个别施教形式。教育组织形式以个别教学为主，口耳相传。此外，在古代，由于仅限于少数贵族上学，因此没有必要规定严格的入学年龄和学习年限，学生随来随教，基本上采取个别施教的方式。或者把同时入学的学童组织在一起，实施一种集体个别的教学。中国古代孔子的私学和众多的官学、私塾等大都是个别施教，主要是集体个别施教。

三、近代教育的特征

16 世纪，世界进入近代社会。世界近代史主要是以资本主义社会的发展为代表的历史，时间为 16 世纪到 20 世纪初叶，近代教育主要以早期的资本主义教育为代表。近代社会与以往相比发生了巨大变化，欧洲先后经历了文艺复兴运动、宗教改革、资产阶级革命和工业革命。以大机器生产为标志的生产力水平的提高以及资本主义生产关系的建立，给世界带来了巨大的变化，也使教育发生了巨大的变化。

（一）扩大教育面，实施义务教育

近代社会，随着生产力水平的提高，对劳动者素质的要求也随之提高。以蒸汽机作为动力机被广泛使用为标志的第一次工业革命需要劳动者具有小学文化水平；以电力的发明和广泛应用为标志的第二次工业革命，需要劳动者具有初中文化水平。[②]机械化工业革命的基本完成和电气化工业革命的兴起以及工业化生产对从业者知识、技能等方面的要求的提高，使普及初等义务教育成为必然，同时，工业化生产也为普及初等义务教育提供了必要的物质基础。另外，工人阶级和其他劳动人民也为争取民主、获得受教育权而斗争。在这种情况下，资产阶级不得不扩大教育教育对象，不再仅限于统治阶级内部，广大劳动者子女也开始接受一定程度的学校教育。一些资本主义国家相继扩大教育对象，实施义务教育。1619 年，德国魏玛公国公布的学校法令规定：父母应送其 6～12 岁的子女入学，这是世界上最早的义务教育。1763—1819 年，德国基本完善了义务教育法规。英国于 1870 年颁布《初等教育法》，标志着国民教育制度正式建立，1880 年，实行 5～10 岁儿童的义务教育，1891 年，完全实行初等免费教育。日本在 19 世纪 80 年代

---

① 成有信，方中英等. 教育学原理[M]. 沈阳：辽宁大学出版社，2007：22.

② 曲振国. 当代教育学[M]. 北京：清华大学出版社，2006：72.

以后资本主义经济飞速发展，教育也走上国家主义道路，义务教育迅猛发展，义务教育年限不断延长。

（二）学校教育与生产劳动从分离走向结合，教育的生产性不断增强

随着机器大工业生产的发展和科学技术的进步，从事生产的劳动者就需要具有一定的科学知识和技术。正如马克思在《资本论》中所指出，“从工厂制度之萌发了未来教育的幼芽，未来教育对所有已满一定年龄的儿童来说，就是生产劳动同智育和体育相结合，它不仅是提高社会生产的一种方法，而且是造就全面发展的人的唯一方法”[①]。人们逐步认识到教育的生产功能和经济价值，学校教育日益与生产劳动相结合。教育与生产劳动的逐步结合，把培养劳动者作为主要任务，使学生在校期间就逐步掌握、熟悉现代生产过程，掌握生产劳动的基本技术，以促进科学知识的再生产和科学技术的发展，这对提高社会生产效率和增加社会财富起着重要的作用，因此，教育开始有了明显的生产性。

（三）教育系统逐渐完善

随着科学技术的发展和社会分工的日益复杂化，教育对象的范围不断扩大，教育日益普及，近代社会的教育系统也逐渐完善起来，形成了一个多层次、多系统的复杂教育网络。到资本主义时代，社会上形成了初等、中等、高等不同层次的学校，而且出现了各种职业技术教育和业余教育等，形成了普通教育与职业教育相结合，系统教育与业余教育相结合，多层次、多规格、多样化的教育网络。[②]它既包括制度化教育，也包括非制度化教育；既包括全日制教育，也包括半日制教育、业余教育、函授教育等。

（四）创立并发展了班级授课制，教育手段日益更新和改进

班级授课制始创于16世纪，总结推广于17世纪。班级授课制自创立以后，逐渐成为世界各国学校教学的主体形式，大大提高了教育效率。

近代社会科学技术的进步和发展使教学设备与教学手段得到彻底更新。教师正摆脱单一的粉笔加黑板的传统教育手段，而采用各种现代化的教学手段进行教学，电化教育、程序教学、计算机辅助教学、智慧教室等应用于教学；教学方法日趋多样，出现了实验、演示、实习、讨论、远程教学、线上线下混合教学等方法，教学手段和教学方法有了改进和更新。

---

① 华东师范大学教育系. 马克思恩格斯论教育（修订本）[M]. 北京：人民教育出版社，1986：229-230.

② 曲振国. 当代教育学[M]. 北京：清华大学出版社，2006：72.

（五）国家重视与干预教育，重视教育立法

19世纪以前，欧美国家的学校教育多由教会或行会主持，国家并不重视。19世纪以后，资产阶级政府逐渐认识到公共教育的重要性，随后逐渐建立了公共教育系统，公立教育开始崛起。与公立教育的发展相对应，教育逐步确立了实用功利的教育目的，并从宗教中分离出来。有些国家明确规定，宗教、政党不得干预学校教育。另外，西方近代社会重视教育立法，教育的每次重大进展或变革，都以法律的形式予以规定，如1852年美国马萨诸塞州的《义务教育法》、1870年英国的《初等教育法》、1872年德国的《普通教育法》、1881～1882年法国的《费里法案》、1886年日本的《小学校令》等。

四、现代教育的特征

现代教育是伴随着现代社会的形成而出现的人类历史上一种崭新的教育形式，也是人类社会和教育发展到一定历史阶段的产物。现代教育的产生和发展是受教育系统内外多种复杂因素制约的，但归根结底是由社会生产力发展水平决定的。由于不同国家发展状况不同，现代教育发展也不尽相同。西方一些国家进入资本主义社会以后，由于大机器生产和科学技术的发展，教育也随之有了较快的发展。在我国，清末“兴学校”“废科举”便是古代教育转向现代教育的基本标志。相对于西方发达国家来说，我国从古代教育阶段进入现代教育阶段的时间显然滞后了许多。[①]第二次世界大战以后，人类社会出现了两大阵营，即资本主义阵营和社会主义阵营，相应的现代教育既包括资本主义教育，也包括社会主义教育。20世纪六七十年代以来，世界经济迅猛发展，世界格局深刻变化，终身教育理念广泛传播，现代教育向着终身化、全民化、民主化，以及科学教育与人文教育融合的方向发展。应该看到，在世界范围内，各个国家和地区教育的发展并不平衡，但是，世界教育发展仍有其共同特征和发展趋势。[②]

（一）教育使人的全面发展的理想进一步现实化

实现人的全面发展是教育的最高目的，也是一代又一代教育先哲企盼的共同理想。古代希腊的亚里士多德就提出身体、德行、智慧的和谐发展。后来的人文主义教育家维多利诺主张德、智、体、美普遍实施；捷克教育家夸美纽斯则提出教育就是培养在身体、智慧、德行和信仰等方面和谐发展的人；早期的空想社会主义者也提出全面发展的设想。但在很长的历史时期里，这些思想只不过是一种

---

① 王本陆. 关于我国现代教育发展阶段问题的探讨[J]. 北京师范大学学报（社会科学版），2011（03）：26-33.

② 李剑萍，魏薇. 教育学导论（修订版）[M]. 北京：人民出版社，2006：27.

美好的期望而已。由于社会生产力发展水平和社会制度的制约，这种期盼无法变成现实。直到马克思主义诞生之后，马克思、恩格斯对人的全面发展进行了科学的论证，才逐渐使全面发展由理想走向现实，特别是资本主义大工业兴起之后，不论是社会生产领域还是社会工作部门，都要求人具有全面性。一个人发展得越全面才越能适应不同社会工作需要，否则便会在工作过程中遇到种种困难。在社会主义条件下，把造就全面发展的个人作为培养社会合格人才的共同目标，这就使得马克思主义的全面发展学从理论走向实践。①

（二）教育与社会生产更加紧密联系

正如上文在“近代教育的特征”里所述，近代社会，人们逐步认识到教育的生产功能和经济价值，学校教育日益与生产劳动相结合。在现代社会，人们进一步认识到社会生产力的提高取决于生产过程中科学与技术的应用程度。劳动者的受教育程度越高，劳动熟练程度和工艺水平越高，劳动生产率越高，为社会创造的价值也越大。另外，科学技术日新月异的发展所引起的劳动领域的不断变革，又必然要求教育主动同生产劳动相结合，使新兴技术及时地在课程中得以体现，使劳动者通过终身学习不断掌握现代生产所需的最新科学技术以适应现代生产对人的素质的新需要。

当然，教育与社会生产联系更加紧密，不仅是发展社会生产的需要，也是培养全面发展的人的需要。现代社会大工业的兴起，既为人的全面发展创造了丰富的物质条件，为人的脑力劳动与体力劳动的结合提供了可能，也对人的全面发展提出了全新的要求。因此，当今世界各国都在积极践行教育与生产劳动相结合的教育战略。②

（三）教育的民主化

教育的民主化是对教育的等级化、特权化、专制性的否定。教育的民主化是20世纪60年代以来世界教育改革的主流之一。教育的民主化包括教育的民主和民主的教育两个方面。前者是民主外延的扩大，即把政治的民主扩展到教育领域，使教育成为公民的权利和义务；后者是教育内涵的加深，即把专制的、不民主的、不充分民主的教育改造成为民主的教育。前者是后者的前提，后者是前者的引申。用概括的语言说，教育的民主化是指全体社会成员享有越来越多的教育机会、受到越来越多的民主教育。③

---

① 郭瑞英. 教育学原理[M]. 北京：长征出版社，2004：19.

② 杨兆山. 教育学原理简明教程[M]. 长春：东北师范大学出版社，2005：30.

③ 李剑萍，魏薇. 教育学导论（修订版）[M]. 北京：人民出版社，2006：33.

教育的民主化的中心内容是教育平等。教育平等首先是指教育机会均等，即教育要为所有的社会成员提供平等的教育权利，包括入学机会的均等、教育过程中享有教育资源机会的均等和教育结果的均等。《世界人权宣言》第二十六条对此做了高度概括：人人都有受教育的权利。其次指师生关系的民主化；再次指教育方式、教育内容等的民主化，为学生提供更多自由选择的机会；最后是追求教育的自由化，包括办学的自主权、根据社会要求设置课程、编写教材的灵活性等。总而言之，教育民主化是指全体社会成员享有越来越多的教育机会，受到越来越充分的民主教育，是对教育专制性、等级化和特权化的否定。

（四）教育的科学性与人文性

19 世纪以前，由于科学技术发展缓慢，世界各国的教育基本上是以人文教育为主的教育。人文教育是以传授人文知识、培养人文精神为主的教育。人文教育的目的在于：唤醒和引导潜藏在学生身上的“人文需要”（即体验自我、认识自我、表达自我、理解自我、反思自我以及筹划自我的需要），传递人文知识，培养学生对自己、他人以及环境的人文理解、人文关怀的意识和能力，促使学生树立高尚的理想和信念。19 世纪以后，由于科学技术在生产中的广泛应用，科学教育开始上升到主导地位。科学教育是以传授科学知识、培养科学精神为主的教育。科学教育的目的是：传播科学知识，训练科学方法，培养科学态度，理解科学活动，以便使人更好地认识自然、理解自然、利用自然、保护自然，以建立一种良性的、和谐的人与自然的关系。

在科学教育占据了学校教育主导地位并加速了科学技术发展、为社会带来巨大财富的同时，人们也逐渐发现，片面地追求科学和技术虽可加速社会生产力的发展和人民生活水平的提高，但同时也带来了严重的负效应，如环境污染、资源枯竭、生态失衡、战争灾难、人口危机等。人们开始认识到，人类除了对世界的认识、对知识的追求，还渴望对自身生命意义的理解。科学方法只能在有限的范围内找出现象的确定性，却难以完成对生存意义、精神生活和价值观念的全面认识。从 20 世纪 70 年代开始，人文主义在西方出现全面复兴之势。这一新人文主义思潮并不反对科学与技术本身，而反对唯科学主义和技术决定论，主张将人文主义与科学主义相互融合，使二者相得益彰。①

（五）教育的全民化

所谓教育全民化，即全民都有接受教育的基本权利，社会通过各种方式满足全民基本的学习需求，也就是教育对象的全民化，教育必须向所有人开放。1990

---

① 李剑萍，魏薇. 教育学导论（修订版）[M]. 北京：人民出版社，2006：34.

年，在泰国宗迪恩举行的世界全民教育大会上，联合国教科文组织首次提出了“全民教育”的概念，提出了全民教育的主要目标：扩大幼儿的看护和发展活动，包括家庭和社区的参与，尤其是针对贫困儿童、处境不利儿童和残疾儿童的看护和发展活动；到 2000 年普及并完成初等教育；提高学习成绩，使适当年龄组认可的百分比（如 14 岁年龄组的 80%）达到或超过规定的必要学习成绩的水平；降低成人文盲率，并特别重视妇女扫盲以明显减少男女文盲率之间的差异。[①]2000 年 4 月，联合国教科文组织世界教育论坛在塞内加尔首都达喀尔召开，此次论坛通过了《达喀尔纲领》，使得全民教育的目标更为具体化并确定了时间表。2005 年，第五届世界全民教育高层会议在北京召开，该会议的主题是“扫盲与农村教育”，旨在促进世界各国教育的公平与国际合作。教育公平主要是解决一个国家内部的全民教育问题，国际合作主要是消除不同国家的全民教育差别。实行全民教育，其目标就是满足全民的基本教育要求，向民众提供知识、技术、价值观和人生观，使他们能自尊、自立地生活，并通过不断学习来改善自己的生活并为国家和人类发展做出贡献。全民教育是现代社会民主化、教育民主化的应然要求，因为，只有通过全体人民的共同努力，人类共同面临的问题才有可能解决。

（六）教育的终身化

终身教育是指人在一生各阶段所受各种教育的总和，是人所受不同类型教育的统一，包括教育体系的各个阶段和各种方式，既有学校教育，又有社会教育；既有正规教育，也有非正规教育。终身教育的思想源头，几乎在古代东西方的各种思想中都可以寻到，在我国就有“活到老学到老”的谚语。但这只是少数思想家的个人自觉行为，还没有成为整个社会的客观要求。到了近代社会，科技创新速度加快、社会急剧变革，要求人们不断地接受教育训练，因而终身教育越来越成为普遍的观念。在终身教育理念的形成与传播过程中，联合国教科文组织起到了重要的作用。时任联合国教科文组织成人教育局局长的法国学者保罗·朗格朗，堪称终身教育思想的真正引领者。1965 年，在巴黎召开的联合国教科文组织会议上，他率先提出了现代意义的“终身教育”概念，并阐述了其必要性、内容、目标、方法和发展策略。终身教育被提出后，这一思想得到国际社会的共同认可，并迅速在世界各国广泛传播。许多国家在制定本国的教育方针、政策或是构建国民教育体系的框架时，均以终身教育的理念为依据，以终身教育提出的各项基本原则为基点，并以坚持这些原则为主要目标。在当今社会，若要说到何种教育理论或是何种教育思潮最令世界震动，无疑是终身教育。

---

① 赵中建. 教育的使命：面向二十一世纪的教育宣言和行动纲领[M]. 北京：教育科学出版社，1996：28.

终身教育提出以后很快就得到人们的认同，其原因主要是：第一，社会快速发展，使得人们不可能在完成一次正规教育后便能应对一生的各种挑战；第二，新技术革命突飞猛进，使得劳动者只有不断地更新自己的知识和技能，才能适应生产发展的需要；第三，现代社会政治、经济、技术和文化的不断进步，使得人们发现自己总是置身于一个急剧变化的社会中，只有持续地进行适时训练或再接受教育，才能胜任自己的社会职责；第四，现代科技使每个人都处在信息剧增的便利和威胁之中，要充分利用这些信息并与信息社会保持和谐，必须改变传统教育思想的形式和内容，发展与信息社会相适应的教育思想；第五，现代人总是面临挑战，为了迎接挑战，每个人都要完善和发展自己。与此相适应，也就需要接受多种形式的教育，为自身创造和提供可持续发展的条件。

终身教育的提出和实施，彻底改变了过去将人的一生截然划分为学习期和工作期两个阶段的观念，它促进了教育社会化和学习型社会的形成，并且它的多元化价值标准，为学习者指出了一条自我发展、自我完善的崭新之路。①

（七）教育的现代化

现代化是现代社会持续发展的一个过程。教育的现代化是伴随社会的现代化的一个历史进程。从历史发展来看，世界范围内的教育现代化肇始于 19 世纪中叶，它是大工业革命的产物。19 世纪末及 20 世纪，德国、美国、日本等国家先后进行了大规模的教育改革，为现代化教育体制的确立奠定了基础。21 世纪以来，以信息革命为标志的世界教育现代化进入新的发展阶段。教育现代化，就是用现代先进教育思想和科学技术武装人们，使教育思想观念，教育内容、方法与手段，以及校舍与设备逐步提高到现代的世界先进水平，培养出适应现代化社会发展的新型劳动者和高素质人才的过程。教育现代化首先是教育观念现代化，体现为终身教育观、教育主体观、教育民主观、和谐发展观、整体优化观、效益效率观等。随着科学技术和现代化生产的发展，新知识、新成果极大地充实了学校教育的内容。学校课程和教育内容不断调整、更新，现代教育内容日益丰富。伴随科学技术和信息技术的发展，新的技术手段不断运用到学校教育当中，使得教育设备、教育手段、教育方法等的现代化水平越来越高，为教育质量和效率的提高创造了条件和空间。当前信息技术在教育领域的普遍应用也使得教育管理水平不断提高，表现为教育管理的现代化。教育管理的现代化是教育管理的组织、方法、手段、人员同当代新的科学技术和社会生产力发展水平相适应的过程。当然，教师队伍的现代化也是教育现代化的重要表现。

---

① 李剑萍，魏薇. 教育学导论（修订版）[M]. 北京：人民出版社，2006：28-29.

思考题

一、单项选择题

1. 狭义的教育是指（　　）。

A 社会教育　　B 学校教育

C 家庭教育　　D 网络教育

2. 只要人类社会存在，就存在教育，这体现了教育的（　　）。

A 永恒性　　B 历史性

C 阶级性　　D 相对独立性

3. 19 世纪法国哲学家、社会学家勒图尔诺所倡导的教育起源论被称为(　　)。

A 生物起源论　　B 心理起源论

C 劳动起源论　　D 相对独立性

4. 马克思主义观点认为，教育起源于（　　）。

A 生物界　　B 动物本能

C 人的无意识模仿　　D 生产劳动

5. 学校的萌芽产生于（　　）。

A 原始社会末期　　B 奴隶社会早期

C 封建社会　　D 奴隶社会晚期

6. 作为独立存在的社会实践部门的学校最早产生于（　　）。

A 原始社会末期　　B 奴隶社会

C 封建社会早期　　D 封建社会晚期

7. 教育与生产劳动相脱离的社会是（　　）。

A 原始社会和奴隶社会　　B 奴隶社会与封建社会

C 封建社会与资本主义社会　　D 资本主义社会与社会主义社会

8. 我国最早使用“教育”一词的是（　　）。

A 孔子　　B 孟子　　C 许慎　　D 朱熹

9. 教育是一种（　　）。

A 生物现象　　B 自然现象

C 社会现象　　D 心理现象

10. 我国奴隶社会的教育内容主要是（　　）。

A 六艺　　B 三科　　C 四学　　D 七艺

二、简答题

1. 简述教育的基本要素。
2. 简述教育功能的分类。
3. 简述我国关于教育本质问题的主要观点。
4. 简述古代社会教育的特征。
5. 简述近代社会教育的特征。
6. 简述现代社会教育的特征。

三、分析论述题

分析论述关于教育起源的主要观点。

阅读推荐

1. 筑波大学教育学研究会. 现代教育学基础[M]. 钟启泉, 译. 上海: 上海教育出版社, 1986.
2. 顾明远. 教育大辞典(增订合编本)[M]. 上海: 上海教育出版社, 1998.
3. 单中惠. 西方教育思想史[M]. 太原: 山西人民出版社, 1996.
4. 陈桂生. “教育学视界”辨析[M]. 上海: 华东师范大学出版社, 1997.
5. 郑金洲. 教育通论[M]. 上海: 华东师范大学出版社, 2000.
6. 孙培青, 李国钧. 中国教育思想史(第 2 卷)[M]. 上海: 华东师范大学出版社, 1995.
7. 吴式颖, 任钟印. 外国教育思想通史(第 10 卷)[M]. 长沙: 湖南教育出版社, 2002.
8. 袁振国. 当代教育学[M]. 北京: 教育科学出版社, 2010.

第三章　教育与社会发展

学习目标

1. 了解教育与社会关系的主要理论，包括教育独立论、教育万能论、人力资本理论、筛选假设理论、劳动力市场理论及再生产理论等；了解这些理论的主要思想内涵及主要观点。

2. 掌握教育的社会功能和教育的社会制约性，其中包括教育的政治、经济、文化、科技、人口功能，以及政治、经济、文化、科技、人口等对教育的制约性；掌握教育的相对独立性。

3. 了解当代社会发展与教育变革，包括现代化与教育变革；全球化与教育变革；信息社会与教育变革；知识经济与教育变革；多元文化与教育变革；民主化与教育变革；本土化、民族化与教育变革。

基本概念

1. 现代化。广义的现代化主要是指自工业革命以来现代生产力导致的生产方式的大变革，引起世界经济的加速发展和社会适应性变化的大趋势；狭义的现代化主要是指第三世界经济落后国家采取适合自己的高效率途径，通过有计划的经济技术改造和学习世界先进国家的技术方法，带动广泛的社会改革，以迅速赶上工业强国和适应世界环境的发展过程。

2. 全球化。全球化就是人类不断地跨越空间障碍和制度、文化等社会障碍在全球范围内实现充分沟通（物质的与信息的）和达成更多共识与共同行动的过程。

3. 信息社会。它是一种以信息的利用为社会发展的基本动力，以信息经济作为维系社会存在和发展的主导经济，以信息文化来改变人类教育、生活和工作方式以及价值观念和时空观念的新型社会形态。

4. 知识经济。知识经济是指建立在知识和信息的生产、分配和使用之上的经济。

框架结构

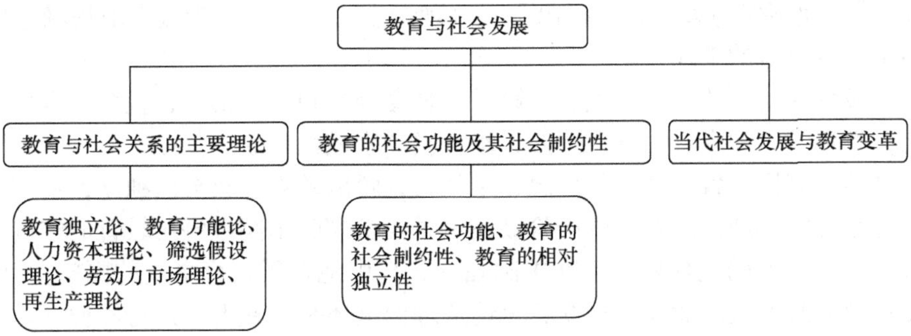

第一节　教育与社会关系的主要理论

教育是作为社会系统的子系统而存在的。教育的发展必定要受到整个社会发展的制约，社会的经济发展水平、政治制度、文化传统、人口状况等因素，都对教育产生制约和影响。教育要适应社会发展，教育的发展只有立足于社会的现状与发展趋势，才能寻求到最佳的发展空间。

一、教育独立论

教育独立论的主要代表人物是我国近代著名教育家蔡元培。教育独立论作为一种思潮，在我国萌芽于 19 世纪末 20 世纪初，发展、兴盛于 20 世纪 20 年代。最早由我国著名学者严复（1854—1921）提出。严复从 1895 年伊始，就发文阐述了他的教育独立思想。

民国时期，军阀混战，教育没有独立地位，被政治严重控制和干扰，这种局面极大地影响和破坏了教育的内在独立性，导致教育出现支离破碎的局面，在这样的背景下，教育独立论被蔡元培先生再度提出。他于 1922 年 3 月在《新教育》杂志第 4 卷第 3 期上发表了《教育独立论》一文。由此，他提出了“教育事业当完全交与教育家，保持独立的资格，毫不受各派政党或各派教会的影响”[①]的论点。顾明远主编的《教育大辞典》将上述观点列为“教育独立论”立论的要点[②]。蔡元培先生不只是倡导这种思想，而且践行了这一观点。

① 高平叔. 蔡元培全集（第 4 卷）[M]. 北京：中华书局，1984：177-178.

② 教育大辞典编纂委员会. 教育大辞典. 第 1 卷：教育学　课程和各科教学　中小学校[M]. 上海：上海教育出版社，1990：55.

此外，李石岑写有《教育独立建议》，他认为“教育经费要独立，固属要务；但徒经费独立，教育机关隶诸政府管辖之内，结果等于零”[①]，明确提出要从“教育经费、教育行政”两部分讨论教育独立问题。胡适（1891—1962）也力主教育独立[②]。他不仅为教育独立提出了一些理论主张，同时还为教育取得独立的地位做了不少有益的工作。

教育独立论的主要观点有：第一，教育经费独立；第二，教育行政独立；第三，教育学术和内容独立；第四，教育脱离宗教而独立。[③]

蔡元培提出教育独立的思想，主张教育脱离政党、教会而独立，要求把教育交给教育家办理，反映了资产阶级民主派要求摆脱军阀政府对教育的控制，反对帝国主义国家的文化侵略，在中国独立、自由地发展教育事业的愿望。[④]然而，要求教育脱离政治而完全独立，无论从理论上还是实践上都是行不通的。教育具有相对独立性，但不可能脱离社会实际完全独立。

二、教育万能论

教育万能论的主要代表人物是18世纪法国启蒙思想家、唯物主义哲学家爱尔维修（1715—1771）。事实上，这一思潮的历史可以追溯到古代希腊的柏拉图。

教育万能论认为人的智力没有区别。爱尔维修说：“机体构造与气质对人们的感情和性格影响不大。”[⑤]人是环境和教育的产物，教育是改变人的唯一方式。

这一理论的主要观点为：教育对人的成长起决定作用，否认遗传对人的成长的作用。人的才智差别根源于人所处的不同环境，后天的不同机遇以及所受的不同教育。局限性在于这一理论虽然看到了教育在人的发展中的独特作用，但是没有看到人的发展的复杂性，夸大了教育对人的发展的作用，具有一定程度的“乌托邦”色彩。[⑥]

三、人力资本理论

人力资本理论是20世纪60年代舒尔茨等提出的西方经济学理论。1960年12

---

① 张振华，刘志民. 民国“教育独立”思想及其当代意蕴[J]. 社会科学家，2012（04）：145-148.

② 韩清林，李运昌. 胡适的教育独立思想论析[J]. 河北师范大学学报（教育科学版），2009（5）：12-16.

③ 柳海民. 教育学原理[M]. 北京：高等教育出版社，2011：57.

④ 全国考研教育学配套教材编委会. 2019 全国硕士研究生招生考试教育学专业基础综合考试解析[M]. 北京：高等教育出版社，2018：12.

⑤ 张焕庭. 西方资产阶级教育论著选[M]. 北京：人民教育出版社，1979.

⑥ 柳海民. 教育学原理[M]. 北京：高等教育出版社，2011：58.

月，舒尔茨在美国经济学会第73届年会上所做的《人力资本投资》演讲被称为人力资本理论创立的“宪章”[①]，他也被称为“人力资本之父”。人力资本的思想早在亚当·斯密的《国富论》中就有呈现。人力资本理论学派的阵容庞大，主要代表人物有舒尔茨、丹尼森、贝克尔，其中以获得诺贝尔奖的舒尔茨为核心人物。

传统的经济理论一般认为房租、土地等物力资本是经济发展的动力，人作为劳动力本身在传统经济理论中并没有得到重视。但人力资本理论改变了传统经济理论的这一动向，它将资本分为物力资本和人力资本。舒尔茨认为，人力资本是完全不同于物力资本的新概念。按照传统经济理论的观点，影响经济增长效率的是物力资本以及劳动人口的数量。事实上，劳动力的智力因素和劳动力的质量是影响经济增长的关键因素。人力资本是指凝聚在劳动者身上的知识、技能及其所表现出来的能力。这种能力是生产增长的主要因素，是一种具有经济价值的资本。[②]因此，人力资本是通过对人力的投资而形成的资本。增加教育投资有利于经济增长。

这一理论的主要观点有三个。第一，人力资本投资的作用大于物力资本投资。第二，人力资本的积累是经济增长的重要源泉，源于以下几种原因：人力资本投资的收益率大于物力资本投资的收益率；人力资本在各个生产要素中发挥着相互替代的作用。为了证实上述观点的正确性，舒尔茨采用“经济增长余数分析法”测算了美国1929～1957年人力资本投资中最重要的教育投资在经济增长中贡献比例，该比例高达33%，这一数据显示了人力资本在经济增长中的重要作用。[③]第三，教育还可以促进社会分配的平等趋势。

人力资本理论用理论和实践证明了教育对经济发展的重要作用，促使各国加大了对教育的投资力度，特别是随着知识经济社会的来临，知识成为经济发展的核心要素，教育越来越成为社会发展的重要推动力量。

四、筛选假设理论

随着舒尔茨在美国经济学会演讲的成功，人力资本理论被许多国家在经济发展的决策制定中当作理论基础，许多国家开始大力发展教育事业，追加教育投资。但是到20世纪60年代末70年代初，人们发现追加的教育投资并没有产生预期的效果——过度教育带来的经济收益并不大，反而使大量的受教育者失业，引发了许多严重的社会问题。这引起了人们的不满，开始反思人力资本理论是否存在缺陷，并提出了新的理论，筛选假设理论就是这一时期诞生的新理论。

---

① 柳海民. 教育学原理[M]. 北京：高等教育出版社，2011：58.

② 靳希斌. 教育经济学[M]. 北京：人民教育出版社，2009：54.

③ 舒尔茨. 论人力资本投资[M]. 吴珠华，等，译. 北京：北京经济学院出版社，1990：21-24.

1973 年，美国学者斯宾塞发表了《筛选假设——就业市场信号》，首次提出了筛选假设理论[①]。筛选假设理论不赞同人力资本理论所主张的、教育通过增加人的智力能力而提高劳动生产率，进而促进经济增长的观点。它认为教育的主要作用是通过筛选不同能力的人来实现劳动力市场的分化。因此，筛选假设理论又称为文凭理论。

筛选假设理论强调信号和标识的界定，它认为教育的经济价值体现在基本假设、信号、标识和筛选之中。它认为每一个求职者都具备两类属性和特征：一类是不能改变、与生俱来的，如性别、种族、家庭背景等，筛选假设理论把这种看得见的、一般不能改变的特征理解为标识[①]；另一类是通过个人后天的努力可以改变的，如受教育程度。这种个人可以控制和改变的特征，筛选假设理论称之为信号。筛选假设理论主要考察的是教育的信号功能[①]。它认为学历是能力的信号，应聘者学历的高低是他本人能力的代表，学历成为应聘者获得雇主雇佣、得到收入丰厚的岗位的敲门砖。

这一理论的主要观点有：第一，受教育程度与工资收入水平成正比；第二，这种比例关系是通过教育的筛选作用形成的。由于筛选假设理论强调教育的信号作用，这在一定程度上造成了文凭膨胀、文凭主义、买卖文凭现象的产生。因此，在实际应用中应学会辩证地运用筛选假设理论，防止教育文凭主义的过度泛滥。

五、劳动力市场理论

20 世纪 70 年代对人力资本理论提出批判的还有劳动力市场理论。[②]劳动力市场理论也称为劳动力市场分割理论，是以 M. 卡诺依为代表的教育经济学家提出的。劳动力市场理论强调劳动力市场不是统一的市场，而是二元或多元的，封闭性是这一市场的特点，市场之间没有流动。

这一学派各代表的分析方法与分析角度不同，因此对于市场的划分也不同，归纳起来主要有三种划分方法：第一，主要劳动力市场和次要劳动力市场；第二，内部和外部两种劳动力市场；第三，具有“高等教育程度”的劳动力市场、有“工会组织”的劳动力市场和“竞争”的劳动力市场。[③]虽然该理论的倡导者对劳动力市场的划分和称谓不大一样，但他们基本上都认为劳动力市场有两类：一类是好的，工资福利好，比较受人欢迎；另一类是差的，工资福利不好，工作环境差，

---

① 洪柳. 教育与经济：从人力资本理论到筛选假设理论[J]. 教育评论，2012(06)：144-146.

② 靳希斌. 从滞后到超前——20 世纪人力资本学说 · 教育经济学[M]. 济南：山东教育出版社，1995：75.

③ 靳希斌. 从滞后到超前——20 世纪人力资本学说 · 教育经济学[M]. 济南：山东教育出版社，1995：75.

不受人欢迎。因此，该理论也被称为双重劳动力市场理论[①]，其中，以主要劳动力市场和次要劳动力市场理论的观点最为激进。

劳动力市场理论认为，人力资本理论所强调的受教育程度与工资水平成正比的观点是不正确的。首先，在主要劳动力市场上，人力资本的这种观点是正确的，但是在次要劳动力市场上，受教育程度与工资水平成正比例关系的观点就不能成立。其次，在种族方面，主要劳动力市场为白人所占有，次要劳动力市场则大部分为非白人劳动力，工资待遇低，容易失业，工作没有保障。这两种市场之间是封闭的，人员之间没有流动性。因此，教育与个人收入之间的连接关系和个人的生产力本身并不相关。[②]一个人的工资水平主要取决于他在哪一个层次的劳动力市场，“教育只是决定一个人在哪一个层次劳动力市场工作的重要因素之一”[③]。

六、再生产理论

“再生产”思想最初来源于马克思的《资本论》，以后发展出多种理论。与教育的关系最为密切的是文化再生产，法国社会学大师布迪厄（P. Bourdieu，1930—2002）最早提出这一概念[④]。布迪厄的学术思想极其复杂，而文化资本理论是其社会学思想的重要内容[⑤]。

社会学理论中的“资本”可分为三种资本，即经济资本、文化资本和社会资本，并且三者之间是可以相互转化的。布迪厄认为，教育系统控制着文化资本的生产、传递和转换，是支配社会地位、形成社会无意识的重要体制，也是再生产不平等社会结构的主要手段。[⑥]

他对这一理论的诠释有三个核心概念，即场域、惯习和资本。在分析场域时，布迪厄认为，复杂的社会关系存在于一个多维空间之中，而这个多维空间是以话语和社会活动为特点的半自主和结构化了的社会空间。惯习指的是人作为行为主体养成的既持久存在又可变更的、开放的情趣系统，该情趣系统是人对外部世界的判断图式和感知图式。应该注意的是文化资本这一隐喻概念是被布迪厄作为相

---

① 靳希斌. 从滞后到超前——20 世纪人力资本学说 · 教育经济学[M]. 济南：山东教育出版社，1995：76.

② 柳海民. 教育学原理[M]. 北京：高等教育出版社，2011：60.

③ 柳海民. 教育学原理[M]. 2 版. 北京：高等教育出版社，2019：67.

④ 全国考研教育学配套教材编委会. 2019 全国硕士研究生招生考试教育学专业基础综合考试解析[M]. 北京：高等教育出版社，2018：12.

⑤ 李全生. 布迪厄的文化资本理论[J]. 东方论坛（青岛大学学报），2003（01）：8-12.

⑥ 全国考研教育学配套教材编委会. 2019 全国硕士研究生招生考试教育学专业基础综合考试解析[M]. 北京：高等教育出版社，2018：12.

对社会权力的指数提出的。[①]文化资本是指借助不同的教育行动传递的文化物品[①]，包括：体化资本（一套内化的语言、技能、情趣、行为和知识系统，通过生物体本身表现出来，如知识、技能、语言等）、物化资本（可传递的、以实物形式体现的文化资本，如图书、各类媒介）和机构资本（学术资格、奖励等各类机构认定的资格证书）。[②]

在布迪厄看来，文化资本也是历史积累的结果，在场域中（社会各阶层间）的分配是不均等的，其数量分布的差异，体现了社会资源和权力结构的不平等。而通过教育机制，文化资本又可以实现其再生产，从而使不同等级的后代获得了进入不同等级的机会和凭证。[②]

第二节　教育的社会功能及其社会制约性

教育的社会功能主要是通过人才培养来实现的，教育的这一功能，决定了教育与社会、政治、经济、文化等功能有着千丝万缕的联系。教育既能促进社会的政治、经济、文化的发展，同时也被社会的政治、经济、文化功能所限制。“教育的社会功能是有限度而不是万能的。教育的社会功能的大小除了取决于教育自身的质量和能量，还要受到社会种种条件的制约，教育只能在社会允许的范围内，只能在社会发展需要的可能的范围内发挥其社会功能。”[③]同时，教育还有自身相对的独立性，我们在处理教育与社会的关系时，既不能脱离社会政治、经济、文化的现实办教育，也不能不顾教育自身内在发展的规律性，盲目跟风，导致教育丧失独立性，成为社会发展的附庸。这两种处理教育与社会关系的方式都是错误的，值得我们警戒和思考。

一、教育的社会功能

（一）教育的经济功能

教育与经济的关系随着社会发展而动态发展，从历史发展的角度看，随着现代社会的发展，教育与经济的关系越来越紧密。在古代社会，教育与经济的关系没有现代社会那么紧密。古代社会的经济发展比较简单，科学技术在经济领域内

---

① 刘永兵，赵杰. 布迪厄文化资本理论——外语教育研究与理论建构的社会学视角[J]. 外语学刊，2011（04）：121-125.

② 王小红. 农村转移人员文化资本的生成与提高——布迪厄文化资本再生产理论透视[J]. 外国教育研究，2006（07）：12-14.

③ 扈中平，李方，张俊洪. 现代教育学[M]. 2 版. 北京：高等教育出版社，2005：62.

的运用也没有现代社会那么充分，生产力发展相对落后。只是到了文艺复兴、科学革命、启蒙运动、工业革命后，科学技术与生产力的结合才越来越紧密，科技发展才成为社会经济发展的原动力。由教育培养的科技人才成为现代经济发展的第一生产力,教育对经济的推动作用成为世界各国发展经济不可忽视的核心力量。人力资本理论用事实证明了由教育产生的人力资本在所有资本投资中对经济的贡献率。熊彼特甚至认为“人”本身是现代经济创新与生产力发展中最核心、最活跃的要素，而人的培养是由教育决定的。

1. 教育通过提高劳动力自身素质促进经济发展

劳动力是什么？是人所具备的劳动能力。人的劳动能力不是与生俱来的。正像马克思指出的那样：“要改变一般的人的本性，使他获得一定劳动部门的技能和技巧，成为发达的和专门的劳动力，就要有一定的教育和训练。”[①]教育使劳动者的劳动技能、技巧越来越熟练，劳动者的积极性和创造性才越来越高，进而创造越来越多的财富。通过教育，人可以掌握一定的科学技术、 生产经验和劳动技术，从而形成新的生产能力，提高劳动生产率，促进社会经济发展。

2. 教育是劳动力再生产的重要手段

劳动力是社会生产力中最基本的因素。只有通过人的劳动，才能创造社会的物质财富，促进经济发展，满足人类的各种需要。在古代社会，由于科技还不发达，劳动所需求的科技手段还没有那么复杂，生产需要的技能通过劳动者之间的口耳相传就足够了。但是到了现代社会，随着科学技术不断发展，经济发展所需要的生产技能，通过师徒的口耳相传是远远不够的，现代学校应运而生，通过专业知识与专业技能的学习，个体才能成为现代经济社会中的合格的生产者，成为经济发展所需要的生产力中的一分子。马克思认为，“劳动生产力是由多种情况决定的，其中包括：工人的平均熟练程度，科学的发展水平和它在工艺上应用的程度，生产过程的社会结合，生产资料的规模和效能，以及自然条件”[②]。这五种因素中，人才都是最关键的因素。

具体可以归纳为以下几个方面。第一，教育可以使潜在的劳动力转化为现实的劳动力。第二，教育通过附着在人身上的知识与技能，使知识形态的生产力转化为直接的生产力。当今，世界各国都通过大力发展教育，来推动生产和经济的发展。

---

① 中共中央马克思恩格斯列宁斯大林著作编译局. 马克思恩格斯全集（第 23 卷）[M]. 北京：人民出版社，1972 ：195 .

② 中共中央马克思恩格斯列宁斯大林著作编译局. 马克思恩格斯全集（第 23 卷）[M]. 北京：人民出版社，1972 ：53 .

第三，教育可以使生产者具备创新观念和创新能力，改进工艺流程，提高生产效率。

3. 教育是使科学知识进行再生产的重要手段

科学知识的生产和发明离不开教育。古代社会由于科学知识的产生和更新周期比较长、速度比较慢，教育的任务主要是传授知识，很多知识的更新和发明都是科学家个人的事。进入现代社会以来，科学知识与社会，尤其是经济发展高度融合，科技已经成为经济发展的有力支撑，而科学知识的加速度发展与现代教育的发展密切相关。在某种程度上，教育尤其是高等教育已经成为现代社会经济持续发展的永动机。教育在培养具备新知识和新技能的人才方面发挥着越来越重要的作用。同时，教育在科学知识的传播、创新等方面具有不可替代的作用。

4. 教育可以促进生产结构和经济结构的改变

“教育一方面依照社会生产的需要和可能再生产劳动力；另一方面，教育，尤其是现代教育，也可以通过劳动力的再生产，促进生产结构、经济结构的改变，使之更加合理。”①教育通过培养不同层次教育水平的劳动力对社会的生产和经济结构提供不同专业和不同层次的人才。同时，教育也通过教授不同层次的科学知识和技能，对社会的生产结构和经济结构的变更产生直接或间接的影响。舒尔茨的人力资本理论告诉人们教育投资对社会经济发展的重要性，舒尔茨对1929—1957年美国教育投资与经济增长的关系做了定量研究，得出了结论，即各级教育投资的平均收益率为17%，教育投资增长的收益占劳动收入增长的比重为70%，教育投资增长的收益占国民收入增长的比重为33%，与其他类型的投资相比，人力资本回报率很高。②人力资本理论在研究教育的投资回报率的同时，也告诉人们一个经验事实，接受过不同层次水平的教育的劳动力，对经济增长的回报率是不同的。同时，接受过不同教育的劳动力，对社会的生产结构和经济结构的调整也不同。有关资料显示，在机械化的初级阶段，生产中体力劳动与脑力劳动的比例是9：1；在中等机械化程度阶段，生产中体力劳动与脑力劳动的比例是6：4；在自动化生产阶段，体力劳动与脑力劳动的比例是 1：9。③由此可以明显看出来，脑力劳动者的培养可以加速一个国家机械化程度的提高，提高国家的工业化水平。

教育通过培养具有科学知识与科学技能的高级科学技术人才，能够促进一个

① 王道俊，扈中平. 教育学原理[M]. 3版. 福州：福建教育出版社，2013：33.

② 张丽萍. 我国教育投资与经济增长关系的实证分析[J]. 商业时代，2012（27）：18-20.

③ 柳海民. 教育学原理[M]. 北京：高等教育出版社，2011：69.

国家的现代化、工业化发展水平，调整一个国家的产业结构和不同经济结构的比例，从而加速一个国家的现代化发展，使低等工业化水平国家进入中等工业化水平国家层次，使中等工业化水平国家进入发达工业化水平国家层次。教育通过培养不同层次的劳动力使社会生产结构和经济结构得以调整，进而促进国家进入工业化发展的不同阶段。

（二）教育的政治功能

从某种意义上说，政治决定教育的领导权，决定谁有权利受教育。政治决定教育的内容和教育目的的性质。从历史上看，统治阶级对教育都非常重视，从柏拉图的《理想国》到亚里士多德的《政治学》，无一不是从政治的角度谈论教育。教育对政治的促进功能被历朝历代统治阶级所重视，尤其是到了现代，教育可以促进一个国家的政治民主，社会稳定，经济繁荣，还可以昌明文化，加快政治民主化进程。教育的政治功能主要是通过传播思想意识和培养人才来实现的。

1. 教育通过培养政治制度所需要的人才实现教育的政治作用

有阶级存在的社会，教育就必定存在阶级性。教育为一定的统治阶级服务，这就是教育的阶级性。统治阶级通过教育培养一定规格的人才，从而实现自身的社会政治理想。在任何阶级社会，教育的目的、课程模式、教育理想等与人才培养相关联的所有要素，都是按照一定的统治阶级所需要的人才规格、社会技能、思想品德等规划和设计的，都应具备统治阶级所希求的价值观、世界观和人生观。这是阶级社会的恒久法则和主要思想。

2. 教育通过传播政治意识形态使年轻一代政治社会化

教育的最终作用是使自然个体逐步转变为社会个体，这是教育的社会化功能，同时也是个体的社会化过程。在政治领域，教育通过显性的教育功能或隐性的教育功能，使年轻一代在思想观念、政治意识形态方面，按照统治阶级的要求逐步成熟起来，为社会政治发展服务，这一过程就是使年轻一代政治社会化的过程。政治社会化是指引导人们接受一定的社会政治意识形态，形成适应于一定社会政治制度的政治态度与政治认同感，以及积极参与政治、监督政治的政治习惯与能力的过程。[①]教育的作用就是培养这种政治习惯和能力。教育尤其是学校教育在使自然人社会化的过程中，通过传播统治阶级的主流价值观和思想意识形态，实现了年轻人的政治社会化。

---

① 王道俊，郭文安. 教育学[M]. 北京：人民教育出版社，2009：60.

3. 教育具有维护社会政治稳定和社会发展的功能

教育的首要功能就是维护社会政治稳定。政治决定教育权，决定教育目的。我国古代《学记》中明确提出："是故古之王者建国君民，教学为先。"[①]说明了统治者只有教化民众，才能治国安邦，达到政治清明、国家稳定的目的。中国古代四书之一的《大学》提到："大学之道，在明明德，在新民，在止于至善。"[②]大学教育的目的是使民众明白做人的道理，做一个有道德的人，与人为善，从而修身、齐家、治国、平天下。

（三）教育的文化功能

教育是社会文化的组成部分，它本身也是一种社会文化现象。人类社会通过教育的文化功能，将人类社会积淀、凝聚了几千年的文化精髓通过教育传递给下一代，并且在传递的过程中对文化进行创新和创造，使文化在传递过程中实现变异，从而促进文化的发展和创新。具体来说，教育对文化的功能体现在以下几个方面。

1. 教育的文化传承与扩散功能

教育与文化的关系相辅相成，任何形态的文化只有通过教育才能得以延续。广义的文化指人类社会创造的物质财富和精神财富的总和，狭义的文化则专指人类社会创造的精神财富，包括道德、信仰、法律、科技、教育、艺术、文学、宗教和传统习俗等。[③]人类文化是人类生产与社会生活的产物，但同时又是人们新的社会生活和社会生产的基础和必要条件。教育既是文化得以保存的工具，也是文化得以传递的工具。[④]教育的最终目的是将人类的文化积淀通过一定的方式和途径传递给下一代，这样既可以使人类文化的精华得以保存和传承，同时，在文化传承和传递的过程中，使文化具有一种扩散的效应，达到原来所没有的文化教养效果。

2. 教育的文化交流与融合功能

在人类历史上，不同民族在长期的生活实践过程中，形成了不同的文化，从大的方面来说，有东方文化与西方文化；从小的方面来说，不同民族又有不同的民族文化。人们在长期的交往过程中，将不同的文化观念相互传递，在交流的过

---

① 戴圣. 礼记[M]. 陈澔，注. 上海：上海古籍出版社，2016：414.

② 孔子，等. 四书五经[M]. 沈阳：万卷出版公司，2010：2.

③ 李剑萍，魏薇. 教育学导论（修订版）[M]. 北京：人民出版社，2006：99.

④ 孙俊三. 教育原理[M]. 长沙：中南大学出版社，2001：85.

程中，不同文化吸收其他文化的优势，就产生了文化的融合。教育的文化交流与融合模式一般有两种：一种是内在的，即在教育过程中，通过课程对不同文化内容进行选择、整合、吸纳，传递给下一代，使他们更新文化观念，从而实现文化的交流与更新。另一种是外在的，通过一些大型的、外在的文化交流与互动实现文化的交流与融合功能，如对外学术交流与合作、大型文化交流项目等。

3. 教育的文化选择与扬弃功能

教育通过筛选不同的文化内容来传递给下一代，实现文化的传递和保存功能。教育在实现本民族文化的传递和保存功能的同时，一方面，要对本民族文化进行选择，选择本民族文化中的优良文化作为教育的核心内容传递给下一代。另一方面，还要对不同民族、不同层次的文化进行选择，去其糟粕，取其精华，扬长避短，以促进本民族和本国文化的更新和健康发展。

4. 教育的文化创新与创造功能

教育的文化传承与扩散功能、交流与融合功能、选择和扬弃功能，最终都是为了实现教育的文化创新与创造。文化不是一成不变的一潭死水，它是一个流动的过程，是一个不断融合和吸纳优秀文化并在传统文化的基础上不断更新的过程。在这一过程中，教育起到了举足轻重的作用。首先，教育可以培养具有文化创造力的人。教育最本质的功能就是将文化传递给下一代，文化一旦为人所掌握，就会成为人类解释自然和社会现象、创造性地进行各种人类社会实践活动的工具，也必然成为文化创新的方法与手段。“教育作为形成人、发展人的手段，就是利用人类已有的文化成果去影响人、塑造人的个性，把社会文化转化为内在文化，使人由愚昧的野蛮人变为开明的文化人。从这个意义上讲，教育无限开掘了人创造文化的潜能，增强了人创造文化的力量。”①其次，教育是知识创新的原发地，尤其是高等教育。现代科学的发明和发现，无一不与高等教育密切相关。由科学知识转化为科学技术，由科学技术产生新的科技成果，科技成果在社会实践中的运用产生新的文化成果。教育通过对科学知识的创新，创新和创造了人类文化。最后，教育通过培养文化巨人推进时代精神。

（四）教育的科技功能

科学技术的高度发达是现代社会的显著特征，现代社会的方方面面都深受现代科技的影响。而现代科技的每一次飞跃都有赖于教育的推动作用。教育对科技的强大促进作用，已经成为世界各国发展现代经济的共识。

---

① 柳海民. 现代教育学原理[M]. 长春：东北师范大学出版社，2002：111.

1. 教育再生产科学技术知识

教育历来不只传授知识，还生产和创新知识[①]，尤其是高等教育。现代高等教育倡导教学与科研相统一。科研就是科学知识的创新功能。人类科技史上的每一个重大发现与发明都与高等教育密切相关，就是现代社会本身也是在科学革命的推动下产生的。大学课程的设置在传授人类科学最前沿知识的同时，也在这些知识的基础上创新，再生产科学技术知识。尤其是第二次世界大战结束以来，科技领域的每一次突破和新发现都离不开大学的实验室。教育通过直接生产和创造知识推动现代社会科技的发展。

2. 教育培养科技创新型人才

教育的首要和最直接的功能是培养人才。首先，相关部门通过设置课程、编写教材，将人类科学技术知识传递给下一代，使他们成为社会发展急需的科技人才。对科技人才的培养，使他们在获取科技知识的同时能够创新科技知识。其次，教育通过人才培养功能，能够直接培养创新型人才。尤其是知识经济社会的来临，创新型产业的形成需要教育。我国实施科教兴国和人才强国战略是教育培养科技创新型人才强大功能的直接体现。

（五）教育的人口功能

人口是生活在一定社会、地区的人的总体，通常包括人口的数量、质量和结构等指标。教育不仅能够降低人口的出生率，而且能够调节人口结构，提高人口质量。对我国来说，最重要的是通过教育使我国由人口大国转变为人口强国。

1. 教育有利于控制人口数量

根据人口学家的研究，教育与人口出生率关系密切。越发达的社会人口的出生率越低，全体国民受教育程度与人口出生率成反比。因此，提高人口的教育文化程度，有利于对本国人口的控制。第一，受教育程度越高，就业机会越多，工作的积极性也就越高，势必造成晚婚晚育。第二，受教育程度越高，对子女的要求越高，而现代教育费用的增长，促使他们宁愿子女少，也要子女好。第三，受教育程度的提高，养子防老的传统观念被削弱，人们对精神层面的追求增多，不再认同多子多福的传统观念。

2. 教育有利于改善人口质量

人口质量包括人口的身体素质、精神素质和心理素质。首先是人的身体素质，

---

① 黎敏成. 知识生产：校长时代使命的凸显[J]. 教育科研论坛，2008（05）：4-5.

它是支撑人发展的物理要素。身体素质包括先天的遗传基因，同时也与后天的营养、保健和体育锻炼密切相关。只有受过教育尤其是高等教育的人，才能懂得优生学和遗传学等与身体素质密切相关的知识，才能有意识地使身体素质向着优生优育方向发展。其次，人的精神素质与教育的关系更密切，只有通过教育，人的精神境界才能达到更高的层次。最后，心理素质是人的整体素质的重要组成部分之一，它是人的情绪内核的外在表现。随着现代社会向纵深发展，出现心理问题的人越来越多。因此，关于心理辅导的教育变得日益重要。人们通过心理辅导和教育，能够减轻心理压力，提高心理承受能力，从而实现心理健康发展。

3. 教育有利于促进人口结构合理化

人口结构包括人口的自然结构与社会结构。自然结构指人口的年龄、性别等方面的比例。社会结构指人口的阶级、文化、职业、地域、民族等方面的比例。所谓人口结构的合理化就是指人口结构有利于社会生产和人口的自然平衡。①第一，教育有利于优化人口的性别结构。由于传统社会重男轻女思想严重，生女孩多被歧视。受过一定教育后，人们会改变这种传统观念，从而解决人口的男女比例失调的问题。第二，教育有利于优化人口的城乡结构。教育具有社会变迁的功能，受过良好教育的人，有更多的资源，也更有利于向城市迁移，使城市人口增多，农村人口减少，促进国家的工业化和现代化进程。第三，教育有利于优化人口的职业和行业结构。教育尤其是高等教育一方面培养社会经济发展所需要的人才，另一方面也关照时代发展的前沿，培养未来科技社会需要的人才。这在无形中改善了人口的职业和行业结构，在适应社会发展的同时，引领社会发展。

二、教育的社会制约性

（一）经济对教育的制约性

教育的直接作用就是使一个自然人通过教育转变为现时的社会人，教育必须根据社会的现时发展状况，有目的地培养社会需要的人才。经济作为社会发展的基础，对教育有着直接的制约作用。

1. 生产力发展水平决定教育发展水平

生产力发展水平是教育发展的物质基础之一。在物质资料的生产中，生产力是最活跃、最革命的因素，它的发展引起了生产关系和一切社会关系的变化，推

① 蔡宝来. 现代教育学：理论和实践[M]. 上海：上海教育出版社，2011：130.

动和制约着整个社会的发展，因而也推动和制约着教育的发展。[①]教育的发展需要一定物质资源的支撑，而支撑教育发展的这些物质资源最终来源于一定社会生产力的发展。因此，生产力发展水平决定着教育发展水平。

2. 经济基础决定教育发展的规模和速度

经济发展水平决定着整个社会的发展势态，经济是整个社会发展的物质基础。作为整个社会的组成部分，经济发展水平也同样是教育发展的物质基础，它不仅决定着多少人可以受教育，受到什么样的教育，同时还决定着教育发展的速度和规模。一般来说，一个国家的经济发展水平直接决定这个国家的入学率、义务教育普及率和普及年限以及高等教育的不同发展阶段（精英教育阶段、大众化教育阶段、普及教育阶段）。

3. 经济发展程度制约教育的内容和结构

经济发展程度决定一个国家的产业结构、行业结构和职业结构，从而决定一个国家对不同类型、不同教育程度、不同知识结构的人才需求量。与之相应，教育的结构也要发生相应的调整。经济发展程度还决定着教育的内容。科技发达时代，要求培养具备先进科学知识的人才，现代科技知识逐步成为教育的主要内容。教育的手段和方式也与经济发展程度息息相关，不同的教育手段和方式产生不同的教育形式。

（二）政治对教育的制约性

经济基础决定上层建筑，一个社会的政治一般是经济的集中体现。统治阶级进行统治的最终目的，是获得经济发展的主导权，获得经济利益。经济对教育的制约作用，一般会通过政治表现出来。

1. 政治决定教育的领导权和受教育权

自国家产生以来，统治阶级为了巩固统治秩序，培养本阶级需要的人才，一般会利用他们的统治权，控制教育的领导权，决定谁有权受到何种类型的教育，来维护自身的统治。统治阶级利用政治权掌握教育的领导权。一般通过颁布教育法律法规、教育政策等规定教育方针、教育目的，通过教育行政体制决定管理教育的权限，还通过不同的教育财政体系规定不同的教育经费划拨模式，同时通过课程行政的方式规定教育教学的内容等，统治阶级通过这些方面的管理来控制教育的领导权。受教育权的分配也部分地体现了政治对教育的制约作用。现代

① 王萍. 现代教育学[M]. 济南：山东教育出版社，2012：54.

社会在政治上最典型的特征就是民主化，民众的民主意识日益增强，教育民主和教育平等成为时代发展的要求。

2. 政治决定教育目的

在一定的社会中，教育培养什么样的人取决于当时社会的经济发展状况，并由政治制度决定。政治对人才培养的思想意识、政治方向、规格等方面提出要求，规定了教育方针和培养目的。我国社会主义社会的政治性质，则决定了教育必须与生产劳动相结合。培养德智体美劳全面发展的社会主义建设者和接班人①。

3. 政治决定教育内容

为了维护自身的统治，统治阶级对教育的内容有明确的规定。教育的任务之一就是促使下一代由自然人转变为社会人，转变成具有什么样思想意识形态的社会人，则是由教育内容决定的。统治阶级十分关注在教育内容中体现出的思想内容及意识形态，为了实现教育目的，往往会对教育内容进行严格的规定和筛选。

（三）文化对教育的制约性

1. 文化影响教育观念

不同的文化有不同的文化价值观念，文化价值观念直接影响教育观念，如人才培养观、课程设置观、教师的教育观。我国传统文化和现代文化的差别决定了传统的教育观念与现代教育观念有着天壤之别。从地域来看，文化还可以划分为东方文化和西方文化。东西方文化观念的不同，决定了东西方教育理念的不同。还有各民族不同的文化传统，使得他们的教育的观念也呈现出不同的特点。教育观念受不同价值取向文化的影响。

2. 文化制约教育内容

就广义而言，教育本身是文化的一部分。从狭义来说，教育的目的是将人类社会积累的优秀文化传统通过教学的方式传递给下一代。有不同的文化，就会有不同的教育内容。文化直接制约着教育内容。无论是课程的设置，还是教学内容的选择，既兼顾民族的文化传统，同时兼顾时代文化的发展趋势。

---

① 新华网. 习近平：坚持中国特色社会主义教育发展道路　培养德智体美劳全面发展的社会主义建设者和接班人. [2018-09-10]. http://www.xinhuanet.com/politics/leaders/2018-09/10/c_1123408400.htm.

（四）科技发展对教育的制约性

1. 科学技术影响教育观念

教育观念是教育者的教育价值观、教育理想和教育目的的总和，教育能力则是教育者实现教育观念的能力。科学技术的发展在某种程度上能够改变教育者的教育观念，提高他们的教育能力。科技水平的急速发展，开阔了教育者的视野，增加了他们了解世界的途径和方式，改变了他们的世界观，而世界观的改变直接促成了教育者的教育观念的改变。科学技术的进步也使更充分地揭示出教育对象的身心发展规律成为可能。这些都会使教育者重塑自己对受教育者、教育活动、教育规律的认识，直接影响教育者的教育观念。

2. 科学技术影响教育内容

从历史的角度来看，教育内容本身就是对科学不同领域的直接划分。传统科学是划分不同领域进行科学研究的，科研成果也是不同领域内部的，很少涉及不同科学领域的交叉和边缘地带，因此，教育内容按照传统科学的特征划分为不同学科，学科之间的交叉很少，也很少涉及边缘学科。随着科学范式由传统转入现代，科学的每一次重大发现几乎都是不同领域交叉的结果或处于不同领域的边缘地带。因此，教育内容更多地关注交叉学科和边缘学科。基础教育的内容由过度分科逐渐走向课程的综合。

3. 科学技术影响教育手段

科学技术的发展影响着教育手段，其中包括教学手段、知识的承载手段和学生的学习手段。从原始社会的结绳记事到后来的竹简，再到中华文明的造纸术催生的文化大发展，科学技术在其中起到了极大的推动作用。科学技术的发展影响作为文明核心的知识的承载方式，同时也对教育手段产生极大的冲击。从古代的汗牛充栋到现代的磁卡芯片，科学技术对知识承载载体的革新和创造，极大地促进了知识的存储和扩散。同时，科学技术的发展对课堂教学手段、教学模式及学生学习方式有明显的影响。从古代以背诵为主的个别教学到现代的班级授课制，再到 21 世纪的慕课（MOOC）、微课堂和翻转课堂，都在不同程度上体现了科学技术对教育教学手段和知识承载媒介的影响。

（五）人口对教育的制约性

1. 人口影响教育的规模

人是教育的对象，人口对教育的影响体现在方方面面。首先体现在人口数量影响教育规模。人口多，教育规模大；人口少，教育规模小。一个国家的教育规模的大小首先是由人口的多少决定的。同时，人口的过快或过高增长到一定的阈值，超出国家经济对教育的承载能力，就有可能导致人口与教育规模的矛盾。人口的过度增长可能导致教育规模一定程度的紧缩，导致教育不公平现象。因此，并不是说人口越多，教育规模就可以无限制发展。人口多少对教育规模有一定的制约性。

2. 人口影响教育的结构

人口对教育结构的影响体现在人口不同的年龄结构影响着不同阶段教育的规模和质量。人口的年龄构成标志着需要受各级教育的实际人数。①以我国人口为例，我国目前的人口是“两头”人口过多，而“中间”人口较少。适龄儿童由原有的较多逐渐减少，导致农村小学校舍闲置，学校合并较多，部分资源浪费。随着二孩政策的施行，适龄儿童会逐步增长。由老龄人化加速以及各种受教育程度人口的变化，需要国家根据不同年龄阶段人口的变动，来调整教育结构，小学、中学、大学和老年大学都随着不同年龄阶段人口的变动作相应的调整。

3. 人口影响教育质量

人口对教育质量的影响主要体现在不同年龄阶段的人口规模需要相应的教育设施、设备和相应的教育环境配置。人口过快或过高的增长速度会影响教育的质量和公平，造成教育资源供给不足，设施不全，教育教学手段缺乏，严重影响教育教学常规。人口增速过低会产生教育资源严重浪费现象，也会影响教师的教育教学手段和模式。

三、教育的相对独立性

作为社会整体的一个组成部分，教育既受社会政治、经济、文化发展水平的制约，同时又对社会政治、经济、文化的发展有促进作用。但是，这并不是说教育只能作为社会政治、经济、文化发展的附属品，没有自身的发展特点和规律。我们应反对两种偏向：一种偏向认为教育可以脱离社会政治、经济、文化发展的实际，盲目发展；另一种偏向认为教育没有自身的独立性，只能作为社会政治、经济、文化发展的附属品或者是附庸而存在。这两种对待教育的态度都是不对的。我们既要承认教育与社会政治、经济、文化发展要协调，同时还要承认教育具有相对的独立性。

---

① 陆明玉，孙霞. 现代教育学[M]. 北京：北京邮电大学出版社，2014：60.

（一）教育的相对独立性

1. 教育有自身的特点和规律

教育的本质是通过文化的传承培养人。作为一种培养人的活动，教育存在的价值是把人类世代积累的生产经验和社会生活经验转化为受教育者的精神财富，这是教育所独有的特点。[①]教育的对象是人，教育必须符合人的成长规律，如根据人的认知特点提出的循序渐进和理论联系实际的原则；根据人具有主观能动性提出的启发诱导原则；根据学生的个性特征提出的因材施教原则；根据人的素质结构的整体性提出的人的德智体美劳全面协调发展的宗旨；等等。以上种种，是人类长期教育实践认识的结果，是教育活动所特有的，不会因社会物质生产方式的变更、社会政治和社会意识的变化而被否定，对社会发展来说是相对独立的。[②]

2. 教育具有历史继承性

任何时代的教育都不是凭空产生的，都与以往的教育密不可分。无论是教育的思想、制度、方法、内容，还是教育理念，都是在继承历史优秀成果的基础上的扬弃。吸收以往的教育传统的优秀成分，转化或融合当时社会条件下的特定成分，形成适合当代的教育。教育具有历史继承性。

3. 教育与社会发展的动态不平衡性

教育与社会发展具有某种动态的不平衡性。首先，教育与社会生产力的发展具有不平衡性。其次，教育与社会政治、经济发展具有不平衡性。最后，教育的发展有时候滞后于社会发展，有时候会引领社会的发展。

（二）防止教育与社会关系的两种偏向

（1）第一种偏向即过于强调教育的独立性，割裂教育与社会的关系。教育相对于社会的政治、经济、文化来说，具有一定的独立性，不能把社会生产力发展水平和政治经济制度作为衡量教育的全部依据，教育具有相对的独立性，当然，教育的发展最终还是要受到社会政治、经济、文化发展的制约。在这一过程中，尤其不能将教育要遵循自身的特点和规律与教育要适应社会发展的需要相对立，提出教育到底是为社会发展服务,还是为人本身的发展服务这样非此即彼的问题，不能割裂教育与社会的关系，使教育严重脱离社会发展现实。

（2）第二种偏向即否认教育的相对独立性，将教育与社会其他领域等同化、

---

① 蔡宝来．现代教育学：理论和实践[M]．上海：上海教育出版社，2011：137.

② 王道俊，扈中平．教育学原理[M]. 3 版．福州：福建教育出版社，2013：48.

同一化。这一观点否认教育具有自身的特点和规律，否认教育具有与社会其他领域不同的独立性和特殊性，试图用经济、政治规律替代教育规律。教育具有相对独立性，还体现在通过人才培养来促进社会发展。因此，教育一方面必须遵循人自身的发展规律，另一方面还要遵循人才培养特有的特点和规律。如果将教育对人才的培养等同于社会的物质生产，忽视教育自身的特点和规律，势必降低教育质量。

第三节　当代社会发展与教育变革

一、现代化与教育变革

世界范围内的现代化潮流和趋势给人类社会的政治、经济、文化生活带来了翻天覆地的变化，一些西方发达国家已经基本实现了现代化，发展中国家正在通过各方面的现代改革，努力实现现代化。习近平总书记在党的二十大报告中指出："从现在起，中国共产党的中心任务就是团结带领全国各族人民全面建成社会主义现代化强国、实现第二个百年奋斗目标，以中国式现代化全面推进中华民族伟大复兴。"[①]要想实现现代化，首先要实现人的现代化，而人的现代化取决于教育的现代化。教育现代化是实现国家现代化的必然选择。

（一）现代化的基本含义

"现代"一词的使用至少可以追溯到 5 世纪，它源于拉丁文的 modernus，最早与 modus（方式，样式）有关，后来专指随基督教的兴起与传播而流行起来的新观念、新潮流。当初，人们在运用"现代"一词时突出的是它的"崭新"之意，而没有刻意把它与"时代"联系起来。[②]

"现代化"一词出现得较晚，约在 20 世纪初。"在西方，它特指经历了中世纪千年黑暗之后人类逐步走向光明的时代。特别是指科学革命之后，人类的政治、经济、文化生活发生翻天覆地变化的时代。"[③]《新华词典》对"化"的解释是：

---

① 中国政府网. 习近平：高举中国特色社会主义伟大旗帜　为全面建设社会主义现代化国家而团结奋斗——在中国共产党第二十次全国代表大会上的报告[EB/OL]. (2022-10-25)[2023-07-20]. http://www.gov.cn/xinwen/2022-10/25/contenot_5721685.htm.

② 汪堂家. 利奥达与"后现代"概念的哲学诠释[J]. 复旦学报（社会科学版），2001（03）：68-75.

③ 张应强. 高等教育现代化的反思与建构[M]. 哈尔滨：黑龙江教育出版社，2000：14.

“放在名词或形容词后，表示转变成某种性质或状态。”[①]从对现代及现代化概念解读可知，现代化是指一个社会的崭新观念和潮流，这种观念和潮流是立足于既有传统，并对传统扬弃的基础上，广泛吸收外来文化，将旧的、既有的传统转化并进入一种崭新时代的过程。

（二）教育现代化

人是生产力发展中最活跃、最积极的因素。现代化一般指经济现代化，由经济现代化而带动人类社会其他各个方面的现代化。而经济现代化首要的是生产力的现代化，要想实现生产力的现代化，最关键的要素是人的现代化。人的现代化，首先需要教育的现代化。“所谓教育现代化，是指教育要适应时代的发展，反映并满足现代生产、现代科学文化发展需要，达到现代社会所要求的先进水平。”其基本内容包括以下几方面。[②]

（1）教育观念现代化。观念是一个人行动的指南，有什么样的观念就会导致什么样的行动。要树立现代教育需要的教育价值观、教育质量观、教育人才观，转变旧的教育观念，树立先进的现代教育观，如终身教育观、素质教育观、全面质量观等，这是推动教育改革和发展，实现教育现代化的前提。教育观念的转变既是教育行政部门的事情，更是一线教师的首要任务。

（2）教育目标的现代化。教育目标是多维的，但多元目标最终统一到人的发展上。实现人的现代化，借此实现整个社会的现代化是教育现代化的最终目标。什么是人的现代化？指人由传统的人格转化为现代的人格的过程。具有现代人格的人就是现代人。[③]美国社会学家阿列克斯·英格尔斯（Alex Inkeles）通过大量的研究发现，尽管在不同的国家，现代性强的人在生活态度、价值观念和社会行为模式等方面都具有十分相似的特征，这些特征主要表现在以下12个方面：乐于接受新的生活经验、新的思想观念和行为方式；准备迎接社会的变革；思路开阔，头脑开放，尊重并愿意考虑不同的意见和看法；注重现在与未来，守时惜时；有强烈的个人效能感，对个人和社会的能力充满信心，办事讲效率；重视生活和工作，有计划性；尊重事实和知识；对人及社会具有可信赖性；重视专门技术，有意愿根据技术水平高低来领取不同报酬的心理基础；对教育的内容和传统智慧敢于挑战，乐于让自己和其后代选择离开传统所尊敬的职业；相互了解、尊重和自

---

① 中国社会科学院语言研究所词典编辑室. 新华字典（1998年修订本）[M]. 北京：商务印书馆，2001：195.

② 王萍. 现代教育学[M]. 济南：山东教育出版社，2012：65.

③ 柳海民. 现代教育学原理[M]. 长春：东北师范大学出版社，2002：119.

尊，主张非权势和平等相处，追求自由和民主；了解生产及谋生。[①]这些现代人所应具备的现代品质，只能经由现代教育的途径培养而形成。在我国则表现为大力推进以创新精神、实践能力和社会责任意识为核心的素质教育，通过提高人的基本素养，从而使人具备现代人的基本品格。

（3）教育内容的现代化。教育内容的现代化，首先是要将现代科学各个领域的最新、最前沿知识反映到教育教学中来。推进教育内容的现代化，首先要积极推进课程改革，随着科学综合化发展的加速，打破原有的学科壁垒森严、互不沟通的课程设置模式，设置综合课程；不削弱必修课程的同时，加大选修课程在课程总量中的份额，以利于学生个性发展。其次是教材的建设。加快更新教材，教材内容要注意吸收信息科学、材料科学、生命科学等方面的最新成就，以及在其基础上发展起来的与计算机技术、空间技术、海洋技术、生物技术的有关知识。要突出基本性、基础性、范例性，让学生学习“规律性的知识”，掌握学科的知识结构。[②]

（4）教学手段和方法的现代化。人们应充分利用现代视听工具和网络等新型信息传播手段，提高教育教学效率。

（5）教育研究方法的现代化。人们应通过科学研究与实验，科学揭示现代教育教学规律，积极推进教育科学范式的转型，以推进和指导教育教学改革。

二、全球化与教育变革

全球化已成为 21 世纪最重要的特征之一。全球化是人类不断地克服空间跨度，从而进行政治、经济、文化交流，在现代化潮流的裹挟下，全人类充分实现物质与信息资源的交流和沟通。“全球化作为继工业革命之后人类历史上的又一场深刻变革和全球重组趋势，已经从根本上改变了人类的日常生活和国际交往关系，挑战着传统思维习惯与行为方式，也推动着原有政治、经济、文化和社会结构的转型。”[③]教育作为社会组成部分，也不例外。在全球化浪潮的影响下，无论是传统的教育观念，还是传统的教学模式都受到前所未有的影响。

全球化是一柄双刃剑，在这一过程中，如果应对有力，可以对自身发展起到良好的促进作用；如果应对不当，也存在被同一化的风险。因此，在全球化时代，我们既不能完全拒绝全球化，也要防止在全球化的过程中被同化的风险。在保持自身独立性、自身特色的同时，有选择地汲取优良的、摒弃不良的，成为全球化

---

① 张丽华. 社会现代化与国民人格的重塑[J]. 教育科学，2000（02）：31-34.

② 段作章. 关于教育现代化的理论思考[J]. 煤炭高等教育，1997（02）：23-26.

③ 吕晓娟，张晓文. 全球化背景下高等教育范式的转向[J]. 高等理科教育，2016（02）：32-37.

的主人和积极构建者。

（一）全球化的概念

英文的“globalization”是动词“globalize”的名词化形式。这两个词源于拉丁语的构词元素“glob-，由“globus”演变而来，意思是球体，即球状物。构词元素“glob-”还派生出构词元素“globi-”和“globo”，包含两层含义：球，如globule（球状体）；全地域、全世界。西文中的“global”，虽然已经有400多年的历史了，但是“全球”的组合词和变形词，如“globalization”，（名词，全球化），“globalize”（动词，全球化）及“globalizing”（动名词，全球化）。1961年版的《韦氏词典》成为第一本单列“globalism”（全球主义）和“globalization”（全球化）词条的重要词典①。1989年出版的*Oxford English Dictionary*已经列出了globalization，globalize，globalized等词条。②

进入20世纪90年代后，全球化日益成为时代的特征。经济学、社会学、国际政治学等各个学科领域的学者都加强了对全球化的关注与研究，并且提出了各家之见。全球化成为一个概念以及作为一种理论的出现，不论是在西方还是中国都只有几十年的时间。对全球化概念的界定百家争鸣、百花齐放，各种学说流派纷呈，各家各派从不同学科角度进行了界定，分别有经济学、社会学、政治学（国际关系）、哲学、文化研究以及历史学的角度等。从目前的研究看，全球化概念显然有多种纬度，任何一种单一界定都是不可能的。“全球化的概念是相互渗透的，包括经济、政治、文化、意识形态等。”③全球化概念的复杂性特征充分说明了全球化进程涉及众多领域，并正在从实践领域向意识、精神领域扩散，成为人们思考问题、看待世界的新背景和新的视角框架。④

全球化比较有代表性的概念，是人类不断地跨越空间障碍和制度、文化等社会障碍在全球范围内实现充分沟通（物质的与信息的）和达成更多共识与共同行动的过程。④

（二）全球化的特征及其对教育和教育学的影响

1. 全球化的特征

全球化的首要特征是各国间的开放与合作力度加大，导致竞争力度加大。全球化的过程，是世界各国政治、经济、文化的充分外放和吸收的过程，在这一过

① Malcolm Waters. Globalization. London：Routledge，1995：2.

② 吴志强. “全球化理论”提出的背景及其理论框架[J]. 城市规划汇刊，1998（02）：1-6，64.

③ 俞可平，黄卫平. 全球化的悖论[M]. 北京：中央编译出版社，1998：200.

④ 文军. 全球化概念的社会学考评[J]. 马克思主义与现实，2000（06）：52-57.

程中，各国根据自身发展的需要，加大与世界各国的合作力度，开放与合作的同时，必然引起世界各国的竞争加剧。因此，这一过程也是一个由平衡到不平衡再到平衡的过程，是由起初的同一化趋势逐步过渡到多元发展的过程。

其次，文化的融合与冲突的力度加大。全球化的兴起主要是自近代以来，由科学技术的迅猛发展带来的生产力快速提高为动力，促使全球范围内的物质、文化、信息资源的交流与沟通。其中，文化的交流与沟通尤为突出，例如，东方文化与西方文化、传统文化与现代文化，以及区域间不同文化的交流与融合。由于各自文化的背景及传统、价值取向、前提不同，在各种文化交流与融合的同时，必然存在文化的冲突，随着全球化程度的加深，这种文化的融合与冲突会加剧。

再次，传统文明与现代文明的矛盾加剧。全球化过程，首先是现代化文明在世界范围内的流动过程，势必造成传统文明与现代文明的矛盾，而且伴随着全球化程度的加深，现代文明与传统文明的矛盾也逐步加剧，尤其在价值观及文化传统方面，这种矛盾尤其突出。

最后，机遇与挑战并存。全球化的过程是一个机遇与挑战并存的过程，现代化过程首先是西方经济全球扩充的过程，存在着某种程度上的发达国家对发展中国家的挤压。但是，不可否认的是，在全球化过程中，发展中国家也可以凭借这一过程发展壮大自身经济，跻身于发达国家行列。

2. 对教育和教育学的影响

首先，全球化程度的加深，教育国际化趋势明显，各国间教育相互借鉴和学习的机会和途径增多，国际合作办学，教育的国际交流与合作领域在逐步增多。不同文化背景下的教育相互借鉴和交流的空间和时间都在不同层次上延展，不同的教育方法及教育理论在世界范围内融合、借鉴、发展，这些促进了教育学学科本身的现代化和科学化，有利于教育和教育学学科的发展。

其次，由于全球化的发展，人类可以共同面对教育领域内的一些共同问题，如儿童教育问题、妇女教育问题、全球性的生态环境问题等。

（三）全球化对我国教育变革的影响

首先，正确处理本土化与国际化的关系。全球化必然带来国际范围内不同的教育理念、教学方法和课程文化理念。在这一过程中，如何正确处理本土化与国际化的关系，是教育变革的关键。要有拿来主义精神，适合是最好的，国际化的教育理念、教学方法，只有经过本土化的处理，才能成为适应本土文化自身的教育理念和教学方法。

其次，全球化是一柄双刃剑，我们需要抓住机遇，迎接挑战。要以批判的眼光重新审视西方教育学，克服照搬照抄的弊端，在拿来的同时要创造。注意摈弃同质化趋势，尊重教育的多样性，承认教育发展目标和组成部分的多样性。①

最后，我们应加强国际理解和全球意识教育，培养国际化人才。

三、信息社会与教育变革

信息化已成为现代社会的基本特征，人类由现代化发展的第一阶段工业文明进入现代化发展的第二阶段信息文明阶段。信息文明的到来，信息加工、信息传递和信息沟通等成为科学知识和技术的核心，人类社会的方方面面都发生了深刻的变革。信息社会的来临，对现代工业文明产生的现代教育提出了挑战，同时，也引起了现代教育的深刻变革。无论是教育观念还是教育内容和方式方法、师生关系、学习方式，都处于变革之中。

（一）信息社会的基本含义

信息社会是信息成为比物质或能源更为重要的资源，以信息价值的生产为中心促使社会和经济发展的社会②。它以计算机、微电子和通信技术等为主的信息生产、信息沟通、信息加工为特征，信息技术革命是信息社会的主要标志之一，实现了生产、办公、家庭的全面、全过程的信息化，它的出现意味着人类由以大机器生产为特征的工业文明社会步入以信息为特征的信息文明社会。

（二）信息社会对教育的影响

（1）教育观念更新。“我坚信信息时代新的教育范式必将代替工业时代旧的教育范式，这就如同农业时代的‘单室校舍’教育范式终将被工业时代的‘工厂模式’所代替一样。这不是一个教育范式是否会转变的问题，而是我们的社会对于这样的转变给予多大的优先度。”③信息社会最大的特征就是知识的高速增长、高速传播和高速转化，为应对信息社会对知识快速变化的挑战，传统的以传授知识为目的的教育理念要迅速转变为终身学习教育理念。如果说传统教育观念更多的是知识的增长，那么信息社会的教育观念更多的是学生快速获取知识的能力。

---

① 全国硕士研究生入学统一考试辅导用书编委会. 2014 全国硕士研究生入学统一考试教育学专业基础综合考试大纲解析[M]. 北京：高等教育出版社，2013：11.

② 全国考研教育学配套教材编委会. 2019 全国硕士研究生招生考试教育学专业基础综合考试解析[M]. 北京：高等教育出版社，2018：12.

③ 段敏静，裴新宁，李馨. 教育系统的范式转变：对话国际教学设计专家 Charles M. Reigeluth 教授[J]. 中国电化教育，2009（05）：1-6.

（2）课堂教学模式的巨大变革。由于信息社会信息技术手段的高度发展，工业社会的以课堂讲授为主的课堂教学模式受到了前所未有的挑战，代之而起的是全世界范围内风起云涌的慕课、翻转课堂和微课程，这对传统的课堂教学模式提出了挑战。

（3）学习方式的变革。无论是农业社会还是工业社会，学生主要的学习方式是教师教、学生学。教师为主，学生为辅。信息社会的来临，使大规模的网上学习成为可能，传统的以教为主、学为辅的学习方式，逐步让位于学为主、教为辅的方式，这也符合信息社会终身学习教育理念和信息社会知识经济对创新人才的需求。

（4）促进教育科学的发展。信息社会信息技术高度发达，使教育科学研究有了新的手段和技术，全球范围内的教育研究信息传递迅速，使最新的教育研究成果能够以最快的速度在最广的范围内传播。

（5）教育管理的智能化。信息社会信息技术的使用，使校园信息网络数字化成为可能。校园信息网络数字化是指利用计算机网络将校园的各项日常工作连接起来，利用计算机数字处理程序高效、快速处理校园日常工作的一种现代的高度发达的技术。它的核心部分就是数字校园。[①]数字校园是在传统校园设施设备基础上，将校园的各项资源数字化，使得校园在原有现实基础上，形成一个数字空间，从而使原有校园在时间和空间上实现柔性化延展。它主要是以网络为基础，达到从环境、资源到教学、管理、服务、办公等一系列活动的数字化，主要目的是提升校园的效率，实现校园资源的节约利用以及教学等活动的现代化，从而实现教育过程的全面信息化、现代化。

四、知识经济与教育变革

人类社会进入 20 世纪 90 年代以来，知识经济社会的迹象越来越明显，尤其是对发达国家而言。由于信息技术社会的推动，在人类社会经济发展领域，知识越来越作为重要的资源决定经济的基础，而工业社会的主要经济特征和主体产业在 20 世纪 50 年代以来逐渐隐退。外在自然资源对经济发展的制约作用，在信息科学技术迅猛发展下，对工业经济发展的牵制作用也在逐渐减弱。人类进入知识经济时代。

知识经济时代最显著的特征就是决定国家经济实力、富裕程度和国际竞争力的核心因素，不是或者主要不是拥有知识资源的数量，而是迅速获得和有效利用最新知识和信息资源的能力。这种能力的载体，不可能是人体以外的物质对象，

① 侯爱荣. 基于绿色视角的大学建设研究[M]. 北京：中国社会科学出版社，2014：203.

只能是人本身。[①]在知识经济时代，教育的首要任务是培养有创新能力的人，从这个方面来看，知识经济时代的教育与传统教育有着本质的区别，无论是教育理念、课程设置还是学习方式都与工业时代对人才培养的要求有着巨大的不同。因此，知识经济时代的来临，对教育领域的变革提出了前所未有的挑战，教育如何应对也是教育领域值得关注和深思的问题。

（一）知识经济的含义及其特征

1. 知识经济的含义

“知识经济”作为“以知识为基础的经济”，是信息社会的主要经济特征和主体产业。按照经济合作与发展组织（OECD）《以知识为基础的经济》报告中的定义，经济知识是指建立在知识和信息的生产、分配和使用之上的经济。[②]知识经济是信息社会发展到更高阶段的自然产物。

20 世纪 50 年代以来，发达国家的高新技术产业是所有产业中出口和就业最快的产业。在就业方面，1970～1994 年，与高技术相关的高工资就业增加了 20%，中学毕业以下的失业率是 10.5%，而有着高等教育的失业率仅为 3.8%[①]。

经济合作与发展组织《技术、生产率和工作的创造》报告中，对知识经济做了一个总结：“今天，各种形式的知识在经济过程中起着关键的作用，无形资产投资的速度远快于对有形资产的投资，拥有更多知识的人获得更高报酬的工作，拥有更多知识的企业是市场中的赢家，拥有更多知识的国家有着更高的产出。”[③]

在工业社会，人们一般是按产品的用途进行产业结构的划分，而在知识经济社会一般是按照知识科技的创新力度或知识科技的不同含量将产业结构区分为：创新型产业、集成型产业和传统型产业。其中，创新型产业是典型的知识经济产业。只有当一个国家的知识创新和技术创新成为专业化活动，创新型产业作为一个独立产业存在的时候，工业经济才可能真正过渡到知识经济。到目前为止，一个国家无论是知识创新还是科技创新，一般有两种途径。一种是通过自身获得，另一种是通过购买获得。由于创新所能创造的超额利润和对市场的绝对垄断能力，一般情况下，一个国家的创新型产业只能依靠自身才能形成。只有一国本身形成了自身的创新型产业，才能使这个国家由工业经济顺利过渡到知识经济。而购买，很难形成本国独立的知识创新和科技创新型产业，也就是说很难促进本国创新型产业的形成。因此，迅速形成本国独有的知识型产业，是一个国家在知识经济时

① 韩小明. 从工业经济到知识经济：我国发展高新技术产业的战略选择[J]. 中国人民大学学报，2000（03）：34-41.

② 柳卸林. 知识经济：内涵和意义[J]. 中国科技论坛，1997（05）：43-47.

③ 转引自柳卸林. 知识经济：内涵和意义[J]. 中国科技论坛，1997（05）：42-46.

代胜出的唯一路径。

2. 知识经济的特征

知识经济的特征表现为以下几点：第一，知识是经济增长的核心要素；第二，创新是知识经济发展的核心动力；第三，知识经济的主要劳动力是与时代发展相适应的有知识的人；第四，最新知识和信息资源的迅速获取和有效利用能力是知识经济发展的经典特征。

（二）知识经济与教育的关系

知识经济时代决定一个国家经济实力和国际竞争力的核心要素，不取决于知识资源的数量，而取决于一个国家是否能够在最短的时间内形成获得和有效利用最新知识和信息资源的能力。而这种能力的获得只能依靠人本身，而人的这种能力的获得，只能靠教育。因此，知识经济与教育之间的关系是相辅相成的。一方面，教育能够促进知识经济的发展，没有教育培养的具备创新能力和创新观念的人，知识型产业最终将成为一纸空文。另一方面，知识经济的显现对教育提出了新的挑战、新的要求，教育要及时应对，这也促使教育的时代变革。

1. 教育对知识经济发展具有举足轻重的作用

首先，教育通过创造知识而成为知识经济的重要组成部分。知识经济所需要的知识创新和科学技术创新，来源于人力资源，而教育的根本就是传播知识、创造知识和培养创新人才。农业经济和工业经济虽然也靠教育培养有技能的人才，但是在知识经济时代，由于教育本身对创新人才和创新能力的培养起决定作用，可以说教育本身就是生产力，教育与生产力的关系达到了前所未有的一致。其次，教育能够培养大批知识型劳动者。知识经济发展的核心动力来源于知识型劳动者。创新型产业的形成，也只有依靠一国本身的教育对具有创新能力和创新理念的人的培养才能形成。

2. 知识经济发展对教育提出了新的挑战

知识经济的核心要素是对创新的要求，知识经济的发展对传统教育提出了全面而深刻的挑战。第一，应改变传统的以知识传授为主的陈旧教育观，树立创新意识和创新观念。第二，构建创新型人才培养模式。第三，构建学习型组织，改变传统的学习方式，促进研究性学习的发展，培养学生的创新能力。第四，实施科教兴国战略，加大对教育的投入力度。第五，形成终身学习的教育理念，促进学习型社会发展，形成劳动力创新素养的动态提升机制。

五、多元文化与教育变革

这是一个多元文化的时代。虽然多元文化倡导文化平等，无论是主流文化还是非主流文化都各有特色、各有优势、身份平等，应该相互吸收各种文化的优秀成分，文化百花齐放，尊重文化的差异性和多样性。针对全球化时代的多元文化趋势，教育领域如何应对，如何变革，是每一个现代国家都将面临的课题。

（一）多元文化的基本含义

多元文化是指在一个社会、国家或民族中所存在的多种文化的总称[①]，指在一个集团群体、社会共同体、区域联合体等系统中共存的，并且在系统结构中存在着一定相互联系的几种文化，[②]它必须是相互联系的文化。历史上传统社会也是多种文化并存的，但是传统社会中的文化只是孤立的、没有联系的多种文化的并存，只能成为某一群体或社会中的单元文化。多元文化与单元文化的最大区别就是文化之间有没有相互的联系。文化的相互联系、相互沟通形成了多元文化，没有联系和沟通的文化即使并存也只能是单元文化。因此，多元文化的出现就必然需要相应的沟通手段和载体。现代化、全球化、信息社会的出现以及科学技术的发展、信息传媒技术的全球通行，都必然导致当今时代多元文化现象的出现。

（二）多元文化对教育的影响

多元文化对教育的影响是全面而深刻的，不仅仅体现在教育平等方面，同时还体现在教育环境、教育体制、教育制度的改革方面。多元文化教育是一个持续发展的过程，无论是教育机会的均等还是社会平等，都是民主社会国家致力于人性改革的长期目标。[③]具体体现在以下几个方面：第一，多元文化有利于民主平等教育观念及思维方式深入人心。第二，有助于各民族间不同文化的平等、借鉴和接纳的价值理念和态度的确立。第三，多元文化促使人们关注社会中弱势群体的正当权益，尤其是他们的受教育权，促使教育公平的深度发展。第四，多元文化有利于教育观念、教育标准、教育目标、教育评价以及师资培训的多元化，有利于多种教育模式的形成。第五，在吸收多种文化优势的基础上，教育变革朝向更加有利的方向发展。

---

① 谢宏忠. 多元文化视野下农村宣传文化工作面临的困境与对策[C]. 中华文化与地域文化研究——福建省炎黄文化研究会 20 年论文选集[第一卷]，2011.

② 郑荣双. 多元文化：作用及误解[J]. 河南师范大学学报（哲学社会科学版），1999（05）：28-30.

③ 万明钢. 多元文化教育的新发展与课程改革[J]. 外国中小学教育，2000（02）：5-8.

（三）多元文化教育

多元文化教育 20 世纪 60 年代由美国率先发起，美国的多元文化教育以反种族歧视、倡导民族平等、倡导教育机会平等为主要宗旨。课程设置也不仅仅以主流文化作为课程的内容来源，也反映非主流文化。在这一理念的指导下，美国改革传统的课程设置模式，将文化的多元性和世界的观点整合在传统课程之中，通过课程呈现不同民族间文化的差异性，从而引导学生了解并接受文化的不同。

多元文化教育的根本目的乃是进行旨在改变整个教育环境的教育改革运动，以达到使来自不同人种、民族、社会集团和群体的学生都能享有教育平等和学术均等的目的。今天多元文化教育的任务更提到了一个新的高度：帮助全面提高普通教育的质量。①

多元文化教育具体包括：第一，倡导教育公平；第二，倡导教育机会均等；第三，对不同文化下的不同学习者的主体性和自主性的尊重；第四，培养学习者在不同文化之间进行选择、批判和反思的能力；第五，培养他们面对不同文化时的适应能力；第六，促进文化多样性，尊重亚文化。

思考题

一、名词解释

1. 教育现代化
2. 多元文化
3. 知识经济
4. 教育独立论

二、简答题

1. 简述劳动力市场理论及其主要观点。
2. 简述人力资本理论及其主要观点。
3. 简述教育与经济的关系。
4. 简述教育与文化的关系。

三、论述题

1. 试述教育现代化内容包含哪几个方面。

---

① 余晓莹. 国外多元文化教育研究发展初探[J]. 比较教育研究，1994（06）：7-10.

2. 试述人力资本理论的主要观点有哪些。
3. 试述知识经济与教育之间的关系。

阅读推荐

1. 陈桂生. 教育原理[M]. 2 版. 上海: 华东师范大学出版社, 2000.
2. 傅维利. 教育功能论[M]. 沈阳: 辽宁教育出版社, 1990.
3. 靳希斌. 教育经济学[M]. 北京: 人民教育出版社, 2009.
4. 联合国教科文组织国际教育发展委员会. 学会生存——教育世界的今天和明天[M]. 华东师范大学比较教育研究所, 译. 北京: 教育科学出版社, 1996.
5. 默顿. 论理论社会学[M]. 何凡兴, 李卫红, 王丽娟, 等, 译. 北京: 华夏出版社, 1990.
6. 郑金洲. 多元文化教育[M]. 天津: 天津教育出版社, 2004.

第四章　教育与人的发展

学习目标

1. 掌握人的发展的含义和特点。
2. 掌握人的发展的影响因素。
3. 了解人的发展对教育的制约性。

基本概念

1. 人的发展。人的发展就是人的生成、生长、进步等积极向上的变化过程，是整体性的人、完整性的人的不断生成与实现的过程。

2. 内发论。内发论强调人的内在因素在人的发展中的作用，认为人的发展的根本动因来自人的内在因素，人的发展就是人的内在因素自然展开的过程。

3. 外铄论。外铄论认为人的发展主要是由环境、教育以及个体自身的努力等外在因素决定的，人的发展是外在因素影响的结果、是人为的结果。

框架结构

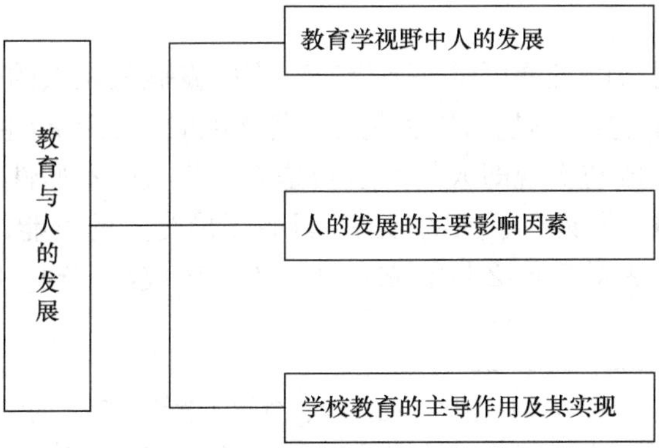

第一节　教育学视野中的人的发展

古今中外，人的发展问题始终是一个为人们所关注的问题。人们对人的发展问题努力思考与艰辛探索，迄今为止，取得了比较丰富的研究成果，人的发展的研究视域不断拓展。[①]但对人到底是什么、人何以为人、人的发展何以可能，至今也没有人能给出一个所有人都能欣然接受的答案。从这种意义上说，在人的所有的认识对象中，人是看似最为人所熟悉然而却又最难以把握的。以促进人的发展为其根本使命的教育却又必须以对“人的发展”的理解为第一前提，才有可能理清教育在人的发展中的作用,廓清教育在人的发展中的作用之边界与实现条件。唯有如此，教育才有可能真正承担起促进人的发展的根本使命。

一、人的发展：人的不断生成与实现

（一）人的发展的含义

从词源的角度来看，发展的基本含义就是生成、生长与增长、进步。发展是变化，但并非所有的变化都是发展，只有生成、生长与增长、进步等正向、积极、向上的变化才可称作发展。

从哲学上讲，发展是一个包含若干层次的系统概念。就宇宙这个最广大系统而言，发展就是演化，发展、演化、变化、运动的含义是等同的；在物质世界大系统中，发展就是描述事物运动的前进向上趋势的概念，实质是新陈代谢，既包括量的变化，亦包含质的飞跃；就生物层次而言，发展的含义意味着进化；就人而言，虽然人也是物质运动的一种特殊形态，也是一种生物，但人还具有主体能动性，能够通过思想和行动改变世界以实现自己的需要和目的，从而能够使人的发展体现出有别于其他物质形式、其他生物发展的特殊性，即一定程度的自觉性。[②]

综上所述，对人的发展可做如下界定：人的发展就是人的生成、生长、进步等积极向上的变化过程，是整体性的人、完整性的人的不断生成与实现的过程。

首先，这种生成与实现即人的发展乃是人之为人的本质性规定。因为人降生到这个世上，最初只是具有了人的形态、具有了成为人的可能，只是一种可能的、未完成性的存在，人成为什么只能靠自己的不断生成与实现，即只能依赖人自身

① 人们从生物学、医学、心理学、社会学、哲学、教育学等不同学科视域来展开对人的发展的研究。见张治库. 人的存在与发展[M]. 北京：中央编译出版社，2005：30-45.

② 徐春. 人的发展论[M]. 北京：中国人民公安大学出版社，2007：2-3.

的发展。人是真正发展的动物，人如何发展将造就他成为怎样的人。人的发展的实质就是人作为人的不断生成与实现。

其次，人的发展、人的不断生成与实现，是作为人的整体性、完整性的发展。这种整体性、完整性的发展，主要包括人的身体-生理性发展、精神-心理性发展和群体-社会性发展三个基本层面，这三个基本层面构成人的发展的基本架构。这就是说，人的发展、人的生成与实现，不只是人的某一方面的生成与实现，不只是人的某一方面的发展，而是人的整体性的发展、完整性的发展。

最后，人的发展还是一个终身持续不断的过程。这一不断的发展过程意味着人的发展的连续性、持续性、终身性，生命不息、发展不止。大致而言，从出生到青年期，人的身心都在迅猛发展，到成年期身体发展达到成熟状态，中年以后身体发展停止并逐渐衰退直至死亡。但是，人的身体发展的停止并不意味人的发展的停止，只是人的发展的重心发生了转移。此后，人的发展聚焦于人的精神发展，人的思想、智慧、情感、意志、境界等的发展成为人的发展的中心任务，也是人所特有的发展，标志着人之为人的发展，并且人的精神发展伴随人的一生。

（二）人的发展的“未完成性”

人首先存在，然后才能发展，人的发展基于人的存在，要讨论人的发展就要认识人的存在。那么，究竟如何认识人的存在呢？人是整体性存在、完整性存在。人这个整体性存在、完整性存在的统一体的诸层面，并不是天生既成的，而是不断发展与生成的。人的这种非天生既成的特性，表明人是“未完成的”，人的这种“未完成性”构成人的发展的前提。

1. 人的“未完成性”意味着发展是人之为人的必要条件

人是自然界长期演进的产物，自然界是人及所有动物产生、生存、发展的基础环境和条件，同所有动物一样，人首先是一种自然存在物。从自然要求的尺度看，可能连一般哺乳动物在其总的生理构造上都比人更专门化，更加适应自然环境，人是“未完成”的，从这种意义上，恰如弗洛姆所言，“人是所有动物中最无能的”①。但是，未完成性即意味着不确定性和多种可能性，这迫使人以自己的思考和创造求得自己的生活方式。“人变成什么，这仅在人的情形中，不再是一个自然界中的事情：他必须是自己的生育者。”②人类必须由自己来决定自己的行为及其标准。这样，人就必须以超越本能的方式，去提高、去尝试，并学习创造适合自己而不同于动物的生存环境，去创造一个独属于人的生存方式或生活

---

① 弗洛姆. 为自己的人[M]. 孙依依，译. 北京：生活·读书·新知三联书店，1988：55.

② 兰德曼. 哲学人类学[M]. 张乐天，译. 上海：上海译文出版社，1988：162.

类型，一个独属于人的生活世界，一个文化的世界。这就使得人需要发展、必须发展，正是人的“未完成性”使人的发展成为必要，发展是人之为人的必要条件。

2. 人的“未完成性”为人的发展提供可能

人的器官及其功能的未特定化、人的未完成性，不仅使人的发展成为必要，同时也为人的发展提供了可能。虽然“人是所有动物中最无能的，但这种生物学意义上的软弱性是人之力量的基础，也是人所独有的特性之发展的基本原因”[①]。因为人有着不同于动物的、为人所独有的生理结构与生长节奏。

首先，人有着不同于动物的大脑和遗传基因。人的大脑表层的灰色物质比白色物质的比例大得多，表明人具备一个有创造力的头脑，具备进行创造与发展的潜在能力。就遗传基因而言，人有着根本不同于动物的遗传基因。现代分子生物学发现，人的基因，只有不到2%与猿类的基因不同，正是这不到2%的基因决定了人与猿类的生理机能的差别。[②]正是这一差别为人的发展提供了生理基础。基因与文化进化的相关研究也表明，“人类的遗传基因根本不同于动物的遗传基因，其中至少有某些基因与人类文化进化密切相关；而承认这类与人类文化进化相关的独特型基因的存在，反过来又昭示了它产生于人类文化发展过程中文化与基因的相互作用”[③]。这表明文化演进与人的发展在互动中共进。人的这种根本不同于动物的大脑结构与遗传基因在生理结构方面为人的发展提供了生物前提。

其次，人有不同于其他哺乳动物的生长节奏。漫长的未成年期、成年期，以及尽管生命力衰弱但因精神仍完整且生命仍保持相当高水平的老年期，使得人有相对充裕的时间学习、创造和发展。“非专门化这一似乎不利于人的生命发展的因素其实是人的非常宝贵的有利条件，因为它使人的器官可以有各种用途，它迫使人用思考和创造来弥补人所缺乏的动物的专门化器官的本能。人的不寻常的生长节奏使人能够从孩童时候起就在特殊的社会和文化环境中训练主观的智力，并凭借这种主观智力得以在垂暮之年仍保持‘永恒的青春’。”[④]应该说，发展作为一种必然，植根于人本身的存在结构中。正是人的这种不同于动物的大脑与基因、不同于其他哺乳动物的生长节奏使人的发展成为可能。

---

① 弗洛姆. 为自己的人[M]. 孙依依，译. 北京：生活·读书·新知三联书店，1988：55.

② 徐春. 人的发展论[M]. 北京：中国人民公安大学出版社，2007：36.

③ 夏正江. 教育理论哲学基础的反思——关于“人”的问题[M]. 上海：上海教育出版社，2001：14.

④ 兰德曼. 哲学人类学[M]. 张乐天，译. 上海：上海译文出版社，1988：3.

二、人的发展的主要表征及其对教育的制约

在人的发展的过程中，层次性与多维性、顺序性与阶段性、不均衡性与差异性、受动性与能动性、适应性与超越性是人的发展的主要表征，人的发展的上述主要表征对人的教育活动的展开做出了规约与限制，具有重要的制约作用。

（一）人的发展的多维性与层次性及其对教育的制约

1. 人的发展的多维性

首先，从人的存在的整体结构来看，人的存在是身体——生理性、精神——心理性、群体——社会性的多维综合性存在，相应地，人的发展从其宏观整体架构上，是人的身体-生理性发展、精神-心理性发展和群体-社会性发展的多维发展。其次，人的发展的每一维度内部的发展也是多维的。人的身体发展包括骨骼、肌肉、心脏、呼吸系统、神经系统等在内的人的机体的各种组织系统发育及其机能的增长。最后，人的心理发展也具有多维性，人的心理发展至少包括知、情、意三个维度，每一维度又包括若干亚维度的发展，仅认知发展就包括感觉、知觉、记忆、想象、思维等的发展。

2. 人的发展的层次性

人的生理性发展、心理性发展和社会性发展三个基本维度以及其各自内部诸亚维度又具有层次性。首先，在人的发展中，生理性发展是心理性发展和社会性发展的前提和物质基础，心理发展和社会性发展应基于人的生物器官及其机能发展，没有人的身体发展，人的心理发展和社会性发展就无从谈起。其次，人的身心发展的各自内部不同方面的发展也具有层次性。不论是人的生理机能还是人的心理机能，都有高低层次之分。就人的心理发展而言，从人的心理现象的动态-稳态维度来看，人的心理具有从心理过程到心理状态再到心理特征既相互区别又紧密联系的三个层次；人的个性心理包括人的个性倾向性、个性心理特征和自我意识三个层次；人的认识发展具有从感觉、知觉到记忆、思维的逐级上升的层次性，仅人的思维发展就包含着概念的形成和掌握、推理、问题解决和创造思维等多个层次。

3. 人的发展的多维性与层次性对教育的制约

人的发展的多维性与层次性，要求教育活动既要关注人的发展的各个维度，又要关注人的发展的各个层次。首先，教育要关注人的发展的多维性。教育既要关注人的生理性发展、心理性发展和社会性发展的三大维度的均衡发展，又要照顾到人的发展的每一维度内部诸亚维度的发展。其次，教育同样要关注人

的发展的层次性。尤其要注重人的发展不同层次之间的关系。教育只有既关注人的发展的各个维度，又关注人的发展的各个层次才能促进人的全面、均衡与和谐发展。

（二）人的发展的顺序性与阶段性及其对教育的制约

1. 人的发展的顺序性

首先，人的身体发展的顺序性意味着人的身体器官的生长及其功能的展开都是遵循着一定顺序的，先上后下、先中心后边缘、先头部后颈部、先上肢再下肢，从神经系统、淋巴系统到肢体系统再到生殖系统。其次，人的心理发展也是如此，感觉、知觉的发展到记忆发展再到思维发展，先机械记忆后意义记忆，从具体思维到抽象思维。

2. 人的发展的阶段性

人的身心发展不仅具有顺序性，而且还表现出明显的阶段性。人的身心发展不仅有着量的变化，而且有着质的变化，是既包含量变也包含质变、从量变到质变的过程，人的身心在不同时期呈现出发展方面、性质、重点、速度等诸多方面的不同。不同阶段的区别，不仅表现在数量上，而且表现在发展的具体方面，表现在变化的性质上、生长的速度上、成熟的程度上以及整体结构上。[①]人的身心在发展的不同时期、在发展的具体方面、在发展速度、变化的性质、成熟的程度以及总体结构方面所展现出的独特表征使得人的发展呈现明显的阶段性特点。发展心理学一般把儿童个体的身心发展分为乳儿期（出生～1 岁）、婴儿期（1～3 岁）、幼儿期（3～6、7 岁）、童年期（6、7～11、12 岁）、少年期（11、12～14、15 岁）、青年初期（14、15～17、18 岁）六个阶段。

3. 人的发展的顺序性与阶段性对教育的制约

人的发展的顺序性与阶段性对教育具有显而易见的制约作用。首先，人的发展的顺序性要求教育活动的过程要适应人的发展的顺序性，教育活动的开展要以人的身心发展的顺序为前提，与人的发展的顺序相契合，循序渐进地展开。一般而言，教育活动的展开，要遵循从具体到抽象、由简单到复杂这一基本顺序。其次，人的发展的阶段性要求教育必须从受教育者身心成长阶段出发，根据不同年龄阶段所呈现的不同成长特征，针对不同阶段受教育者身心发展所面临的基本矛盾和所要解决的主要问题，选取不同的教育内容、采用不同的教育策略和运用不

---

① 叶澜. 教育概论[M]. 北京：人民教育出版社，2006：201.

同的教育方法。人的发展的顺序性与阶段性提醒人们在进行教育活动的时候，切不可“拔苗助长”。

（三）人的发展的不平衡性与差异性及其对教育的制约

1. 人的发展的不平衡性

人的发展的不平衡性是指人作为个体其身心发展的具体方面、发展速度等的不平衡性，表现为人的发展的纵向不平衡性与横向不平衡性两个方面。首先，人的发展的纵向不平衡性表现为人的身心同一方面在不同的发展时期其发展程度、发展速度是不一样的，如人的大脑发展的速度从出生到第十个月之间最为迅速，五六岁时呈现一个明显的发展加速期，然后十三四岁到十五六岁时为又一个明显的发展加速期。其次，人的发展横向不平衡性表现为人的身心发展的不同方面在同一时期是不平衡的。总体来看，人的身心发展过程中生理成熟早于心理成熟。具体而言，人的身心的一些方面达到较高发展水平的年龄阶段比较早，而另一些方面则要到较晚年龄阶段才能达到较为成熟的程度。当前最为突出的问题就青少年的生理成熟普遍提前而心理成熟相对滞后。

2. 人的发展的差异性

人的发展的差异性主要是指人与人之间身心发展的差异性。由于遗传因素、环境影响以及所受教育的不同而使不同个体之间、不同群体之间、不同性别之间呈现出不同特点，表现为不同个体之间、不同群体之间、不同性别之间身心发展的差异。首先，就不同个体而言，在遵循发展的一般规律的前提下，不同个体在身心发展方面呈现出不同的发展特征。其次，不同群体同样如此。以我国当前儿童、青少年群体的发展为例，总体而言，生活在东部沿海发达地区、中部地区以及西部落后地区的儿童、青少年，由于受到环境、教育等因素的影响而呈现区域性的群体差异性。最后，在不同性别之间也存在着身心发展方面的差异。一般而言，女性较之男性的发展起始年龄要早 2～3 年，女性成熟的速度较之男性也要快，成熟持续时间较之男性要短。

3. 人的发展的不均衡性与差异性对教育的制约

人的发展的不均衡性与差异性，要求教育既要关注个体发展的不均衡性，又要尽力照顾不同个体、不同群体、不同性别之间发展的差异性。首先，人的发展的不平衡性要求教育活动的开展应该善于抓住人的发展的不同方面的关键期。人的发展的不平衡性表明，人的身心各个方面的发展都有一个最佳时期，即所谓关键期。在不同的关键期，人的身心的某一（或某些）方面的机能、能力更易形成，发展的速度也可能更为迅速。这就要求教育要充分利用人的发展的最佳时机，有针对性地施以必要且充分的影响，力争达到事半功倍的效果。错过最佳发展期就可能延误受教育者的身心发展，甚至有可能造成无法弥补的损失。其次，人的发展的差异性要求教育尽可能照顾到学生间的差异。教育活动的展开应当尽可能针对受教育者自身的具体特点和个别差异，采取不同的教育策略、教育方法甚至教育内容和教育进度，努力做到因材施教。

（四）人的发展的受动性与能动性及其对教育的制约

1. 人的发展的受动性

人的发展的受动性，首先表现在人是偶然地、受动地来到这个世间的。按照存在主义的观点，人是被无缘无故地“抛”到这个世界上来的。其次，人的发展的受动性还表现为人是以其所出生的环境为条件并受其影响而获得发展的。一般说来，人的先天素质、人生存的环境条件——自然条件、国度、家庭境况都不是自己能决定的，人只能以既有先天素质与具体环境为其提供的各种条件为前提才能获得发展，人的发展因受自身先天因素、受环境诸因素制约而表现出受动性。

2. 人的发展的能动性

首先，人的发展的能动性表现在人具有生物能动性。作为生命有机体，人同其他动物一样，天生具有能动、积极活动的特性，这是自然赋予人的生物本能意义上的能动性，是人的发展的生物性前提。其次，人的发展的能动性表现为人的主观能动性。人与动物最为根本的区别是人有着为人所独有的精神世界，人作为主体可以能动地将自身以及环境作为认识对象，进而能够对环境进行必要的选择与改造、能动地对自身发展进行有意识的改造与调整，特别是随着人的身心发展到一定水平，随着人的自觉发展、自主发展意识的形成，人的发展的主观能动性就会愈加明显和强烈地表现出来。

3. 人的发展的受动性与能动性对教育的制约

人的发展的受动性与能动性，要求教育既要从受教育者自身条件与所处环境的实际出发，更要充分调动受教育者的能动性。首先，人的发展的受动性要求教育必须依据受教育者的先天素质和环境状况。人的发展的受动性要求教育提出的发展目标必须切合受教育者自身先天素质和环境状况，必须是受教育者通过必要的刻苦努力可以达到的目标，不能脱离受教育者自身及其所处实际环境条件、无论其怎样努力也无法实现。与此同时，教育内容与教育方式的选择也要从受教育者的先天素质和环境状况出发。其次，人的发展的能动性要求教育要充分调动受教育者的能动性。人的发展虽具有受动性，但这并不表明人只能做自身先天素质和所处环境的“奴隶”，人的发展还有其能动性的一面。人的发展的能动性要求教育活动要努力调动受教育者的主观能动性，使受教育者能够调动自己先天素质的优势方面和充分利用环境中的有利因素，尽量避免和弥补自己的先天不足，努力避免和转化环境中的不利因素对自己的影响。

（五）人的发展的适应性与超越性及其对教育的制约

1. 人的发展的适应性

人的发展的适应性表现为人的发展要基于人对历史现实环境条件的适应。人的发展必须以既有的历史现实环境条件为前提，如果人不能适应既有的历史现实条件，那么不要说发展就是其生存恐怕也会成问题。

2. 人的发展的超越性

人的发展的超越性表现为在人的发展过程中，随着身心的不断成熟，尤其是人作为文化存在、人作为价值存在对历史现实、对自身发展状况总有不满意的一面，因而总会产生超越不满意的历史现实、超越不满意的自身发展而不断构建新的美好理想、追求新的更美好生活的诉求。人对历史现实境遇、对自身发展的条件认识越深刻，人的发展往往也就表现出越强烈的超越性。当然，这种超越性不能脱离具体历史境遇与自身条件，而应是基于人的发展的适应性基础之上的超越，人的发展是一个“适应、超越、再适应、再超越”的不断螺旋上升的过程。

3. 人的发展的适应性与超越性对教育的制约

人的发展的适应性与超越性，要求教育要培养人的适应性，发展人的超越性。首先，人的发展的适应性要求教育要让受教育者掌握适应生活的基本知识、技能与本领，使其能够生存下来，人要先适应并生存下来然后才能超越，超越也只能是适应基础上的超越。其次，人的发展的超越性要求教育又不能仅满足于使受教育者仅掌握其满足生存所需的基本知识、技能与本领，更应充分调动起其发展的超越性的欲望和冲动，赋予其在适应基础上不断超越实现自身发展所需的知识、技能与本领。教育要避免成为仅教给受教育者应付现实生存所需知识、技能与本领的“适应论”教育，但同时也要避免成为脱离受教育者实际生存需要的、仅为受教育者制造空想式“美好理想”的“超越论”教育，教育要使受教育者明白人的发展本身就是一个“在适应中超越、在超越中适应”的一个不断螺旋式上升的过程，并为受教育者实现发展奠定必要的基础。

第二节　人的发展的主要影响因素

一、影响人的发展因素的主要观点

（一）单因素论与多因素论

人们对影响人的发展因素的分析呈现由少到多、由简单到复杂、由不分层到分层次的不断丰富和深化的趋势，是一个纵向不断深入、横向不断扩展的认识过程。

1. 单因素论

单因素论认为人的发展是由某种单一因素决定的，强调某种单一因素对个体发展的决定性意义，遗传决定论、环境决定论、教育万能论均属此列。

遗传决定论认为，人的遗传因素是先天的，对人的后天发展具有决定性意义。其典型代表人物有近代英国的优生学家高尔顿（F. Galton）、美国心理学家霍尔（G. S. Hall）、美国生物学家威尔逊（E. O. Wilson）等。

环境决定论、教育万能论认为，人的发展是由人所处的后天环境因素或（和）人后天所受的教育决定的，遗传因素只是人发展的生物物质基础。其主要代表人物有近代英国哲学家洛克、美国的行为主义心理学创始人华生（J. B. Watson）等。

单因素论从不同侧面突出了遗传、环境、教育等某一因素对个体发展的作用和意义，但其缺陷也显而易见。单因素论的主要不足在于：夸大某单一因素在人的发展中的作用，忽视了其他影响因素以及诸因素之间的关系，因而不可避免地夸大某一影响因素的作用，具有片面性。而诸种单因素论观点的出现从人类的认识发展历程来看有其各自的历史背景条件，这些理论观点的提出有其历史合理性，是对影响人的发展因素认识的必经阶段，但这些理论观点不可避免地具有局限性。

2. 多因素论

多因素论认为人的发展不是由单一因素决定的，是由两种以上的影响因素共同决定的，多因素论主要包括二因素论、三因素论、四因素论、五因素论、综合因素论以及二层次三因素论等。

二因素论有两种情形。一种理论观点认为，人的发展是受“成熟”与“学习”两种因素共同影响的，其中，成熟是由人的遗传基因决定的，有其自身的发展规律，是不以人的意志而改变的，学习是人通过后天经验和努力不断获取新的经验、新的知识和新的能力的过程，人的发展受人的“成熟”和“学习”两种因素的双重制约，是二者相互作用的结果，其代表人物是德国心理学家斯腾。另一种二因素论是由苏联的巴拉诺夫等在所著的《教育学》中提出的，将影响人的发展的因素分为两大类：一类为生物因素，其中包括人的遗传因素、个体的先天特点及生理结构、机制等方面的总和；另一类是社会因素，其中包括环境和教育等方面，尤其突出环境因素中人的作用，并强调生物因素与社会因素的关系并非对立，指出人的发展是在人的活动中实现的。[①]

三因素论是在苏联教育家凯洛夫主编的《教育学》中提出的。该理论的基本观点是人的发展受遗传、环境、教育三个方面因素的影响，但三方面因素在人的发展中所起的作用各不相同，其中遗传是人的发展的物质基础，但不具有决定性意义，只是为人的发展提供了可能，环境在人的发展中具有决定性意义，学校教育作为特殊的环境起主导作用。

四因素论、五因素论以及综合因素论是进入20世纪80年代以来，随着教育研究的发展，我国理论界在吸收既有成果基础上提出的。四因素论是在三因素论的基础上发展起来的，认为人的主观心理也是影响人的发展的一个重要因素，故而提出人的发展受遗传、环境、教育和人的主观心理影响的四因素说。[②]五因素论有两种情形：一种是在四因素论的基础上再增加一种“反馈调节”的因素，另一种则认为人的身心发展受生理因素、心理因素、自然因素、社会因素以及人的实践活动五方面因素的影响。[②]综合因素论则强调影响人的发展的因素是多系统、多层次并且诸因素之间密切联系、相互作用，因而很难用几种因素的提法进行描述、概括与归纳，因此研究的重点和关键在于研究诸因素的综合作用。[③]与单因素论、二因素论、三因素论相比，四因素论、五因素论以及综合因素论增加了对作为发展主体的人的自身因素的认识，强调了诸因素对人的身心发展的综合作用。

二层次三因素论是叶澜教授在对既有理论观点进行批判、继承的基础上提出的。[④]该理论将影响人的发展的因素分为“可能性”“现实性”两大层次，其中可能性层次包括个体自身条件（先天条件与后天条件）和环境条件两大因素，现实性因素则指发展主体所进行的各种类型的实践活动。

上述理论观点在研究方法、思想观点以及研究材料上为我们探讨影响人的身

① 叶澜. 教育概论[M]. 北京：人民教育出版社，2006：193.

② 汪幼芳，朱本. 关于儿童身心发展因素问题的探讨[J]. 教育研究，1983（07）：62-66.

③ 全德. 影响人身心发展的一些因素[J]. 教育理论与实践，1986（01）：26-30，63.

④ 叶澜. 教育概论[M]. 北京：人民教育出版社，2006：195-219.

心发展的“构成要件”提供了有力的帮助和有益的启发。

（二）内发论与外铄论

人的发展到底是由内在因素还是由外部因素推动的，是内发论与外铄论争论的焦点。

1. 内发论

内发论强调人的内在因素在人的发展中的作用，认为人的发展的根本动因来自人的内在因素，人的发展就是人的内在因素自然展开的过程。遗传决定论、性善论皆属此列。以性善论为例，我国古代的孟子、近代法国的卢梭可谓典型代表。孟子认为人生而是有善端的，教育的目的就在于“求放心”，让作为人的天性的善端得到自然生长，即可“养浩然之气”，便可以生成“大丈夫”。“恻隐之心，人皆有之；羞恶之心，人皆有之；恭敬之心，人皆有之；是非之心，人皆有之。恻隐之心，仁也；羞恶之心，义也；恭敬之心，礼也；是非之心，智也。仁义礼智，非由外铄我也，我固有之也，弗思耳矣。故曰：‘求则得之，舍则失之。’”[①]近代法国卢梭认为人的天性是自然的，自然皆善，人的善良的天性先天地包含着自爱心、怜悯心以及良心。据此卢梭主张自然教育。自然教育的核心乃是“归于自然”（back to nature），教育的目的就在于使人的善的天性自然成长，在教育目标上主张培养“自然人”。在自然的教育、事物的教育和人为的教育中，事物的教育、人为的教育都要服从自然的教育，要让儿童遵循自然率性发展，主张仅对自由活动中的儿童进行观察和防止外界不良影响的“消极教育”，尽量避免人为的“积极教育”，以免成人对儿童的率性发展造成妨碍。

2. 外铄论

外铄论认为人的发展主要是由环境、教育以及个体自身的努力等外在因素决定的，人的发展是外在因素影响的结果、是人为的结果。性恶论、经验论皆在此列。例如，战国时期的荀子主张“人之性恶，其善者伪也”[②]。所谓性即人之天性，所谓伪即人为。在他看来人生来即有好利、嫉恶、耳目声色之欲，“若夫目好色，耳好声，口好味，心好利，骨体肤理好愉佚，是皆生于人之情性者也”[③]。“然则从人之性，顺人之情，必出于争夺，合于犯分乱理，而归于暴”[④]，人之善

---

① 孟子. 孟子[M]. 牧语，译注. 南昌：江西人民出版社，2017：261.
② 张觉. 荀子译注[M]. 上海：上海古籍出版社，1995：497.
③ 张觉. 荀子译注[M]. 上海：上海古籍出版社，1995：503.
④ 张觉. 荀子译注[M]. 上海：上海古籍出版社，1995：498.

乃是后天环境、教育影响和“伪”即人为努力的结果。教育乃是通过后天人为的力量进行“化性起伪”，进而达到“性伪合”，以塑造人之善的活动。近代英国的经验论者洛克就认为人的心灵生来就像一块“白板”，人的知识不是与生俱来的，而是后天环境影响、教育的结果，是人后天经验的结果。“我们的一切知识都是建立在经验上的，而且最后是导源于经验的。”[①]故而洛克十分看重教育在人的发展中的作用，认为人的好或坏、有用或无用，“十分之九都是他们的教育所决定的”[②]。总之，在他们看来，人的发展是后天外在环境、外在力量作用的结果。

内发论与外铄论从影响人的发展的动力源的视角出发，分别探讨了内在因素与外在因素在人的发展中的重要作用和地位，对研究影响人的发展的因素具有重要贡献，但它们都将双方分割开来、对立起来进行分析，极端地强调内在因素或外在因素某一方面的决定性意义而忽视另一方面的作用，也使得各自的弊端与缺陷显而易见。

（三）内因与外因交互作用论

内因与外因交互作用论认为，人的发展是作为内因的人的内在因素和作为外因的外在客体因素交互作用的过程和结果，人的发展不能简单地归结为由某一种或某几种因素，不能简单地归结为人的发展的动因是内在的或外在的。内因与外因交互作用论的典型代表人物是美国实用主义教育家杜威。杜威以其改造了的“经验”作为核心概念，构建了一元论的“经验的自然主义”实用主义哲学，其“经验”概念不仅含义更为广泛——“它不局限于我们的感觉经验，而是包括人们所做、所想和所感的一切。经验既包括沉静的反省，也包括积极的行动，既包括感，也包括知，既包括思索，也包括感觉。”[③]更为重要的是他将经验看成是有机体与环境的相互作用。在这种交互作用中，“主观和客观不能分开，知者与被知者不能分开”“经验便是主观与客观的相互作用，有机体与环境的相互作用”[③]。在杜威看来，人的生长，人的发展就是人的经验的不断增长以及人的经验的不断改造、改组，而人的生长，人的发展，人的经验的增长、改造、改组是在人与环境、主观与客观的交互作用中实现的，是人与环境交互作用的结果。

内因与外因交互作用论的主要贡献在于，它突破了基于二元论思维方式的要么主张内发论要么主张外铄论的二元对立的固持，强调人的发展就是一个经验的过程，经验就是有机体与环境交互作用的统一体，其对交互作用的强调在

① 洛克. 人类理解论[M]. 关文运，译. 北京：商务印书馆，1959：68.
② 洛克. 教育漫话[M]. 傅任敢，译. 北京：教育科学出版社，1999：1.
③ 陆有铨. 现代西方教育哲学[M]. 郑州：河南教育出版社，1993：31.

思想方式上为我们提供了有益的启发。与此同时他将经验纯粹看作是主体的产物，就在实际上否认了经验本是客观实在在人的头脑中的反映，从根本上否认了客体与主体、物质与精神的区别与不同，实际上否认了外在客观世界是人的发展的物质基础。

二、先天因素是人的发展的前提和基础

先天因素即人的先天素质，是指人与生俱来的素质。它为人的发展提供了来自主体的自身物质基础、机体与外界发生作用的组织机制以及机体内部调节机制，从而使生命体成为一个开放的、具有自稳定性能的结构，它能够不断地从外界吸取自己发展所必需的各种“养料”，进行加工改造，使机体能维持生命的存在与成长，为个体的发展提供了可能。[①]人的先天素质是个体发展的必要条件，为人的发展提供生理前提和生物基础。

（一）先天素质的主要方面

人的先天素质主要包括先天生理性状特征、成熟机制以及身心关系三个方面。

1. 先天生理性状特征

人的先天生理性状特征包括遗传素质与非遗传特质。遗传就是亲代的性状通过遗传物质，即通过细胞染色体为载体的基因传给后代的一种生物现象，其中基因是遗传信息的基本单位。亲代通过基因所携带的遗传信息将自己的性状特征传递给下一代，从而繁殖与自己性状相似的子代，子代也就获得了遗传因素。遗传素质是个体从亲代以继承的方式获取的素质，而非遗传素质是由受孕时父母双方本人及各自家族遗传基因的组合方式与生命孕育过程中母体独特环境交互作用而生成的个体生而具有的非遗传特质。遗传素质与非遗传特质共同构成人的先天生理性状特征。

人的先天生理性状特征在人的发展中具有先决性意义。是否具有某种生理性状特征以及生理性状特征本身的质量和性质是影响人的发展的第一前提。例如，一个天生的白痴不可能成为科学家，一个生来色盲的人不可能成为油画家，一个侏儒不可能成为篮球运动员，一个嗓音条件天生一般的人，几乎不可能成为一名歌唱家。[②]也就是说，个体如果不具有某一或某些方面的人的先天生理性状特征却要在这一或这些方面获得发展特别是高水平的发展是不可能的。但是，这并不意味着个体具备某一或某些方面的先天生理性状特征，就一定能在某一或某些方面获

① 叶澜. 教育概论[M]. 北京：人民教育出版社，2006：199.

② 扈中平，李方，张俊洪. 现代教育学[M]. 北京：高等教育出版社，2000：52.

得高水平的发展，因为人的发展还离不开后天因素特别是教育和个人努力的影响。

2. 成熟机制

成熟机制是指制约人身体结构各组成部分在形态与机能上的发育与完善状态的生长节律。成熟机制使得个体成熟表现为一个按照生物成长节律不断展开的过程。人的成熟机制使得人的身心发展呈现一定的步骤性和次序性，从而使人的发展呈现出顺序性与阶段性、不平衡性与差异性等特点，正是这些特点对教育活动产生制约作用。可见，教育活动从更深层次上受人的成熟机制的制约。

3. 身心关系

迄今为止，人的身心关系仍然是一个远未解开的“谜”。在历史上曾有着对其错误的认识和解释。例如，西欧中世纪的天主教，就依照其“原罪论”将人的身心对立起来，把人的身体视作其灵魂的监狱。在现代，虽然人的身心关系之“谜”尚未完全解开，但随着生物学特别是遗传学、基因科学和心理学的发展，人的心理发展是以人的身体发展为前提和基础，特别是以与心理活动关系密切的生理器官的成熟为前提和基础，乃是一个不争的事实，已经为人们所普遍接受。不仅如此，如今行为遗传学对遗传与认知能力、遗传与人格特征的关系的研究进一步证明人的心理特性具有遗传性。

行为遗传学的研究表明，遗传不仅对一般认知能力而且对特殊认知能力都有着显著影响，尽管就影响的程度而言，遗传对特殊认知能力的影响低于一般认知能力。行为遗传学对人格特征的遗传率研究也表明，遗传对人格特征及其发展同样具有重要影响。

（二）先天因素的差异性

人与人之间的先天素质差异，在遗传素质方面表现得尤其明显。遗传差异是由人的遗传基因所引起的个体之间在生理、心理方面的差别和不同。遗传差异主要表现在两个方面：生理方面，遗传控制个体的先天解剖和生理机能，致使不同的人在形态、感官、神经系统上呈现差异；心理方面，遗传会给个体的能力发展和性格气质的形成带来一定影响，是人们心理状态的各不相同的自然前提。[①]一般而言，就遗传形成的人的生理差别与心理差别而言，人与人之间的生理差别即身体差别更为明显；由遗传形成人的心理之间的差别主要表现在“非常态”情形，即“弱智”与“超常”个体间的差异，而在“常态”情形中，多数人在心理方面的遗传差异同样存在，但远不如“非常态”情形中明显。以人们尤其关心的心脑

---

① 顾明远. 教育大辞典（增订合编本）[M]. 上海：上海教育出版社，1998：1891.

和神经系统方面的差异为例：现有研究的结果表明，在常态下，人在神经系统的兴奋、抑制能力的强度与反应的灵活程度上有类型的差异；脑在大小、体积上有差异但并不显著，这对个体智力也不具有重要作用，相比之下，脑在结构上的差异更大，如左脑与右脑的结构，差异最大的是人脑的微观结构。电子显微神经形态学表明：人脑在突触与亚神经元水平上的个体差异，比在神经元水平上要大得多。①

人的遗传差异形成的身体差别不仅表现在人的体貌特征方面，而且也表现在人的各种身体能力特别是运动能力等方面。

人格是先天气质与后天性格的综合体。性格则主要受人出生后的生活环境的影响，是人格的后天发展部分，气质是人天生的情感状态倾向。研究表明，气质是可以遗传的，具有遗传性。人的气质等心理特征方面也存在先天遗传差异。人的人格表现中的诸多差异是有先天气质差异基础的。

人的遗传差异对个体的发展而言，其影响既具有既定性又具有潜在性。所谓既定性是指一旦个体出生就不可能更换自己的遗传素质，不可能更换自己先天已经具有的非遗传素质，也不可能改变机体的成熟机制，是不可选择的，人的发展必须受其制约。所谓潜在性是指人的先天素质并不是既成不变的实体，而是一种内有的潜在可能性结构，对人的发展具有内部调节的能力，但这种内部调节能力是在外部现实环境条件的影响作用下逐步完成并展现出来的。总之，虽然先天因素为人的发展提供了生理前提和生物基础，对人的发展而言，这些生理前提和生物基础是必要的、不可或缺的，但却是不充分的，只是为人的发展提供了可能性，人的发展还需要后天因素提供必要的条件和支撑。如果没有后天因素的影响与作用，先天素质提供的这种可能性也不能够转化为现实。这些后天因素主要是指包括学校教育在内的环境与个体自身基于能动性、自觉性的实践活动。

三、环境是人的发展的可能条件

（一）环境：人的发展不可或缺的外部因素

所谓环境，是指个体生活于其中，直接或间接影响人的发展的一切外部因素与条件。按照不同的标准环境可以有不同的分类，例如，以环境的构成要素为标准可以将环境分为自然环境与社会环境。就社会环境而言，以社会环境对人影响的价值性质为标准，可以将其分为积极的社会环境和消极的社会环境；以社会环境影响人的自觉程度为标准，可以将其分为自觉的社会环境（教育就是典型的自

---

① 叶澜. 教育概论[M]. 北京：人民教育出版社，2006：198.

觉环境）与自发的社会环境；以环境因素的存在形态为标准，可以将环境分为实体环境与虚拟环境。根据最后一种分类方式，我们可以将自然环境、社会环境纳入实体环境范围，虚拟环境则指 20 世纪 90 年代以来兴起的网络环境，如今的儿童、青少年正是在这样的虚实环境的交互影响下成长与发展的。环境尤其是人所处的社会环境、小环境对人的发展影响更大。人的身心发展与其所处的环境是分不开的，环境为人的发展提供了所需的物质资源与精神资源，为人的发展提供了前提条件。缺乏正常的环境条件，人甚至无法正常发展，为人们所熟知的猪孩儿、狼孩儿的故事即是明证。

19 世纪初，德国巴登大公国王子卡斯·豪瑟出生后，被争夺王位的宫廷阴谋家将他同普通的婴儿对换，3～4 岁时，他被关进黑暗、低小的地牢里，他可以找到面包和水，但从未见过人，直到他 17 岁时，才被放出来。经检查，他身高只有 144 厘米，膝盖已变形，走路如同婴儿学步，目光呆滞、怕光，暗视觉特别敏锐，黑夜能看到 180 步以外的马匹，听觉、嗅觉比较灵敏，但不会说话，智力如同幼儿。他 22 岁时，遇刺身亡。经解剖，他的大脑特别小，没有覆盖住小脑。这一事实，充分说明人的身心发展是受后天环境影响和制约的，遗传素质仅仅为人的发展提供可能性，没有一定的环境的影响，这种可能性绝不会转化为现实。[①]

在此，需要特别指出的是，诸环境、环境内诸因素及其间关系极具复杂性。不同的环境之间、环境内部以及不同环境中的诸因素并不是孤立存在的，而是相互联系彼此交织在一起的，彼此之间既可能一致也可能相互冲突，其间的关系本身是非常复杂的，特别是在当今时代由于互联网的广泛运用所形成的虚实交织的综合性环境，使得环境愈加复杂。这就使得环境作为一个综合性整体对人的发展的影响性质和影响方式复杂多样，既可能是积极正向的也可能是消极负向的，既可能是自发的也可能是自觉的。环境的复杂性、综合性特点提醒我们，从有利于促进人的发展的视角出发，既要充分发挥积极正向环境因素的影响，克服消极负向环境因素的影响，更要注意以自觉的环境来影响和引导儿童青少年的发展，其中要特别注意发挥教育的功能尤其是学校教育的主导作用，关于学校教育的主导作用，我们将在下文进行专节论述。

（二）实体环境与人的发展

实体环境包括自然环境与社会环境。在实体环境中，自然环境是指人生存于其中的自然条件，包括地理位置、气候以及地形地貌等。自然环境不仅会对人的身体发展产生影响，而且还会对人的心理发展产生影响。社会环境则指人类在自然环境基础上创造和积累的物质文化、制度文化、精神文化和社会关系的总和，

---

① 王道俊，王汉澜. 教育学(新编本)[M]. 北京：人民教育出版，1999：48.

包括民族文化、生产方式、生活方式、社区机构、家庭亲友、科学技术、文化教育、公共场所、民俗习惯、社会风气和思潮等，而其本质是文化。[①]一般来说，社会环境对人的发展的作用比自然环境更大、更直接。社会环境作为人类世代创造的累积物，对于新降生的个体而言是先验地存在着的，是个体出生后成长过程中必须面对而无法选择的客观现实存在,既为人的发展提供了特定的基础和条件，同时也对人的发展状态产生限制作用。

如果以范围为标准将环境分为大环境和小环境，大环境则指人的发展所处的总体的自然环境与社会环境，特别是总体上的社会环境，从总体结构布局上对个体的发展发挥作用，但其影响相对而言是间接的。小环境则是指与人的发展发生直接联系的自然环境和社会环境，如个体的出生地与成长地的自然条件、个体出生与成长的家庭条件、学习环境等，对个体发展的影响是直接的。

综上所述，一般而言，相对于自然环境而言，社会环境对人的发展的作用更大、更显著，小环境比大环境对人的发展的影响也更直接、更具体。当人的先天因素已定的时候，后天因素的决定性作用就凸显出来了，环境的作用尤其是与人的发展发生直接紧密联系的社会环境、小环境的作用更为突出。

（三）虚拟环境与人的发展

虚拟环境是指 20 世纪 90 年代以来兴起的网络环境。自 20 世纪 90 年代起，在我国随着计算机科学的发展，由各种计算机与通信设备整合而成的一种传输与交流信息的新平台——网络（network）兴起并迅速普及。网络的问世与迅猛发展，是人类信息传播与交流方式的重大变革，它改变了传统媒体——报刊、广播、电视的“你写我看”“你说我听”“你播我看”的单向传播信息的局面，扩大了人与人之间的交往范围，形成了一个与实体物理空间不同的虚拟的信息交流空间，打破了传统的地域限制，形成了一个足不出户便可在全球范围内跨越国界进行信息发布、传播与交流的新型平台。这一平台所发布、传播与交流的信息较之传统的传媒更多、更广、更多样因而也更为复杂，形成了一个与前述实体环境不同的虚拟的信息环境——网络环境。从当前来看，这种虚拟的网络环境具有信息存在的虚拟性、信息表达的自由性、信息共享的平等性、信息内容的杂糅性等特点。信息存在的虚拟性意味着借助于网络技术平台，人与人的交往突破了时间和空间的限制,无须人体的直接介入就可以直接在互联网这一虚拟空间内进行信息交流；信息表达的自由性意味着在虚拟空间中身份的隐匿可以更为自由地进行信息表达；信息共享的平等性意味着互联网上的信息对任何人不论其社会地位如何都是平等开放的，也正是网络环境的这几个特点使得网络信息内容多种多样甚至五花

① 顾明远. 教育大辞典（增订合编本）[M]. 上海：上海教育出版社，1998：1353.

八门而具有杂糅性的特点。如此的网络环境对人的发展的影响也是利弊兼有、功过同在的。信息存在的虚拟性、信息表达的自由性、信息共享的平等性有助于人的自由、平等意识的养成与个性的张扬，信息内容中的积极向上的部分也可以促进人的发展。但正是信息存在的虚拟性、信息表达的自由性也往往容易使人对自己的言论不负责任，信息内容的杂糅性也使得信息内容中的负面、消极信息，如暴力信息等不利于学生的身心健康发展。

在影响人的发展的后天因素中，环境因素的重要性是毋庸置疑的。但是，不管怎样的环境也只是为人的发展提供了所需的物质资源与精神资源，为人的发展提供了可能与条件，因为人的发展不是人的先天因素与后天环境简单相加影响的结果。人的发展是在作为主体的人以自身先天因素为基础、充分利用后天环境中诸因素而进行能动的实践活动过程中实现的，人作为主体的能动性实践活动是人在先天因素与后天因素的交互作用中实现其发展的平台。

四、人的活动在人的发展中的作用

人的先天因素提供了人的发展的生理前提和生物基础，环境为人的发展提供了可能和条件，其主要作用在于提供了发展所需的物质资源和精神资源。在上述两者均已经确定的前提下，个体活动在人的发展中就具有至关重要甚至是关键性的作用，从这个意义上说，个体活动就成为个体发展的决定性因素。

人的活动包括三个方面：生命活动、心理活动和社会实践活动。生命活动是一种物质性的活动，为维持人的生命服务，为人的心理活动和社会实践活动提供前提；心理活动是一种精神性的活动，它使人获得对世界和自身的认识；社会实践活动是一种最具综合性的活动，包括社会成员所从事的各种活动，它是人的心理活动产生的基本源泉，人的生命活动和心理活动渗透在一切社会实践活动中。[①]人的活动具体表现为每一个体的个体活动。一般说来，当先天因素与环境因素都已确定的前提下，个体怎样活动，他就是怎样的人，也就会获得怎样的发展，个体的发展才会从可能转变为现实。

首先，人的发展需要通过人与环境的联系来完成，其联系是通过人的活动实现的。人的发展是以自身的先天因素为生理前提和生物基础，通过从环境中获取物质资源和精神资源而实现的。然而，环境中的诸因素并不会自动地转变为人的发展资源，只有当外部环境中的诸因素为人的主观意识所关注时，才有可能转变成人的发展的资源，才会对人的认知、情感、意志等心理精神世界发挥作用。人对外部环境的关注、与外部环境的联系，是通过人的活动来完成的，其基本条件就是使环境中的诸因素成为人的活动对象。外部环境的因素，只有成为个体的活

① 扈中平，李方，张俊洪. 现代教育学[M]. 北京：高等教育出版社，2000：56-57.

动对象，才能表现出它对人的发展的意义，才会映入个体的主观意识，对个体的动机、需要、认识、意志发生作用，将客观世界与主观世界联系起来。[①]如果不通过人的活动实现人与环境之间的联系，无论环境条件怎样，对人的发展来讲都是无意义的。可见，人的发展需要通过人与环境的联系来完成，人在活动中实现人与环境的联系，人的活动是人与环境的联系中介。

其次，人的先天潜能的发挥是通过人的活动实现的。人的发展就是将人的潜能发挥出来，使人的潜能从潜在的可能状态转变为现实状态，人的发展就是人的潜能的实现。人的潜能的实现就是要将人的潜能对象化，这需要人在活动的过程中不断运用、发挥自己的潜能，将自己的潜能作用在活动对象上而展现出来，通过活动将自己的潜能外化、在活动对象身上实现，也唯有通过活动人的先天潜能才能得到发挥和实现。否则，潜能只能在人自身中潜藏着，只能永远是潜能。

最后，人的能动性的发挥是通过人的活动实现的。如前所述，人的发展同时具有受动性和能动性的特点，这就是说，人的发展既有其受动性的一面也有其能动性的一面。人的受动性表明人的发展受到先天因素与后天环境因素的制约，只能从自身先天与历史现实提供的既有条件基础上来展开。但环境因素只是作为人的发展的外部条件，是人的发展的外因，人的能动性作为人的发展的内部动力、作为人的发展的内因，在人的发展中具有至关重要的作用，特别是在人的后天环境和其他先天条件大致相同的情形下，人的能动性对人的发展而言具有决定性的作用。在生活条件、教育水平等环境因素和个体其他先天条件大致相同的情境中，人的发展主要取决于人的能动性的发挥。这样就可以解释为什么在其他条件大致相同的情况下，人与人的发展经常会存在非常大的差异。而人的能动性的发挥则是通过人的活动实现的，没有人的活动，人的能动性也就没有发挥的空间。

可见，没有人的活动，人与环境的联系、人的先天潜能的发挥、人的能动性的发挥也就无从谈起，人的发展也就无法实现。人的活动是实现人的发展的关键环节，为人的发展提供了平台。

综合看来，人的先天因素包括遗传素质、非遗传素质，这些先天因素为人的发展提供了生理前提和生物基础；后天因素包括环境和人的活动，其中，环境为人的发展提供必要的物质资源和精神资源，而人的活动则是将人的先天因素与后天因素连接起来的纽带。这些因素在人的发展中都具有不可或缺的重要作用，从不同意义上甚至可能对人的发展具有某种程度的决定性作用，缺少了哪一种因素人的发展都无从实现。人是在先天因素与后天因素的交互作用中实现其发展的，人的发展是先天因素与后天因素的“合金”。

---

① 扈中平，李方，张俊洪. 现代教育学[M]. 北京：高等教育出版社，2000：55.

第三节　学校教育的主导作用及其实现

较之于自发的社会环境和作为自觉的社会环境的家庭教育、社会教育而言，学校教育作为一种特殊社会环境在人的发展中起主导作用。学校教育的这种主导作用主要是由学校教育的基本功能、学校教育自身的特殊规定性和学校自身的特性所决定的。

一、学校教育在人的发展中起主导作用

（一）学校教育的基本功能使其能够在人的发展中起主导作用

学校教育之所以能够在人的发展中起主导作用，是因为学校教育在个体发展中具有育人功能和促进个体社会地位提升的功能。

在学校教育诸功能中，学校教育的育人功能是其本体功能，在教育诸功能中占首要地位。学校教育的育人功能包括促进学生个体发展的社会化功能和个性化功能两个方面。

1. 学校教育具有促进个体社会化的功能

个体社会化是指个体适应社会的要求，在与社会的交互作用过程中，通过学习与内化社会文化而胜任社会所期待、承担的角色，并相应地发展自己的个性的过程。①个体社会化强调发展个体对社会的适应性，重心在于发展个体作为社会成员的共性。它包括个人与他人建立与维持社会关系的倾向，成为社会成员的倾向，按照社会规则和社会标准调整自己行为的倾向，与别人和睦相处的倾向等，社会化功能保证每个个体作为受尊重的个体进入社会。②教育的个体社会化功能，就是教育要促进个体从一个“自然人”不断生成、发展成为“社会人”，发展个体作为社会成员的共性——社会性。

教育的个体社会化功能主要表现在三个方面。第一，教育可以促进个体观念的社会化。个体观念是指个体对于社会事物的看法和个体在社会活动中形成的思想。个体从“自然人”成长为“社会人”的过程，乃是个体接受社会文化的过程，从某种角度看，正是个体内化社会观念的过程，即人的观念的社会化过程，因为文化就其实质而言乃是人的观念的表达。在人的观念社会化的过程中，教育起着十分重要的作用。第二，教育可以促进个体智力与能力的社会化。个体智力的发

---

① 鲁洁，吴康宁. 教育社会学[M]. 北京：人民教育出版社，1990：574.

② 鲁洁，吴康宁. 教育社会学[M]. 北京：人民教育出版社，1990：576.

展离不开教育，在个体的智力、能力适应社会需要而不断发展的过程中，教育的功能与作用主要表现为教育指导或规范个体智力、能力的社会化和教育加速个体智力、能力的社会化。第三，教育可以促进个体职业与个体身份社会化。在现代社会，个体谋求某种社会职业通常是以接受相关的教育和训练为前提的，教育是促进个体职业社会化的重要手段。个体身份是指个体在整个社会结构中的地位，在现代社会，个体的社会身份往往受其职业的制约，与其职业地位是相一致的，因而教育也是促进个体身份社会化的重要手段。

教育的个体社会化功能意在通过教育发展出儿童遵守社会共同价值规范的心理倾向与行为习惯，从而保持社会的发展与稳定。

2. 学校教育具有促进个体个性化的功能

个体在社会化的过程中总是处于一种矛盾状态。在社会化过程中，个体意识到要使自己的言行举止符合社会共同价值规范的要求，但与此同时也总是希望拥有与表现出自己不同于他人的一面，即拥有与表现出自己与众不同的个性。个体的这种要求拥有与表现个性的欲求，源自个体社会化过程中个体的自我意识的形成。个体一旦拥有了自我意识，就会要求自己拥有与别人共同的社会性，同时也会要求突出和彰显自己与别人不同的一面，即自己的独特个性。个体个性化的过程就是个体发展自我意识、形成和理解自我个性特质的过程。教育发挥其个体社会化功能以形成个体别人共同的社会性的同时，也在发挥其个体个性化功能以形成个体的与众不同的、鲜明的独特个性，虽然在现实教育中的确有许多压抑学生个性的情形存在。

教育促进个体个性化的功能，主要表现为在三个方面。第一，教育可以促进个体主体意识的发展。个体的主体意识是个体对自我的主观能动性的认识，教育通过培养人的道德、智力、能力而提高个体对自我的认识。对于个体而言，教育的过程是一个不断提升自我的过程，是激发并张扬人的主体意识的过程。个体通过接受教育，形成道德观念，增长知识、能力而达到能动地适应客观世界并变革客观世界的目的。人的主体意识突出地表现为人的创造意识，教育的个体个性化功能也突出地表现在教育能唤醒个体的创造意识，培养个体的创造精神与创造能力。第二，教育可以促进人的个体特征的发展。人的个体特征是指人的身心发展的个体差异性，教育帮助个体充分开发内在的潜力并充分发展自己的特长，教育促进人的个体特征发展的功能主要通过不同的教育内容与不同的教育形式来实现。在受教育的过程中，不同个体既会产生兴趣、爱好的分野，又会产生专业领域或技能领域的分野，从而造成个体职业选择的分野。第三，教育可以促进人的个体价值的实现。个体的生命价值是针对人对社会的贡献与作用而言的。个体如何展现其人生价值，归根结底是通过他在社会生活中发挥作用的大小来衡量。教育能够赋予人创造生命价值的信念和力量。

教育的个体个性化功能与个体社会化功能相辅相成，分别着眼于发展人的共性和个性。“人之为人”需要“相对统一”的共性，更应有 “与众不同”的个性，共性重在强调维持社会的基本秩序，个性及基于个性的创新意识、创新精神与创新能力是社会发展、推陈出新的动力之源。教育尤其是基础教育的基本价值和首要功能，在于提高全体国民的基础素质，促进每位学生的身心全面发展，系统地促进学生社会化和个性化，为其终身发展奠定基础。

（二）学校教育的特殊规定性使其能够在人的发展中起主导作用

学校教育之所以能够在人的发展中起主导作用，还在于学校教育自身的特殊规定性。

（1）学校教育目的的明确性。所谓目的就是人们在活动前和活动中对活动结果的预期假设。教育目的就是对教育活动的预期结果，即培养人的质量和规格的预设。学校教育作为有意识、有目的地培养人的活动，对于培养什么样的人，培养人的规格和质量有着明确的预期要求，具有明确的目的性。学校教育明确的目的性既是学校教育一切活动的出发点，也是学校教育一切活动的最终归宿。

（2）学校教育主体的专门性。在学校教育中，教育活动是由专门从事教育工作的教师来完成的。教师职业是经过专业训练的、以培养人为天职的专业化、专门性职业，从事教师职业的人需要具备从事教师职业所需的资格。教师职业资格的获得需要经过专门的职前培养与训练，需要具备教育学科的基本知识和养成从事教育活动的基本能力，需要具备欲从教学科的专门知识以及与之相关的学科知识，需要具备基本的教师职业道德等。学校教育活动就是在经过专门职前培养、具有专门职业素养的教师主导下完成的。

（3）学校教育内容的系统性。学校教育的内容都是经过选择并加以系统化的。学校教育根本不可能也没有必要将已有的人类文化的全部传授给学生，学校教育只能根据社会发展与人的发展的要求对知识进行选择并对选择出来的知识根据受教育者的发展特点、结合知识自身的特点加以系统化，形成完整的、专门化的课程。这些完整的、专门化的课程构成专门为受教育者的学习而组织的系统化的教育内容，从而使得学校教育内容呈现明显的系统性。

（4）学校教育方法的协调性。由于教育对象与教育内容特点的不同，学校教育为了实现培养人的目的，就必须采取丰富多样的教育方法。但这些丰富多样的教育方法并不是散乱无章的，总体来说是协调一致的。学校教育方法的协调性是围绕培养人、以实现人的发展为宗旨展开的，目的在于协调学校内外环境因素的各种影响，形成与教育目的相契合的教育合力。

（5）学校教育过程的计划性。一般来说，在现代学校教育制度中，学校教育是按照从低级到高级分阶段前后衔接的。这样势必要求学校教育的过程不能是杂乱无序而必须是有计划的，学校教育过程只能是按照一定计划不断展开的过程。同时，不论是人的身心发展的顺序性与阶段性还是教育内容的系统性都要求教育过程具有计划性，只有有计划的教育过程才能保证学校教育的效率与效果，才能够使得学校教育在人的发展中占主导地位。

（6）学校教育地位的基础性。从终身教育的视角来看，相对于环境其他因素的影响甚至较之于家庭教育、社会教育而言，学校教育在人的一生发展中具有奠基作用，处于基础性地位。学校教育在人的发展中的这种奠基作用“对人一生的发展具有‘定调’乃至‘定性’的意义，对人一生的发展前景和发展后劲具有举足轻重的影响”，“从某种意义上讲，各级各类教育都是在为人学会做人、学会做事、学会生存、学会学习打基础”①。正是由于学校教育的这种基础性地位，学校教育才会对人的发展具有重大而深远的影响而能够在人的发展中起主导作用。

总之，学校教育目的的明确性、学校教育主体的专门性、学校教育内容的系统性、学校教育方法的协调性、学校教育过程的计划性以及学校教育地位的基础性等这些学校教育自身的特殊规定性，才使得学校教育对人的发展产生全面、系统、深刻、持久的影响，才使得学校教育能够在人的发展中起主导作用。

二、学校教育功能的有限性及其主导作用的实现条件

尽管学校教育在人的发展中占主导地位，然而学校教育的功能是有限度的，并且学校教育的这种主导作用的发挥也不是天然实现的，而是有其所需的独特条件的。

（一）学校教育功能的有限性

历史上曾经有很多思想家、教育家对教育在人的发展中的作用做出了过高的估计。例如，夸美纽斯认为，“假如要形成一个人，就必须由教育去形成”，“实际上，只有受过恰当教育之后，人才能成为一个人”②。而“学校是造就人的工场，因为人之所以真正成为人，无疑地是由于学校的媒介……”③他还将教育当作“人类的得救”的手段，认为“在太阳之下，能够挽救堕落的人类的最可靠的方法无过于年青人的教育”④。哲学家、教育家康德也认为，“人只有通过教育

① 扈中平，李方，张俊洪. 现代教育学[M]. 北京：高等教育出版社，2000：58.
② 夸美纽斯. 大教学论[M]. 傅任敢，译. 北京：教育科学出版社，1999：24.
③ 夸美纽斯. 大教学论[M]. 傅任敢，译. 北京：教育科学出版社，1999：40-41.
④ 夸美纽斯. 大教学论[M]. 傅任敢，译. 北京：教育科学出版社，1999：261.

才能成为一个人，人是教育的产物”[①]。这些都不免夸大了教育在人的发展中的作用。再如，前文论述中所涉及的英国哲学家、教育家洛克，美国的行为主义心理学家华生也均在此列。洛克认为，“我敢说我们日常所见的人中，他们之所以或好或坏，或有用或无用，十分之九都是他们的教育决定的。人类之所以千差万别，便是由于教育之故”[②]。华生则认为，“给我一打健全的儿童，我可以用特殊的方法任意加以改变，或者使他们成为医生、律师……或者使他们成为乞丐、盗贼”[③]。这些观点虽然对强调教育在人的发展中的作用具有重要意义，但显而易见也片面夸大了教育在人的发展中的作用，甚至具有“教育万能论”的嫌疑。

实际上，教育尤其是学校教育在人的发展中的作用是有限度的，正如世界上没有包治百病的万能良药。虽然说学校教育可以在人的发展中起主导作用，但影响人的发展因素多种多样，学校教育也只是影响人的发展的诸因素中的一种。况且人的发展是一个极其复杂的过程，人的发展也是多方面的，并不是学校教育一个因素就能决定或左右的。即使学校教育发挥其主导作用，也是有前提的，也就是说，学校教育主导作用的实现是有其制约条件的。比如，在传媒发达的今天，在学生道德教育方面，如果社会环境很差，社会风气极其不正常，学校道德教育有时很难消解外部社会环境的负面、消极影响。

（二）学校教育主导作用的实现条件

就学校教育内部条件而言，学校教育在人的发展中的主导作用的实现以及实现程度，首先取决于学校教育的育人功能能否实现以及实现程度；其次取决于学校教育目的的明确性、学校教育主体的专门性、学校教育内容的系统性、学校教育方法的协调性、学校教育过程的计划性以及学校教育地位的基础性等学校教育自身的特殊规定性能否实现以及实现程度；再次取决于对学生身心发展特点的熟悉、掌握与尊重的程度；最后取决于学生主观能动性的调动与发挥等。唯有以上条件得以实现，学校教育才能对人的发展产生全面、系统、深刻、持久的影响，学校教育在人的发展中的主导作用才能得以实现。

就学校教育外部因素而言，学校教育在人的发展中的主导作用能否实现以及实现程度，首先取决于外部环境尤其是社会环境影响与学校教育影响的一致性程度，特别是传媒如此发达、各种不同性质与价值的信息迅猛传播的今天，这一点显得尤其突出；其次取决于学校教育与家庭教育的配合程度。当然，无论是环境影响与学校教育影响的不一致还是学校教育与家庭教育的不一致，并不意味着学

---

① 古留加. 康德传[M]. 贾泽林，侯鸿勋，王炳文，译. 北京：商务印书馆，1981：86.

② 洛克. 教育漫话[M]. 傅任敢，译. 北京：教育科学出版社，1999：1.

③ 顾明远. 教育大辞典（增订合编本）[M]. 上海：上海教育出版社，1998：781.

校教育一定是正确的。面对外部环境的变化，学校教育既要对变化了的环境做出审慎的判断，又要重新审视自身，积极做出变革，来应对外部环境变化带来的新的挑战，从而使学校教育在人的发展中的主导作用得以实现。

思考题

一、单项选择题

1. 儿童发展有两个高速发展期：新生儿和青春期。这是身心发展的（　　）规律的反映。

A 顺序性　　B 不平衡性

C 阶段性　　D 个别差异

2. 下列属于遗传决定论代表人物的是（　　）。

A 霍尔　　B 洛克

C 荀子　　D 华生

3. 婴儿从出生到一岁，需要先躺着，其次才学会坐着，继而学会站立和走路。这主要体现了个体身心发展的（　　）。

A 互补性　　B 顺序性

C 差异性　　D 不平衡性

4. 学校教育在人的发展中起（　　）作用。

A 主体　　B 决定

C 主导　　D 促进

5. 下列关于遗传素质对身心发展的作用的表述，不正确的是（　　）。

A 遗传素质为人的发展提供了可能

B 遗传素质的差异是造成个体差异的重要因素

C 遗传素质仅仅为人的发展提供了物质前提

D 遗传素质的成熟对身心发展无明显制约

6. 教育的个体性功能主要包括（　　）。

A 个体社会化和社会个体化　　B 个体社会化和个体个性化

C 社会性和娱乐性　　D 文化功能、经济功能、政治功能

二、判断题

1. 遗传在影响人的身心发展诸因素中起着主导作用。（　　）

2. 每个人的遗传素质虽有不同，但总体上看其功能相同。（　　）

3. 人的身心发展，是由儿童已有的身心发展水平与社会、教育向儿童提出的

要求所构成的新旧需要之间的矛盾引起的。（　　）

三、简答题

1. 学校教育主导作用的实现条件是什么？
2. 为何说环境是人的发展的可能条件？
3. 简述人的发展的主要表征及其对教育的制约。

四、论述题

1. 试论述影响人的身心发展的因素有哪些。
2. 论述学校教育在人的发展中的主导作用。

阅读推荐

1. 中央教育科学研究所比较教育研究室. 简明国际教育百科全书·人的发展[M]. 北京：教育科学出版社，1989.
2. 瞿葆奎. 教育学文集·教育与人的发展[M]. 北京：人民教育出版社，1989.
3. 叶澜. 教育学原理[M]. 北京：人民教育出版社，2007.
4. 《教育学原理》编写组. 教育学原理[M]. 北京：高等教育出版社，2019.

第五章　教育目的

学习目标

1. 掌握教育目的的概念；理解教育目的与教育方针、培养目标的关系；了解教育目的的确立依据；了解教育目的的结构；了解教育目的的功能；了解我国中小学、幼儿园的培养目标。

2. 了解有关教育目的的价值取向，如个人本位论与社会本位论、外在目的论与内在目的论、教育准备生活说与教育适应生活说等。

3. 了解我国教育目的的发展历史；熟悉国家当前的教育方针、教育目的；掌握我国教育目的的基本精神；理解马克思关于人的全面发展学说；掌握全面发展教育的组成部分及其相互关系。

基本概念

1. 教育目的。广义的教育目的是指国家、社会或个人对个体接受教育以后在身心诸方面发生变化或产生结果的预期或要求，是对教育活动结果的一种预设。狭义的教育目的一般是指国家的教育目的，即国家对各级各类学校所要培养的人的质量和规格的总体要求，即解决把受教育者培养成什么样的人的问题。

2. 教育方针。教育方针是国家或政党根据社会的政治、经济、文化要求，明令颁布实施的一定时期内有关教育工作的总方向或总指针。

3. 培养目标。培养目标是指各级各类学校根据教育目的的规定对受教育者的身心发展所提出的具体标准和要求。

4. 全面发展教育。所谓全面发展教育，是旨在促进人的素质多方面、多层次和多样化发展而实施的所有教育活动的总称。

框架结构

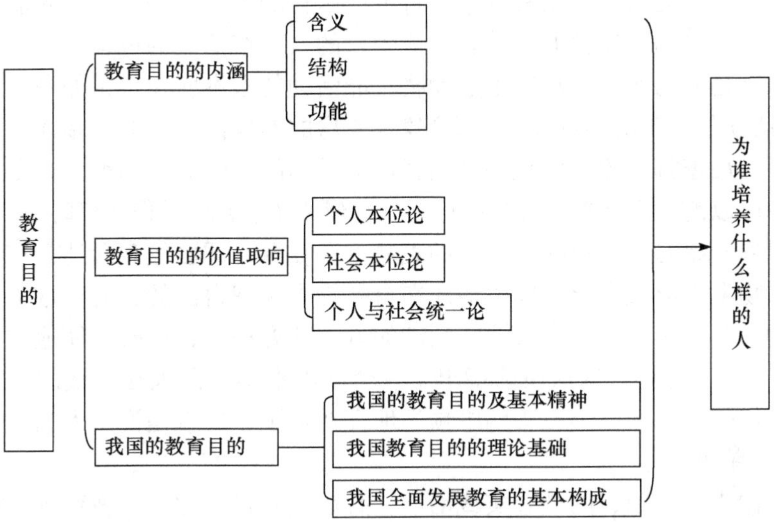

教育，究竟要培养什么样的人？这是一个很难回答却又不得不回答的问题。对它的回答就是我们常说的教育目的。教育目的既是一切教育活动的根本出发点，也是其最终归宿，不仅制约着教育活动的性质和发展方向，而且还是检验各项教育改革是否成功的基本标准。教育目的是教育活动在本质上区别于其他社会实践的标志。①任何教育活动都要紧紧围绕教育目的进行，教育过程就是教育目的的逐步实现过程。“如果你没有明确的教育的目的，你的一切教育方案都是徒劳！”②

因此，努力学习并运用正确的教育目的理论来指导自身的教育教学行为，既是每一位教师的理论自觉，也是实践自觉。

第一节 教育目的的内涵

教育目的的内涵主要包括两部分：一是教育目的的含义；二是教育目的的结构。

① 冯建军. 教育基本理论研究 20 年（1990—2010）[M]. 福州：福建教育出版社，2012：203.
② 怀特海. 教育的目的[M]. 庄莲平，王立中，译. 上海：文汇出版社，2012：12.

一、教育目的的含义

（一）什么是教育目的

人的全部活动所表现出来的本质特征就是目的性。因为只有人才能自觉地预先设定活动的目的，使他的活动服从这个目的，并在活动的过程与结果中实现这个目的，这是人的实践活动区别于动物本能活动的根本所在。正如马克思所说："蜘蛛的活动与织工的活动相似，蜜蜂建筑蜂房的本领使人间的许多建筑师感到惭愧。但是，最蹩脚的建筑师从一开始就比最灵巧的蜜蜂高明的地方，是他在用蜂蜡建筑蜂房以前，已经在自己的头脑中把它建成了。劳动过程结束时得到的结果，在这个过程开始时就已经在劳动者的表象中存在着，即已经观念地存在着。他不仅使自然物发生形式变化，同时他还在自然物中实现自己的目的，这个目的是他所知道的，是作为规律决定着他的活动的方式和方法的，他必须使他的意志服从这个目的。"①马克思的这段话指出了一个基本事实，即人在实践活动之前，活动所要取得的结果就已经在头脑中预先地存在着了，也就是说，人的一切实践活动都具有目的性。

教育作为人类独有的社会实践活动，必然具有目的性。从教育的起源来看，教育产生于劳动。为了人类的生存和发展，人类在共同的生活和劳动过程中所产生和形成的社会经验和生产经验必须要一代一代地保存下去，这种保存方法单靠生物学的遗传是不可能实现的，而只能通过有目的的教育活动来实现。从教育的作用来看，培养人是教育的最基本职能。培养什么样的人，也是教育最根本的问题，也就是教育目的。

一般来讲，对教育目的的理解可以分为广义和狭义两种。广义的教育目的是指国家、社会或个人对个体接受教育以后在身心诸方面发生变化或产生结果的预期或要求，是对教育活动结果的一种预设。狭义的教育目的一般是指国家的教育目的，即国家对各级各类学校所要培养的人的质量和规格的总体要求，即解决把受教育者培养成什么样的人的问题。

教育目的对于教育实践活动具有十分重要的意义。

首先，就受教育者而言，教育目的规定了受教育者的身心发展方向。作为培养人的专门社会实践活动，教育必然要对受教育者的身心发展造成某种程度的影响。教育目的的意义就在于对这种影响作了方向性的规定，它调控着年青一代的发展，使其身心发展顺应社会的要求。

其次，就教育者而言，教育目的为教育者组织和开展教育活动提供了指南，

---

① 中共中央马克思恩格斯列宁斯大林著作编译局. 马克思恩格斯全集（第 23 卷）[M]. 北京：人民出版社，1972：202.

为其教育行为指明了方向。作为向受教育者施加教育影响、发挥教育作用的人，教育者的一言一行对受教育者的身心发展都具有重要的作用。教育者必须时刻确保自己的教育言行始终和教育目的相一致，这样才能使教育活动行进在正确的轨道上。

再次，就教育影响而言，教育目的制约着教育活动的内容和形式。①当今世界是一个信息化的世界，各式各样的信息围绕在我们身边，可以说，我们不缺乏信息，我们缺乏的是发现信息、鉴别信息、获得信息和使用信息的能力。我们需要从浩如烟海的人类文化中选择合适的内容进入教育过程，我们还需要用合适的方式使这些内容更好地呈现在教育者和受教育者面前，而内容的选择和呈现方式的确定最终都要服从于教育目的。

最后，就教育评价而言，教育目的也是检验教育效果的基本标准和反馈、调节教育过程的重要依据。教育评价的标准和依据有很多，教育目的是整合所有具体评价标准的精神内核，也是教育评价的最高准则。

（二）教育目的、教育方针与培养目标

无论是在日常生活还是学术研究中，教育目的、教育方针和培养目标等概念经常出现混用的情况，这种混淆不仅造成人们的认识模糊，而且也无益于指导实践，因此，有必要理解和正确使用这些概念。

1. 教育目的与教育方针

教育方针是一个与时俱进的动态概念，不同的历史时期有着不同的教育方针，体现着不同的时代特点与要求。2010 年 7 月 29 日正式颁布的《国家中长期教育改革和发展规划纲要（2010—2020 年）》中明确指出：“全面贯彻党的教育方针，坚持教育为社会主义现代化建设服务，为人民服务，与生产劳动和社会实践相结合，培养德智体美全面发展的社会主义建设者和接班人。”习近平同志在 2018 年 9 月 10 日召开的全国教育大会上再次强调，“培养德智体美劳全面发展的社会主义建设者和接班人”，这是“五育”首次完整地出现在国家教育目的和方针的表述中。②“教育为社会主义现代化建设服务，为人民服务”，指明了我国教育

---

① 教育影响从内容上说，包括教育内容、教育材料或教科书，从形式上说，包括教育手段、教育方法、教育组织形式。见全国十二所重点师范大学. 教育学基础[M]. 北京：教育科学出版社，2002：6.

② 新华网. 习近平：坚持中国特色社会主义教育发展道路培养德智体美劳全面发展的社会主义建设者和接班人. [2018-09-10]. http://www. xinhuanet. com/politics/leaders/2018-09/10/c_1123408400.htm.

的社会主义性质和服务方向，是教育的性质；“培养德智体美劳全面发展的社会主义建设者和接班人”，规定了学校教育培养人才的质量和规格，这是教育的目的；“与生产劳动和社会实践相结合”，指明了实现教育目的的基本途径。

1）教育目的与教育方针的联系

教育方针是国家或政党根据社会的政治、经济、文化要求，明令颁布实施的一定时期内有关教育工作的总方向或总指针。它是教育基本政策的总概括，也是确定教育事业发展方向、指导教育事业发展的战略原则和行动纲领。教育方针的内容一般包括教育的性质、地位、目的和实现途径等。教育方针是教育目的的政策性表达，具有政策的强制性和规定性，教育目的只是教育方针的重要组成要素之一，是教育方针的核心内容，是教育方针所指导的教育工作所要实现的目标。教育目的是党和国家制定教育方针的前提，一定的教育方针是为了实现一定的教育目的而制定的，是为保证教育工作沿着正确道路前进“保驾护航”的。因而，“教育方针与教育目的的关系，可以看成是手段与目的的关系”①。

2）教育目的与教育方针的区别

教育目的与教育方针既有一定的联系，也有一定的区别。主要表现在：第一，从术语范畴上看，“教育目的”是理论术语，是学术性概念，属于教育基本理论范畴，“教育方针”则是工作术语，是政治性概念，属于教育政策学范畴。第二，从强制性上看，教育目的可以由社会团体或个人提出，因而对教育实践可以不具备强制性或约束力。而教育方针则是由国家或政党提出的，对教育实践具有强制性和约束力。第三，从产生影响来看，由于教育方针的内容涵盖比教育目的要广（教育方针不只限于教育目的的规定，还涉及教育的性质和实现教育目的的途径等内容），因此，教育方针对教育工作所产生的影响要大于教育目的。

2. 教育目的与培养目标

1）什么是培养目标

培养目标是指各级各类学校根据教育目的的规定对受教育者的身心发展所提出的具体标准和要求。

2）教育目的与培养目标的关系

教育目的与培养目标之间既有区别又有联系。一方面，二者是普遍与特殊的关系，教育目的是制定培养目标的依据，反过来，教育目的的最终实现又必须依赖具体培养目标的达成，因此，“培养目标是教育目的的具体化”①；另一方面，二者又是抽象与具体的关系，教育目的是抽象的、不可测量的，而培养目标则是具体的、可测量的。“目的与目标根本不同，你能测量目标，但不能测量目的。

① 王枬. “教育方针·教育目的·培养目标”辨析[J]. 教育研究与实验，1990（04）：10-12.

一个最后的目的是一种哲学力量，它是我们行动的先验的本质。培养自由的人和创造思维，最大限度地挖掘每一个人的潜力，这就是最后的目的。”[①]

（三）教育目的的确立依据

教育目的不是一个超历史、超社会的永恒范畴，不可避免地要受到一定的社会历史条件的制约，同时也要考虑人的发展规律的影响。

1. 社会历史条件

1）政治经济制度

政治经济制度，尤其是政治制度是直接决定教育目的的因素。教育的根本任务是培养人，在一定的社会中，培养什么人、怎样培养人、为谁培养人，都集中地反映在所制定的教育目的上。比如，我国是中国共产党领导的社会主义国家，这就决定了我们的教育必须把培养社会主义建设者和接班人作为根本任务，而且是“德智体美劳全面发展的社会主义建设者和接班人”[②]。因此可以说，社会政治经济的性质，决定了教育目的的性质。

2）生产力发展水平

历史唯物主义告诉我们，物质资料的生产是人类社会存在和发展的基础。在物质资料的生产中，生产力是最活跃、最革命的因素。生产力的发展将会引起生产关系的变化和其他一切社会关系的变化，从而制约和推动着整个社会的发展。教育目的也不例外。生产力的发展水平不同，社会对受教育者的质量标准和规格要求也就不同。

3）文化因素

一定社会的文化传统也会影响教育目的的确立，不同文化背景下的教育目的体现出不同的特点与要求。比如，西方传统文化比较强调培养人的个性，鼓励人的冒险和创新精神；东方传统文化则比较强调人的共性，强调遵循中庸之道。比如，以儒学为核心的我国古代社会文化，就强调教育的目的是“在明明德，在亲民，在止于至善”[③]。

2. 个人发展规律

教育目的的确立是社会历史条件和人的发展规律的辩证统一。教育归根结底

---

① 联合国教科文组织国际教育发展委员会. 学会生存——教育世界的今天和明天[M]. 华东师范大学比较教育研究所，译. 北京：教育科学出版社，1996：183.

② 这一教育目的表述是习近平同志在2018年9月10日召开的全国教育大会上首次完整提出。

③ 王国轩译注. 大学·中庸[M]. 北京：中华书局，2006：3.

总是要指向处于一定发展阶段的受教育者个体，尽管不同的个体在身心发展水平和特征上存在着差异性，但是教育目的需要反映不同阶段教育对象的共同成长规律。完全不考虑受教育者的身心特点及发展规律的教育目的不仅是错误的，而且是无效的。

二、教育目的的结构

从结构的视角来认识教育目的，是理解教育目的内涵的另一条路径。教育目的的结构可以表述为内容结构（横向结构）和层次结构（纵向结构）。内容结构表现为“个人价值”与“社会价值”的融合，层次结构则是针对上述两方面内容的表述按照抽象程度所进行的排序。通过对横向结构和纵向结构的分析，人们可以更清晰地认识教育目的是什么，从而确立科学的教育目的观。

1. 内容结构

教育目的的内容结构是指教育目的由哪几个部分构成及其相互之间的关系。一般来说，教育目的的内容结构由两部分构成：一是对人的身心素质发展做出规定，二是对人的发展的社会方向做出规定。[①]前者指明受教育者在德智体美劳等方面的发展，以期受教育者形成某种素质结构，体现的是教育目的中的个人价值；后者指明所培养的人符合什么样的社会需要或为什么阶级的利益服务，体现的是教育目的中的社会价值。

2. 层次结构

教育目的是各级各类学校必须遵循的总要求或总目标，但它不能替代各级各类学校对所培养人的特殊要求，各级各类学校还有各自的具体培养目标，这便决定了教育目的具有层次性。教育目的的层次结构是指按抽象程度对育人要求所做的排序。一般来说，教育目的包括三个层次：国家的教育目的、各级各类学校的培养目标和教师（课程或课堂）的教学目标。下一层次的教育目的是上级教育目的的分解，几个层次由整体到局部、由抽象到具体，构成了教育目的的层次性。

1）国家的教育目的

国家的教育目的居于第一个层次，是由国家提出来的，是国家对教育所要造就个体在质量规格上的总的规定和对教育培养的个体在从事社会职业时的各种基本素质的规定。它是宏观层次的教育目的，在客观上反映着社会对教育的总需求，对各级各类教育起宏观调控作用。

① 王坤庆. 关于教育目的的几个基本问题的探讨——兼论素质教育价值取向[J]. 华中师范大学学报（人文社会科学版），1993（06）：106-110.

2）各级各类学校的培养目标

各级各类学校的培养目标居于第二个层次，它是根据国家的教育目的制定的某一级或某一类学校、某一专业对人才培养的具体要求，它是中观层面的教育目的，是国家教育目的在不同教育阶段、不同级别的学校、不同专业方向的具体化。我国的现代教育体系从横向上可以分为普通教育、职业教育等不同类型；从纵向上可以分为初等教育、中等教育、高等教育等不同层次。不同类型学校的性质及各个教育层次中教育的需求和任务是不同的，统一的、概括的教育目的难以同时指导不同的教育实践。因此要在总的教育目的指导下，为各级各类学校拟定与其教育性质和任务相适应的具体培养目标。

下面分别论述我国中小学、幼儿园的培养目标。

2017 年教育部修订的《普通高中课程方案（2017 年版）》中指出，普通高中课程在义务教育的基础上，进一步提升学生综合素质，着力发展学生核心素养，使学生成为有理想、有本领、有担当的时代新人。具体培养目标有以下几点。

1. 具有理想信念和社会责任感

初步形成正确的世界观、人生观和价值观。热爱祖国，拥护中国共产党。弘扬中华优秀传统文化，继承革命文化，发展社会主义先进文化，培育和践行社会主义核心价值观，增强文化自信，树立为中国特色社会主义、人民幸福、民族振兴和社会进步作贡献的远大志向。

遵纪守法，履行公民义务，行使公民权利，维护社会公平正义，具有法治意识、道德观念。热心公益、志愿服务，具有奉献精神。尊重自然，保护环境，具有生态文明意识。维护民族团结，树立国家总体安全观，捍卫国家主权、尊严和利益。

2. 具有科学文化素养和终身学习能力

掌握适应时代发展需要的基础知识和基本技能，丰富人文积淀，发展理性思维，不断提升人文素养和科学素养。敢于批判质疑，探索解决问题，勤于动手，善于反思，具有一定的创新精神和实践能力。

具有强烈的好奇心、积极的学习态度和浓厚的学习兴趣。能够自主学习，独立思考，形成良好的学习习惯和适合自身的学习方法。学会获取、判断和处理信息，具备信息化时代的学习与发展能力。

3. 具有自主发展能力和沟通合作能力

坚持锻炼身体，养成积极健康的行为习惯与生活方式，珍爱生命，强健体魄。自尊自信自爱，坚韧乐观，奋发向上，具有积极的心理品质。具有发现、鉴赏和创造美的能力，具有健康的审美情趣。学会独立生活，热爱劳动，具备社会适应能力。正确认识自我，具有一定的生涯规划能力。

文明礼貌，诚信友善，尊重他人，与人和谐相处。学会交流与合作，具有团队精神和一定的组织活动能力，具备全球化时代所需要的交往能力。尊重和理解文化的多样性，具有开放意识和国际视野。

2001 年教育部颁布实施的《义务教育课程设置实验方案》中指出义务教育阶段的培养目标是："全面贯彻党的教育方针，体现时代要求，使学生具有爱国主义、集体主义精神，热爱社会主义，继承和发扬中华民族的优秀传统和革命传统；具有社会主义民主法制意识，遵守国家法律和社会公德；逐步形成正确的世界观、人生观、价值观；具有社会责任感，努力为人民服务；具有初步的创新精神、实践能力、科学和人文素养以及环境意识；具有适应终身学习的基础知识、基本技能和方法；具有健壮的体魄和良好的心理素质，养成健康的审美情趣和生活方式，成为有理想、有道德、有文化、有纪律的一代新人。"

2016 年公布实施的《幼儿园工作规程》中指出幼儿园保育和教育的主要目标：①促进幼儿身体正常发育和机能的协调发展，增强体质，促进心理健康，培养良好的生活习惯、卫生习惯和参加体育活动的兴趣。②发展幼儿智力，培养正确运用感官和运用语言交往的基本能力，增进对环境的认识，培养有益的兴趣和求知欲望，培养初步的动手探究能力。③萌发幼儿爱祖国、爱家乡、爱集体、爱劳动、爱科学的情感，培养诚实、自信、友爱、勇敢、勤学、好问、爱护公物、克服困难、讲礼貌、守纪律等良好的品德行为和习惯，以及活泼开朗的性格。④培养幼儿初步感受美和表现美的情趣和能力。

3）教师（课程或课堂）的教学目标

教师（课程或课堂）的教学目标居于第三个层次，是教育者在教育教学过程中，在完成某一阶段的工作时，希望受教育者达到的要求或产生的变化，或者是一门课程或一堂课所要达成的预期效果。它是微观层次的教育目的，是一切教育活动的基础，是进一步具体化的培养目标，具有很强的操作性。

三、教育目的的功能

教育目的的功能是指教育目的对实际教育活动所具有的作用。[①]概括起来说，教育目的对教育实践活动主要表现为四大功能，即定向功能、激励功能、调控功能和评价功能。教育目的这四方面的功能是有机的整体，定向功能离不开激励功能、调控功能、评价功能的发挥，而激励功能、调控功能的发挥，既有定向方面

① 全国十二所重点师范大学. 教育学基础[M]. 北京：教育科学出版社，2002：59.

的调节、控制，又依赖于正确的教育评价，教育评价功能的实现，又是建立在定向功能、激励功能和调控功能的基础之上的。

1. 定向功能

教育目的的定向功能是指对教育的发展方向和人的发展方向所起的一种制约作用。[①]教育目的不仅对教育的性质做了定向，对教育培养什么样的人做出了指示，而且对课程的选择、教育内容的取舍等都具有定向作用。正是因为有了教育目的的定向功能，教育活动才能有“章”可循，避免教育方向上的偏差。

2. 激励功能

教育目的的激励功能是指教育目的对从事教育活动的主体所具有的一种激发、鼓励、调动其积极性的力量。教育目的不仅能够指导整个教育实践活动过程，而且能够激励人们为实现共同的目标而努力。这种激励功能体现在两个方面：其一，对教育者的激励，正是有了对教育目的和培养目标的认知，才激励教育者采取适当措施，努力实现教育目的；其二，对受教育者的激励，主要表现在激发受教育者的主观能动性，发挥其主体性，帮助他们自觉地、积极地参与教育活动中来。

3. 调控功能

教育目的的调控功能是指教育目的对整个教育活动过程起着支配、调节、控制的作用。教育目的的调控作用主要体现在两方面。第一，教育目的对教育活动的调控，主要借助以下方式来进行：①通过确定价值的方式来进行调控，即对教育价值取向的把握；②通过确定标准的方式进行调控，即根据“培养什么样的人”这个标准来调节和控制对教育内容或教学方式的选择；③通过确定目标的方式来进行调控，即通过教育目的自身衍生出系列的短、中、长期目标来具体调节和控制教育的各种活动。第二，教育目的对教育主体的调控，既包括对教育者的教育观念、教育行为、教育方式等的调控，也包括对受教育者的学习态度、学习行为等各方面的调控。[②]

4. 评价功能

教育目的的评价功能是指以教育目的作为评价标准，对教育思想、教育行为、

① 王坤庆. 关于教育目的的几个基本问题的探讨——兼论素质教育价值取向[J]. 华中师范大学学报（人文社会科学版），1993（06）：106-110.

② 全国十二所重点师范大学. 教育学基础[M]. 北京：教育科学出版社，2002：59-60.

教育效果进行价值判断。[①]教育目的是衡量、评价教育质量的根本依据和标准。这种评价功能主要表现在三个方面：其一，教育思想或观点的判断与评价，主要评判教育过程中的思想、观念等是否合目的性；其二，教育行为的判断与评价，针对教育过程中的个人、群体或学校等的做法是否符合教育目的；其三，教育效果的判断与评价，针对教育活动结果对于目的的达成程度。

第二节　教育目的的价值取向

教育目的的选择和确立，总是要体现人的主观意志，即价值观。所谓价值取向，是指人们在思想和行动的时候，驱使他们这样或那样的价值观倾向。[②]教育目的的价值取向，是指人们在制定教育目的时，对教育目的的价值性进行选择时所具有的倾向性，有什么样的价值观，就决定了人们制定什么样的教育目的。古往今来，教育目的的价值取向的传统观点实际上就是围绕“个人本位”“社会本位”[③]展开的，尽管近年来也有研究者从其他角度出发来研究教育目的的价值取向[④]，但究其实质，还是基本沿袭了“个人本位”和“社会本位”的教育目的的价值取向。可以说，“几乎所有关于教育目的的分类或论证，无不是以‘个人本位’和‘社会本位’的教育目的为两个端点，在它们二者之间进行不同程度或不同层面的调和”[⑤]。

一、个人本位论

所谓个人本位论，指教育目的的选择和确立应当从人的本性出发，以个人价值为中心，把受教育者培养成人，使其本性和潜能得到自由的发展。主张教育目的应当凸显个人价值，个人价值高于社会价值，社会价值要通过个人价值来体现；

① 王坤庆. 关于教育目的的几个基本问题的探讨——兼论素质教育价值取向[J]. 华中师范大学学报（人文社会科学版），1993（06）：106-110.

② 周金浪. 教育学[M]. 上海：上海教育出版社，2006：75.

③ 教育学界在探讨教育目的价值取向的问题时，经常运用“本位论模式”来理解和诠释，所谓“本位论模式”是指以某种标准，把历史上的各种有关教育目的的思想分别纳入集中理论程式的框架，对它们进行解说、分析和评价。参见周金浪. 教育学[M]. 上海：上海教育出版社，2006：75.

④ 比如，刘梓良从理性反思的角度对教育目的的价值进行了梳理，唐德海从教育目的的预设性与生成性角度分析了教育目的的价值取向。参见刘梓良. 关于教育目的的理性反思及价值定位[J]. 教育理论与实践，1999（06）：22-27；唐德海，周西安，韦莉娜. 论教育目的的预设与生成[J]. 高等教育研究，2007（08）：22-26.

⑤ 周险峰. 教育基本问题研究：回顾与反思[M]. 武汉：华中科技大学出版社，2016：27.

教育目的的选择、确立应以个人的自身发展和完善为依据；在把个人价值放在首位的前提之下，注重发掘和张扬人的个性，强调人性化与个性化。主张个人本位论的思想家或学者主要是自然主义者和人文主义者，主要代表人物有捷克教育家夸美纽斯、法国思想家卢梭、瑞士教育家裴斯泰洛齐、德国教育家福禄培尔、中国思想家孟子等。

个人本位的价值取向，虽然都把人作为教育目的的根本所在，认为人的价值高于社会价值，但在历史发展的过程中，其表现也不尽相同，主要表现在两方面。其一，不同的历史时期，各种个人本位论者的价值取向背景和具体指向有所不同。[①]古代希腊的雅典的教育目的是培养身心和谐发展的公民。亚里士多德首次提出教育应"效法自然"的原理，教育的最终目的在于从体育、德育和智育三个方面使受教育者得到最高程度的和谐发展，成为良好的、有教养的公民。"从某种意义上说，亚里士多德的这种遵从人性的观点，开了后代资产阶级自然主义教育思想的先河。"[②]文艺复兴时期的人文主义学者大都强调个性解放、发掘个人潜能、体现个人价值，以此为基础，人文主义者提出了培养"全人"的教育理想。18～19世纪的自然主义教育观的代表人物卢梭基于"人性本善"的人性论，倡导"天赋人权""天赋民权"的思想，认为教育的责任就是培养社会条件中的自然人。德国古典唯心主义哲学家康德非常重视人的理性、推崇人的尊严、肯定人的价值。他认为，"教育的根本就是要对人的本性进行适当的控制。教育就是要弃恶扬善，要以理性抑制人性中的野性，进而发展人的各项天赋"[③]。裴斯泰洛齐认为，每个人都具有接受教育的天赋力量，"教育的唯一目的就是要协调地发展那些由于受到上帝的恩赐而构成其人格的才能和素质"[④]，教育应该使学生的德、智、体诸方面的能力得到均衡、和谐的发展。德国著名教育家赫尔巴特认为："道德普遍地被认为是人类的最高目的，因而也是教育的最高目的。""教育的唯一工作与全部工作可以总结在这一概念之中——道德。"[⑤]他主张发展学生多方面的兴趣，并以道德观念驾驭兴趣，使人的各种能力得到和谐的发展，即培养"真正善良"的人。20世纪60年代以来的现代人文主义主要针对西方工业化进程中出现的人的异化问题来阐述教育的价值取向，主张教育的目标是实现人的价值、发展人的特质，这种价值和特质在马斯洛（A. H. Maslow）看来就是理想的人格，就是"自

---

① 全国十二所重点师范大学. 教育学基础[M]. 北京：教育科学出版社，2002：63-64.

② 王坤庆. 教育目的理论的历史考察[J]. 教育研究与实验，1987（04）：86-90.

③ 张斌贤. 外国教育史[M]. 2版. 北京：教育科学出版社，2015：230.

④ 裴斯泰洛齐. 裴斯泰洛齐教育论著选[M]. 夏之莲，等，译. 北京：人民教育出版社，1992：289.

⑤ 张焕庭. 西方资产阶级教育论著选[M]. 北京：人民教育出版社，1979：259-260.

我实现”[①]。作为20世纪西方重要的哲学思潮之一的存在主义强调人的自我造就、自我生成，教育是以个人的自我发展、自我完善为目的。“教育的任务在于使每一个学生认识到自己的存在，形成自己的生活方式。”[②]其二，对待个人与社会的关系上，尽管个人本位论者都认为个人价值高于社会价值，但在具体态度上，具有对立与非对立、激进与非激进之别。卢梭是个人本位论者中最为激进的一个。[③]他的个人本位论也具有明显反社会的性质，认为自然的个人与现实的社会是完全对立的、不可相容的。他认为人生来就是“好（善）的”，人之所以变坏完全是社会影响的结果。但是卢梭不是抽象地反对教育的一切社会目的。他所培养的“自然人”是身心协调发展的、广泛适应社会情况的社会“自然人”，既能尽到作为社会成员的职责，又能保持纯真的天性、自由发展。裴斯泰洛齐虽然深受卢梭自然主义教育思想的影响，但是在对待个人与社会的关系上却不尽相同。他认为教育的首要功能应是促进人的发展，尤其是人的能力的发展。他说：“为人在世，可贵者在于发展，在于发展个人天赋的内在力量，使其经过锻炼，使人能尽其才，能在社会上达到应有的地位，这就是教育的最终目的。发展人的内在力量，不得不利用社会与人生相结合的教育方法，从而使其得到人的品德、家庭幸福、工作能力，直到实现社会上的需要。”[④]可见，这种非激进的价值取向并非将个人和社会相对立，而仅仅是认为个人价值高于社会价值，社会价值需要个人价值才能实现。

教育目的的个人本位论价值取向在强调个人价值，重视个体本性，认为教育应努力使个体潜能得到自由的发展等方面是有道理的。但是，这种观点的最大问题在于脱离社会来思考个人发展，没有如实地把个人看成是具体社会中的现实的人，忽略了人的社会制约性，因此带有明显的片面性。

二、社会本位论

所谓社会本位论，指教育目的的选择和确立应当从社会需要出发，以社会价值为中心，为社会培养合格的公民，实现受教育者的社会化。其特点是：教育目的应当以社会价值为中心，社会价值高于个人价值，个人价值最终要体现在社会

① 在马斯洛看来，自我实现就是人类把自我中潜在的东西变成现实东西的基本倾向，也就是个人内部潜能的最大实现。参见黄志成. 西方教育思想的轨迹——国际教育思潮纵览[M]. 上海：华东师范大学出版社，2008：355.

② 黄志成. 西方教育思想的轨迹——国际教育思潮纵览[M]. 上海：华东师范大学出版社，2008：130.

③ 扈中平. 教育目的中个人本位论与社会本位论的对立与历史统一[J]. 华南师范大学学报（社会科学版），2000（02）：87-94.

④ 张焕庭. 西方资产阶级教育论著选[M]. 北京：人民教育出版社，1979：173.

价值上；教育目的的选择、确立应以社会的需要和发展为依据，教育质量和效果可以用社会发展的各种指标来评价；教育过程就是把社会的价值观念或集体意识强加于个人，把个体培养成为社会需要的人。主张社会本位论的思想家或学者主要是法国社会学家涂尔干、孔德和德国教育家纳托普、凯兴斯泰纳等。

同是社会本位论，其内部也有明显差异。以涂尔干为代表的社会本位论者认为，社会才是真正的存在，真正的、纯粹的个人实际上是不存在的。因此，社会的价值高于个人的价值，教育应以满足社会发展需要为首要目的，教育的一切都应服从于社会的意志。他认为，教育的目的在于塑造“社会我”而不是“个体我”，“……教育在于使年轻一代系统地社会化。在我们每个人身上，可以说都存在着双重人格，这种双重人格尽管不可分离（除非抽象地加以分开），但却有区别。一种人格仅仅由整个与我们自身、我们个人生活中的事件有关的精神状态所组成，可以把这种人格称为个体我。另一种人格是这样一种思想、情感和习惯的体系，即在我们身上表现的不是我们个人，而是我们作为其中一个组成部分的社群或不同的社群。宗教信仰、道德信仰与习俗、民族传统或职业传统以及各种集体信仰，就是这样的体系。这种体系的总和就是社会我。塑造社会我，这就是教育目的”[①]。其他社会学派的代表人物也表达了与涂尔干类似的观点，如孔德就认为：“真正的个人是不存在的，只有人类才存在，因为不管从哪方面看，我们个人的一切发展，都有赖于社会。”[②]纳托普也指出：“在事实上个人是不存在的，因为人之所以为人，只因为他生活于人群之中，并且参加社会生活。”因而他认为：“在教育目的的决定方面，个人不具有任何价值，个人不过是教育的原料，个人不可能成为教育的目的。”[③]

在社会本位论的教育目的观方面，还存在着一种极端的形式，这就是以凯兴斯泰纳为代表的国家主义的教育目的观。凯兴斯泰纳明确提出：“国家公立学校的目的——也就是一切教育的目的——是教育有用的国家公民。”[④]他认为，个人是绝对属于国家的，国家的每一个人都要作为一个“公民”而存在，不管他的政治信念、宗教信仰和道德观念如何，都必须为“这个最高价值的国家”服务。这种“公民”就是能在国家中“担任一种工作或一种职务，并且把这种职务或工作做得能够多么好就多么好”[⑤]的人。在凯兴斯泰纳的教育目的观里，个人的价值

① 张人杰. 国外教育社会学基本文选[M]. 上海：华东师范大学出版社，1989：9.

② 扈中平. 教育目的论[M]. 武汉：湖北教育出版社，1997：65.

③ 扈中平. 教育目的中个人本位论与社会本位论的对立与历史统一[J]. 华南师范大学学报（社会科学版），2000（02）：87-94.

④ 王天一，夏之莲，朱美玉. 外国教育史（下）[M]. 北京：北京师范大学出版社，1993：242.

⑤ 王天一，夏之莲，朱美玉. 外国教育史（下）[M]. 北京：北京师范大学出版社，1993：243.

被全盘否定，教育的目标只有一个，那就是造就绝对服从国家利益的公民。其实质是把社会理解为国家而不是把它理解为包括由具体的个人所结成的社会组织和由许多国家构成的世界社会，也就是说，国家与整个社会画上了等号；同时，这种教育目的观认为，国家利益高于一切，当个人利益和国家利益、他国利益与本国利益发生矛盾和冲突时，均以国家利益或本国利益为重，为此可以不惜牺牲或暂时牺牲个人利益或他国利益。[①]

教育目的的社会本位论价值取向认为社会价值高于个人价值，强调人的发展和教育对社会的依赖性，主张教育应促使人的社会化，这是其可取之处。但是，这种观点脱离个人来讨论社会，殊不知社会是由具体的个人所组成的，离开了单个的个人及其相互关系，社会也是不存在的。

三、个人与社会统一论

需要说明的是，所谓的个人本位论与社会本位论的划分，主要是针对不同学者在教育中个人与社会关系问题上的价值选择和思想倾向所做的简要概括，而在实际当中，纯粹的、绝对的个人本位论者或社会本位论者并不多见。“个人本位论与社会本位论是不同教育学家为解决人的发展与社会发展的矛盾而给教育开出的不同‘处方’。”[②]从根本和普遍的意义上讲，个人本位和社会本位二者并没有一个孰轻孰重的问题，也不是非此即彼的对立关系或者谁正确谁错误的“二选一”的问题，没有必要把二者割裂开来和对立起来，二者应该是一种辩证统一的关系。这种辩证统一是历史的、具体的统一，“所谓历史的、具体的统一，就是指这种统一是具体历史条件下的统一，一定历史阶段上的统一，而且这种统一必须具有符合当时社会主流需要的某种价值取向，统一，并不是事物双方的折中或半斤八两的拼合”[②]。比如杜威，在理论上他是持个人价值与社会价值同等重要的折中观点，但在实际中他却是倾向于社会价值的，因而他是以社会价值为基点来促成两种教育价值的统一的，这种教育价值选择应该说是基本符合当时社会历史条件的，是一种历史的、具体的选择。[②]也有学者认为，教育在培养人才方面主要有两个方向：“一是为社会培养符合要求的各级各类人才，二是为个体的全面发展、素质提高服务”[③]，但最终，学校（教育）的一切活动都是为了促进学生的全面发展，这是以个人价值为基点来实现两种教育价值的统一的。可见，教

① 朱德全，易连云. 教育学概论[M]. 重庆：西南师范大学出版社，2003：115.

② 扈中平. 教育目的中个人本位论与社会本位论的对立与历史统一[J]. 华南师范大学学报（社会科学版），2000（02）：87-94.

③ 岳建军. 高等学校教育资源共享的理论与实证研究[M]. 北京：中国社会科学出版社，2018：89.

育目的中个人价值与社会价值的选择与倾向，受到具体的社会历史条件的制约与限制，是随着一定社会历史条件的变化而有所变化与侧重的。当前我们国家的教育目的比较好地体现了个人本位和社会本位的历史的、具体的统一：一方面，我们培养的人是德智体美劳全面发展的人，体现了个人价值的实现。另一方面，我们培养的人是社会主义建设者和接班人，这又体现了社会对人的要求。

四、教育目的的其他价值取向

（一）内在目的论与外在目的论

在教育史上，美国教育家杜威将教育目的区分为内在目的和外在目的，或者说教育过程以内的目的和教育过程以外的目的。杜威认为，“教育即生活”“教育即生长”“教育即经验的改造和重组”，这是循序渐进的积极发展过程，教育目的就在于这种过程之中。这就是教育过程以内的目的，这个目的就是“生长”。杜威认为：“教育的过程，在它自身以外没有目的；它就是它自己的目的。”[①]“因为生长是生活的特征，所以教育就是不断生长；在它自身以外，没有别的目的。”[②]“我们探讨教育目的时，并不要到教育过程以外去寻找一个目的，使教育服从这个目的。我们整个教育观点不允许这样做。”[③]杜威反对的是教育过程以外的目的，即外在的、固定的、终极的教育目的，这种教育目的是成人从外面强加给教育活动的，忽视了儿童的兴趣和需要。

杜威的教育目的观也被称为“教育无目的论”，不是真的要放弃教育目的，而是主张以生长为教育的目的，“其主要意图在于反对外在因素对儿童发展的压制，在于要求教育尊重儿童的愿望和要求，使儿童从教育本身中、从生长过程中得到乐趣”[④]。

（二）教育准备生活说与教育适应生活说

在教育史上，第一次明确提出“教育准备生活说”的是19世纪英国教育家斯宾塞。他明确提出，教育的目的就是为“完满生活”做准备，教育的任务就在于教导每个人怎样生活。他指出：“准备过完满生活，是教育应该履行的功能。这种功能的履行程度，也是评定教育课程的唯一理性的判断方式。”[⑤]这种“完满生活”按其重要性排序包括：与自我生存直接有关的活动、与自我生存间接有关

---

① 杜威. 民主主义与教育[M]. 王承绪，译. 北京：人民教育出版社，1990：54.

② 杜威. 民主主义与教育[M]. 王承绪，译. 北京：人民教育出版社，1990：57.

③ 杜威. 民主主义与教育[M]. 王承绪，译. 北京：人民教育出版社，1990：106.

④ 张斌贤. 外国教育史[M]. 2 版. 北京：教育科学出版社，2015：327.

⑤ 张斌贤. 外国教育史[M]. 2 版. 北京：教育科学出版社，2015：286-287.

的活动、养育子女的活动、维持正当的社会及政治关系的活动、填补休闲生活旨在满足情感及爱好的活动。[①]这些活动所需要的知识都是科学，因此，斯宾塞提出了“科学知识最有价值”的论断。

与斯宾塞不同，杜威认为教育不是未来生活的准备，教育就是生活本身，儿童应当适应现实生活。杜威认为，如果把教育看成是为未来生活做准备，则势必要将成人的经验灌输给儿童，儿童则处于被动地位，儿童的兴趣和需要就被忽略了。因此，杜威提出“教育即生活”“学校即社会”，他指出：“我相信教育因此是生活过程而非未来生活之准备。我相信学校必须代表目前的生活——对儿童而言真实和有生气的生活，正如他在家里、在邻里或者在操场上经历的那样。”[②]因此，教育应当立足于儿童自己的生活，满足儿童的兴趣和发展需要，并适应现代社会的变化趋势。

第三节　我国的教育目的

中华人民共和国成立以来，不同的历史阶段对教育目的的具体表述有所不同，这些教育目的指引着我国教育走过了 70 多年的风雨历程。这是一个不断发展、不断调整、不断完善的历史过程，反映了不同历史时期政治、经济、社会发展对教育提出的基本要求。回顾这个历程，总结历史的经验与教训，可以加深我们对教育目的的理解。

一、我国的教育目的及基本精神

（一）我国教育目的的发展历程

中华人民共和国成立以来，伴随着我国社会主义事业的建设，对教育目的的探索也从未停止过。这些探索一方面体现在各个时期我国领导人对教育目的的阐述中，另一方面也体现在各个时期的法律法规中。

1949 年 12 月，教育部召开第一次全国教育工作会议，明确了全国教育工作的方针、步骤，会议提出教育必须为国家建设服务、学校必须向工农开门。

1957 年，毛泽东同志在《关于正确处理人民内部矛盾的问题》中指出：“我们的教育方针，应该使受教育者在德育、智育、体育几方面都得到发展，成为有社会主义觉悟的有文化的劳动者。”[③]这一重要论述将马克思主义关于人的全面

---

① 张斌贤. 外国教育史[M]. 2 版. 北京：教育科学出版社，2015：287.

② 陈锋. 外国教育史[M]. 北京：北京大学出版社，2012：349.

③ 毛泽东. 关于正确处理人民内部矛盾的问题[N]. 人民日报，1957-06-19(03).

发展的思想贯穿于社会主义教育培养目标之中，形成了我国全面发展的社会主义教育方针。这一方针对我国教育事业的发展发挥了持久的指导作用。

1958年9月，《中共中央　国务院关于教育工作的指示》中规定：“党的教育工作方针，是教育为无产阶级的政治服务，教育与生产劳动相结合；为了实现这个方针，教育工作必须由党来领导。”这是中华人民共和国成立后，在中央文件中首次冠以“教育方针”字样，并对教育方针进行了具体表述。

1961年，《中华人民共和国教育部直属高等学校暂行工作条例（草案）》中提出：“高等学校的基本任务，是贯彻执行教育为无产阶级的政治服务、教育与生产劳动相结合的方针，培养为社会主义建设所需要的各种专门人才。”这一教育方针，以我国社会主义的基本国情及其教育活动为实践依据，以党在特定历史时期的基本路线为政策依据，继承了党在民主革命时期关于新民主主义文化教育总方针的优良传统，为我国社会主义教育事业指明了前进的道路和发展的方向。①

1981年6月，《中国共产党中央委员会关于建国以来党的若干历史问题的决议》中对我国的教育目的做出了如下规定：“要加强和改善思想政治工作，用马克思主义世界观和共产主义道德教育人民和青年，坚持德智体全面发展、又红又专、知识分子与工人农民相结合，脑力劳动与体力劳动相结合的教育方针。”

1982年通过的《中华人民共和国宪法》第46条规定：“国家培养青年、少年、儿童在品德、智力、体质等方面全面发展。”这对恢复和发展教育事业，发挥了重要的导向作用。

1983年10月，邓小平同志提出：“教育要面向现代化，面向世界，面向未来。”②“三个面向”成为新时期教育改革和发展的战略指导思想。这一思想在后来我国制定的教育方针中得到了明确体现。1985年5月，《中共中央关于教育体制改革的决定》中明确提出：“教育必须为社会主义建设服务，社会主义建设必须依靠教育……面向现代化、面向世界、面向未来，为九十年代以至下世纪初叶我国经济和社会的发展，大规模地准备新的能够坚持社会主义方向的各级各类合格人才……所有这些人才，都应该有理想、有道德、有文化、有纪律，热爱社会主义祖国和社会主义事业，具有为国家富强和人民富裕而艰苦奋斗的献身精神，都应该不断追求新知，具有实事求是、独立思考、勇于创造的科学精神。”“这些重要思想的提出，充分适应了改革开放以来我国经济社会发展的时代特征，在教育方针认识上实现了由‘教育为无产阶级政治服务’到‘教育必须为社会主义建设服务’的思想升华和历史飞跃，在教育方针实践中加强了教育与社会的联系，

---

① 翟博. 新中国教育方针的形成与演变[N]. 中国教育报，2009-09-22（4）.

② 中共中央党史和文献研究院. 中华人民共和国大事记（1949年10月–2019年9月）[N]. 人民日报，2019-09-28（5）.

促使教育主动适应现代化建设需求，按照现代化建设要求进行全方位改革。”①

1990 年 12 月，党的十三届七中全会通过的《中共中央关于制定国民经济和社会发展十年规划和“八五”计划的建议》提出：“继续贯彻教育必须为社会主义现代化服务，必须同生产劳动相结合，培养德、智、体全面发展的建设者和接班人的方针，进一步端正办学指导思想，把坚定正确的政治方向放在首位，全面提高教育者和被教育者的思想政治水平和业务素质。”1993 年，中共中央、国务院颁布的《中国教育改革和发展纲要》重申了这一方针，指出：“教育改革和发展的根本目的是提高民族素质，多出人才，出好人才。各级各类学校要认真贯彻‘教育必须为社会主义现代化建设服务，必须与生产劳动相结合，培养德、智、体全面发展的建设者和接班人’的方针，努力使教育质量在 90 年代上一个新台阶。”1995 年 3 月，第八届全国人民代表大会第三次会议通过的《中华人民共和国教育法》沿用了这一教育方针，但在文字上做了重要修改，除了在“建设者和接班人”前加上了“社会主义事业的”外，还在“德、智、体”后加上了“等方面”，反映了我国在教育方针认识上的深化。其具体表述为：“教育必须为社会主义现代化建设服务，必须与生产劳动相结合，培养德、智、体等方面全面发展的社会主义事业的建设者和接班人。”至此，我国新时期的教育方针已完成了法律程序，写进了教育的根本大法。①

1999 年 6 月，《中共中央国务院关于深化教育改革，全面推进素质教育的决定》中，针对现行的教育方针又做出了重要修改，在人才培养中提出了“美”的要求。具体表述为：“以提高国民素质为根本宗旨，以培养学生的创新精神和实践能力为重点，造就‘有理想、有道德、有文化、有纪律’的、德智体美等全面发展的社会主义事业建设者和接班人。”这一变动被写入 2015 年 12 月第二次修正后的《中华人民共和国教育法》中，具体表述为：“教育必须为社会主义现代化建设服务、为人民服务，必须与生产劳动和社会实践相结合，培养德、智、体、美等方面全面发展的社会主义建设者和接班人。”

2001 年 5 月，《国务院关于基础教育改革与发展的决定》指出：“教育必须为社会主义现代化建设服务，为人民服务，必须与生产劳动和社会实践相结合，培养德智体美等全面发展的社会主义事业建设者和接班人。”

2002 年 11 月，江泽民同志在党的十六大会议上提出：“全面贯彻党的教育方针，坚持教育为社会主义现代化建设服务，为人民服务，与生产劳动和社会实践相结合，培养德智体美全面发展的社会主义建设者和接班人。”②

---

① 翟博. 新中国教育方针的形成与演变[N]. 中国教育报，2009-09-22（04）.

② 江泽民. 全面建设小康社会，开创中国特色社会主义事业新局面——在中国共产党第十六次全国代表大会上的报告[J]. 前进，2002，（12）: 4-24.

2007 年 10 月，胡锦涛同志在党的十七大会议上提出："要全面贯彻党的教育方针，坚持育人为本、德育为先，实施素质教育，提高教育现代化水平，培养德智体美全面发展的社会主义建设者和接班人，办好人民满意的教育。"[①]对教育方针的内容进行了新的阐释和丰富。

2010 年 7 月公布的《国家中长期教育改革和发展规划纲要（2010—2020 年）》中提出："全面贯彻党的教育方针，坚持教育为社会主义现代化建设服务，为人民服务，与生产劳动和社会实践相结合，培养德智体美全面发展的社会主义建设者和接班人。"

2012 年 11 月，胡锦涛同志在党的十八大会议上提出："全面贯彻党的教育方针，坚持教育为社会主义现代化建设服务、为人民服务，把立德树人作为教育的根本任务，培养德智体美全面发展的社会主义建设者和接班人。"[②]在这一表述中，把"立德树人"纳入到新时期教育目的的内涵之中。

2017 年 10 月，习近平同志在党的十九大会议上提出："要全面贯彻党的教育方针，落实立德树人根本任务，发展素质教育，推进教育公平，培养德智体美全面发展的社会主义建设者和接班人。"[③]在这一表述中，继续把"立德树人"作为教育的根本任务，并强调新时代"立德树人"的重点在于"落实"。在这次会议上，首次将"推进教育公平"纳入教育方针和目的的表述中。

2018 年 9 月 10 日，习近平同志在全国教育大会上提出："在党的坚强领导下，全面贯彻党的教育方针，坚持马克思主义指导地位，坚持中国特色社会主义教育发展道路，坚持社会主义办学方向，立足基本国情，遵循教育规律，坚持改革创新，以凝聚人心、完善人格、开发人力、培育人才、造福人民为工作目标，培养德智体美劳全面发展的社会主义建设者和接班人，加快推进教育现代化、建设教育强国、办好人民满意的教育。"[④]正是在这次大会上，习近平同志把劳动教育纳入社会主义建设者和接班人的要求之中，这是"德智体美劳"五种教育在国家教育目的中的首次完整提出。

综观建国 70 多年来对于教育目的的探索，我国社会主义建设不同时期的要

---

① 胡锦涛. 高举中国特色社会主义伟大旗帜，为夺取全面建设小康社会新胜利而奋斗——在中国共产党第十七次全国代表大会上的报告[J]. 前线，2007，（11）：4-19.

② 胡锦涛. 坚定不移沿着中国特色社会主义道路前进，为全面建成小康社会而奋斗——在中国共产党第十八次全国代表大会上的报告[J]. 前线，2012，（12）：6-25.

③ 习近平. 决胜全面建成小康社会，夺取新时代中国特色社会主义伟大胜利——在中国共产党第十九次全国代表大会上的报告(2017 年 10 月 18 日)[J]. 前进，2017，（11）：4-23.

④ 新华网. 习近平：坚持中国特色社会主义教育发展道路培养德智体美劳全面发展的社会主义建设者和接班人. [2018-09-10]. http: //www. xinhuanet.com/politics/leaders/2018-09/10/c_1123408400.htm.

求，尽管其具体表述或基本含义略有差异，但是都是立足于马克思主义关于人的全面发展的理论并结合我国的实际情况提出的,从全面发展教育的内涵角度来说，基本上表现为由“三育”（德智体）到“四育”（德智体美）再到“五育”（德智体美劳）的发展历程。这说明，我们对于全面发展教育内涵的揭示越来越全面，对于教育规律的认识越来越科学。这促进了我国社会主义教育事业的蓬勃发展，极大地提高了全民族的整体素质,为我国的社会主义现代化建设做出了重大贡献。

（二）我国教育目的的基本精神

1. 社会主义是我国教育的根本性质

教育目的的方向性是教育性质的根本体现，它源于教育与政治之间存在的必然的、内在的联系。任何教育都会有自己的政治方向、政治追求。阶级社会的教育必然具有阶级性。社会主义社会以前的阶级社会，其教育实质上只是为统治阶级服务的，反映着统治阶级的意愿和要求。社会主义社会的教育目的不同于以往剥削阶级的教育目的，它明确指出要始终坚持社会主义方向。社会主义方向规定了我国各级各类学校的办学方向和对所要培养的各级各类人才的最基本的社会要求。它是我国教育性质的根本所在，是不容置疑的。

2. 教育与生产劳动和社会实践相结合是实现教育目的的根本途径

教育与生产劳动和社会实践相结合，是马克思主义的基本原理之一，是党和国家教育方针的重要内容，是培养德智体美劳全面发展的社会主义建设者和接班人的根本途径。一方面，社会的发展，要求生产劳动和社会实践必须同教育相结合，以促进社会生产的发展和人自身的发展；另一方面，人的发展也要求教育必须与生产劳动和社会实践相结合，培养合乎社会需要的、德智体美劳全面发展的新人。“教育与生产劳动相结合的实质是促进社会生产力的发展，促进人的全面发展，二者相辅相成，相互促进。我们要抓住这个实质来发展教育，促进教育与生产劳动的结合，努力实现人的全面发展。”①

3. 德智体美劳全面发展是教育培养人的质量标准和要求

我国的教育目的还有一个始终如一的基本精神，就是要求全体受教育者在德智体美劳方面都得到全面的发展。它既对受教育者提出了基本的素质要求，同时也明确了使受教育者各方面全面发展。一方面，明确了人才应有的基本素质，即德、智、体、美、劳五育并举。总结历史的教训，我们必须认识到，德、智、体、

① 何东昌. 重视对培养人的根本途径的研究[J]. 高校理论战线，2002（04）：4-8.

美、劳各育既有密切的内在联系，又各自具有不可替代的地位和价值，都应得到应有的重视，而不应偏废。另一方面，明确了使受教育者各方面全面发展，人的全面发展绝不仅限于智力的发展，而应是德智体美劳的全面发展。需要指出的是，社会主义教育目的所倡导的全面发展绝不是一个人各方面素质的平均发展，也不是不同个体之间抹杀个性的“千人一面”。“一个令人向往的教育，一定会尽最大可能在满足社会未来对人才总体需求的前提下，为学生的个性化发展提供日益广泛的选择空间和资源条件。”[①]

4. 培养劳动者是我国教育目的的根本定位

培养劳动者是我国社会主义教育目的的根本定位，自中华人民共和国成立以来很多关于教育目的的表述中，培养“劳动者”或“建设者”[②]一直是贯穿其中的内核。社会主义教育的宗旨就是培养劳动者和社会主义建设事业的接班人，而不是培养脱离劳动、压迫人民的统治者或剥削者。这种“劳动”既包括体力劳动，也包括脑力劳动，二者虽然在性质上有所差异，但没有阶级和地位的差别，仅仅是社会主义建设分工不同。我们所培养的劳动者都应该热爱社会主义祖国和社会主义事业，具有为国家昌盛和人民幸福、安康而不懈努力的精神，都应该不断追求新知，勇于创新。

二、我国教育目的的理论基础——马克思主义关于人的全面发展学说

长期以来，马克思关于人的全面发展学说一直被认为是我国教育目的确立的理论基础。换言之，我国教育目的蕴含着全面发展的要求，这一点与马克思主义关于人的全面发展学说有着密切联系。

马克思主义关于人的全面发展学说的基本思想有：人的发展是与社会生产发展相一致的；旧式劳动分工造成人的片面发展；机器大工业生产要求人的全面发展，并为人的全面发展提供了物质基础；社会主义制度是实现人的全面发展的社会条件；实现人的全面发展的根本途径是教育与生产劳动相结合。

1. 人的发展是与社会生产发展相一致的

马克思指出：“人的本质并不是单个人所固有的抽象物。在其现实性上，它是

---

① 傅维利. 新教育目的观如何确立[N]. 光明日报，2015-09-08（14）.

② 有学者分析了“劳动者”“人才”“建设者和接班人”“公民”等培养目标定位，提出定位于培养“人”更合理，因为这更能体现教育目的的终极性、普适性和丰富性。参见扈中平. 教育目的应定位于培养“人”[J]. 北京大学教育评论，2004（03）：24-29.

一切社会关系的总和。”[①]马克思把这种社会关系理解为人的实践活动的产物，他指出：“社会生活在本质上是实践的。”[①]这一论断科学地揭示出人的本质的社会性，标志着人类对人的认识的根本性飞跃。这样，教育作为培养人的一种社会实践活动，绝不可能脱离社会的要求而独立存在。人的发展状况既与他们生产什么相一致，也与他们怎样生产相一致，一定的生产方式决定了一定社会中人的发展状态。

2. 旧式劳动分工造成人的片面发展

马克思和恩格斯在全面研究人类社会发展历史的基础上，指出了个人片面发展的根本原因在于劳动分工。他们指出：“就个人自身来考察个人，个人就是受分工支配的。分工使他变成片面的人，使他畸形发展，使他受限制。”[②]“人的这种畸形发展和分工齐头并进，分工在工场手工业中达到了最高的发展。”“工场手工业把工人变成畸形物，它压抑工人全面的生产志趣和才能，人为地培植工人片面的技巧……个体本身也被分割开来，成为某种局部劳动的自动的工具。”[③]正是工场手工业时代的这种旧的分工造成了工人身心发展的割裂，智力与体力在劳动过程中的分离，使劳动者变成了片面畸形发展的人。旧的社会生产分工和不合理的生产关系是人的片面发展的原因，人的片面发展的基本特征就是脑力劳动和体力劳动的分离和对立。

3. 机器大工业生产要求人的全面发展

综观马克思主义对人的全面发展含义的各种表述，可见人的全面发展具有丰富的内涵。[④]①人的全面发展是指人的劳动能力的全面发展，“个人生产力的全面的、普遍的发展”，“是各方面都有能力的人，即通晓整个生产系统的人”，正如马克思所说，“全面发展的个人……也就是用能够适应极其不同的劳动需求并且在交替交换的职能中……使自己先天的和后天的各种能力得到自由发展的个人”。这种劳动能力的全面发展，既表现为人的体力和智力的全面发展，又表现为人的才能和志趣的全面发展。②人的全面发展指人的才能的全面发展。正如马克思、恩格斯所说，“每一个人都无可争辩地有权全面发展自己的才能”，“任

① 中共中央马克思恩格斯列宁斯大林著作编译局. 马克思恩格斯选集（第 1 卷）[M]. 北京：人民出版社，1972：18.

② 中共中央马克思恩格斯列宁斯大林著作编译局. 马克思恩格斯全集（第 3 卷）[M]. 北京：人民出版社，1960：514.

③ 中共中央马克思恩格斯列宁斯大林著作编译局. 马克思恩格斯选集（第 3 卷）[M]. 北京：人民出版社，1972：331.

④ 本部分内容转引自：周险峰. 教育基本问题研究：回顾与反思[M]. 武汉：华中科技大学出版社，2016：39-40.

何人的职责、使命、任务就是全面地发展”。③人的全面发展指人自身的全面发展，它意味着自己的一切能力。“人以一种全面的方式，也就是说，作为一个完整的人，占有自己的全面的本质”，“均匀地发展全部的特性”。④人的全面发展指人的自由发展，包括“全部才能的自由发展”，“各种能力得到自由发展”，“个人独创的和自由的发展”，“个性的比较高度的发展”等。

总之，马克思所说的全面发展的人，绝不仅仅是指物质劳动能力的多方面发展，它还包括人的精神劳动和精神享受能力的多方面发展，以及人的道德能力的发展，当然也包括人的一切能力发展的生理、心理基础，即体力和智力的充分统一发展。[①]

4. 机器大工业生产为人的全面发展提供了物质基础

伴随着生产力的发展，社会生产逐渐由工场手工业向机器大工业过渡，资本主义机器大工业的出现与发展，为人的全面发展开辟了道路。首先，机器大工业生产对劳动者的全面发展提出了客观要求。现代机器大工业生产“不断地使社会内部的分工发生革命，不断地把大量资本和大批工人从一个生产部门投到另一个生产部门”。“因此，大工业的本性决定了劳动的变换、职能的更动和工人的全面流动性。”这意味着“承认劳动的变换从而承认工人尽可能多方面的发展是社会的生产的普遍规律，并且使各种关系适应于这个规律的正常实现”[②]。也就是说，机器大工业生产要求工人不断流动，不断改变职能，以适应劳动的不断变换，因此也要求工人必须多方面发展。其次，机器大工业生产也为人的全面发展提供了可能和条件。机器大工业生产依靠的是先进的科学技术，在这种生产条件下，生产水平迅速提高，物质财富越来越丰富，劳动时间也越来越短，劳动强度也逐渐降低，为劳动者全面发展提供了时间条件、精神条件和可能。

5. 社会主义制度是实现人的全面发展的社会条件

机器大工业生产为人的全面发展提供了物质基础和可能，但在资本主义制度下不可能完全实现。马克思认为，人的全面发展只有在推翻资本主义社会进入社会主义、共产主义社会才能逐步实现，主要原因在于社会主义社会的生产资料公有制的性质，决定了在社会主义社会中，人民真正成为国家的主人，在政治上、经济上、教育上享有平等的权利。因此，社会主义社会是为人的全面发展提供制

① 扈中平. 探讨马克思关于人的全面发展学说必须坚持全面的观点[J]. 湖北社会科学，1990（10）：45-47.

② 中共中央马克思恩格斯列宁斯大林著作编译局. 马克思恩格斯选集（第 3 卷）[M]. 北京：人民出版社，1972：334.

度保障的社会。

6. 实现人的全面发展的根本途径是教育与生产劳动相结合

马克思认为教育与生产劳动相结合是实现人的全面发展的基本条件，也是根本途径和方法。他指出："从工厂制度中萌芽出了未来教育的幼芽，未来教育对所有已满一定年龄的儿童来说，就是生产劳动同智育和体育相结合，它不仅是提高社会生产的一种方法，而且是造就全面发展的人的唯一方法。"①"生产劳动给每一个人提供全面发展和表现自己全部的即体力的和脑力的能力的机会，这样，生产劳动就不再是奴役人的手段，而成了解放人的手段，因此，生产劳动就从一种负担变成一种快乐。"②因此，教育与生产劳动的分离与人的片面发展相伴随，只有二者紧密结合，才能实现人的全面发展。

三、我国全面发展教育的基本构成

为了实现新时代中国特色社会主义的教育目的，全面培养人的素质，必须建构全面发展的教育体系。所谓全面发展的教育，是指旨在促进人的素质多方面、多层次和多样化发展而实施的所有教育活动的总称。一般认为，全面发展的教育主要由德育、智育、体育、美育和劳动教育等五个部分组成。

（一）"五育"的内涵

德育，具有广义和狭义之分，广义的德育又称思想品德教育，是指教育者按照一定的社会政治要求和受教育者的身心发展规律，有计划、有目的、有组织地对受教育者的思想、政治、道德等方面施加系统影响的教育活动。广义的德育，除了一般意义上的道德教育外，还包括涉及人成长的其他品德内容，如思想教育（世界观、人生观和方法论教育）、政治教育（政治方向、政治观点、政治态度及行为教育）、心理健康教育等。狭义的德育仅指道德教育，主要是指教育者对受教育者道德认知、道德情感、道德意志与道德行为的培养。德育的基本任务包括：培养学生良好的道德品质，培养学生正确的政治方向和政治态度等，培养学生正确的价值观，培养学生良好的、健康的心理品质等。

智育，是指教育者有目的、有计划、有组织地向学生传授系统的科学文化知识和技能，培养和发展学生智力的教育。智育的基本任务包括：向学生系统传授科

---

① 中共中央马克思恩格斯列宁斯大林著作编译局. 马克思恩格斯全集（第23卷）[M]. 北京：人民出版社，1972：530.

② 中共中央马克思恩格斯列宁斯大林著作编译局. 马克思恩格斯选集（第3卷）[M]. 北京：人民出版社，1972：333.

学文化知识，使学生形成基本技能，培养学生良好的学习品质和热爱科学的精神。

体育，是指教育者有目的、有计划、有组织地向学生传授体育卫生知识和技能，全面发展学生的身体素质，增强学生的体质和运动能力，培养良好的体育道德品质和意志品质的教育。体育的基本任务包括：引导学生树立健康第一的理念；指导学生身体锻炼，促进其身体正常发育，增强学生体质，提高健康水平；使学生系统掌握体育的基本知识和基本技能，掌握运动锻炼的方法，增强运动能力；使学生系统掌握身心卫生保健知识，养成良好的身心卫生保健习惯；对学生进行体育道德教育，培养其良好的道德品质和体育作风。“体育虽然不是教育的全部，却是教育的根本。”①

美育，又称审美教育或美感教育，即培养学生正确的审美观点，发展他们感受美、鉴赏美和创造美的能力，培养学生高尚情操与人文素养的教育。美育的基本任务包括：培养学生正确的审美观点，使他们具有感受美、理解美和鉴赏美的知识与能力；培养学生艺术活动的技能和兴趣，发展他们创造美的能力；培养学生的心灵美和行为美，使他们在生活中体现内在美和外在美的统一。

劳动教育，是引导学生掌握劳动知识和技能、形成劳动观念和劳动习惯的教育。劳动教育的基本任务包括：在学生中弘扬劳动精神；使学生养成热爱劳动的观念；培养学生的劳动观点、劳动习惯；使学生掌握基本的现代生产知识和技能，提高动脑和动手能力；掌握组织生产和管理生产的初步知识和技能。

（二）全面发展教育各组成部分之间的关系

我国的全面发展教育由德育、体育、智育、美育和劳动教育所构成。“五育”各有其目的及任务，既有联系又有区别，不可偏废。

1. “五育”的地位

1）“五育”各有其相对独立性

“五育”中的每一个组成部分都有其相对独立性，有其特定的任务、内容和功能，对其他各育起着影响、促进的作用，各育之间不能相互代替。德育对其他各育起着保证方向和保持动力的作用，它体现了社会主义教育的方向，是“五育”的灵魂；智育则为其他各育的实施提供了认识基础；体育是实施各育的物质保证，是其他各育实施的基本前提；美育和劳动教育是德育、智育、体育的具体运用和实施。

2）“五育”的地位存在不平衡性

“五育”在全面发展中的地位存在不平衡性，“五育”并举并非五种教育平均、

① 刘良华. 教育哲学[M]. 上海：华东师范大学出版社，2017：26.

平行发展，也不是强迫所有人在各方面都达到同等发展水平，“‘全面发展’的‘全面’只具有相对的意义，而不具有绝对的内涵”[①]，由于社会条件不同以及个体差异的存在，绝对意义上的全面发展是不可能实现的。在实际生活中，青少年德、智、体、美、劳诸方面的发展往往是不平衡的，有时需要针对某个带有倾向性的问题强调某一方面，学校教育也常会因某一时期任务的不同，在某一方面有所侧重。但这并非意味着可以有所偏废，以往学校教育中只重智育而对其他诸育重视不足的现象已经越来越制约着高素质人才的培养，因此，要想实现全面发展，德智体美劳一个都不能少。

2. “五育”的联系

“五育”的内容尽管表现出各自的独特性，但是这些内容之间不可能形成绝对的界限。各育之间存在着相互依存、相互渗透、相互包容、相互促进的关系。例如，以智育内容为参照点，我们会发现，以启智为主要目的的教育内容可能包含着丰富的道德因素及美的因素，而劳动教育的内容更表现出综合其他各育内容的特质。[②]因此，应当树立“五育”并举、融合发展的教育理念。

思考题

一、单项选择题

1. 把教育方针规定为“教育必须为社会主义现代化建设服务、为人民服务，必须与生产劳动和社会实践相结合，培养德、智、体、美等方面全面发展的社会主义建设者和接班人”的文献是（　　）。

A 《中华人民共和国义务教育法》

B 《中共中央关于教育体制改革的决定》

C 《中华人民共和国教育法》

D 《中国教育改革和发展纲要》

2. “教育的目的在于使个人能够继续他们的教育，或者说，学习的目的和报酬，是继续不断的生长能力。”持这种观点的人，在教育目的上主张（　　）。

A 教育准备生活说　　B 教育适应生活说

C 教育超越生活说　　D 教育改造生活说

① 扈中平.“人的全面发展”内涵新析[J]. 教育研究，2005（05）：3-8.

② 朱德全，易连云. 教育学概论[M]. 重庆：西南师范大学出版社，2003：147.

3. 马克思主义经典著作认为，实现人的全面发展的基本途径是（　　）。
   A 发展生产力　　B 消灭社会分工
   C 普及教育　　D 教育与生产劳动相结合
4. 20 世纪 50 年代末我国确立的教育方针强调（　　）。
   A 教育必须与生产劳动相结合　　B 教育必须与生产实践相结合
   C 教育为人民服务　　D 教育必须为现代化建设服务
5. 我国社会主义教育目的的理论基础是（　　）。
   A 社会本位论　　B 个人本位论
   C 国家本位论　　D 人的全面发展理论

二、辨析题

1. 作为教师，不一定要有明确的教育目的，但必须要有明确的教学目标。
2. 培养目标是根据教育目的制定的。

三、简答题

1. 什么是教育目的？教育目的的意义是什么？
2. 确定教育目的的依据有哪些？
3. 教育目的的功能是什么？
4. 如何正确评价教育目的的“个人本位论”与“社会本位论”？
5. 如何理解我国教育目的的基本精神？
6. 概述马克思主义关于人的全面发展理论的基本观点。
7. 我国全面发展教育的基本构成有哪些？它们之间的关系如何？

阅读推荐

1. 怀特海. 教育的目的[M]. 庄莲平, 王立中, 译. 上海: 文汇出版社, 2012.
2. 于忠海. 教育目的转型: 从终极者到普通人——基于人性视角的研究[M]. 北京: 中央编译出版社, 2010.
3. 瞿葆奎. 教育学文集・教育目的[M]. 北京: 人民教育出版社, 1989.
4. 瞿葆奎. 教育基本理论之研究（1978—1995）[M]. 福州: 福建教育出版社, 1998.
5. 胡德海. 教育学原理[M]. 3 版. 北京: 人民教育出版社, 2013.

6. 叶澜. 教育学原理[M]. 北京: 人民教育出版社, 2007.
7. 黄济, 王策三. 现代教育论[M]. 北京: 人民教育出版社, 2012.
8. 柳海民. 教育学原理[M]. 北京: 高等教育出版社, 2011.
9. 周金浪. 教育学[M]. 上海: 上海教育出版社, 2006.
10. 朱德全,易连云. 教育学概论[M]. 重庆: 西南师范大学出版社, 2003.
11. 杨兆山. 教育学[M]. 长春: 东北师范大学出版社, 2006.
12. 扈中平, 李方, 张俊洪. 现代教育学[M]. 北京: 高等教育出版社, 2000.

第六章　教育制度

学习目标

1. 了解学校产生及发展的过程、原因、特点。

2. 理解并识记教育制度、学制的概念及学制确立的依据。

3. 深刻理解西方现代学制形成的过程、三种类型学制的特点以及现代学制的发展趋势。

4. 深刻理解中国学制的发展历程及中国当代的学制。

基本概念

1. 教育制度。教育制度指一个国家各级各类教育机构与组织体系及其管理规则。它包括相互联系的两个方面：一是各级各类教育机构与组织的体系；二是教育机构和组织体系赖以存在和运行的一套规则，如各种教育法律、规定、条例等。

2. 学校教育制度。学校教育制度简称学制，是指一个国家各级各类学校的系统及其管理规则，它规定着各级各类学校的性质、任务、入学条件、修业年限以及相互之间的协调关系。

框架结构

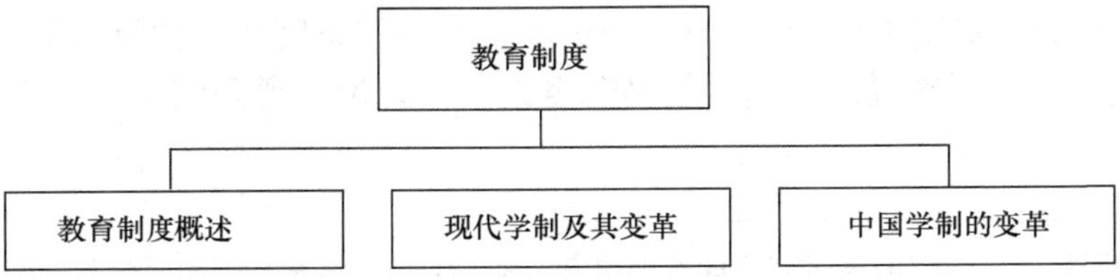

学校是教育过程的扩大和延伸，而教育制度又是学校的扩大和延伸。学校的发展经历了漫长的过程：从古代社会的起源与发展——“前制度化”，再到近代社会的成熟——“制度化”，现代又遭到了质疑，向“非制度化”的终身教育方向演进。

第一节　教育制度概述

学校作为公共教育机构，是近代的产物，而教育制度化则形成于19世纪。在中国古代很早就有形形色色的教育组织存在，但没有严格意义上的学校系统。中国古代有官学与私学、“小学”与“大学”、“儒学”与“道佛学”，甚至还有书学、算学、律学、医学的设置。中国古代教育机构的规章、制度也颇为完善，如书院的学规、《学记》对各级教育组织的规定。但是总体上看，古代教育机构之间缺乏明确的分工，彼此之间的衔接不密切。故古代不存在严格意义上的教育制度。

一、教育制度与学校教育制度

（一）制度

英语中，表示制度的词有两个：一是 system，指系统、制度、体系、身体、方法等；二是 institution，指机构、惯例、制度、建立、规定等。汉语中，制度指要求大家共同遵守的规程或行动准则，在一定历史条件下形成的政治、经济、文化等方面的体系。[①]

综合而言，制度一词包括两个方面的内容：一是机构或组织的系统；二是机构或组织系统运行的规则。制度指一系列的组织机构系统及其规则体系。制度的目的在于使活动标准化、规范化。制度研究作为严格的研究范式源于制度经济学，后引入社会学、政治学、教育学等领域，称为新制度主义。制度一词有众多的矛盾的定义。不同学派和时代的社会科学家赋予这个词以如此之多可供选择的含义，以至于除了将它笼统地与行为规则联系在一起外，已不可能给出一个普适的定义。[②]马克斯·韦伯认为：“制度应是任何一定圈子里的行为准则。”[③]“制度实质上就是个人或社会对有关的某些关系或某些作用的一般思想习惯；而生活方式所由构成的是，在某一时期或社会发展的某一阶段通行的制度的综合，因此从心理学的方面来说，可以概括地把它说成是一种流行的精神态度或一种流行的生活理论。如果就其一段特征来说，则这种精神态度或生活理论，说到底，可以归纳为性格

① 中国社会科学院语言研究所词典编辑室．现代汉语词典[M]．6版．北京：商务印书馆，2012：1678.

② 柯武刚，史漫飞．制度经济学：社会秩序与公共政策[M]．韩朝华，译．北京：商务印书馆，2000：32.

③ 马克斯·韦伯．经济与社会（上卷）[M]．林荣远，译．北京：商务印书馆，1997：345.

上的一种流行的类型。”“一种自然习俗，由于被习惯化和被人广泛接受，这种习俗已经成为一种公理化和必不可少的东西。它在生理学中的对应物，类似于各种习惯性的上瘾。”[①]制度，就是这样一些具有规范意味的——实体的或非实体的——历史性存在物，它作为人与人、人与社会之间的中介，调整着相互之间的关系，以一种强制性的方式影响着人与社会的发展。[②]

（二）教育制度

教育制度是一定社会历史阶段的产物，受一定社会的政治、经济、文化影响和学生身心发展特点的制约。在有的国家，它被视为按国家性质确立的教育目的、方针和设施的总称。[③]

教育制度包括两个方面：一是有形的教育机构与组织；二是无形的教育规则，如各种教育法律、规定、条例等。教育组织机构包括两个方面：一是学校教育组织机构，二是教育行政管理机构。教育规则也可分为两方面：一是学校内部的规则，二是教育行政机构的规则。

总之，教育制度指各种教育机构及其规则的总称，学校教育制度是教育制度的核心组成部分。

（三）学制

学制是指一个国家各级各类学校的体系及其相应的各项规定，由横向划分的学校系统与纵向划分的学校阶段所构成。按横向划分可分作普通教育、专业教育、成人教育等类型；按纵向划分可分作幼儿教育、初等教育、中等教育、高等教育等不同阶段。学校教育制度之所以称为学制，是因为它不仅是个学校体系，还内含着各级各类学校的性质、任务、入学年龄、条件、修业年限以及各级各类学校之间关系等。[④]一国政治、经济、文化的状况，深刻影响着各级各类学校在学制中的地位和比重。

二、学制确立的依据

学制是社会发展的产物，它的确立受到社会政治、经济、文化等方面的影响，主要表现在以下几个方面。

---

① 凡勃伦．有闲阶级论——关于制度的经济研究[M]．蔡受百，译．北京：商务印书馆，1964：138-139.

② 辛鸣．制度论——关于制度哲学的理论建构[M]．北京：人民出版社，2005：51.

③ 顾明远．教育大辞典（增订合编本）[M]．上海：上海教育出版社，1998：798.

④ 孙喜亭．教育原理[M]．北京：北京师范大学出版社，1993：204.

首先，生产力和科技发展水平制约着学制。古代社会生产力水平不高，科技不发达，教育的经济功能不明显，生产劳动的科技含量低，劳动者不需要经过学校培养就能够从事农业、手工业、商业等，主要在实践中培养。学校教育主要培养政治人才，受教育的对象范围狭小，类型单一。近代工业革命以来，生产力水平迅速提高，自然科学大发展，科学技术在工业化大生产中的作用日益凸显，对劳动者的要求越来越高，于是经济发展对学校提出更多更高的人才培养要求。一方面要求普通工人掌握工业生产所需的基本知识和技能，反映到学制上就是要求推行义务教育制度。另一方面要求教育培养经济发展所需的各种专业技术人才，反映在学制上就是职业技术教育体系的建立。总之，生产力和科技发展对教育普及程度的提高，以及学校类型多样化起着决定性的作用。这说明生产力和科技发展是确立学制的经济依据。

其次，社会政治、经济制度制约着学制。归根结底，社会经济、政治、文化对教育起决定作用，而作为国家政权控制下的政治制度、经济制度和教育制度，都是为统治阶层利益服务的。教育制度与经济制度、政治制度相比，属于从属的方面，国家决策往往以教育制度适应经济制度和政治制度，而不是相反。比如，专制政治制度下的教育表现为阶级化、等级化；民主政治制度下的教育表现为开放、平等、大众化。集权政治下的教育表现为死板僵化，分权政治下的教育表现为灵活多样。计划经济体制下的教育表现为统一管理、办学模式单一、学校缺乏活力，市场经济体制下的教育表现为分级管理、办学模式多元、学校活力四射。这说明社会政治、经济制度是确立学制的政治依据。

再次，学生身心发展规律制约着学制。学生是学校教育的主体和对象，所以学制必须建立在学生身心发展规律基础之上，否则就会缺乏科学依据，也难以取得实效。人的发展有年龄阶段特征，每一个阶段都有其特点和规律，不遵循规律就不利于学生的身心发展。学制中的入学年龄、修业年限、升级升学制度、各级各类学校的分段，都必须考虑学生的身心发展规律。科学研究发现大部分人在六岁时大脑重量已经接近成人水平，随后认知能力和经验的逐步发展，十六七岁时达到较高水平。故一般人六岁以后能逐步接受系统知识教育，十六七岁后能接受高深的知识教育。因此，现代国家规定初等学校的入学年龄为六岁，用十余年的时间完成初等教育和中等教育，为高等教育“奠基”。十六七岁后，进入高等教育和专业教育阶段。这说明学生身心发展的规律是确立学制的心理依据。

最后，学制的确立，还要考虑“古今中外”的问题。一个优良的学制既要继承本国固有学制中合理的部分，还要借鉴国外学制中的成功经验。中外学制发展史表明，学制的确立必须考虑到国情，如果忽略本国的历史传统和特点，盲目照搬外国经验，则会水土不服。每一个国家在长期发展过程中都形成了特色化的学制，这也是一种历史传统，具有“路径依赖”①效应。同时国外的学制也有许多有益的部分，因此学制改革亦不能故步自封，要充分发挥“制度学习”②效应，为本国学制的变迁提供学习范本。例如，近代美国脱离英国统治后，其学制仍然保留了鲜明的英国色彩。这说明继承与借鉴是确立学制的历史因素。

第二节 现代学制及变革

一、现代学制的形成

现代学制是一国各级各类学校系统的总称，它规定着各级各类学校的性质、任务、入学条件和修业年限，规定着各级各类学校之间的相互关系。

人类脱离蒙昧时代后，各个时期都有各式各样的教育组织机构。但是，学制是近代社会的产物。

西欧早在中世纪就产生了行会小学和大学，近代又逐渐产生了文科中学、实科中学、职业学校等，直到 19 世纪才形成完整的学校教育制度。学校教育制度的形成，是一个长期的过程：从纵向上说，是各级学校不断积累的过程；从横向上说，是各类学校不断发展，从而需要通过制度调节学校之间联系的过程。基于此，以下主要从各级学校、各类学校发展的路线考察教育制度的形成过程。

（一）各级学校系统

各级学校系统沿着两条路线形成：一是高级学校向较低级学校逐级下延发展，称为“下延型学制”；二是从低级学校向高级学校逐级向上延伸发展，称为“上延型学制”。一条是自上而下延伸形成的，以西欧中世纪大学及新设大学为开端，向下发展，催生了为大学做准备的中学，经过长期演变，逐步形成了现代教育的大学和中学系统。另一条是自下而上拓展形成的，是由小学（职业学校）到初中，再到高中，并上延至今天的短期大学。前者是学术性的现代教育系统，后者是群众性的现代教育系统。③前者强调学术性、精英性，主要培养高级政治、经济领袖和高深学术研究人才；后者强调基础性、职业性，主要培养公民的基本文化素质，培养职业技能人才。这就是在 19 世纪末 20 世纪初在欧洲形成的所谓双

---

① 路径依赖是指人们一旦选择了某个体制，由于规模经济、学习效应、协调效应以及适应性预期等因素的存在，该体制沿着既定的方向不断得以自我强化。一旦人们做了某种选择，就好比走上了一条不归之路，惯性的力量会使这一选择不断自我强化，很难改变路径。

② 制度学习指因为路径依赖，通过制度自身改革很难取得显著成效，所以需要借鉴他国或他人的制度，而这种“学习”是非原创性的，所以成本低、见效快。

③ 柳海民. 现代教育学原理[M]. 长春：东北师范大学出版社，2002：229.

轨学制。

（二）各类学校系统

1. 大学和高等学校

现代高等教育同样经过两条途径发展起来。一是改造中世纪的大学。逐步引入近代以来的人文社会科学和自然科学，使传统大学在保留自治、学术自由、精英人文教育的基础上，经过渐进式的改革重新焕发了生机，如牛津大学、剑桥大学和巴黎大学。二是直接创办新式大学。新式大学不注重传统精英人文教育，强调近代以来的人文社会科学和自然科学，尤其突出了科学技术知识、技能的传播和研究，它们应近代经济社会发展的需要而生，占有举足轻重的地位，如伦敦大学、洪堡大学、巴黎高等师范学校。

2. 文科中学与实科中学

古典中学产生于文艺复兴前后，以学习“七艺”和古典文字，如拉丁文、希腊文为主要内容。古典文科中学主要为大学培养预备生，为教会和国家培养僧侣与官吏。这是一种精英教育机构。德国教育家斯图谟于 1538 年在斯特拉斯堡创办了第一所文科中学。后来文科中学逐渐增多，在很长的一段时期里，为中等学校的唯一形式。1708 年，德国人泽姆勒创办了“数学和机械实科学校”，以教授自然科学和现代外语为主，标志着实科中学的出现。随后实科中学得到了快速发展。实科中学是中等教育发展史上的里程碑，推动了中等学校向现代学校转变。与文科中学相比，实科中学更强调现代语文、自然科学技术，更具现代色彩，重在实际应用。随后约 200 年间，实科中学和文科中学展开了长期的斗争，其结果是现代语文、自然科学技术在中学中的地位不断加强。实科中学和文科中学都逐步矫正了各自的偏颇，或加强人文教育，或弥补科学教育，二者都得到了改进和发展，日益完善的现代中等学校得以确立。比如，伊顿公学（Eton College）是英国最著名的贵族中学，地处白金汉郡的泰晤士河河畔，伊顿公学是一座古老的学府，由亨利六世于 1440 年创办。伊顿以“精英摇篮”被公认是英国最好的中学。实科中学虽然取得了升入大学的权利，但是仍然远不如文科中学那样受重视。

3. 小学

中世纪，西欧存在大量的行会学校，教授读、写、算和宗教知识，这是欧洲最早的初等学校。行会学校以培养合格的工商业劳动者为主要目的。在文艺复兴和宗教改革时期，新旧教派基于扩大信徒的考虑，分别办起了小学，并积极提倡普及教育。第一次工业革命的到来，要求普通劳动者也要具有基本的知识和技能。

这场革命使以劳动人民子女为教育对象的小学教育得到广泛发展，比如，1833 年英国的《工厂法》和 1870 年《初等教育法》颁布后，初等学校种类、数量有了大量增加。德国是最早从教会手中收回教育权并颁布施行义务教育法的国家。法国自 17 世纪后期，在一些教派控制的地区就有了义务教育。19 世纪后期，欧美各国都实施了义务教育法，各资本主义强国都先后普及了初等教育。

4. 初级中学

随着第二次工业革命的兴起，各欧美发达国家先后把义务教育延长到了中等教育。第二次工业革命要求普通劳动者和公民具有更高的知识和素质，所延长的这部分义务教育就是初中教育，以提高公民的基本文化素质为目的。初中教育有不同的名称，如现代中学（英国）、市立中等学校（法国）、初级中学（德国）、中等学校（美国）。

5. 职业学校

第二次工业革命不但提高了对劳动者的文化知识要求，而且还要求其具有一定的职业技能。传统行会中的学徒制以及行会学校难以满足这种需求。工业革命和经济发展既对职业教育提出了需求，又为职业教育提供了强大的物质基础。职业学校的兴起是欧洲先发内生型现代化的典型代表。欧美发达国家先后颁布了职业教育法令，极大地推动了中等职业技术教育的发展。

6. 高级中学

随着第三次工业革命的到来，经济社会发展对普通劳动者和公民知识、素质的要求进一步提高。20 世纪中期起，各欧美发达国家进一步延长了义务教育年限，提高了大众的受教育水平，甚至完全普及中等教育，以致高等教育也逐步走向大众化。

7. 幼儿教育机构

第一次工业革命后，作为社会公共教育的现代幼儿教育机构产生。英国人欧文创立第一所幼儿社会教育机构。德国教育家福禄贝尔创办“幼儿园”，标志着现代幼儿教育机构走向成熟。随后欧美发达国家的幼儿教育机构快速发展。幼儿教育既是社会和人的发展的需要，又是幼儿教育家研究、推广的结果。第二次世界大战后，人们充分认识到了幼儿教育在人的发展中的重要地位和作用，欧美各发达国家的学前教育得到了普及。同时，保育性质的幼儿教育逐渐被教育性质的学前教育所取代。许多国家已将学前教育正式纳入学制系统，成为国民教育制度的有机组成部分。

8. 研究生教育

一方面，中世纪的大学具有选拔、培养高级学术人才的传统，学术精英以研究古代文化典籍为中心，这一传统一直保持下来。另一方面，现代新式大学逐渐加强了科学技术研究和人才培养，形成了现代学位制度。工业革命、科技发展、大生产的发展，都需要教育创新科技，需要教育培养高级科技人才。19 世纪初，德国产生了现代学位制度，随后逐渐形成了完善的研究生教育制度。20 世纪，研究生教育得到了广泛的发展，成为欧美发达国家学制不可或缺的组成部分。20 世纪中后期，研究生教育加速发展，甚至以高于本科教育的速度快速增长。

二、现代学制的三种类型

系统性和阶段性的不同组合，形成了不同类型的学制。典型的类型是系统性强的双轨学制和阶段性强的单轨学制。介于其中的可称为“分支型学制”，分支型学制又有不同类型的交叉。[①]

（一）双轨学制

双轨学制最早出现，18 世纪已经初露端倪，19 世纪定型，主要代表是第二次世界大战前的欧洲国家，如德国（图 6-1）、法国、英国等。它们的学制分为互不沟通的两轨。其一是由带有等级特权痕迹的学术性现代学校组成，包括经过现代化改造的古典大学、作为大学预备性质的古典中学。这一支属于精英教育，不面向群众。其二是供劳动人民子女入学的群众性现代学校，包括小学、中学、职业学校等。这属于大众教育，主要培养一般劳动者。这两支互不交叉，精英教育不允许群众进入，精英阶层也不会自愿进入大众教育体系。这就是欧洲现代教育的双轨学制。

双轨学制的一轨是下延性教育系统，以中世纪发展起来的大学为起点，向下发展即为升大学做准备的中等学校教育，其自上而下的结构是：大学、中学。这种自上而下发展起来的学校系统旨在培养教会的僧侣和封建国家的官吏。双轨学制的另一轨是上延性教育系统，从下而上的结构是：小学（后来是小学和初中）及其后的职业学校。双轨学制的两轨既不相通，也不相接，最初甚至也不对应。[②]一轨注重学术性，由上而下是由大学到文科中学；一轨注重基础文化和职业性，由下而上从小学到职业学校。最初，因一轨从中学开始，另一轨只有小学，这样劳动人民子女不可能升入中学和大学。后来，群众性学校一轨从小学发展到了中

① 孙喜亭. 教育原理[M]. 北京：北京师范大学出版社，1993：204.

② 柳海民. 现代教育学原理[M]. 长春：东北师范大学出版社，2002：233.

学时，才有了中间学校这个相对应的部分。

这种学制的优点是两轨学校系统功能明确，分别负担精英教育和大众教育，有利于提高办学效益。缺点是严重危害了教育公平，背离了现代教育普及、公平的发展趋势。欧洲国家的学制都曾是这种双轨学制。双轨学制培养模式截然不同，体现了明显的等级性，跟资产阶级所倡导的教育民主的理念相违背。19 世纪末 20 世纪初在欧洲形成的这种双轨学制在现代发生了变革。

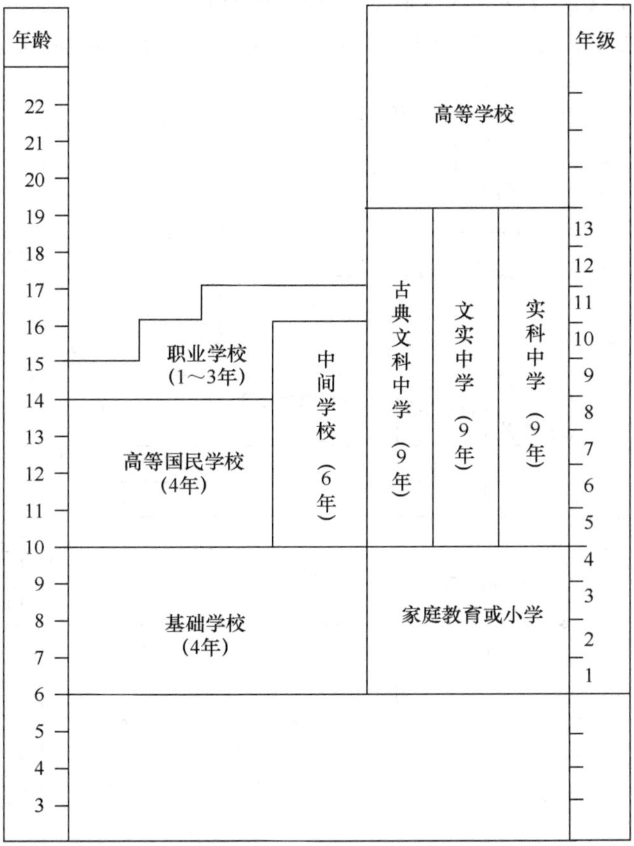

图 6-1　20 世纪初德国学制

资料来源：赵祥麟. 外国现代教育史[M]. 上海：华东师范大学出版社，1987：21.

（二）单轨学制

美国起初采用的也是英国的双轨学制，但由于美国迅速进行了工业革命，加之美国人民主观念浓厚，群众性小学、中学在短期内迅速发展起来，而带有等级特权痕迹的学术性一轨没有得到充分的发展，从而形成了美国特色的单轨学制。单轨学制是一种自下而上的体系，即先有初等教育，再发展中等教育，后兴起高等教育。美国是新兴的资本主义国家，以民主、自由、平等为立国理念，受专制影响小，而工业革命迅速扩展，为教育普及提供了政治、经济动力。

美国单轨学制的结构（图 6-2）：小学、中学、大学。初等教育、中等教育、高等教育之间衔接起来，使得任何一个受教育者都可以由小学、中学直到大学。但是美国各州有各自的传统，为了适应当地的需要，其学制分段略有不同，有六三三制、八四制、六六制、四四四制等多种分段。

单轨学制体现了较强的民主性，有利于教育逐渐普及。单轨学制在形式上保证任何学生都可以由小学升入中学直至升入大学。它最大的优点是平等性，缺点

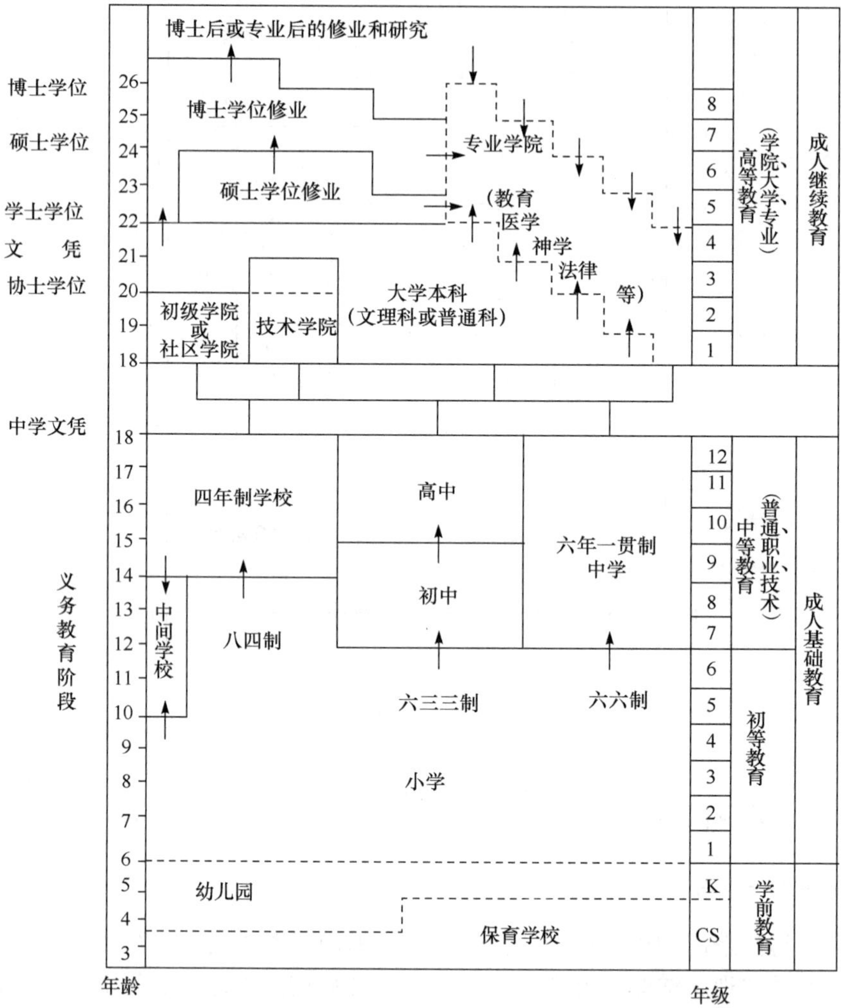

图 6-2　美国现行学制

资料来源：吴文侃，杨汉清．比较教育学[M]．北京：人民教育出版社，1989：121.

在于各学校分工不明确，各校往往发展不平衡，办学效率难以保证。

（三）分支型学制

这种学制出现较晚，以第二次世界大战前的苏联为代表。它试图吸取单轨学制和双轨学制的优点，兼顾公平和效率，义务教育阶段为单轨，再往上则实行学术教育和职业教育分轨，但两轨之间相互衔接，职业学校毕业生允许升入学术性大学。

苏联型学制前段（小学、初中阶段）是单轨，后段分叉，也就是基础教育阶段实行的是公共义务教育，中等教育阶段实行教育分流，一支是学术教育，一支是职业教育。苏联型学制是介于双轨学制和单轨学制之间的分支型学制。中学上通（高等学校）下达（初等学校），左（中等专业学校）右（中等职业技术学校）畅通，这是苏联型学制的优点和特点。①

（四）三种类型学制的比较

西欧双轨学制的优点是学术性一轨水平较高，群众性教育专注于基础文化知识教育和职业技术教育，两轨分工明确、效率高，缺点是具有明显的等级性，不利于教育的普及，扼杀了劳动人民子女升入大学并成为脑力劳动者的可能性。美国单轨学制采取单轨和多分段的形式，有利于教育的逐渐普及。苏联型学制从理论上讲既有利于普及的优点，又有学术性一轨高水平和职业培训扎实的优点，兼顾了上述两种学制的优点，但实际上普通教育更受重视，而职业教育质量不高，而且升学机会少，造成实际的不公平（图 6-3）。

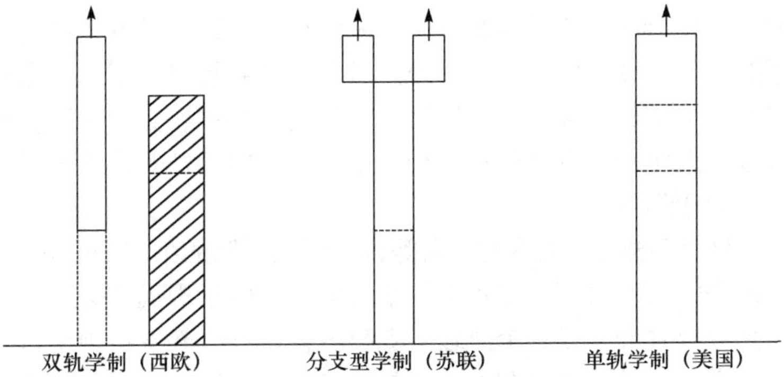

图 6-3 三种类型学制的比较

资料来源：柳海民. 现代教育学原理[M]. 长春：东北师范大学出版社，2002：233.

① 柳海民. 现代教育学原理[M]. 长春：东北师范大学出版社，2002：234.

三、现代学制的发展趋势

从纵向划分的学校系统分析，双轨学制在向分支型学制和单轨学制方向发展。三个类型学制的产生和发展是有一定历史顺序的，显示了如下倾向：从系统占优势向阶段占优势发展，即由双轨学制向分支型学制，再通过高中综合化向单轨学制的方向发展。因此我们可以得出结论：第一，义务教育延长到哪里，双轨学制并轨就要并到哪里，单轨学制是机会均等地普及教育的好形式；第二，事实证明，综合中学是双轨学制并轨的一种理想形式，因而综合中学化就成了现代中等教育发展的一种趋势。

现代学制的发展呈现出如下具有时代特点的新的发展趋势。

（1）重视幼儿教育，并将其纳入学制系统。各国纷纷重视早期教育，推动幼儿教育走向普及，许多国家已经把幼儿教育纳入学制。幼儿教育阶段的学制主要有两个趋势：一是幼儿教育结束期普遍提前，如德国从 6 岁提前到 5 岁；二是幼儿教育与小学教育联系加强。如法国规定从 1970 年起 5 岁儿童几乎全部进入幼儿园，把 5～11 岁儿童划分为 5～7 岁、7～9 岁、9～11 岁三个教育阶段，把幼儿教育和小学教育作为一个有机整体。

（2）初等教育入学年龄提前，义务教育年限延长。随着义务教育由小学发展到初中，乃至延长到了高中，小学成了普及科学文化基础知识的初级阶段。学生身心成熟期提前，教师水平和教育质量的提高，以及对学生智力潜能的重新认识，都促进了学制的变革。第一，小学入学年龄提前。一些发达国家把小学入学年龄提前到了 6 岁甚至 5 岁。第二，普遍取消初级、高级小学之分，形成了统一的小学教育阶段，延长义务教育年限。

（3）职业教育后移，普通教育与职业教育相互渗透。随着经济发展对人才知识技术水平要求的提高，职业教育表现出后移的发展趋势。第二次世界大战前职业教育主要在高级小学阶段进行，以后逐步提高到初中、高中阶段，现在则向高中后阶段过渡。近年来，发达国家的初级学院、专门学校等快速发展，它们相当于大专层次的职业学校。

（4）高等教育多样化、大众化。高等教育阶段学制的第一个变化是多层次化、多类型化。过去的高等教育主要指大学本科教育，由于现代社会对专业人才的需求多样化，高等教育分化成四个层级：专科教育、本科教育、硕士研究生教育、博士研究生教育。大学的类型和专业更是快速分化，五花八门。高等教育阶段学制的第二个变化是由精英教育向大众教育发展。

（5）终身教育体系的建构。20 世纪 60 年代以来，终身教育成为最有影响的教育思潮，引起了各界广泛的关注，教育制度正向终身教育方向发展。终身教育的产生是社会变革的结果。社会变化加速，科技快速进步，人们的闲暇时间增多，人口快速增长。终身教育是人一生各阶段当中所受各种教育的总和，是个人所受不同类型教育的统一。从纵向来看，它不仅包括青少年阶段，而且是涵盖一生的；从横向来看，它既包括正规教育，又包括非正规教育。终身教育具有民主性、多样性、连贯性、自主性。总之，它是针对所有人的不同教育需求的教育。

第三节　中国学制的变革

一、中国近代学制的发展

我国现代教育制度发端于 19 世纪中叶。鸦片战争后，国家危机四伏，官学名存实亡。一批开明知识分子主张学习“西学”，以图自强。洋务运动的代表人物李鸿章、张之洞等，更是把兴学育才作为富国强兵的重要手段。1862 年，京师同文馆正式开学，实行了分年课程和班级授课制，比封建传统学堂中的个别教学制度前进了一大步。从这个意义上说，京师同文馆是最早采用西方教学制度的现代学校。后来，洋务派又相继开办了福建船政学堂、上海电报学堂、天津西医学堂等。洋务学堂的开办，从某种意义上代表着新教育制度的萌芽。洋务派认为只要学习西方的军事和民用技术就可以救国，较重视“器物”方面。

我国现代学制在 19 世纪末 20 世纪初得到发展。采纳西方学制为其主要特征，突出的表现是“壬寅学制”“癸卯学制”“壬子癸丑学制”“壬戌学制”的先后确立。

1902 年即农历壬寅年，由管学大臣张百熙“上仿古制”，并参照日本的学制拟定《钦定学堂章程》（也称“壬寅学制”），这是中国近代第一个正式颁发的学制系统文件。1903 年，张之洞奉命入京主持制定新学制。1904 年 1 月，清政府批准《奏定学堂章程》，时称“癸卯学制”。该学制以“中体西用”为指导思想，规定了各级各类学堂的修业年限、入学条件、课程设置及相互衔接关系，把学校分为三段七级。“癸卯学制”是中国近代第一个由中央政府颁布并正式施行的学制，它标志着传统教育体系的终结，宣告新教育大发展时代的到来。

1912—1913 年的“壬子癸丑学制”仍主要参考日本学制，但在一定程度上标志着中国教育开始向现代化迈进。“壬子癸丑学制”将整个教育期限规定为 17 年或 18 年，共分为三段四级。“壬子癸丑学制”是一种单轨制性质的学制，与“癸卯学制”相比，它的进步性是十分明显的。它规定了各级教育的年限；女子教育正式列入学制系统；废除了毕业生奖励出身的制度；取消了读经课与忠君尊孔的内容，增加了自然科学课程和加强了生产技能的训练；在办学权限上，也取消了清末的种种限制。[①]这一学制与十八九世纪西方资本主义国家创制的学制大体相仿。

“壬子癸丑学制”实施后暴露出不少问题：初等教育年限过长，中等教育年限过短，各级各类学校教学进度无法衔接。1922 年颁布了新学制，又称“壬戌学制”。新学制缩短了小学修业年限，延长了中学年限，大学取消了预科；职业教育自成系统，代替了实业教育；课程无男女校的区别。[②]“新学制”一反清末民初仿照日本学制的模式，而是采用美国的“六三三四”的单轨形式，故又称“六三三学制”。与壬子癸丑学制相比，“六三三学制”与中国传统的教育制度相去更远，在我国教育制度化的进程中占据着重要位置。可以说，自“六三三学制”始，我国教育才从封建社会的“母腹”中摆脱出来，走上了现代化的发展轨道。

二、中华人民共和国成立以来的学制改革

1951 年 10 月颁布的《政务院关于改革学制的决定》，标志着我国学制改革进入一个新阶段。《政务院关于改革学制的决定》规定我国的学制分为：①幼儿教育。实施幼儿教育的组织为幼儿园。②初等教育。初等教育包括儿童的初等教育和青年、成人的初等教育。对儿童实施初等教育的学校为小学，对儿童实施全面的基础教育。对自幼失学的青年和成人实施初等教育的学校为工农速成初等学校、业余初等学校和识字学校(冬学、识字班)。③中等教育。实施中等教育的学校为各种中等学校，即中学、工农速成中学、业余中学和中等专业学校。④高等教育。实施高等教育的学校为各种高等学校，即大学、专门学院和专科学校。⑤各级政治学校和政治训练班。⑥各级各类补习学校、函授学校以及聋哑、盲等特殊学校。1951 年的新学制体现了社会主义性质，保证了劳动人民和工农干部受教育的机会。

1958 年《中共中央、国务院关于教育工作的指示》中提出，现行的学制是需要积极地和妥当地加以改革的，经过典型试验取得充分的经验之后，应当规定全国通行的新学制。按照这一指示，1958 年后，许多地区展开了学制改革试验，如提早入学年龄，进行了 6 岁入学试验；为了缩短年限，进行了中小学十年一贯制试验；为了提高程度，进行了教材和教法改革。[③]此时期的学制改革幅度较大，是有益的探索。

1964 年，中央学制问题研究小组草拟了“学制改革初步方案(征求意见稿)”，但是没有形成正式文件。“文化大革命”期间提出了“学制要缩短，教育要革命”

① 冯建军. 现代教育学基础[M]. 南京：南京师范大学出版社，2003：152.

② 冯建军. 现代教育学基础[M]. 南京：南京师范大学出版社，2003：154.

③ 《中国教育年鉴》编辑部. 中国教育年鉴 1949—1981[M]. 北京：中国大百科全书出版社，1984：688.

的口号，对学制进行了变革。①中学学制大大缩短，把初高中都缩短为两年；②缩减中专和技校，大力发展普通高中；③高等教育缩短为三年，取消了许多院系、专业；④取消了成人教育和业余教育。1976年以后，教育秩序恢复，开始恢复和重建学制。

1998年颁布的《面向21世纪教育振兴行动计划》提出，到2000年，全国基本普及九年义务教育，基本扫除青壮年文盲，大力推进素质教育；完善职业教育培训和继续教育制度。1999年，《中共中央国务院关于深化教育改革，全面推进素质教育的决定》提出深化教育改革，为实施素质教育创造条件。

2001年6月召开了全国基础教育工作会议。会议指出，逐步统一中小学学制，推动农村义务教育的规范化发展。“十五”期间，国家将整体设置九年义务教育课程。现在实行“五三”学制的地区，要逐步向“六三”学制过渡。有条件的地方，可以实行小学和初中结合的九年一贯制。还可以积极探索实行完全中学的高中与初中分离，扩大高中阶段教育规模。

三、中国现行的学制

（一）从纵向看，我国目前的教育主要有四个层次

（1）学前教育指幼儿教育，招收3～6岁的幼儿，它是根据一定培养目标和幼儿的身心特点，对幼儿进行有计划、有组织的教育。学前教育是教育机构系统的重要组成部分，是学校教育的基础，实施机构主要是幼儿园、托儿所和学前班等。[①]

（2）初等教育主要指全日制小学教育，招收6～7岁儿童入学。修业年限为5～6年，[②]主要任务是为受教育者接受更高一级的教育做好身心各方面的准备。初等教育是养成教育，是未来公民素质的奠基教育。初等教育实施机构是全日制小学教育。

（3）中等教育指普通中学和中等职业学校。全日制中学修业年限为6年，初中3年，高中3年。职业高中修业年限为2～3年，中等专业学校为3～4年，技工学校为2～3年。属成人教育的各类业余学校，修业年限适当延长。[②]

（4）高等教育指高等专科教育、本科教育和研究生教育，包括全日制大学、专门学院、专科院校、研究生院和各种形式的业余大学。高等教育担负着培养专门人才、开展科学研究、从事社会服务的多重任务。高等学校招收高中毕业生和同等学力者。专科学校的修业年限为2～3年。大学和学院为4～5年，毕业考试

① 柳海民. 现代教育学原理[M]. 长春：东北师范大学出版社，2002：248.

② 柳海民. 现代教育学原理[M]. 长春：东北师范大学出版社，2002：249.

合格者，授予学士学位。业余大学的修业年限适当延长，学完规定课程经考核达到全日制高等学校同类专业水平者，国家承认学历，享受同等待遇。条件和设备较好的大学，专门学院和科学研究机关设研究生院。硕士研究生的修业年限为2～3 年，招收获学士学位和同等学力者，完成学业授予硕士学位。博士研究生修业年限为3～4 年，招收获硕士学位者和同等学力者，完成学业授予博士学位。在职研究生修业年限适当延长，完成学业者也可获相应学位。[①]

（二）从横向看，我国教育主要有四个体系

（1）基础教育体系指实施普通文化科学知识的教育，是提高我国人民素质的奠基工程，为学生提供进一步学习的基础、学会做人的基础和学会生存的基础等。它主要在小学和中学进行。它的特点是全面性、基础性和普及性。

（2）职业技术教育体系指向学生或在职人员传授专业或业务知识技能的教育。它包括技工学校、职业中学、中等专业学校和职业技术学院。

（3）高等教育体系是主要培养高级专门人才的教育，包括综合大学、专门学院、专科学校、研究生院等，也包括与成人继续教育相重合的职工大学、广播电视大学、函授刊授等各种成人高等教育机构。

（4）成人继续教育体系是适应终身教育发展的一种新型的教育制度，面向在职人员，由职工大学、干部管理学院、行政干部学院等构成，也包括普通高校中设立的继续教育学院、成人教育学院等。

思考题

一、单项选择题

1. 学校教育制度通常简称为（　　）。

A 法规　　B 规章

C 学制　　D 条例

2. 有利于教育逐级普及的学制是（　　）。

A 双轨学制　　B 单轨学制

C 分支型学制　　D 多轨学制

3. 世界上实行双轨学制国家的典型代表是（　　）。

A 法国　　B 美国

C 英国　　D 中国

① 柳海民. 现代教育学原理[M]. 长春：东北师范大学出版社，2002：250.

4. 1904 年，由清政府颁布并首次在全国范围内实施的学制是（　　）。
A 癸卯学制　　B 壬子癸丑学制
C 壬戌学制　　D 壬寅学制

5. 1922 年颁布的壬戌学制借鉴的蓝本是（　　）。
A 英国学制　　B 苏联学制
C 日本学制　　D 美国学制

6. 从形态上看，我国现行的学校教育制度是（　　）。
A 单轨学制　　B 双轨学制
C 分支型学制　　D 综合性学制

7. 当前我国九年制义务教育学制年限划分采用的是（　　）。
A "六三制"　　B "五四制"
C "九年一贯制"　　D 多种形式并存

二、简答题

1. 试比较三种不同类型的学制及其特点。
2. 简述我国现行学制系统的构成。
3. 简述确立学制的依据。
4. 简述现代学制的变革趋势。

三、论述题

1. 简述现代学制的变革趋势。你认为我国的现行学制需要怎样进一步改革？
2. 大学教育的"宽进严出"，在我国能否实现？为什么？

推荐阅读书目

1. 瞿葆奎. 教育学文集・教育制度[M]. 北京：人民教育出版社, 1990.
2. 柳海民. 教育原理[M]. 长春：东北师范大学出版社, 2006.
3. 王道俊，郭文安. 教育学[M]. 7 版. 北京：人民教育出版社, 2016.
4. 陈桂生. 教育原理[M]. 2 版. 上海：华东师范大学出版社, 2000.
5. 靳玉乐. 现代教育学[M]. 成都：四川教育出版社, 2015.

第七章　课　　程

学习目标

1. 了解不同课程流派的基本观点，包括学科中心课程论、儿童中心课程论、社会中心课程论等；理解课程开发的主要影响因素，包括儿童、社会以及学科特征等。

2. 掌握课程的概念、基本的课程类型及其特征，按照不同的分类标准，课程可分为分科课程和综合课程，活动课程和学科课程，必修课程和选修课程，国家课程、地方课程和校本课程，显性课程和隐性课程等。

3. 了解我国当前基础教育课程改革的理念、改革目标及基本的实施状况。

基本概念

1. 课程。课程有广义和狭义之分，广义的课程是指学校为实现培养目标而选择的教育内容及其进程的总和，它包括学校所教的各门学科和其他有目的、有计划的教育活动。狭义的课程是指某一门学科。

2. 课程开发模式。课程开发模式是指在课程开发过程中，课程开发者根据一定的教育理念和理论，通过确定课程目标，选择和组织课程内容，设计课程实施方案，确定课程评价的原则与方法等形成的课程开发范型。

3. 课程标准。课程标准是国家关于某一教学科目的纲领性文件，是国家对课程的基本规范和质量要求。它是教材编写、教学、评估和考试命题的依据，也是国家管理和评价教育质量的基础性文件。

4. 课程管理。课程管理是在一定社会条件下，有领导、有组织地协调人、物与课程的关系，指挥课程建设与课程实施，使之达到预定目标的过程。广义而言，课程管理是包括教育行政部门和学校在内的整体上对课程编制、实施、评价等工作的组织与控制。狭义而言，课程管理是指对课程采取的经营管理措施，是学校内全体教师对学校内课程系统进行调节控制的过程。

框架结构

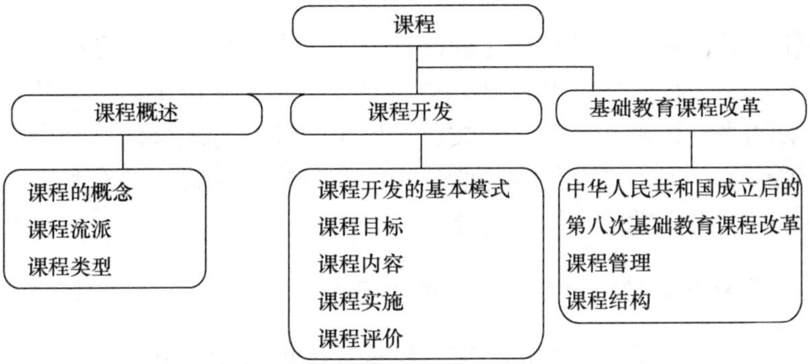

第一节 课 程 概 述

一、课程的概念

作为教育活动核心的课程本身是一个不断变化的术语，随着时代的变化其内涵趋于丰富且复杂，学术界对什么是课程看法不一。早在 1987 年就有美国学者进行了统计，指出在专业文献中，有关课程的定义超过了 120 个。深入理解课程的含义需要把握两个角度：一是历史的角度。在历史发展的不同阶段，人们往往对课程赋予不同的时代内涵；二是所依据的理论角度。在不同的理论基础和知识脉络中，人们赋予课程的意义也不一样。

（一）课程的定义

“课程”一词在我国始见于唐宋期间。唐朝孔颖达为《诗经》作注：“维护课程，必君子监之，乃依法制。”迄今为止，这是我国历史上所能见到“课程”一词的最早使用。但这里使用的“课程”一词与现代意义上的课程内涵相去甚远。《朱子全书·论学》中多次提及课程，如“宽着期限，紧着课程”，这里的课程主要指功课及其进程，与今天日常语言中的课程意义已经非常相近。在西方，“课程”一词最早出现在英国教育家斯宾塞的论文《什么知识最有价值》之中。从词源学看，课程由拉丁语派生而来，意为“跑道”，因此最常见的课程定义是“学习的进程”，简称学程。

课程有广义和狭义之分，广义的课程是指学校为实现教育培养目标而选择的教育内容及其进程的总和，它包括学校所教的各门学科和其他有目的、有计划的教育活动。狭义的课程是指某一门学科。随着社会的变化，课程的内涵和外延也在不断变化，概括起来，对课程的定义主要有以下几种。

1. 课程是学校中的学科或教学科目

这是使用最普遍也是最常识化的课程定义，在历史上由来已久。无论是中国古代的“六艺”（礼、乐、射、御、书、数），欧洲中世纪的“七艺”（文法、修辞学、辩证法、算术、几何、天文、音乐），还是近现代的百科全书式课程、功利主义课程等，无不把课程视为所传授的学科或教学科目的总和，强调课程知识的累积功能、组织功能、保存功能。

2. 课程是教育活动的计划与预期的学习结果

这种课程定义要求事先制定一套有结构序列的教学目标，所有教学活动都为达到这些目标服务。这种课程定义是建立在行为主义心理学和科学管理原理之上，强调预测、控制、效率，把目标看成是至高无上的。这一观点源于美国课程论专家博比特、查特斯等，20 世纪 50 年代泰勒（R. W. Tyler）提出课程开发的目标模式之后，这种对课程的定义便广为流传。

3. 课程是学习者的经验和活动体验

这种定义是由杜威在 20 世纪初提出的。杜威根据实用主义教育论，反对把课程看作预先决定的学科知识体系，认为手段和目的是一个连续体，课程应当是学生在校通过各种活动获得的学习经验。这种定义把课程的重点从教材转向个人，把教师作为课程发展人员的一部分，同时兼顾学生的学习过程和学习结果，其积极意义值得肯定。

（二）课程内涵的发展趋势①

20 世纪 70 年代以后，课程的内涵发生了明显的变化，表现为如下五个方面。

（1）从强调学科内容到强调学习者的经验和体验。传统观点把学科等同于课程，导致课程成为社会对学生施加控制的工具。学生的发展应该是课程的核心，重视学生现实的活生生的经验和体验是课程内涵的新趋势。

（2）从强调目标和计划到强调过程本身的价值。把课程作为教学过程之外设定的目标、计划，会导致把教学过程的生成置于课程之外；教学过程是师生主体性得到充分发挥的过程，创造性和非预期性的因素拥有无穷的教育价值。

（3）从强调显性课程到显性与隐性课程并重。显性课程是指学校教育中有计

① 张华. 课程与教学论[M]. 上海：上海教育出版社，2000：68-71.

划、有组织地实施的课程；隐性课程指学生在学习环境中学习到的非预期性的知识、价值观念和态度，它是影响学生发展的不可忽视的重要内容。学校中的隐性课程和显性课程共同构成教育合力。

（4）从强调教材到强调教师、学生、教材和环境四要素之间的动态组合。把课程等同于教材会导致教材垄断课程、控制课程的现象，强调课程包括学生经验和教学过程本身的价值，必然会把课程视为教师、学生、教材和环境之间持续交互作用的动态过程。

（5）从强调学校课程到学校课程与校外课程的整合。作为课程要素的环境，不仅指学校环境，还包括广阔的、富有教育意义的校外社会环境和自然环境。课程变革不能固守学校课程的领域，要谋求学校课程与校外课程的和谐、互补和整合。

二、课程理论流派

教育史上出现过各种课程理论流派，提出了不同的课程理念与开发思路，主要有学科中心课程理论、儿童中心课程理论、社会改造主义课程理论、人本主义课程理论和后现代主义课程理论等。

（一）学科中心课程理论

该理论流派以学科分类为基础，以掌握基础知识、基本原理、基本技能为目标来设计课程。其主要代表是结构主义课程理论。

学科中心课程理论以结构主义哲学和心理学为基础，是20世纪五六十年代在西方出现的一个重要的课程理论流派，其代表人物是美国的教育心理学家布鲁纳（J. S. Bruner）。结构主义课程理论认为，人的学习是认知结构不断改进与完善的过程，而学科基本结构对学习者认知结构的发展最有促进作用。结构主义课程理论强调学校课程中的学科知识结构，在编制学科课程时，要依据学习者的思维发展水平，采用螺旋上升的方式。在课程实施上，结构主义课程理论倡导发现式学习法，重视培养学习者的直觉思维和独立思考能力。

结构主义课程理论重视学术知识在优质教育、发展学生智力中的重要性，重视学习者在课程学习中的主体地位，但它过分强调学科知识的分类和区别，忽略了各门学科知识之间的横向联系和相互渗透性，以“学科结构”作为编写教材的原则，增加了教材内容的难度和抽象性，给教师的讲授和学生的理解带来了困难。

（二）儿童中心课程理论

儿童中心课程理论也称活动中心课程理论，主要倡导者是美国实用主义教育家杜威。杜威继承了卢梭等的自然主义教育思想，以机能心理学与实用主义哲学为基础，提出了儿童中心的课程理论。基本主张有以下几点。

（1）课程即经验。儿童的成长与发展的标志是其经验的变化，课程是那些对学生经验的增长有教育价值的经验。课程内容应该以儿童自身的生活活动为基本源泉。

（2）以儿童活动为中心的课程开发。教育应以儿童的活动及其产生的经历和体验为课程安排的出发点，课程的目标在于通过“做”来培养学生的思维能力，实现学生经验的改组或改造。

（3）主动作业。课程实施的方式为“主动作业”。所谓主动作业是打破学科界限，以单元或主题为实施单位，着眼于儿童经验的发展而对社会生活中的典型职业进行分析、归纳而获得的各种活动方式，如烹饪、缝纫、纺织、木工等。

（4）按照学生的心理顺序组织课程。杜威主张课程的组织应从儿童的经验出发，将教材心理学化，在教学过程中将儿童的个体经验逐渐提升到教材的逻辑水平。

儿童中心课程理论的优点：①重视学生学习的心理和儿童的兴趣，能够调动学生学习的主动性和积极性；②强调实践活动，重视学生通过亲自体验获得直接经验，有利于培养学生解决实际问题的能力；③强调围绕现实社会生活设计和组织课程，有利于学生获得对世界的完整认识。

儿童中心课程论的局限性在于:①经验课程过分夸大儿童个人经验的重要性，忽视对系统的学科知识的学习，只能使学生获得一些零碎片段的知识，降低了学生的知识水平；②以活动来呈现课程容易导致“活动主义”，忽略儿童逻辑思维能力和其他智力品质的发展；③经验课程的组织要求教师具有较高的教育艺术，否则容易流于形式。

（三）社会中心课程理论

社会中心课程理论既反对以学科知识为核心价值的课程观，也不赞同以儿童经验为核心的课程观，认为应当以社会问题为核心来设计课程。主要代表人物有美国的布拉梅尔德、巴西的弗莱雷等。

该课程流派的主要观点包括：①课程目标必须与社会紧密相连，以培养学生对社会现实的批判精神；②课程内容应以社会问题而非知识问题为中心来整合各个学科的内容； ③课程的价值既不能根据学科知识本身的逻辑来判断，也不能根据学生的兴趣、需要来判断，而应该有助于学生的社会反思，唤醒学生的社会意识、社会责任和社会使命；④课程应该以各种形式的活动单元为主要呈现方式，让学生参与社会生活中进行学习；⑤应当吸收不同社会群体参与课程开发。

社会改造主义课程理论以现实社会问题为课程的核心，呼吁学校课程的社会责任，树立了一种新的课程观念，开辟了课程研究的新方向。但它将社会问题等同于课程，忽视了课程问题的独特性。

（四）人本主义课程理论

人本主义教育思想是20世纪七八十年代盛行于美国的一种教育思想。这一思想的代表人物有美国的马斯洛和罗杰斯（C. R. Rogers）。该课程流派的基本主张包括：①以培养“完整的人”或“自我实现”为课程目标，强调人的认知发展和情意发展的统一；②课程内容选择要关注学习者的兴趣、需要与能力，以学习者的日常生活与社会状况为重要的课程资源；③强调课程的个人意义，设置学术性课程、人际关系课程和自我实现课程并行的课程体系，共同促进学生整体人格的发展；④课程实施中鼓励师生间的对话，提倡“非指导性教学”和学生自我评价。

人本主义课程理论强调学生认知与情感方面的整体发展，倡导学习者的自我实现，是人本主义精神在课程领域的具体体现。但这一理论对人格、情感等非理性因素的过分推崇，容易导致学习者知识与能力的低下；该理论的种种美好设想也缺乏具体详细的落实计划。①

（五）后现代主义课程理论

后现代主义课程理论是20世纪七八十年代，伴随着后现代主义哲学和文化思潮对学校课程影响的扩大而产生的理论流派。其代表人物主要有：小威廉姆·E. 多尔、车里霍尔姆斯等，其主要观点包括：①课程目标的生成性。后现代主义课程理论主张课程具有一定的不确定性、异常性、模糊性，要根据具体情境制定恰当的、适合学生实际的课程目标。②课程内容的综合化。后现代主义课程理论主张消解学科边界，甚至最终取消学科本身，要通过跨学科、非线性和流动鲜活的综合课程把学生置于现实生活中，学习现实生活世界所需的知识与技能。③课程实施过程的创造性。后现代主义课程强调课程实施不应拘泥于灌输和阐释，所有课程参与者都是课程的开发者，课程实施是学习者运用自己的头脑形成对事物或现象的解释和理解的过程，是探索问题、发现问题、解决问题的过程，也是建构和创造文化的过程。美国课程理论专家多尔是后现代主义课程理论流派的重要代表，他在著作《后现代课程观》中用课程的“4R”标准，即丰富性、回归性、关联性和严密性取代传统课程的“3R”标准，即读、写、算。

---

① 华东师范大学教育学编写组. 基于教师资格考试的教育学[M]. 上海：华东师范大学出版社，2016：125.

三、课程类型

按照不同的划分标准，课程可以被区分为不同的类型，典型的课程类型包括：学科课程与活动课程；分科课程与综合课程；必修课程与选修课程；显性课程与隐性课程；国家课程、地方课程与校本课程等。

（一）学科课程和活动课程

从课程内容的固有属性来划分，课程可分为学科课程与活动课程，它们是学校教育中两种基本的课程类型。

学科课程是以学科的形式来组织教学内容的一种课程，它以人类对知识经验的科学分类为基础，从不同的知识领域或学术领域选取一定内容来构成对应的学科，从而使教学内容规范化、系统化。其主导价值在于传承人类文明，使学生系统掌握人类积累下来的文化知识。学科课程是最古老、使用范围最广的课程类型。学科课程具有两个显著特点：第一，以学科知识或文化的发展作为课程目标的基本来源，课程开发以学科知识及其发展为核心，强调学科知识的优先性；第二，课程组织遵循学科知识的逻辑体系。

活动课程又称儿童中心课程、经验课程，是为打破学科逻辑组织的界限，从儿童的兴趣和需要出发，以活动为中心组织的课程。活动课程的主导价值在于使学生获得关于现实世界的直接经验和真切体验。显著特点包括：第一，活动课程的基本着眼点是学生的兴趣、动机和实践能力；第二，活动课程以活动为组织实施课程的根本形式。

（二）分科课程和综合课程

从课程内容的组织方式来划分，课程可分为分科课程与综合课程。

分科课程是单学科的课程组织模式，它以人类对知识经验的科学分类为基础，根据学校培养目标、教学规律和一定年龄阶段学生的发展水平，分别从各分支学科中选择内容组成不同学科的一种课程组织形态。主导价值在于使学生获得逻辑严密和条理清晰的系统文化知识。分科课程的意义在于：第一，有助于学生在较短的时间内快速、便捷地了解学科的基本内容；第二，便于组织教学与评价；第三，有助于提高教学效率。

分科课程也有着明显的局限性：第一，由于分科课程是以知识的逻辑体系为核心加以组织，容易导致知识和经验割裂，阻碍学生在知、情、意、行等方面的均衡发展；第二，分科课程过于强调相对独立的学科逻辑系统，不能及时反映当代社会生活的发展和需要；第三，分科课程以既有的科学分类为基础，往往无法反映交叉学科领域的新发现。

综合课程是为了克服学科课程分科过细的缺点，从跨学科的角度整合两门以上学科内容的课程形态。其主导价值在于通过相关学科的整合，促进学生认知的整体性发展，使学生拥有解决问题的全面视野与方法。

综合课程发展至今，形成了三种基本类型：①以学科知识为中心组织的课程，称为学科本位综合课程；②以社会生活问题为中心组织的课程，称为社会本位综合课程；③以学生的需要、动机、兴趣和经验为中心组织的课程，称为经验本位综合课程。

以下是几种典型的社会本位综合课程①。

（1）STEM 课程：STEM 课程是将科学（science）、技术（technology）、工程（engineering）和数学（mathematics）进行跨学科整合的课程。它区别于传统的分科课程，有别于传统的课堂教学，强调聚焦某个特定的项目或任务，引导学生动用多领域的知识，帮助学生摆脱单一学科知识体系的束缚，整合可获得的资源，合作完成学习任务，发展学生的科学素养。②因此，一个典型的 STEM 课堂的特点就是在貌似杂乱无章的学习情境中培养学生的项目设计能力和问题解决能力。

（2）环境教育课程：环境教育课程出现于 20 世纪六七十年代，产生的社会背景是科学技术发展失控、人口剧增、资源短缺所导致的环境恶化、生态危机和人类生存环境的急剧恶化。它以唤起受教育者的环境意识，培养解决环境问题的技能，树立正确的环境价值观为目标。

（3）国际理解教育课程：国际理解教育课程是随着全球化大发展不同国家、民族、文化彼此之间交往范围的扩大和交往程度的加深而出现的。国际理解教育课程统一了民族性与国际性，它以尊重不同国家、民族文化间的差异为特征，在尊重差异的前提下，相互理解，展开交往与合作。

（三）必修课程和选修课程

从对学生的学习要求的角度来划分，课程可分为必修课程和选修课程。

必修课程是根据人的发展和社会发展需要，在学校所设置的所有课程中强制性地要求全体学生或某一学科专业学生必须修习的课程。它的主导价值在于培养和发展学生的共性。高等教育中的必修课程分为公共必修课程和专业必修课程，专业必修课程又再分为专业基础课程和专业核心课程。在基础教育中必修课程包括国家规定、地方规定和学校规定的必修课程。

必修课程具有以下功能：第一，选择和传递社会主流文化；第二，使学生掌

---

① 张华. 课程与教学论[M]. 上海：上海教育出版社，2000：271-273.

② 董泽华. 试论我国中小学实施 STEM 课程的困境与对策[J]. 全球教育展望，2016（12）：36-42，62.

握系统的科学文化知识，获得基本知识和基本技能；第三，学生可获得某一教育程度的文凭和某种职业的资格；第四，促进学生体质、认知、情感和技能的发展；第五，促进社会政治、经济和科技的发展。[①]

选修课程是为适应学生的个性差异，依据不同学生的特点与发展方向，容许学生自主选择修习的课程。其主导价值在于满足学生个性化发展的需求。

选修课程一般分为必选课程（限定性选修课程）和任选课程（非限定性选修课程）。必选课程指的是在规定的范围内学生必须选择的课程，一般是与学生对基础知识的掌握、基本技能的培养相关的课程。任选课程指的是拓宽学生知识面，培养和发展学生兴趣、特长和潜能的课程，学生可依据自身需要、爱好、能力等，自主选修若干课程。任选课程是最能体现学校特色和促进学生个性发展的课程类型。

（四）显性课程和隐性课程

从课程的呈现方式来划分，课程可分为显性课程和隐性课程。

显性课程是指在学校课程体系中，为实现一定的教育目标而设计的具有实际形态、以外显方式呈现的课程。主导价值在于通过明确地确定教育目标、选择教育内容，对学生的发展产生有计划、有组织的直接影响。显性课程的主要特征是计划性，这是区分显性课程和隐性课程的主要标志。

隐性课程是与显性课程相对应的范畴，又称非正式课程、潜在课程、隐蔽课程，是学生在学校的物质环境、制度环境和文化环境等有形无形的环境之中所学习到的非预期或非计划性的知识、价值观念、规范和态度。[②]

隐性课程具有以下特点：第一，影响的弥散性、普遍性和持久性；第二，影响可能是积极的，也可能是消极的；第三，隐性课程的内容可能是学术性的，也可能是非学术性的。

显性课程和隐性课程的关系密切：第一，显性课程的实施总是伴随着隐性课程，而隐性课程也总是蕴藏在显性课程的实施与评价过程之中的；第二，隐性课程可以转化为显性课程。当显性课程中存在的积极或消极的隐性课程影响为更多的课程主体意识到，而被有意加以控制的时候，隐性课程便转化为显性课程。

（五）国家课程、地方课程和校本课程

从课程设计、开发和管理主体来看，可将课程分为国家课程、地方课程和校本课程。国家课程的主导价值在于通过课程体现国家意志；地方课程的主导价值

---

① 黄甫全. 现代课程与教学论学程[M]. 北京：人民教育出版社，2006：478.

② 张华. 课程与教学论[M]. 上海：上海教育出版社，2000：310.

在于通过课程满足地方社会发展的现实需要；校本课程的主导价值在于通过课程展示学校的办学宗旨和特色。

国家课程是指由国家统一组织开发并在全国范围内实施的课程。它有广义和狭义之分。从广义上来说，国家课程指国家有关部门制定和颁布的各种课程政策，比如，教育部制定、颁布的课程管理与开发政策、课程方案，各类课程的比例和范围，教材编写、审查和选用制度等。从狭义上来说，国家课程是指国家委托有关部门或机构制定的基础教育的必修课程或称核心课程的课程标准或大纲。无论是广义的国家课程还是狭义的国家课程，都集中体现了国家的意志，是决定一个国家基础教育质量的主要因素，因此，国家课程具有统一规定性和强制性。①

广义的地方课程是指在某一地方实施和管理的课程，既包括地方对本地国家课程的管理和实施，也包括地方自主开发的只在本地实施的课程；而狭义的地方课程专指地方自主开发、实施的课程。

校本课程也有广义和狭义之分。广义的校本课程指的是学校所实施的全部课程，既包括学校所实施的国家课程、地方课程，也包括学校自己开发的课程。狭义的校本课程专指学校在实施好国家课程和地方课程的前提下，自己开发的适合本校实际的、具有学校自身特点的课程。目前，人们习惯上将学校自己开发的课程称为校本课程，以区别广义的学校课程。②

第二节 课 程 开 发

一、课程开发的基本模式

“课程开发”（curriculum development）是指决定课程的过程及其所依据的各种理论取向。该词是课程领域广泛使用的一个术语，往往与课程研究、课程设计通用，但其含义比课程设计宽泛。1935 年，美国学者卡斯威尔和坎贝尔所著《课程开发》一书出版后，该词在西方教育书刊中逐渐流行。20 世纪以来，课程开发的主要模式有三类，即目标模式、过程模式和实践模式。

（一）泰勒的目标模式

课程开发的目标模式是建立在杜威等实用主义哲学以及斯金纳(B. F. Skinner,

---

① 华东师范大学教育学编写组. 基于教师资格考试的教育学[M]. 上海：华东师范大学出版社，2016：130.

② 许洁英. 国家课程、地方课程和校本课程的含义、目的及地位[J]. 教育研究，2005(08)：32-35，57.

1904—1990）等行为主义心理学的基础之上。其代表人物是美国现代最负盛名的课程论专家泰勒。泰勒在对“八年研究”(1933—1941 年)的经验总结的基础上提出了课程研制的基本程序、步骤和方法，即泰勒原理（目标模式）。泰勒在《课程与教学的基本原理》一书中开宗明义地指出，开发任何课程的教学计划都必须回答四个基本问题：①学校应该试图达到什么样的教育目标？②提供什么样的教育经验最有可能达到这些目标？③怎样有效组织这些教育经验？④我们如何确定这些目标正在得到实现？这四个基本问题，即确定教育目标、选择教育经验（学习经验）、组织教育经验、评价教育计划，构成了著名的“泰勒原理”。这四个问题也被称为课程开发“永恒的分析范畴”。

目标模式不仅是现代课程开发中最具权威性的理论形态，而且是现今实践领域中运用最为广泛的课程开发模式。它把一般的、宽泛的目的分解为具体的行为目标，并根据这些行为目标来选择和组织课程的内容，最后根据目标实现与否来评价课程的成败。尽管目标模式提出了一系列较容易掌握、具体化、层次化的程序及方法，对于提高教学效率以及提高教学过程的计划性、可控性有着重要的促进作用，但目标模式的缺陷也是明显的。具体表现在：①过分强调可测的教育目标，而把理解、思维、个性特征、态度、情感、意志等这些难以量化及测量的高级的认知过程、情感过程、非智力因素排除在外，从而造成教育过程中真正重要的目的与价值被掩盖和忽视。②并非所有学科的学习结果都能预先得以确定，尤其是对于人文、艺术等特别强调的智慧品质和创造性思维的学科来说，若预先确定行为目标，则易引起不符合学科要求的机械化反应。③由于过分强调明确而具体的教学目标，导致教学结果成了预设教学目标的“复制品”，抛弃了课程对于促进学生认知、情感、个性及创造性等多方面共同发展的本质及功能。

（二）斯滕豪斯的过程模式

针对目标模式的缺陷，英国课程理论家斯滕豪斯（L. Stenhouse，1926—1982）立足于教育的内在价值及实践原则，提出了课程开发的过程模式。他于 1975 年出版的《课程研究与开发导论》也成为课程研究领域的经典著作之一。

过程模式把课程开发视为集课程研究、开发和评价为一体的过程，重视教师的课程参与。过程模式具有以下特征：一是强调教育的方式而非教育的内容，重视学习者的主动学习；二是强调过程本身的育人价值，课程开发关注具有内在价值的教育活动，重心放在教学的环境和经验的重组上；三是强调教师和学生的探索创造。课程是教师发展自己的教育见解并学会将其转化为实践的一种媒介，教师需要对课程实践进行反思、批判与创造，在教学过程中鼓励学生自主探索，师生在交互过程中成为学习的伙伴。

过程模式也存在一些缺陷：一是对学生学习情况进行评价存在一定困难；二

是对教师的能力要求太高，一般教师很难胜任。

（三）施瓦布的实践模式

施瓦布是美国著名的课程论专家和生物学家，参与、领导了结构主义课程改革运动。这次运动遭遇挫折后，施瓦布针对以目标模式为代表的传统课程理论进行了反思，提出了课程开发的实践模式。

实践模式的主要观点包括以下内容。①课程是由教师、学生、教材、环境四个要素构成的。这四个要素之间持续的相互作用构成实践性课程的基本内涵。②强调教师和学生的主体作用。教师是课程的主要设计者，在课程编制中起主导作用。学生虽不能开发、设计课程，但是有权选择课程并向老师提出疑问。教材只有在满足特定情境的问题、需要和兴趣时才具有课程意义。③课程开发的方式是集体审议。集体审议是指课程开发的主体对实践情境中的问题反复讨论权衡，以获得一致性的理解与解释，最终做出恰当的、一致性的课程变革决定及制订相应的策略。[①]

实践模式的优点如下：①实践模式充分尊重教师和学生在课程开发中的主体作用。②实践模式采用集体审议方式来开发课程，体现了课程开发的民主性，有利于课程决策的科学化、民主化。③实践模式从重视理论转向了重视实践，使课程开发更加贴近学校教育的实际需要和学生的实际发展水平。

实践模式的不足包括以下内容。①集体审议是一种理想的实践模式，但其操作性不强，主要影响还局限在观念层面上。美国学者哈里斯曾指出，从施瓦布课程观的提出到 1986 年，几乎见不到使用审议艺术的研究报告。[②] ②实践模式过于强调“各种实践情境的独特性”，难免会走向相对主义的极端。③实践模式虽然让“课程集体”中的各方发表观点、意见，但由于各成员的文化水平、社会地位、利益需求、价值取向不同，对课程问题很难取得一致的看法，即使取得折中的意见，也很容易形成一种“虚假的一致”。[③]

二、课程目标

（一）课程目标的含义

美国学者博比特于 1918 年提出“课程目标”这一术语。课程目标是一定教育阶段的学校课程旨在促进这一阶段学生的基本素养，使他们的健全发展中最终可

---

① 史学正，徐来群. 施瓦布的课程理论述评[J]. 外国教育研究，2005（01）：68-70.

② 单丁. 课程流派研究[M]. 济南：山东教育出版社，2000：238.

③ 张华. 课程与教学论[M]. 上海：上海教育出版社，2000：20-21.

能达到国家所期望的程度和标准。①

课程目标是教育目的和培养目标实现的途径，体现了课程开发与教学设计中的教育价值。从课程目标到教学目标是一个从概括到具体、从抽象到具体的不断转化、呈现和增加的过程。其中，教育目的指教育宗旨、方针，体现普遍的、整体的、终极的教育价值，决定培养目标的状态、内容和方向。培养目标是教育目的的下位概念，它体现的是不同性质的教育和不同阶段的教育价值，如基础教育、高等教育、职业教育、成人教育分别具有不同的培养目标。课程目标是培养目标的下位概念，是培养目标在教育教学过程中的具体化。课程目标与教学目标是相互联系的，课程目标要通过教学目标来实现，教学目标的制定，要以课程目标为依据。但课程目标和教学目标又是有区别的，它们的制定主体不同，课程目标是由国家组织课程专家制定，反映人才培养的价值追求和制度层面的课程要求；而教学目标是课程目标的进一步细化与具体化，体现了课堂实践活动要达到的要求，它主要由教学工作者来完成。它们的关系可以用图 7-1 来表示。

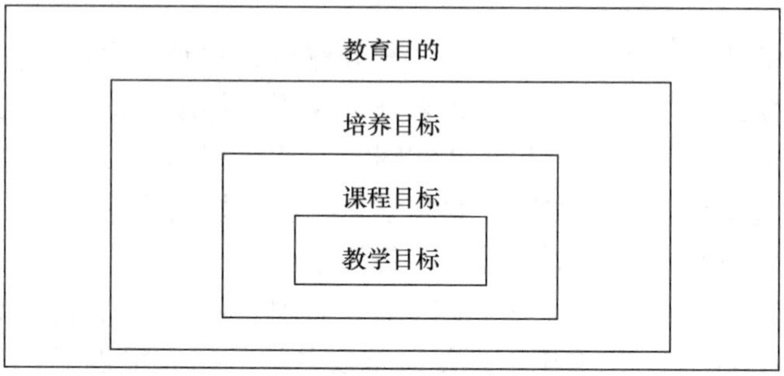

图 7-1　教育目的、培养目标、课程目标与教学目标的关系

（二）课程目标的确定依据

1. 学习者的需要

课程的价值在于促进学生的全面发展，因此学生的需要是确定课程目标的基本依据。课程目标的制定要时刻关注有关学生的各种研究，尤其是有关学生的兴趣与需要、认知发展与情感形成、社会化过程与个性养成方面的研究，以及关于学习发生条件等方面的研究。

2. 当代社会生活的需求

学生个体的发展总是与社会发展交织在一起的。人类社会在任何时候都需要

① 廖哲勋. 课程学[M]. 武汉：华中师范大学出版社，1991：84.

把文化成果传递给年轻一代。学校教育的文化功能、政治功能、经济功能等都是以课程为中介。当代社会生活的需要可以从时间和空间两个方面来理解。从时间维度看，既指当前现实的社会生活需求，也指未来社会发展的趋势与需求；从空间维度看，当代社会生活指学生生活于其中的社区、民族、国家乃至整个人类社会。

3. 学科的发展

学科知识是学校课程最主要的载体。正是通过学科，人类知识才得以有系统、有组织地被传递和发展。不同学科的专家对该领域的基本概念、逻辑结构、探究方式、发展趋势有着深入的研究，了解该学科与其他学科的关系。因此在依据学科发展确定课程目标时既需要从学科知识的发展中推导出课程目标，也要考虑课程专家的建议。

三、课程内容

（一）课程标准

1. 含义

课程标准是国家关于某一教学科目的纲领性文件，是国家对课程的基本规范和质量要求。它是教材编写、教学、评估和考试命题的依据，也是国家管理和评价教育质量的基础性文件。它体现了国家对不同阶段的学生在知识与技能、过程与方法、情感态度与价值观等方面的基本要求，规定了各门课程的性质、目标、内容框架，并针对课程实施中的重要问题提出了建议。

2. 课程标准的结构

（1）前言：结合本课程的特点，阐述课程性质、基本理念与标准的设计思路。

（2）课程目标：按照教育方针以及素质教育的要求，从青少年核心素养发展的不同方面阐述本课程的总体目标与学段目标。

（3）内容标准：根据上述课程目标，结合具体的课程内容，尽可能清晰地阐述目标。

（4）实施建议：为了确保国家课程标准能够在全国绝大多数学校的绝大多数学生身上实现，减少中间环节的误差，需要在国家课程标准中附带提供推广或实施这一标准的建议，包括教学建议、评价建议、教材编写建议、课程资源开发与选用建议。

（5）附录：对标准中出现的一些重要术语进行解释与说明，以便使用者能够更好地理解与实施标准。大多数课程标准有附录部分，少数没有附录部分。

（二）教材

1. 教材含义

教材是按照课程标准的规定，分学科门类和年级编写的教学材料。教材是教师和学生据以进行教学活动的材料，包括教科书、讲义、讲授提纲、参考书、活动指导书以及各种视听材料。其中，教科书和讲义是教材的主体部分，因此人们常把教科书与讲义简称为教材。

2. 教材的编排

教材一般由目录、课文、习题、实验、图表、注释和附录等部分构成，课文是主要部分。教材的编排形式，要有利于学生的学习，符合教育学、心理学和美学的要求。课文的文字表述要简练准确、生动流畅，篇幅详略得当。封面、图表、插图等，要力求清晰美观。

3. 教材的作用①

（1）教材是学生在学校获得系统知识、进行学习的主要材料。它可以帮助学生掌握教师讲授的内容，也便于学生预习、复习和做作业。教材是学生进一步扩大知识领域的基础，所以要教会学生如何有效地使用教材，发挥教材的最大作用。

（2）教材是教师进行教学的主要依据，它为教师备课、上课、布置作业、评定学生学业成绩提供了基本材料。

（3）教材的使用有助于根据课程计划对本学科的要求，分析本学科的教学目标、内容范围和教学任务。

（4）教材的使用有助于根据本学科在整个学校课程中的地位，研究本学科与其他学科的关系，确定本学科的主要教学活动、课外活动、实验活动或其他社会实践活动，对各教学阶段的课堂教学和课外活动做出统筹安排。

四、课程实施

（一）课程实施的含义和取向

人们对课程实施的研究始于20世纪60年代末对学科结构运动的反思。课程实施是指把课程计划付诸实践的过程。这一过程是通过协调课程实施中的诸多要素，将课程计划纳入具体教学实践中，通过教师与学生之间的互动来实现的。

---

① 华东师范大学教育学编写组. 基于教师资格考试的教育学[M]. 上海：华东师范大学出版社，2016：38.

人们对于课程实施本质的不同理解体现了不同的课程观，形成了课程实施的基本价值取向。课程实施的价值取向集中表现在对课程计划与课程实施过程之关系的不同认识上。美国课程论学者辛德等将课程实施分为三种取向：忠实取向、相互适应取向与创生取向。

1. 忠实取向

忠实取向把课程实施过程看成是忠实地执行课程方案的过程。教师在实践中执行的课程计划或课程方案是专家预先确立的，教师对课程知识的创造和选择没有真正的发言权，因此在课程实施前，应对教师进行适当的培训，在实施过程中对教师的行为进行有效支持与监督。忠实取向把课程变革视为从制订课程计划到实施计划、从课程变革计划的制订者到计划的实施者之间单向的线性过程。这一取向强化了课程政策制定者和课程专家的作用，但抹杀了课程变革的直接参与者——教师和学生的主体价值。

2. 相互适应取向

这种取向认为，我们不可能也不应该事先规定精确的实施程序，而应该让对实际情况最了解的实施者自己来决定。课程实施是课程计划与班级或学校实践情境，在课程目标、内容、方法、组织模式等方面的相互调整、改变与适应。课程变革过程中所发生的一切，不论是否与预期目标一致，都是课程实施的有机组成部分。教师对预定课程方案进行积极、理智的改造是课程实施成功的基本保证。相互适应取向考虑了具体实践情境对课程实施的影响，但标准比较模糊，具有折中主义色彩。

3. 创生取向

课程创生取向认为真正的课程是教师与学生联合创造的教育经验，课程实施本质上是在具体教育情境中创生新的教育经验的过程。[①]既有的课程计划仅仅是一种课程资源，借助这种资源师生在互动中建构和发展教育经验。教师成为课程开发者，课程变革是教师和学生个性的成长与发展过程。创生取向强调了师生两类主体在课程实施中的创造性，但这一取向对教师和学生的要求比较高，推行的范围有限。

（二）课程实施的影响因素

影响课程实施的因素有很多，可以从不同的角度进行分类。综合国内外学者

---

① 张华. 课程与教学论[M]. 上海：上海教育出版社，2000：341.

的研究，我们主要从课程方案、课程实施主体和学校环境三方面讨论影响课程实施的因素。

1. 课程方案

成功的课程实施离不开合理、切实的课程方案。理想的课程方案应具备以下特点：①对课程变革目标与意义的清晰呈现。合理的课程目标是达成变革共识、获得支持性要素的重要条件。②课程方案提供的内容与结构能够满足推行和使用的实施要求。③课程方案具有可操作性。实用、方便易行的实施方案是推动变革引入实践的重要因素。这些都会对课程实施过程产生重要影响。

2. 课程实施主体

课程实施的主体主要为教师、学生，还包括各级各类教育管理人员、学生家长、其他专业人士等。

1）教师

教师是直接的课程实施者，是课程实施成功与否的决定性力量。教师对课程实施的影响主要表现为以下几个方面：第一，教师对课程实施的认识与角色转换。在课程实施中，教师不是一个被动的执行者，而是一个主动的决策者，他们面对许多与课程有关的问题，需要依据不同的情况随时做出相应的教学决策。[①]只有作为专业决策者的教师，才能对课程变革采取开放式态度，具有主动参与改革的热情和动力。第二，教师的能力。课程实施效果的差异，除了取决于教师对课程的认识、态度之外，还与教师所具备的能力素养、知识素养等密切相关。第三，教师之间的合作。课程实施离不开教师群体的努力，构建学习共同体能够使教师之间增加交流与沟通，提高相互间的配合、支持与帮助，通过提升专业水平增强课程实施效果。

2）学生

新的课程理念将学生视为课程实施的重要参与者和不可缺少的课程资源。学生是课程实施的主体，他们不仅有权表达自己的学习规划和学习期望，而且通过参与师生互动影响课程实施的各个环节。学生参与课程开发和实施的积极性、主动性直接影响着课程实施的效果。

3）校长

校长对于课程实施的重要性已得到广泛认同，特别是校长是否具备专业的课程领导力已经成为影响课程实施的重要方面。课程实施中的校长领导风格通常有三种，即反映者、管理者和发起者。前者具有民主的风格，允许教师和其他人有

① 张朝珍. 教师教学决策的运行机制研究[M]. 北京：中国社会科学出版社，2016：179.

参与和领导的机会；管理者风格以管理为中心，旨在忠实地实施国家和地方的课程计划；发起者风格表现为具有强烈的创新意识，对良好教育有着坚定的信念并努力践行这些信念。只有当校长的领导风格从反映者逐渐发展为发起者的时候，才能更有效地促进课程的改革与实施。[①]

3. 学校环境

影响课程实施的学校环境主要指学校的物质环境和精神环境。物质环境涉及教学场地、教学设备、图书资料与校园环境等，精神环境包括校风、班风、人际关系与教学氛围等。如果学校民主团结、士气高昂，人与人之间友爱和谐、互助合作，则对课程实施有正面的影响。

五、课程评价

（一）课程评价的含义与取向

课程评价的概念最早由拉尔夫·泰勒提出，随后被广泛运用到课程理论与实践中。学界对这一概念有着多种解释。评价可以被简单定义为决定某一事物的价值，课程评价就是运用一定的方法和手段，通过系统地收集、分析、整理信息和资料，考查课程目标的达成程度或对课程研制过程、课程计划及课程效果做出价值判断的过程。

（二）课程评价的类型

（1）根据评价对象的不同，可将课程评价分为学生评价、教师评价、学校评价等。

（2）根据评价主体的不同，可把课程评价分为他评价与自评价、外部评价与内部评价。

他评价是指作为非评价对象的其他主体对评价对象的评价。自评价是指评价对象作为评价主体对自我进行的评价。

外部评价是指由课程设计者或使用者以外的其他人实施的评价。内部评价是指由课程设计者或使用者自己实施的评价。

（3）根据评价的目的不同，可把课程评价分为诊断性评价、形成性评价和总结性评价。

诊断性评价是在课程开发或课程实施尚处于发展或完善过程中进行的，其主要目的在于搜集课程开发和实施中的过程性资料并对这些资料进行优劣评估，以

---

① 钟启泉，汪霞，王文静. 课程与教学论[M]. 上海：华东师范大学出版社，2008：173.

作为进一步修订和完善的依据。

形成性评价一般是在课程设计和课程实施中对课程设计各阶段草案或计划原型及实施过程所做的判断。目的是及时得到反馈信息，发现问题，以便调整课程计划或教学活动。

总结性评价一般是在课程开发或课程实施完成之后实施，其主要目的在于搜集资料，对课程计划的成效做出整体的判断，作为推广采用课程计划或不同课程计划之间进行比较的依据。①

（4）根据评价的参照标准或评价反馈策略的不同，可把课程评价分为绝对评价、相对评价和个体内差异评价。

绝对评价是指在评价对象群体之外,以某一预定的目标或标准为客观参照点，确定评价对象达到标准绝对位置的一种评价。

相对评价又称为常模参照评价，是指以评价对象群体的平均水平或其中的某一对象的水平为参照点，确定评价对象在群体中的相对位置或与群体中某一个体之间的差距的一种评价。

个体内差异评价是把评价对象群体中每个评价对象个体的过去与现在进行比较，或者把个体的有关侧面进行相互比较，从而得到评价结论的评价类型。

（三）课程评价的模式

课程评价模式是评价人员或研究者依据某种教育理念、课程思想或特定目的，选取一种或几种评价途径所建立起的相对完善的评价体系。②主要包括以下几种模式。

1. 目标评价模式

目标评价模式是在泰勒的课程理论基础上形成的。目标评价强调要用明确的、具体的行为方式来陈述目标。评价是为了找出实际结果与课程目标之间的差距，并可利用这种信息反馈作为修订课程计划或修改课程目标的依据。

泰勒的“课程原理”可以概括为四个步骤：①确定课程目标；②根据目标选择课程内容；③根据目标组织课程内容；④根据目标评价课程。其中，确定目标是最为关键的一步，因为其他所有步骤都是围绕目标而展开的。这也是把它称为目标模式的原因。在泰勒看来，评价的实质是要确定预期课程目标与实际结果相吻合的程度。目标评价模式强调要用明确的、具体的行为方式来陈述目标。由于这一模式既便于操作又容易见效，所以很长时间它在课程领域中占有主导地位。但

---

① 李雁冰. 课程评价论[M]. 上海：上海教育出版社，2002：9.

② 张华. 课程与教学论[M]. 上海：上海教育出版社，2000：407.

它只关注预期的目标，忽视了其他方面的因素，因而招致了不少人的批评。

2. 目的游离评价模式

目的游离评价是美国学者斯克里文针对目标评价模式的弊端而提出来的。他认为评价要在整体上、没有偏见的情况下了解被评价对象的各种信息，而目标本位评价因为受预期目标的限制，容易导致缩小评价范围，降低评价的意义。斯克里文主张采用目的游离评价的方式，即把评价的重点从“课程计划预期的结果”转向“课程计划实际的结果”上来。尽管预期的课程目标在编制课程时可能是有用的，但评价者要收集有关课程计划实际结果的各种信息，不管这些结果是预期的还是非预期的，也不管这些结果是积极的还是消极的，只有这样才能对课程计划做出准确的判断。

3. CIPP 评价模式

CIPP 是由背景（context）、输入（input）、过程（process）、成果（product）这四个英文单词的第一个字母组成的略缩词。CIPP 评价模式由斯塔弗比姆及其同事于 20 世纪 60 年代末提出。该模式认为，评价不是为了证明，而是为了改进。评价不应局限在评定目标达成的程度上，而应该是为课程决策提供有用的信息。CIPP 评价模式包括四个步骤：①背景评价，即要明确相关的教育环境；描述评价对象的情况及其需要；明确满足需要的机会；判断目标是否已反映了这些需要。②输入评价，主要是对各种可供选择的课程计划进行评价，提供信息帮助决策者利用资源落实课程方案。③过程评价，主要是通过描述课程实施的实际情况，来确定或预测课程计划本身或实施过程中存在的问题。④成果评价，即测量、解释和评判课程计划的效果，搜集与课程实施效果有关的各种描述与判断，将他们与课程目标以及背景、投入和过程方面的信息联系并比较，对它们的价值和优点做出解释。

4. 差距评价模式

差距评价模式将课程评价与系统管理理论结合起来，是由美国学者普罗沃斯提出的。差距评价模式旨在揭示计划的标准与实际的表现之间的差距，以此作为改进课程计划的依据。这一模式包括五个阶段。①设计阶段。主要是界定课程计划的标准，以此作为评价依据。②设置阶段。主要了解所设计的课程计划与预期相吻合的程度。这一阶段需要收集课程计划有关方面（包括预期目标、前提条件和教学过程）的材料。③过程阶段。主要了解导向最终目标的中间目标是否达成，并借此进一步了解前提条件、教学过程、学习结果的关系，以便对这些因素做出调整。这个阶段的重点是要了解教学活动是否产生预期的效果。④产出阶段。重点评价所实施的课程计划的最终目标是否达成。⑤成本效益分析阶段。这需要对所实施的计划与其他各种计划做出比较，决定哪个课程计划最经济有效。

在这个评价模式中，除了最后一个阶段，前四个阶段都需要找出标准和实际表现，比较这两者之间的差距，探讨造成差距的原因，并据此决定是否继续到下一阶段还是重复这一阶段，或是中止整个计划。

5. CSE 评价模式

CSE 评价模式是以美国加利福尼亚大学评价研究中心（Center for Study of Evaluation）命名的一种评价模式，它是一种与 CIPP 模式较为接近，旨在为教育改革服务的综合性评价模式。该模式由斯泰克提出，经古巴、林肯等进一步发展而成。

CSE 评价模式较为实用，它包括四个阶段：①需要评估，即调查被评价者的需要，核心问题是确定评价目标；②选择计划，即通过分析各种方案的优劣，在预设方案中选择一个理想的评价方案；③形成性评价，旨在了解课程方案实施过程中的情况，以便根据实时状况修正方案，从而保证课程目标的实现；④总结性评价，是对课程方案的质量做出全面的调查和判断，以便做出终止、修订、保留或推广的决定。

CSE 评价模式在课程评价中运用得相当广泛，目的是为课程计划改革服务，评价活动贯穿课程改革的全过程，使评价的形成性职能与总结性职能达到了较好的统一。①

第三节　基础教育课程改革

一、第八次基础教育课程改革

（一）第八次基础教育课程改革概述

建国后共开展了八次课程改革。第八次基础教育课程改革始于 2001 年。2001 年 6 月教育部颁布了《基础教育课程改革纲要(试行)》，2001 年 9 月起在全国 27 个省（自治区、直辖市）的 38 个国家实验区（以县区为单位）开始了基础教育课程改革实验，随后逐渐扩大实验范围，2005 年在全国展开。

教育部于 2014 年印发了《教育部关于全面深化课程改革落实立德树人根本任务的意见》，首次提出了“核心素养体系”这一概念。修订后的普通高中课程标准也将核心素养作为重要的育人目标。在第八次基础教育课程改革的基础上进一

① 潘洪建，刘华，蔡澄. 课程与教学论基础[M]. 镇江：江苏大学出版社，2012：328.

步深化课程改革，转变育人模式，实现从知识本位到育人本位、从学科本位到学生素养发展本位的根本转型。

（二）第八次基础教育课程改革的理念和目标

1. 课程改革的理念

随着知识经济的到来和科学技术的迅猛发展，世界教育的基本理念正在发生深刻的变化，随着对国际理解教育、回归生活教育、教育的可持续性发展、个性化教育、创新教育等的强调，现代课程发展的基本理念也呈现出许多新的特点和趋势。与此相适应，我国基础教育新课程的发展也蕴含着上述新理念。

1）全面发展的课程价值取向

这次课程改革的一个显著特征就是以学生为本，着眼于学生的全面发展。这种课程价值取向使学校课程目标发生了深刻的变革：注重课程目标的完整性，强调学生的全面发展；注重基础知识的学习，提高学生的基本素质；注重发展学生的个性；着眼于未来，注重能力培养；强调培养学生良好的道德品质；强调对学生国际意识的培养。

2）回归生活的课程生态观

学校课程重返生活世界，找回失落的主体意识，确立一种新的课程生态观，是当代课程发展的一个重要理念。回归生活的课程生态观，从本质意义上说，就是强调自然、社会和人在课程体系中的有机统一，使自然、社会和人成为课程的基本来源。因此，自然即课程、生活即课程、自我即课程，便成为现代课程生态观的基本命题。回归生活的课程生态观意味着学校课程突破学科领域的束缚，向自然回归、向生活回归、向社会回归、向人自身回归，意味着理性与人性的完美结合，意味着科学、道德和艺术现实的、具体的统一。

3）创生取向的课程实践观

创生取向的课程实践观非常强调在课程实施的过程中要充分发挥师生的自主性、能动性和创造性，特别是要求教师具备较强的课程设计能力。教师不仅是课程的实施者，还是课程研究者和决策者。

4）民主化的课程政策观

课程政策的民主化意味着对课程权力的分享，课程由统一化走向多样化。在课程政策的改革实践中，各国大都致力于在国家课程、地方课程和学校课程之间寻找适合本国情况的立足点。我国一直比较重视中央对课程的统一决策，尽管曾经进行了课程多样化的改革尝试，但效果不理想。课程改革的一个重要目标是保障和促进课程对不同地区、学校、学生的适应性，实行有指导的逐步放权，建立国家、地方和学校的课程三级管理模式。校本课程成为国家课程计划中一项不可或缺的组成部分。

2. 课程改革的目标

基础教育课程改革的具体目标有以下几点。

（1）改变课程过于注重知识传授的倾向，强调形成积极主动的学习态度，使获得基础知识与基本技能的过程同时成为学会学习和形成正确价值观的过程。

（2）改变课程结构过于强调学科本位、科目过多和缺乏整合的现状，整体设置九年一贯的课程门类和课时比例，并设置综合课程，以适应不同地区和学生发展的需求，体现课程结构的均衡性、综合性和选择性。

（3）改变课程内容难、繁、偏、旧和过于注重书本知识的现状，加强课程内容与学生生活以及现代社会和科技发展的联系，关注学生的学习兴趣和经验，精选终身学习必备的基础知识和技能。

（4）改变课程实施过于强调接受学习、死记硬背、机械训练的现状，倡导学生主动参与、乐于探究、勤于动手，培养学生搜集和处理信息的能力、获取新知识的能力、分析和解决问题的能力以及交流与合作的能力。

（5）改变课程评价过分强调甄别与选拔的功能，发挥评价促进学生发展、提高教师水平和改进教学实践的功能。

（6）改变课程管理过于集中的状况，实行国家、地方、学校三级课程管理，增强课程对地方、学校及学生发展的适应性。①

二、课程管理

（一）课程管理的含义

课程管理是在一定社会条件下，有领导、有组织地协调人、物与课程的关系，指挥课程建设与课程实施，使之达到预定目标的过程。②广义的课程管理是包括教育行政部门和学校在内的，整体上对课程事务的组织、实施、评价与调控。狭义的课程管理是指学校层面所发生的一些管理行为，包括对课程的编制、调整、课时分配与各学科课程的安排等。随着课程改革的推进，课程管理理念正逐渐从注重组织与控制的“课程管理”转向注重专业引领与创新的“课程领导”。

（二）课程管理的意义

课程管理普遍存在于教育系统的各个层级之中，其意义与作用表现在以下几

① 石鸥，刘丽群. 课程改革中的若干问题[M]. 广州：广东教育出版社，2004：250-251.

② 廖哲勋. 课程论[M]. 武汉：华中师范大学出版社，1991：328.

方面。

1. 课程管理直接决定课程实施效果

课程实施是指把课程计划付诸实践的过程，它是达到预期的课程目标的基本途径。在实施过程中，教育行政部门和学校必须在认真考察课程实施的各种条件的基础上，有计划、有组织地协调人、物与课程的关系，提高课程管理的水平，使之达到预定目标，因此，课程管理水平是保证课程实施效果的关键。

2. 课程管理可以提升教师专业水平

任何课程改革都需要教师具备相应的专业素质，没有教师的专业成长和积极参与就没有课程的发展。课程管理应该赋予教师参与决策的权利，具体包括：第一，在课程发展中赋予教师充分参与权；第二，教师角色由单一化向多元化转变；第三，在教师教育中注重对课程知识的建构；第四，让教师由课程外围走进课程中心，成为真正的课程发展研究者，第五，加强一线教师与课程专家、学者的合作；第六，使教师更广泛、深入地参与课程发展。

3. 课程管理可以增强课程的适应程度

课程管理改革的一个突出特点在于赋予地方和学校一定的课程自主权，其目的是增强课程的适应性。无论多么精心设计的课程，都必须经由教师的规划、安排与运作以及学生的亲身体验，才有可能达成该课程预期的教育效果。课程管理应为提高课程的适应性创造有利条件，并提供必要的组织和制度保障，从而让教师充分理解课程意图和目标，增进师生之间的交流以及提倡个性化、创造性的教学。

另外，学校的课程管理决定着校本课程开发的水平，它也是衡量课程适应性程度的重要指标。

（三）课程管理模式

20 世纪 80 年代以来，世界基础教育课程管理呈现出权力集中和权力下放两种趋势，各个国家和地区都在探索符合时代特点和本国、本地区实际的课程管理模式。课程管理模式就是一个国家或地区实施课程管理的体制和政策。当前国际上有三种比较典型的课程管理模式：中央集权型的课程管理模式、地方分权型的课程管理模式和混合型课程管理模式。近年来各国课程管理模式的总体发展趋势是中央集权与地方分权不断走向融合和平衡。

1. 中央集权型的课程管理模式

中央集权型的课程管理模式是由中央制定统一的课程标准，拟定统一的教学计划和教学大纲，确定统一的课程评价标准等，强调课程的同一性和统一性，强调所有地区、所有学校都设置相同的学科，运用相同的评价标准，甚至有的国家要求使用相同的教材，使用相同的课程表。实施这一模式的典型国家有法国、俄罗斯等。

这种课程管理模式的主要特点是：①课程设置标准、课程计划和教学计划合为一体，由国家制定并通过政令颁布实施，地方政府和学校只能依照执行，无权做出调整，也无须承担责任。②对于科目设置、课程内容、教学时数以及学年周数、各学年培养目标、升学与放假事宜，都有统一、详尽的规定。执行全国性或区域性的统一的中小学升学考试或毕业考试。③国家行使对中小学教材的审定权；教科书的编写与使用比较开放。

2. 地方分权型的课程管理模式

地方分权型的课程管理模式是与中央集权型的课程管理模式相对的一种管理模式，强调社会需求的多样化，强调学校自身的独特性，强调学生的个别差异，强调发展人的个性，实质上强调以人的发展为本。实施这一模式的国家有英国、德国、美国、加拿大等。

这种课程管理模式的主要特点是：①课程设置和管理实行分权制，国家不做统一规定，课程管理的主体是地方和学校；②科目设立、教学内容、课时标准、培养目标等不统一规定；③教科书的编写、审定、发行不做统一规定和限制，地方和学校可自由选择和确定教材。

3. 混合型课程管理模式

混合型课程管理模式就是中央集权型和地方分权型课程管理模式相结合。其特点是：力图在国家统一要求的前提下实现多样化、灵活化和弹性化，通过统一性保证国家、地方教育基本质量水平，通过灵活性和弹性化满足地方和学校的实际需求。实施这一模式的国家有日本、瑞典和中国。

（四）课程管理模式的发展趋势

在总体上，课程管理的发展趋势呈现出中央集权与地方分权走向融合、平衡的趋势，并体现出富有时代特色的共同特点与性质。具体而言，课程管理模式的发展趋势表现在以下四方面。

1. 课程管理民主化

教育民主化是当前世界教育发展的潮流和趋势，课程管理民主化是教育民主化的一个重要组成部分。主要表现在中央与地方的关系、参与人员、学生的主体性发展等几个方面：①中央与地方对课程管理的权力分配趋向平衡；②课程管理的参与人员构成多元化；③学生对课程的选择权加大，是课程管理民主化的最重要体现；④民主的课程管理，尤其是教师与学生管理课程权限的扩大，是有效实施课程、最大限度实现课程目标的先决条件。

2. 课程管理规范化

课程管理规范化主要表现在两个方面：课程管理的法制化及机构专门化。课程管理法制化是指各国对课程管理事宜采用法规、制度等规范文件的趋势。课程管理机构专门化就是建立专门的课程管理机构。课程管理规范化，标志着课程管理走上发展的正轨，是课程管理的必由之路，是课程管理得以顺利实施的保证。

3. 课程管理弹性化

课程管理富有弹性，趋于灵活，是当前教育发展的特点和趋势。各国课程管理越来越摒弃划一、僵化的体制，而遵循课程管理的针对性原则，即弹性化、科学化。课程管理的弹性化主要表现在对不同层次的学生和不同年龄段的学生的课程要求上。针对不同层次的学生，许多国家采取分层次设置课程的办法，以适应不同的学生的需求；针对不同年龄段学生身心发展特征的差异，许多国家在各级教育中的课程设置也具有差异性。

4. 课程管理社会化

随着社会的不断进步，人们参与管理的事物种类、范围越来越广泛，对课程的管理也是如此。原来只限于政府、行政部门或学校的课程管理之事，现已扩展到家长以及一些社会、民间机构。还有一些国家的民间机构经常发表一些有关课程的调查报告。此外，各国在制定课程法规、课程标准、编写教科书等方面，都请各界人士参与，广泛听取意见。因此，从某种程度上说，课程社会化是课程民主化的一部分。

三、课程结构

（一）课程结构的含义

课程结构是指在学校课程的设计开发过程中，将所有课程类型或具体科目组织在一起所形成的课程体系的结构形态。

（二）当前基础教育课程结构的主要内容

（1）整体设置九年一贯的义务教育课程。一方面，课程结构的设计要与学生年龄特征一致；另一方面，重视不同年级在语文、数学等核心课程内容上的纵向衔接，以有利于学生螺旋式学习过程的展开。

（2）关注课程之间的整合，增加综合课程的比重。小学阶段以综合课程为主、初中阶段设置分科与综合相结合的课程、高中阶段以分科课程为主，从小学至高中设置综合实践活动这一国家必修课程。

（3）使用由教育部组织编写的教材，简称统编教材。为培育社会主义核心价值观，提升教材编写质量，2017 年 9 月起，全国中小学统一使用由教育部直接组织编写的义务教育《语文》、《道德与法治》和《历史》三科的统编教材。

（三）当前基础教育课程结构的性质

1. 课程结构的均衡性①

课程结构的均衡性是指学校课程体系中的各种课程类型、具体科目和课程内容能够保持一种恰当、合理的比重。根据新课程的培养目标，新课程结构包含了各种类型的课程和多种与现实社会生活以及学生的自身生活密切相关的科目，同时通过课时的比例调整，使其保持适当的比重关系，如将语文课程所占的比重由原来的 24%降至 20%～22%，数学由原来的 16%降至 13%～15%，并对其他传统科目所占课时进行了适当下调。同时将下调后多出来的课时量分配给综合实践活动课程和地方课程，使综合实践活动课程获得 6%～8%的课时，地方和学校课程也有了 10%～12%的课时保证。②

2. 课程结构的综合性

综合性是针对过分强调学科本位、科目过多和缺乏整合的现状而提出的。它体现在以下三个方面。第一，加强学科的综合性；第二，设置综合课程；第三，增设综合实践活动课程。

3. 课程结构的选择性

选择性是针对地方、学校与学生的差异而提出的，它要求学校课程要以充分的灵活性适应地方社会发展的现实需要，以显著的特色性适应学校的办学宗旨和方向，以选择性适应学生的个性发展。

课程结构的均衡性、综合性、选择性特征是紧密联系、不可分割的。缺少任何一方面都必然会导致课程结构的失衡。

---

① 朱慕菊. 走进新课程：与课程实施者对话[M]. 北京：北京师范大学出版社，2004：11-13.

② 郝文武，龙宝新. 教育学原理[M]. 北京：北京师范大学出版社，2012：113.

思考题

一、单项选择题

1. 课程与教学内容的选择不受以下哪一种因素的制约？（　　）。

A 课程目标　　B 学生的需要、兴趣和身心发展水平

C 国家统治阶级的需要　　D 内容本身的性质

2. 课程标准属于（　　）。

A 课程目标　　B 课程内容

C 课程实施　　D 课程评价

3. （　　）是最早为分科课程提供心理学理论基础的人。

A 杜威　　B 赫尔巴特

C 夸美纽斯　　D 泰勒

4. 将课程的实施过程看作课程形成过程的一部分，认为在教学之前并没有一种完整的、规定好的课程，这是（　　）。

A 课程实施的忠实观　　B 课程实施的互动调适观

C 课程实施的参与制定观　　D 课程实施的实践观

5. 下列哪一项不是当前课程管理的趋势与特征？（　　）。

A 民主化　　B 多元化

C 规范化　　D 差异化

二、名词解释

1. 综合课程
2. 校本课程开发
3. 课程管理

三、简答题

1. 简述学科课程、活动课程与综合课程的优劣。
2. 怎样看待教材的作用？
3. 课程评价的主要模式有哪些？
4. 课程管理模式的发展趋势是什么？

阅读推荐

1. 钟启泉. 现代课程论[M]. 上海:上海教育出版社，2003.
2. 李定仁，徐继存. 课程论研究二十年(1979—1999)[M]. 北京：人民教育出版社，2004.
3. 丛立新. 课程论问题[M]. 北京：教育科学出版社，2000.
4. 张华，石伟平，马庆发. 课程流派研究[M]. 济南：山东教育出版社，2000.
5. 刘家访，余文森，洪明. 现代课程论基础教程[M]. 长春：东北师范大学出版社，2007.
6. 佐藤学. 课程与教师[M]. 钟启泉，译. 北京：教育科学出版社，2003.

第八章 教　　学

学习目标

1. 理解教学的意义。

2. 了解有关教学过程的各种本质观。

3. 掌握教学过程的基本规律、教学模式、常用的教学原则和教学方法。

基本概念

1. 教学。教师的教与学生的学的统一活动。

2. 教学原则。教学原则是根据一定的教育教学目的，遵循教学过程的规律而制定的指导教学工作的基本要求。

3. 教学组织形式。教学组织形式就是指为完成特定的教学目标，教师和学生按一定要求组合起来进行活动的结构。

4. 班级授课制。班级授课制又被称为班级教学，是指将学生按年龄和文化程度编成有固定人数的班级，由教师按照课程计划中统一规定的课程内容和教学时数，根据学校的课程表进行分科教学的一种教学组织形式。

5. 教学方法。教学方法是指教师和学生为了达到一定的教学目标，完成一定的教学任务而在教学过程中所采用的方式的总称。

6. 教学设计。教学设计是指运用现代学习理论与教学心理学、传播学、教学媒体论等相关的理论与技术，来分析教学中的问题和需要、设计解决方法、试行解决方法、评价试行结果并在评价基础上改进设计的一个系统过程。

框架结构

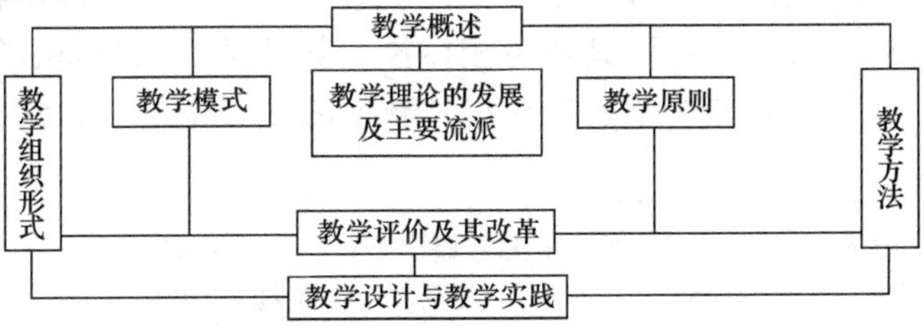

教学是学校教育的中心工作，是实施课程的主要途径。教学活动是否有效开展，直接决定着学校教育质量的高低。教学活动纷繁而复杂，但却有规律可循，我们研究和学习教学理论就是要探寻和掌握教学的基本规律，运用规律来组织和开展教学实践，以期科学而有效地提高教学活动效率，促进学生的全面健康发展。

本章我们将对教学的概念、教学理论及主要流派、教学过程、教学模式、教学原则、教学组织方式、教学方法、教学工作的基本环节、教学评价方式等内容进行阐述。

第一节 教 学 概 述

教学现象是非常复杂的，古今中外众多的教育家致力于探索教学是什么，见仁见智，并未形成统一的认识。现在，我们就来了解自古至今有哪些对教学的思考和认识。

一、教学的概念

教学发生于人类社会的开端，并一直伴随在人类社会的发展过程之中，人们对教学这一概念的理解，在不同时代、不同国家亦有所不同。这种差异也体现了人们认识上的不断深入发展。

（一）教学的定义

从词源看，“教”与“学”二字连为一体，成为“教学”出现于《书·商书·说命》：“斆学半”（斆 xiào，同教）。《学记》中说：“是故学然后知不足，教然后知困。知不足，然后能自反也；知困，然后能自强也。故曰教学相长也。”[①]这里的“教学相长”实际上是“斆学半”的引申。宋朝蔡沈这样注释“斆学半”：“斆，教也。……始之自学，学也；终之，教人，亦学也。”[②]其意为：一开始自学，这自然是学；学了以后去教人，这也是学。这里的“教”与“学”实际上都是指教师的行为，是说教师的“教”与“学”是辩证的、对立统一的，是相互依赖、相互促进的。据考，真正指教师的“教”和学生的“学”的“教学”一词，出现在宋朝欧阳修为胡瑗先生所作的墓表中：“先生之徒最盛，其在湖州学，弟子来去常数百人，各以其经传相传授，其教学之法最备，行之数年，东南之士，莫不以仁义礼乐为学。”这里“教学之法”中的“教学”与今天的含

① 戴圣. 礼记[M]. 陈澔注. 上海：上海古籍出版社，2016：415.

② 转引自王策三. 教学论稿[M]. 北京：人民教育出版社，1985：84.

义接近。[①]

在西方，“教学”是由不同的英文词表征的。“教”是由两个意义相近的英文词“teaching”和“instruction”表示的，“学”的英文为“learning”。在早期，人们先是格外强调“教授”（teaching），后又走向反面，格外强调“学习”（learning），继而两方面都强调，于是提出“教与学”（teaching and learning）。20世纪，人们格外重视教学过程中教师的引导作用，强调教与学的有机统一，更多地用“instruction”来指称“教学活动”。

古今中外的教育论著对教学内涵的认识也不尽相同，有从教学行为主体角度将教学看作教师的教授活动，或者将教学看作教师“教”与学生“学”的简单相加，也有从教学目的的角度将教学看作传授给学生知识的活动，或是促进学生智能发展的活动，如苏联教育学者斯卡特金认为：“教学是一种传授社会经验的手段，通过教学传授的是社会活动中各种关系的模式、图式、总的原则和标准。”[②]我国著名教学论专家王策三先生从行为主体实践活动的辩证统一及其目的的追求的角度认为：“所谓教学，乃是教师教、学生学的统一活动；在这个统一活动中，学生掌握一定的知识技能，同时身心获得一定的发展，形成一定的思想品德。”[③]李秉德先生也从教与学的辩证统一角度认为，“教学”就是指教的人指导学的人进行学习的活动。进一步说，就是指教和学相结合或相统一的活动。[④]我国两位先生对教学所做的界定影响较为深远，普遍为学界所接受。在两位先生对教学所做定义的基础上，结合新时代教学发展的新特点，学界形成了对教学活动的较为一致的认识，即教学就是教师“教”和学生“学”相结合或相统一的活动，具体地说，就是教师指导学生进行学习的活动。在这个活动中，学生掌握一定的知识和技能，身心获得一定的发展，形成某种思想品德。这一定义内在的包含以下三层意义。

（1）这一定义强调了教师教和学生学的统一，即在教学中教与学彼此依存，相辅相成，“教”离不开“学”，“学”也离不开“教”。只有教或只有学的片面活动，或者只是这二者的简单相加而没有将两者结合或统一，都不是真正科学意义上的教学活动。

（2）这一定义明确了教师教的主导作用和学生学的主体地位，即在教学活动中，教师主导着教学活动的方向和性质，学生永远是学习活动的主人，教师只能

---

① 张华. 课程与教学论[M]. 上海：上海教育出版社，2000：72.

② 斯卡特金. 中学教学论——当代教学论的几个问题[M]. 赵维贤，丁酉成，等，译. 北京：人民教育出版社，1985：155.

③ 王策三. 教学论稿[M]. 北京：人民教育出版社，1985：88-89.

④ 李秉德. 教学论[M]. 北京：人民教育出版社，1991：2.

指导、引导学生学习而不能代替学生学习。

（3）这一定义指出了教学活动的目的是促进学生身心健康发展。教学的立足点和归宿，是培养健全发展的人，即丰富人的知识和技能、扩展人的能力、提升人的品格。教学活动对学生的身心健康发展具有深刻的影响和促进作用。学校教学不仅要使学生掌握一定的知识技能，而且在学生身心发展和形成思想品德诸方面也应起到积极的促进作用，从而真正实现培养健全发展的人的价值追求。

（二）教学与教育、智育、上课的区别与联系

教学与教育二者是部分与整体的关系。一般来说，教育包括教学，教学是学校进行全面教育的一个基本途径，除教学外，学校还通过课外活动、生产劳动、社会实践等途径对学生进行教育。教学工作是学校教育工作的一个重要组成部分，学校教育工作除教学外，还有其他工作，如德育工作、体育卫生工作等。

智育是指教育者向受教育者传授系统的文化科学知识和技能，专门发展受教育者智力的教育活动，它是全面发展教育的组成部分。智育主要是通过教学进行，但教学却不是智育实现的唯一途径。智育也需要通过课外活动、竞赛活动等其他途径才能全面实现。从目的角度来说，教学活动不仅要完成智育任务，也要完成德育、美育、体育、劳动技术教育的任务。将教学等同于智育，容易导致对智育实现途径和教学任务的确定产生狭窄化甚至唯一化的片面认识。

教学与上课也是一种整体与部分的关系。教学包括上课，上课是教学活动的主要途径，但教学还包括个别教学、小组教学、现场教学等多种形式。教学由教与学两部分组成，教除了指教师在课堂上的教授活动以外，还包括教师在课间对学生的辅导活动。而学既包括学生在教师的直接教授下的学习，也包括学生为配合教师上课而进行的预习、复习与独立完成作业等自学活动。

二、教学的主要作用与任务

教学是一种严密组织起来的传授系统知识、促进学生全面发展的最有效的活动，是贯彻教育方针、实现教育目的的基本途径。各级各类学校的教学工作对于人类社会和个体的发展起着重要作用。

（一）教学的主要作用

1. 教学能够促进社会的发展

社会的延续和发展，从某种意义上说是社会文化继承与创新的过程，而教学是社会完成文化知识传递、继承、创新的重要途径，是社会延续发展不可缺少的条件。通过有目的、有组织的教学活动，个体可以在较短的时间内系统掌握人类创造的物质文化、精神文化的精华，这些文化精华滋养着个体的身心，为其参与各

种社会实践活动并创造新的知识经验奠定良好基础，从而有效地推动社会的发展。

2. 教学对促进个体的全面发展起着重要作用

教学对个体发展的影响是直接而具体的。首先，教学作为实现全面发展教育的基本途径，通过系统全面的知识教学与技能的训练，能使学生的认识突破时空及个人直接经验的局限，扩大认识范围和提高认识速度，提高个体的智力发展水平；其次，通过教学可以使个体形成正确的政治思想和世界观，提高道德品质修养，促进德育的发展；再次，教学同样重视个体的身心健康发展，教学通过科学的方法和全面的知识内容提高个体的身心素质和健康意识。总之，教学在促进个体的德智体等方面的发展中起着至关重要的作用。

（二）教学的任务

教学任务是学校教育目的的具体体现。完成教学任务的过程，也就是实现教育目的、发挥教学作用的过程。

1. 指导学生掌握系统的科学文化基础知识、基本技能

教师向学生传授系统的基础知识和基本技能是教学最基本的，但也是最重要的任务。所谓基础知识主要指学生必须掌握的课程计划和课程标准中所规定的关于自然、社会和人类思维的基本知识。基本技能则是指学生为进一步掌握知识、技能和日常生活所必需的最一般的技能，如读、写、算的技能等。在中小学教学中强调基础知识和基本技能的学习，既体现基础教育的特点和性质，又体现了全面提高学生素质的需要。

2. 发展学生的智力，培养能力，促进学生个性发展

当代社会科学技术迅猛发展，知识更新速度加快，既为人的发展创造了各种可能、条件，又对人的发展提出了新的要求。当代社会及可以预知的未来社会不仅需要人掌握丰富的知识，更需要人具备较高的智力水平和能力水平，需要人具备完善的人格和健康的个性。因此，在教学中自觉发展学生的智力、能力，促进学生个性发展，是现代教学必须承担的重要任务。

3. 引领学生学会学习，掌握科学的学习方法，养成终身学习的习惯

现代社会是一个信息迅速更新的时代，一个人不能仅依靠有限时间的学校教育为其一生所用，在离开学校后，个体势必会遇到新的知识需求，有自身意识到的，也有外界环境强加的，那么教学必须引领学生掌握科学的学习方法，养成终身学习的习惯，使学生在以后生活和工作中能够随时学习所需要的知识与技能，

并且使自己的头脑保持不断更新的状态，活到老学到老，才能不被社会淘汰。

4. 进行思想品德教育，为学生奠定科学的世界观、道德观、审美观和劳动观基础

教学具有教育性是教学活动的一个重要规律，这一客观规律决定了教学必须重视学生的思想品德教育。中小学阶段正是学生思想观念、道德品质形成的关键时期，教学要在遵循客观规律的基础上，把握中小学生思想品德形成、发展的关键期，借助丰富的方法和内容对学生进行切实有效的思想品德教育，使学校教学真正成为思想品德教育的主渠道，为学生奠定科学的世界观、道德观、审美观和劳动观基础，促进学生健康发展。

5. 增强学生体质，培养健康体魄

健康的体魄，是学生全面发展的一个重要方面。有了健康的体魄，才能保证学生顺利完成在校期间的学习任务，才能为终生的事业发展和生活幸福打下良好的基础。因此，学校教学必须将提高学生体质水平、培养健康体魄放在重要的位置，通过体育教学和其他各科教学培养学生的卫生习惯、健康意识、运动习惯，劳逸结合，共同促进学生体质健康水平的提高。

三、教学过程的本质及几种关系的处理

掌握教学概念，很重要的一点就是找出教学不同于其他活动的本质属性，即教学内在的、稳定的基本特性。

（一）关于教学过程本质的主要观点

教学理论界一直以来都在不停地探索教学的本质，在探索的过程中提出了许多观点。[①]

（1）特殊认识说。这是一种以马克思主义认识论为理论基础的教学本质观。特殊认识说是被众多教育教学论著广泛肯定的教学本质观。其基本观点为，教学是一个认识过程，但又有其特殊性。具体而言，就是在教师有目的、有计划地指导下，学生系统地掌握文化科学基础知识和基本技能，发展认识能力，形成正确的人生观、世界观、价值观和思想道德品质的特殊认识过程。教育性、间接性和有领导是它区别于其他认识活动的主要特点。

（2）发展说。此种观点将教学过程视为包含了认识过程的、以认识过程为基

① 李定仁，徐继存. 教学论研究二十年（1979—1999）[M]. 北京：人民教育出版社，2001：51-76.

础的全面发展过程。此种观点认为教学过程自始至终都充满着多种多样的心理活动和生理活动，而认识过程实质上是一种心理活动，没有把生理发展包括进去。而发展过程则包括了生理和心理两个方面。因此，把教学过程的本质概括为促进学生全面发展的过程最为恰当。

（3）实践说。此观点认为，教学是一种特殊的实践活动。涉及对教学过程本质认识的“教学实践说”基本上有两种：一种是指教师作为实践主体对学生客体进行转变、塑造的过程。另一种是指师生共同的实践或行动过程。比如，钟启泉教授认为，学校教学活动是作为师生特别的生活实践而存在的。

（4）多重本质说。这种观点认为，教学过程既然是多层次、多类型的，那么教学过程的本质也应该是多级别、多类型的，从而提出教学过程有认识论、心理学、生理学、伦理学和经济学五个方面的本质。

（5）交往说。这种观点认为，教学过程中学生和教师都是主体存在，师生之间只有通过交往，人的主体性才能确证、生成和发展。因此，教学过程完全可以视为师生交往过程，交往即教学过程的本质。

（二）教学过程中应处理好的几种关系

1. 间接经验与直接经验的关系

学生的认识主要有两个方面：一是获得直接经验，即学生通过亲自活动、探索获得的经验；二是获得间接经验，即他人的认识成果。从马克思主义认识论出发，教学过程是学生认识客观世界的过程，要以间接经验为主、直接经验为辅，将二者有机地结合起来。具体来说，学生认识的主要任务是学习间接经验，学习间接经验必须以学生个人的直接经验为基础，贯彻直接经验与间接经验相统一的规律，防止忽视系统知识传授或忽视直接经验积累的倾向。

2. 掌握知识与培养思想品德的关系

在教学过程中，教师不仅要引导学生掌握知识，而且要培养他们良好的思想品德，教学必须实现教书育人的功能。掌握知识和培养品德相辅相成、不可分割。二者关系具体表现为：知识是思想品德形成的基础，学生思想品德的提高有赖于其对科学文化知识的掌握；思想品德的提高为学生积极地学习知识提供了动力。

教师在教学中处理二者关系时要注意克服两种倾向：一是过分强调教学的思想教育意义，不顾教学内容的具体特点，生拉硬扯地进行空洞的思想教育；二是完全忽视教学的教育意义，单纯地为使学生获得知识技能而进行教学，只教书不育人。

3. 掌握知识与提高能力的关系

掌握知识与提高能力的关系一直是教学理论和实践的一个重要问题，也是存在争论的问题。掌握知识与提高能力相互依存、相互促进，统一于教学活动中。知识是提高能力的基础，能力的提高依赖于知识的掌握；提高能力又是掌握知识的重要条件，知识的掌握又依赖于能力的提高。因此，在教学中，教师要引导学生自觉地掌握知识和运用知识，只有这样才能有效地提高他们的能力，同时，要防止单纯抓知识教育或只注重能力提高的片面做法。

4. 智力因素与非智力因素的关系

在教学中，学生在进行认识活动时，智力因素和非智力因素共同发挥作用。一方面，非智力因素依赖于智力因素，并积极作用于智力因素；另一方面，按教学需要调节学生的非智力活动才能有效地进行智力活动，顺利完成教学任务。

5. 教师主导作用与学生主体作用的关系

在教学过程中，教师与学生各自的地位和作用如何？这是教学论研究的核心问题之一，也是现代教学论发展史上一直存在较大争议的问题之一。有论者片面强调学生的主体性，否定教师在教学活动中的作用；另有论者则过于强调教师在教学活动中的权威，忽视学生的主体性。这两派观点各执一端，都带有一定的片面性。教学是教师教和学生学的辩证统一活动，在教学活动中，“教为主导”与“学为主体”是相互依存、密不可分的。在这一活动中必须要充分发挥教师的主导作用，发挥教师的主导作用是学生有效学习知识、发展身心的必要条件。同时要确立学生在教学活动中的主体地位，充分发挥学生学习的主动性、积极性，防止产生忽视学生主体作用和忽视教师主导作用的偏向。

第二节　教学理论的发展及主要流派

教学理论是教育学的一个重要分支，它既研究教学的现象、问题，揭示教学的一般规律，也研究如何利用和遵循这些规律来解决教学实际问题的方法、策略和技术。因此，教学理论不仅是一门理论科学，也是一门应用科学。作为理论科学，它不仅是描述性的理论，告诉人们“是什么”的问题，更是一种方法性和规范性的理论，告诉人们“为什么”和“怎么做”的问题。任何一门科学都有其产生、发展和完善的历史过程，教学理论的发展也经历了一个由经验描述到科学理论的历史过程。深入认识教学理论发展的历史，了解在历史发展过程中形成的具有代表性的教学理论流派，有助于我们更好地在回顾过去的基础上建构更为完善的教学理论。

一、教学理论的形成与发展

教学理论源于教学实践而又指导教学实践，与教学实践成辩证关系。教学理论的形成过程就是人们对教学实践活动不断深化、不断丰富和不断系统化的过程。

（一）国外教学理论的形成与发展

国外教学理论的发展以西方为主体，大致可分为萌芽期、形成期、发展期和繁荣期四个阶段，各个阶段各有其时代特点，又有其继承性、连贯性。①

1. 国外教学理论的萌芽期

国外教学思想的源头可以追溯至古代希腊。当时，古代希腊智者派（或译诡辩派）以传授雄辩术为职业，发表了许多关于教学的言论，比如，其代表人物普罗塔哥拉（Protagoras，约公元前 490 年或公元前 480 年至公元前 420 年或公元前 410 年）曾发表过许多有意义的教学见解。他认为，对于学习，天禀和练习同样需要，应从少年学起。没有实践的理论和没有理论的实践都没有意义。学习如果没有达到相当的深度，便不能在灵魂中生根。古希腊著名思想家苏格拉底在教学中善于运用“产婆术”，即通过对话、提问、暗示、诘难、归纳等方法，激发学生思考，获得对问题的解答。在教育史上这被认为是西方最早的启发式教学。柏拉图从理念先于物质而存在的哲学思想出发，在其教育体系中强调理性的发展。他认为，人的一切只是由天赋而来以潜在的方式存在于人的灵魂之中，因此，知识不是对物质世界的感受，而是对理念世界的回忆。教学目的就是恢复人的固有知识。教学过程即回忆理念的过程。亚里士多德在其人性论、认识论及其对儿童身心发展考察的基础上形成了自己的教学思想。他认为理性的发展是教育的最终目的，在教学方法上，他重视练习与实践的作用。古罗马著名教育家昆体良总结自己的教学经验，撰写了《雄辩术原理》，较全面系统地总结了培养演说家的教学原则和方法，其著作被誉为“古代西方的第一部教学法专著”。4～14 世纪，欧洲进入了漫长的中世纪。中世纪是宗教统治的时代，教育为宗教所控制，盛行抽象烦琐的推论，呆读死记成为主要的学习方法。这一时期，教学理论发展缓慢，处于相对停滞状态。14～17 世纪，西方出现了文艺复兴运动，人文主义教育家对中世纪经院主义教学思想进行了批判，在继承雅典文雅教育思想的基础上，阐发了身心和谐发展、尊重儿童天性、加强人文教育等重要的教学思想。

总体来看，这一时期的教学理论发展具有如下特点：①教学理论还未从哲学

① 田慧生，李如密. 教学论[M]. 石家庄：河北教育出版社，1996：29-50.

中分离出来，形成独立的体系；②教学思想源于思想家、教育家的个别化教育实践活动，具有个别性、零散性的特点，对教学的认识多是直观的、感性经验的描述，缺乏系统的、理性的、抽象化的理论升华。

2. 国外教学理论的形成期

教学论学科形成于17～19世纪。在西方教育史上，第一个倡导教学理论的是德国教育学家拉特克（W. Ratke，1571—1635），他在1612年《改革学校和社会的建议书》中，自称是“教学论者”（didaticus），称自己新的教学技术为“教学论”（didactica）。[①]拉特克认为，教育是人与生俱来的权利，要保障每个人都享有受教育的权利，让每一个国民都共享同一语言、学术和文化，以实现国家和民族的统一、和平与独立。拉特克致力于探求“教授之术”。拉特克的教学论研究以如何最为容易和最为有效地传授语言和科学知识为重要课题，强调在遵循儿童心理和学科知识特性的基础上，采用“自然教学法”进行语言和科学知识的教学。拉特克的“自然教学法”直接影响了夸美纽斯，并对整个近代教学论发展产生了积极影响。

学术界一般认为，捷克教育家夸美纽斯于1632年出版的《大教学论》一书，是教学论学科诞生的重要标志。在《大教学论》中，夸美纽斯指出“教学论是指教学的艺术”，是一种“把一切事物教给一切人们的全部艺术”[②]，并系统论述了实现“把一切事物教给一切人们”这一教育目的的自然适应性教学原则、百科全书式的教学内容、班级授课制的教学组织形式等教学的一些基本问题和基本原理，是教学论作为独立学科存在的重要里程碑。

夸美纽斯之后，洛克、卢梭、裴斯泰洛齐、赫尔巴特、福禄贝尔、第斯多惠、乌申斯基、斯宾塞等众多的教育家都致力于教育教学研究，为教学论的发展做出了卓越的贡献。其中，德国教育家赫尔巴特更是致力于推进教学理论的科学化。他的著作《普通教育学》（1806年）是继《大教学论》之后教学论学科形成的又一里程碑。该书以实践哲学（伦理学）和心理学为基础，系统论述了教育性教学原理；将统觉理论运用于教学之中，阐明了多方面兴趣（经验、思辨、审美、同情、社会、宗教等六方面的兴趣）是传授新知识、形成新观念的基本条件，是教学方法的基础。在此之上探讨了教学阶段理论，把教学分为明了、联系、系统和方法四个主要阶段。后来他的继承者戚勒（T. Ziller，）对此阶段理论进行了发展，形成了分析、综合、联合、系统和方法五个阶段。戚勒的学生赖因（W. Rein，1847—1929）又把这五个阶段完善为预备、提示、联系、总结、应用，成为传统教学的

① 靖国平，邓银城. 课程与教学论教程[M]. 武汉：华中科技大学出版社，2012：17.

② 夸美纽斯. 大教学论[M]. 傅任敢，译. 北京：教育科学出版社，1999：1.

一个重要模式，被称为“五段教学法”。赫尔巴特的教学理论，经他的学生发展和具体化后，在欧美教育界产生了重大的影响，甚至影响到东方的中国和日本。赫尔巴特教学理论体系完整，有鲜明的学科建设意图，影响巨大，学术界常把《普通教育学》作为教育学和教学论学科发展成熟的基本标志。

这一时期的教学理论发展呈现出如下特点：①强调提高学科的独立性。教学思想从哲学中分离出来，正式运用教学论概念，逐步形成相对独立的完整体系。②强调学科的科学性。赫尔巴特主张建立“科学的教育学”，将心理学作为教学论的基础，使教学论与心理学建立起联系，使教学论的科学化程度显著提高。③对教学理论的认识和表述开始从经验描述走向理论说明，从具体比喻发展为科学论证，教学理论的研究方法日趋科学，其理论性得到增强。④形成了教学论的基本范畴，如教学、课程、教学原则、班级教学、教学阶段、教学方法等。⑤由夸美纽斯、赫尔巴特等建立的以课堂教学为中心的近代教学理论体系，强调教学应以教师为主，侧重研究教师“教”的艺术，较少探讨学生“学”的规律，并因此成为传统教学论的弊端之一。

3. 国外教学理论的发展期

19 世纪下半叶，实验研究在自然科学中取得了辉煌成就，形成了实验科学或实证科学的思潮。这种思潮促进了心理学的研究。1879 年，德国著名心理学家冯特（W. Wundt，1832—1920）建立了世界上第一个心理实验室，并用实验研究心理学问题，取得了巨大成功。这极大地启发和激发了教育教学的实验研究。德国的梅伊曼、拉伊等认为，教育研究要真正科学化，必须走实验之路，建立实验的教育学。拉伊 1903 年发表《实验教学论》，提出教学实验研究的基本特征是情境控制、严密观察和精确测量以及由此而得出的因果关系。按照拉伊的见解，整个生活是由刺激和反应的总和构成的，教学过程也是由对学生的影响和学生的反应构成的。1906 年拉伊与梅伊曼联合创办了《实验教育学》杂志。1908 年拉伊出版了《实验教育学》，完成了对实验教育学的系统论述。他们力图把教学建立在解剖学、生理学、实验心理学以及精神病学的基础上，认为教学不应依据理论推理和局部经验来下结论，而是应根据实验结果来论断。这就使现代教学思想建立在实验科学的基础之上。

1916 年美国实用主义教育家杜威发表了其代表作《民主主义与教育》。杜威将赫尔巴特的教学理论称为传统的教学理论，而他的教学理论就是在全面批判传统教学理论的基础上建立起来的。他提出了“教育即生活，学校即社会，教育即经验的不断改造”三大教育哲学命题。他反对单纯传授书本知识，主张以儿童的亲身经验代替书本知识；反对传统的课堂教学，认为班级授课制中课程与教法划一，不利于儿童的发展；他也反对以教师为中心，主张以儿童为中心，以学生的主动活动代替教师的讲授。因此，人们常把杜威的教学理论概括为：儿童中心、经验中心、活动中心。与此相对，赫尔巴特的教学理论被概括为：教师中心、书本中心、课堂中心。这样就形成了"传统教学论"和"现代教学论"的对立，简单说是两个"三中心"的对立。杜威在批判传统教学论体系基础上所建立的现代教学论体系，尽管有些观点也较为极端和绝对化，但却激发了人们对传统教学理论弊端的反思，并为教学理论的发展和繁荣提供了深刻的启示。

20 世纪 40 年代诞生了马克思主义教学论，这是教学论发展史上的一次革命性飞跃。苏联教育家凯洛夫主编的《教育学》中的教学论部分即是代表。它建立在马克思主义哲学基础上，对教学过程、教学方法、教学原则体系等教学论基本问题进行了论述。其主要观点有：教学过程是一种特殊的认识过程；教师在教学中起主导作用；学习是学生自觉地、积极地掌握知识的过程；要考虑学生的年龄特点和个别差异等。他还提出了教学原则体系和教学方法体系，详细研究了课的类型和结构。

这一时期的教学理论发展具有如下特点：①近代传统教学理论的弊端日益暴露，受到全面的批判和挑战，引发了现代教学理论和传统教学理论的对立；②实验研究方法被引入教学论研究中，提高了教学论的科学化发展水平；③在马克思主义认识论指导下，教学理论向着更新的科学高度发展。

4. 国外教学理论的繁荣期

20 世纪 50 年代以来，教学论学科进入了一个繁荣的多元化发展的时代。伴随着各国教育改革的不断深入，各种新的教学论流派纷纷涌现，教学论领域出现了空前繁荣的景象。

其中，有代表性的教学论流派有：美国斯金纳的程序教学理论、布鲁纳的结构主义教学理论、布鲁姆（B.S.Bloom）的掌握学习教学理论、加涅（R.M.Gagne）的学习阶层论、罗杰斯的非指导性教学理论；苏联赞科夫的发展性教学理论、巴班斯基的教学最优化理论、阿莫纳什维利等的合作教育学理论、德国瓦根舍因的范例教学理论、保加利亚洛扎诺夫（G.Lozanov）的暗示教学理论等。这些不同的教学理论流派分别从各自的角度对教学论学科发展做出了自己的贡献。

进一步对这些流派加以归类，则可以大体划分出两大阵营，即科学主义教学论和人本主义教学论。[①]程序教学理论、结构主义教学理论、教学最优化理论等有较明显的科学主义教学论色彩，非指导性教学理论、暗示教学理论、合作教育学理论等有较明显的人本主义教学论色彩。科学主义教学论的基本特点是：把教学主要理解为强调认知、理性和逻辑的过程，注意探寻教学的普遍规律和通用模

① 王策三. 教育论集[M]. 北京：人民教育出版社，2002：213-221.

式。在教学目的上强调科学知识、技能和智慧的习得，在教学过程上强调教学的精确性、控制性、计划性，在课程内容上注意吸收科技发展的最新成果，在教学手段上重视新技术工具的使用。人本主义教学论则正好相反，它把教学主要视为一种个性交往、情感交流、艺术创造的过程，以价值实现、情感满足、心灵沟通等为教学的基本追求，在课程上突出人文知识的重要性，在教学方法上推崇即兴发挥、灵感直觉和主观感悟。

总体来说，这一时期国外教学理论发展具有以下特点：①价值取向趋于多元化，世界范围内多种多样的教学理论流派异彩纷呈，各自为教学理论的繁荣做出了贡献；②适应时代发展需要，注重学生的主体作用，发展学生的智力、能力，特别是发展学生的创造性思维能力，重视教学手段现代化、教学方法的多样化和教学组织的个别化等；③各种教学理论相互渗透和影响，出现了对立观点的融合、兼容互补以求创新的趋势。

（二）我国教学理论的发展

我国有灿烂悠久的教育思想史，教学思想的发展源远流长。

1. 我国古代教学理论

我国是世界上最早有文字记述教学论思想的国家之一。春秋战国时期，百家争鸣，私学兴起，大大促进了教学经验的丰富和教学思想的发展。当时儒、道、墨、法各个学派的创始人，大都是著名的教育家，都对教学有着深刻见解。其中以儒家学派影响最大。儒家学派创始人孔子，结合自身教学经验，提出了愤启悱发、学思结合、时习温故、举一反三、有教无类、因材施教等教学原则，成为我国古代教学思想的渊源。《学记》是世界上最早的一篇系统论述教学思想的专著。它对先秦儒家教学思想和实践经验进行了系统总结，比较全面地论述了教学过程的本质、教学原则和方法、教学组织与管理以及教师等问题，其中提到的教学相长、循序渐进、循循善诱、长善救失、尊师重道等教学思想至今仍是教学所提倡的。后来历代学者大儒都有对教学理论的研究与论述。例如，汉代的董仲舒提出师功圣化、强勉学问、精思要旨、兼得所长、虚静专一、见博知明等；唐代韩愈在《师说》中提出“师者，所以传道、授业、解惑也”，“弟子不必不如师，师不必贤于弟子”的论断；南宋朱熹注重探讨治学读书之道，提出了熟读精思、虚心涵泳、居敬持志、切己体察等教学思想。朱熹系统总结和完善了我国古代长期积累起来的教学经验和思想，使之系统化、理论化，我国教学理论的发展因而达到了一个新的高度。

总之，我国古代教学思想是极为丰富的，其直接源于教育家长期的教学实践，是经过实践和时间检验而富有成效的。但受历史局限，古代教育家对教学的研究仍处于经验总结模式阶段，多为经验的积累和现象的描述，理论探索和科学论证欠缺。

2. 我国近、现代教学理论

我国近代教学论的发展始自清末。它是伴随着帝国主义入侵、西方文化传入、新式学校兴起而逐步形成的。此时期教学理论发展所呈现的特征就是对西方教学理论的引进和移植，先效仿德国、日本，后仿美国，先后引进赫尔巴特、裴斯泰洛齐等的译著。1919 年以后，美国教育家杜威、孟禄、麦柯尔、柏克赫斯特等相继来华，实用主义教学思想在中国传播，相继进行了设计教学法、道尔顿制等的探索。这一时期，也有许多进步教育家结合我国实际情况进行了可贵的独立探索和创新研究。清末著名改良主义教育家梁启超，是我国近代教育史上第一个研究教材教法的人。他很重视教学方法的改革，认为旧的教学方法是“导之不以其道，抚之不以其术”，提倡趣味教学，以使学生“乐知”；推动自动、自主、自治、自立教学法，培养自强不息的新式国民。民国时期著名教育家蔡元培，反对注入式教学，提倡启发式教学；重视对学生“自动自学、自助科研”能力的培养；实行选科，因材施教，注重对学生学习兴趣的培养。人民教育家陶行知提出“教学做合一”的教学理论。他认为，教学做合一是以生活为中心，事怎样做就怎样学，怎样学就怎样做，教的法子要根据学的法子，学的法子要根据做的法子。他指出只有“手脑并用”的教学，才能培养创造的能力；提倡互教互学的“小先生制”，实行“集体主义的自我教育”。现代著名教育家陈鹤琴（1892—1982）提出“活教育”的理论。他指出，“活教育”的目的是“做人，做中国人，做现代中国人”。为了实现做现代中国人的目的，陈鹤琴提出了大自然、大社会都是活教材的“活教育”课程论和“做中学，做中教，做中求进步”的“活教育”方法论。他强调，在学校的各种教学中，都不应该直接把各种结果告诉儿童，而应该让儿童自己去实验和思考，去求结果，让儿童由学习中的被动接受者变为“自己活动”“自己思想”的主动创造者。

总体来看，这一时期的教学理论受西方资产阶级教育学和近代心理学观点的影响，普遍重视从儿童的特点出发，尊重儿童的兴趣，发展儿童的独立精神和自主能力，提倡师生关系民主化。此外，这一时期教学理论研究虽具有鲜明的引进和移植特征，但许多进步教育家在向西方学习的同时，注重结合我国实际开展教学实验研究，创造符合中国实际的教学理论，积极为中国教学论的发展探索道路。

3. 我国当代教学理论

中华人民共和国成立后，我国社会主义教学论的发展经历了全面引进、学习苏联教学论，独立探索、繁荣发展曲折前进等阶段。

20 世纪 50 年代初期，百废待兴，教育界开始全面学习苏联，在教学理论方面主要是引进以凯洛夫《教育学》中教学论部分为代表的苏联教学论。1956 年，凯洛夫应邀来华，在北京、上海等地做了大量报告，会见了许多教育界人士，更进一步激发了人们对凯洛夫教育学的学习热情，也更进一步强化了其理论在中国的传播。[①]凯洛夫教育学理论体系中的教学论部分对我国教学实践的影响巨大而深远。在苏联教育理论的影响下，中国教育学人自编了多部教育学教材，如张凌光等编写的《教育学》、北京师范大学教育系教育学教研组编写的《教育学讲义》等。这些自编教育学教材均是学习苏联教育理论的产物。移植和学习苏联教学论，对于以马克思主义为指导改造旧的教学、提高教学质量起过一定的指导作用，但也存在着对苏联教学论本身存在的片面性缺乏独立思考而全盘接受，学习过程忽视我国实际，对我国教学论历史传统不够重视，简单批判西方教学论思想等误区，这对我国教学论学科建设产生了不利影响。

1958 年掀起大规模的教育改革运动，在教学理论上，主要批判教学脱离政治、脱离生产劳动，以及理论脱离实际的弊端，提出教育学（包括教学论）"中国化"的问题。随着中苏关系的变化，凯洛夫教育学成了批判的对象，教学理论本土化研究受到重视，开始独立探索的尝试。1961～1963 年在刘佛年教授主持下编成的《教育学》（讨论稿）中的教学论部分，可以说是"反映当时'中国化'探索和教学论水平的代表性之作"。[②]

党的十一届三中全会以来，我国确立了建设社会主义现代化强国的宏伟目标，实行对外开放政策，为我国教学论的发展创造了良好的环境，注入了强大的动力。教学论在新的历史发展时期得到了长足的发展，学术交流频繁、深入，译介了大量国外教学论研究成果，对我国历史上教学思想遗产进行了整理，各种类型教学实验蓬勃开展，对教学本质及规律进行了深入探求，学术研究和讨论氛围浓厚，研究方法和途径不断创新，研究领域不断开拓，学科体系日臻完善，呈现出繁荣壮大的景象。这一切都标志着我国教学论研究正以前所未有的理论自觉形态，向中国化、现代化方向深入发展。

二、当代主要教学理论流派

20 世纪 50 年代以来，世界各国纷纷展开人才竞争，迫切要求提高教学质量。传统教学理论越来越受到挑战，教学理论提出了新的发展诉求。同时与教学论有

① 和学新，田尊道. 论凯洛夫教育学中国化的经验及其启示[J]. 西南大学学报（社会科学版），2015（06）：89-98，191.

② 董运骞. 一条曲折的路——教学论发展的四十年[J]. 华东师范大学学报（教育科学版），1989（03）：41-54.

关的许多科学理论和技术手段，如脑生理学、现代心理学、系统科学以及现代化技术手段等，有了新的发展与突破，于是出现了研究教学论的新高潮，各种教学理论流派应运而生。

在美国，教学论流派纷呈，许多教育心理学家在对学生学习心理规律的研究基础上形成了独树一帜的教学理论。

（一）行为主义教学理论

行为主义教学理论源于行为主义学习理论，其代表人物为巴甫洛夫、华生、斯金纳等。行为主义教学理论又称刺激-反应理论，该理论认为，人类的思维是与外界环境相互作用的结果，即形成“刺激-反应”的联结，因而教学的艺术在于如何安排强化。由此派生出程序教学、计算机辅助教学、自我教学单元、个别学习法和视听教学等多种教学模式。其中以斯金纳的程序教学理论影响较大。

斯金纳的程序教学理论是建立在其“操作条件反射”和“积极强化”的学习理论基础之上的，其主要理论观点有以下几方面。①

（1）期望学生做出积极反应。斯金纳批判传统教学往往存在把学生充当被动的知识接受者，从而很少有机会做出自己的反应的弊端，强调程序教学的目的在于通过有效地利用强化物，使学生做出和加强反应。

（2）即时反馈强化。在斯金纳看来，学生的行为受行为结果的影响，如果想让学生做出预期的行为反应，就必须在行为之后及时给予学生反馈，使学生立即知道自己的反应正确与否，正确的应加以积极强化，以增强学生的学习信心，从而保持和巩固已学知识。

（3）程序化的教学内容。斯金纳主张将教学内容按其内在联系分成若干个“小步子”，编成程序，使教学内容成为系列连续的小步子，每一步包括的内容很少，系列由浅入深，从简到繁，以使学生可以循序渐进地学习教材中的每个部分。

（4）自定步调的个别化学习。斯金纳强调在程序教学中，要以学习者为中心，不强求统一进度，鼓励每个学生以他自己最适应的速度进行学习。

（5）教学机器的使用。斯金纳认为，如果要更好地实现程序教学所强调的及时反馈强化、小步子教学内容的呈现、自定步调的学习等，就必须采用教学机器。这也为计算机辅助教学在教育上的运用开辟了道路。

程序教学问世以来在美国、西欧等产生了较大影响，被广泛用于英语、数学等学科的教学中。大家常说的“步步清”“及时反馈”“降低坡度”等，都体现了程序教学思想。但是程序教学也存在过于机械刻板从而限制学生创造性思维的发挥，缺乏师生间的交流和学生间的探讨，被割成小步子的程序教材使学生难以

---

① 钟启泉，黄志成. 美国教学论流派[M]. 西安：陕西人民教育出版社，1993：280-285.

从整体上把握教材的结构等局限性，因而，通常只是作为教学的一种辅助手段。

事实上，就整个行为主义教学论流派而言，由于其完全否认人类学习的内在心理机制，把动物实验的结果生硬外推至人类的学习，忽视了人类的主观能动性，难免走向机械主义和环境决定论，受到认知主义等学习流派的批判。

（二）认知主义教学理论

认知主义教学理论源于认知主义心理学关于学习的探讨。认知心理学家探讨学习的角度与行为主义相反，他们认为，是个体作用于环境，而不是环境引起人的行为，环境只是提供潜在刺激，至于这些刺激是否受到注意或被加工，取决于学习者内部的心理结构。在此基础上，认知主义教学理论认为，教学就是促进学习者内部心理结构的形成或改组。提出认知主义教学理论的是美国教育心理学家布鲁纳和奥苏贝尔等，其中以布鲁纳的认知结构教学理论为代表。

其理论主张有以下几点。

（1）注重智力发展的教学目标。行为主义教学论教学目标在于为学生提供特定刺激以便引起学生特定的反应，而且这种反应越具体、越精确越好。而以布鲁纳为代表的认知主义则认为教学的主要任务在于使每个学生掌握学科基本结构，并得到最好的智力发展。在布鲁纳的教学思想里，帮助或促进学生的成长和发展是其中心课题。他强调："教学，说到底是一种帮助或促进人的成长的努力……一个教学理论实际上就是关于怎样利用各种手段帮助人成长和发展的理论。"同时他强调："我们也许可以把追求优异成绩作为教育的一般目标；但是，应该弄清楚追求优异成绩这个说法指的是什么意思。它在这里指的是，不仅要教育成绩优良的学生，而且也要帮助每个学生获得最好的智力发展。"[①]

（2）动机—结构—程序—强化原则。[②]布鲁纳认为，教学论是一种规范化的理论，它所关注的是怎样学会学习，而不是描述学习。它有四个特点：第一，应详细地规定最有效地使人能牢固树立学习倾向性的经验；第二，应当详细规定将大量知识组织起来的方式，从而使学习者容易掌握；第三，应规定呈现学习材料最有效的序列；第四，必须规定教学过程中贯彻奖励和惩罚的性质和步调。据此，布鲁纳提出动机原则、结构原则、程序原则和强化原则四个教学原则。

（3）学科知识结构。布鲁纳十分强调学科知识的结构性存在。他认为，结构是"教学的中心"，"不论我们选教什么学科，务必使学生理解该学科的结构"[①]。学生学习基本结构有利于理解学科、有助于学习内容的迁移、能帮助学生记忆细节知识以及缩小高级知识与初级知识之间的差距。

---

① 布鲁纳. 教育过程[M]. 邵瑞珍，译. 北京：文化教育出版社，1982：30.

② 佚名. 布鲁纳的结构主义教学理论[J]. 教育理论与实践，2008（04）：37-38.

（4）发现教学方法。布鲁纳认为，教学仅仅讲述教材内容是不够的，重要的是引导学生自己去发现。在教学中，教师必须将学生看成是积极的信息加工者，创设一定的问题情境，让学生自己发现问题、解决问题，学会发现新知识的思考方式。

布鲁纳的结构主义教学理论重视每个学生的智力发展，重视学生主动的学习过程，重视学生对科学方法的掌握和对学生内在学习动机的激发，这些主张符合现代社会对教育的要求，具有一定的价值和意义。但是它也存在着诸如夸大学科结构的普遍性，导致教学内容过于理论化、抽象化，致使学生感到学习内容难度过大的弊端。采用发现学习耗时较多，需要学生有一定的知识积累和思维能力，并不适合任何阶段的儿童。①

（三）人本主义教学理论

人本主义教学理论是建立在人本主义心理学基础之上的。人本主义心理学是20世纪五六十年代在美国兴起的一种心理学思潮，其主要代表人物是马斯洛和罗杰斯。人本主义学习观与教学观深刻地影响了世界范围内的教育改革，是与程序教学运动、学科结构运动齐名的20世纪三大教学运动之一。美国人本主义心理学家罗杰斯的非指导性教学就是这一流派的代表。

其理论的基本观点有以下几方面。

（1）教学必须以人为中心。罗杰斯的非指导性教学思想的实质就是把学生的经验运动摆在教学过程的核心位置。教学过程的其他所有方面，包括教师的教，都必须围绕着这个核心“旋转”，为这一核心服务。他主张教学过程中的准则就是“以学生为中心”，也即“以学生经验为中心”。然而，他并不排斥教师在教学过程中的作用，而是强调教师在教学过程中的促进和催化作用。

（2）教学目标。罗杰斯认为教学的最终目标是把学生培养成富有灵活性、适应性和创造性的人，教育应该注重培养具有主动性、独创性的人。概括地说，罗杰斯认为，教育所培养出来的人应该是个性充分发展的人。这种人具有主动性和责任感，具有灵活地适应变化的能力，是自主发展的人，能够实现自我价值的人。

（3）教师角色。罗杰斯将教师定位于促进者的角色，认为教师不应是传统的控制者，而应在教学过程中着重扮演好促进者的角色并履行相关任务。他认为教师的作用主要表现为以下几个方面：一是帮助学生引出并澄清问题；二是帮助学生组织材料，组织更广泛的学习活动；三是作为一种灵活的资源为学生服务；四是作为学习的参与者——小组成员而参与活动；五是主动与小组成员分享自己的感受。

---

① 杨丹. 对布鲁纳结构主义教学理论的再认识[J]. 现代教育科学，2008（12）：88-90.

（4）教学原则①。教师在课堂教学中要贯彻“非指导性”的思想，必须遵循一些基本的原则或要求，如学生自主制订学习计划，教师与学生共同制订课程计划、管理方式，学生学习的自我评价，教师提供各种各样的学习资源，营造一种促进学生学习的良好气氛，等等。其中，最基本的原则：教师在教学中必须有“安全感”。他信任学生，同时感到学生同样也信任他，不能把学生当成“敌人”，加以提防。总之，课堂的气氛必须是融洽的、诚意的、开放的、相互支持的。只有在满足这个要求的前提下，其他原则才有可能得到进一步遵循。

以罗杰斯为代表的人本主义教学理论以学生为中心，突出学生自主学习、自我实现，强调师生平等交流，体现了时代精神，具有一定的先进性。但也存在夸大教师态度对学生学习和发展的作用，忽视教师的知识结构、教学技巧等素质的作用，忽视教师的主导作用和学校教育教学的特殊性等局限性。

第三节 教 学 模 式

长期以来，人们都在不断寻求教学领域中理论和实践得以沟通的中介。教学模式是对各种具体有效的教学活动方式的选择、抽象和概括，又是通过简明扼要的解释或象征性的符号，反映其所内含的教学理论或教学思想的基本特征，比一般的教学理论更接近于教学实践，不再是空洞的思辨。它像桥梁一般连接了教学理论与教学实践，更像润滑剂一般促进教学理论与教学实践之间的相互转化。

一、教学模式概述

率先将教学模式引进教学论研究领域的是美国哥伦比亚大学的乔伊斯（B. Joyce）和韦尔（M. Weil），他们在1972年出版了《教学模式》一书，该书一般被认为是教学模式理论研究开始的标志。该书于20世纪80年代修订再版，对教学模式研究影响深远。我国从20世纪80年代中期以来对教学模式的研究进行了广泛的关注，并取得了重要成果。

（一）教学模式的概念

由于研究角度和认识理解的不同，人们对教学模式概念的界定多种多样，归纳起来大致有如下观点。②

1. 计划范型说

这种观点将教学模式看作教学活动的计划或者范型，如1972年，美国学者乔

① 钟启泉，黄志成. 美国教学论流派[M]. 西安：陕西人民教育出版社，1993：261-262.

② 李如密. 现代教学理论研究[M]. 长春：吉林人民出版社，2003：154-155.

伊斯和韦尔提出："教学模式是构成课程（长时间的学习课程）、选择教材、指导在教室和其他环境中的教学活动的一种计划或范型。"[①]

2. 活动结构说

这种观点将教学模式看作教学活动的结构，如吴也显认为："某种活动方案经过多次实践的检验和提炼，形成了相对稳定的、系统的和理论化了的教学结构，这就是我们所说的教学模式。"[②]

3. 程序策略说

这种观点将教学模式看成是进行教学的策略体系，如甄德山认为，"所谓教学模式，简单地说，就是在一定教学思想指导下所建立起来的完成所提出的教学任务的比较稳固的教学程序及其实施方法的策略体系"[③]。

4. 样式方式说

这种观点将教学模式看作教学的风格样式或组合方式，如刁维国认为："教学模式是指独具风格的教学样式，是就教学过程的结构、阶段、程序而言的，长期的、多样化的教学实践，形成了相对稳定的、各具特色的教学模式。"[④]

以上诸种观点角度不同，说法各异，无疑都从某一方面触及教学模式的本质，但也不同程度地存在一些不足之处，如"程序策略说"把教学模式等同于教学程序或教学策略是不恰当的。固然，教学程序和策略是教学模式的重要组成要素，但教学模式不是单纯的教学程序或教学策略，它是由多种教学要素所构成的一个综合体，其内涵远比教学程序或策略丰富得多。教学模式研究的一个突出优点，正是它超越了孤立地研究教学过程中各个要素的研究方法，坚持以整体、系统和动态的观点来研究教学过程，这样的研究方式非常有助于我们认识教学过程中各个因素的普遍联系和动态转化。

根据以上分析，我们认为，教学模式是指在一定教育思想指导下和丰富的教学经验基础上，为完成特定的教学目标而形成的稳定而简明的教学结构理论模型及其可操作的实践活动方式。这一定义涉及几个要点。①强调教学模式是指向教学结构的。"结构"这个词用于现代科学研究，指的是事物各要素之间的组织规律和形式。在实际教学活动中，教学结构包括纵横两个方面。纵向结构是指教学

① 转引自李如密．现代教学理论研究[M]．长春：吉林人民出版社，2003：154.

② 吴也显．课堂教学模式浅谈[J]．教育研究与实验，1988（01）：12-15.

③ 甄德山．教学模式及其管理浅议[J]．天津师大学报，1984（05）：35-40.

④ 刁维国．教学过程的模式[J]．教育科学，1989（03）：19-22.

过程中各阶段、环节、步骤之间的相互联系，表现为一定的程序；横向结构则是指构成现实教学活动各要素，即教师、学生、教学内容、教学目标、教学手段、教学方法等因素的相互联系，表现为影响教学目标达成的诸要素在一定时空结构内或某一教学环节中的组合方式。教学模式是对教学结构的一种反映和再现。②从静态和动态两方面揭示了教学模式的中介性。从静态看，教学模式是教学结构的稳定而简明的理论模型，是立体网络的、多侧面分层次的，很直观地向人们显示了教学诸要素的组合状态，对人们从理论上把握教学模式有重要作用。从动态看，教学模式是具体可操作的实践活动方式，是依序运动的、因果相连的，很明确地规范了教学过程的展开序列，为人们从实践上操作运用教学模式提供了具体指导。③这一定义强调了特定教学目标对教学模式的制约。教学模式总是和教学目标相联系，后者制约了前者的性质、功能、特点和范围。④这一定义指出了教学模式形成的主要途径。教学模式的形成主要有两条路径，即教学理论的演绎和教育教学实践经验的归纳和提升。⑤教学模式具有相对稳定性。教学模式一经形成，就具有相对的稳定性。但是，随着教学理论尤其是教学实践的发展，教学模式本身也在不断地变革、修正和完善。

（二）教学模式的结构

探讨教学模式的结构有助于更深入地认识教学模式概念。尽管人们对教学模式的概念界定不一，但对教学模式结构的认识基本趋向一致，只是表述有些微区别。一般认为，教学模式是由教学理论、教学目标、操作程序、实现条件和教学评价五个因素构成的。这些要素相互联系、相互制约，共同构成了一个完整的教学模式。

1. 教学理论

任何的教学模式都是在一定的教学思想和理论指导下提出来的。正如乔伊斯和韦尔所说：“每一个模式都有一个内在的理论基础。也就是说，它们的创造者向我们提供了一个说明我们为什么期望它们实现目标的原则。”[①]教学模式所赖以建立的教学理论或思想，乃是教学模式深层内隐的灵魂和精髓，如程序教学模式是根据行为主义心理学提出的，非指导性教学模式的理论基础则是人本主义心理学，理论基础不同所形成的教学模式也会不同。

2. 教学目标

教学模式都是指向一定的教学目标，为达成一定的教学目标服务的。教学目

---

① 转引自李如密. 现代教学理论研究[M]. 长春：吉林人民出版社，2003：160-161.

标是教学模式的核心，教学模式的各个构成要素都是围绕特定的教学目标构建的，如德国的范例教学模式，其教学目标在于使学生掌握从基本概念和基本知识中选出来的示范性材料，并能举一反三，培养学生独立思考和独立工作的能力。

3. 操作程序

操作程序是教学活动展开的时间序列或逻辑步骤。不论哪一种教学模式都有其特定的操作程序，它是教学模式得以存在的必要条件。它具体规定了教学活动每一环节应完成的教学任务以及教学环节之间的先后顺序，如程序教学模式就要求把教学内容设计成一系列小步子，每一程序学习一小步，回答机器或程序课本提出的问题，并及时强化后，再进入下一程序的学习。

4. 实现条件

实现条件是指能使教学模式发挥效力，达到一定教学目标的各种条件。任何教学模式都是在特定的条件下才能有效。教学模式的实现条件包括的内容有很多，如教师、学生、教学内容、教学手段、教学环境、教学时空组合等。布鲁姆指出，有利的学校条件能使大多数学生很好地进行学习，并从学习中获得满足。①

5. 教学评价

教学评价是教学模式的一个重要因素，它包括评价的方法和标准。由于不同的教学模式所要完成的教学任务和达到的教学目标不同，使用的程序和条件不同，其评价的方法和标准自然亦有所不同，如罗杰斯的非指导性教学模式主要实行学生的自我评价方式，布鲁姆的掌握教学模式采用诊断性测验、形成性测验和终结性测验三种形式。

（三）教学模式的特点

1. 整体性

教学模式一般都是由理论基础、教学目标、操作程序、实现条件和教学评价构成的有机整体，它不是只表现和反映教学过程的一个方面或本质上的一点，而是揭示教学过程中诸要素的动态联系，从全局上表现教学活动过程的始末，因而具有整体性。

2. 简约性

教学模式都是简约化了的教学结构理论模型及活动方式，大都以精练的语言、

① 转引自吴文侃. 国外教学论流派[M]. 福州：福建教育出版社，1990：248.

象征性的图式或明确的符号表达和揭示其构成要素之间的复杂关系和过程。教学模式不是特定教学过程中的具体经验，在其形成过程中，略去了诸多细节，只反映核心与本质，这就使之摆脱了具体经验所带来的局限。教学模式唯其简约，才既便于掌握，又便于交流。

3. 相对性

所谓相对性是指每种具体教学模式的效能都是相对的，正如没有包治百病的教育处方一样，在教学活动中也不可能有一种普遍有效的、可以对一切教学目标都适用的万能模式。相对于特定的教学目标和教学情景来说，某种教学模式是有效的，但随着教学目标和情景的改变，这种教学模式的适用性和有效性就会降低。

4. 发展性

教学模式并不是一成不变的，它是随着教学实践、教学观念和理论的变化而不断发展的。人们在学习、模仿和运用教学模式的过程中，会根据自己的经验和掌握的新理论，对现有模式予以修正充实，使之日臻完善。

5. 操作性

教学模式不是空洞的思辨推论，它具有一套明确的操作程序和策略体系，这就使得教学模式可以被传授和学习、被示范和模仿。教学模式之所以具有操作性，一方面因为教学模式总是从某种特定的角度、立场和侧面来揭示教学的规律，比较接近教学实际而易被人们理解和操作；另一方面教学模式的产生不是为了空洞的思辨，而是为了让人们去掌握和运用，因此它有一套可供操作的系统和程序。

二、当代国外主要教学模式

（一）程序教学模式

20 世纪 50 年代，美国行为主义心理学家斯金纳根据在实验室中对动物实验总结出的操作条件反射和强化理论，提出学习材料程序化的思想。斯金纳希望通过这种模式使学生在接受新知识时给学生提供刺激，以便引起学生的特定反应，通过及时强化使学生掌握新知，并能对问题做出正确的判断。其基本操作程序是：解释——问题（提问）——解答——确认反馈，即提出问题（刺激），学生选择答案，回答问题（反应），回答问题后立即就指导学习，确认回答是正确还是错误。如果解答正确，得到鼓舞（强化）就进入下一程序学习。如果不正确，就采取补充程序，再学习同一内容，直到掌握为止。为保证学生的学习效果，该模式强调将教材分为由浅入深、由简单到复杂的前后相连的小步子。学生可以在学习中根据自己的实际情况自定步调。

这种教学模式能让学生独立地学习，能适应个别差异，由于采用小步子的方法，复杂的课题可以化难为易。它的缺陷在于，只管学生学习的结果，不能判断学生理解的深浅和是否进行创造性思维；不适用于技能训练和艺术学科；缺少师生间、同学间的人际交往。

（二）发现教学模式

发现教学模式是让学习者自己去发现教材的结构、结论和规律的教学模式。布鲁纳是倡导这一模式的集大成者。布鲁纳表示自己的教学思想的理论来源是结构主义。该理论强调认识事物的内部结构的重要性，注重整体性的研究，强调从系统功能中把握事物。发现教学模式的目标在于提高学生的探究思维能力，让学生从已知事实或现象中推导出未知，形成概念，从中发现事物发展变化的规律性，并培养学生的科学态度和独创精神，使学生掌握科学研究的方法。

发现教学模式的操作程序是：第一，提出问题；第二，创设问题情境；第三，利用材料，提出假设；第四，检验假设，得出结论。布鲁纳认为，要更好地实现这一教学模式的目标，教学必须与儿童的认知发展相适应，合理安排教学序列；教师要选择适当的时机对儿童的学习成果进行强化。

发现教学模式在教学方法上以启发式为主，而不再是那种传统的讲解式方法。发现教学模式强调学习过程，注重直觉思维，强调内在动机，强调信息提取。这一模式有助于开发儿童潜在的智力，能够培养学生的学习兴趣，提高儿童的思维能力，但同时它也是一种天才教育的模式，对师生的要求过高，给操作带来了困难，教学目标较难实现。

（三）掌握学习教学模式

掌握学习教学模式是美国教育家布鲁姆所倡导的。此模式的理论基础主要源于三个方面。一是新的学生观。布鲁姆通过研究和分析发现，在适当的学习条件下，大多数学生在学习能力、学习速度、进一步学习的动机方面会变得十分相似。二是心理学所提到的学生的情感影响着学习结果的理论。三是布鲁姆自己创立的教育目标分类学和教学评价理论。布鲁姆坚信，如果教师能按照每个学生的差异，给予他们足够的学习机会，所有学生都能学好。在这一思想指导下，布鲁姆提出了掌握学习教学模式的目标，就是要发挥学生的学习潜力和学习积极性，使大多数学生掌握教材所规定的知识技能，取得优良的成绩。为了实现这一目标，该模式强调师生双方应对“掌握学习”抱有信心，在教学组织形式上采取班级教学和个别辅导相结合的方式，以班级教学为基础，辅之以及时的反馈和矫正，提供学生所需要的个别化帮助和所需的额外学习时间，从而使绝大多数人达到学业规定要求。

教师在具体实施掌握学习模式时，可以遵循以下步骤。①详细规定长期目标，把最主要、最基本、具有较大潜在迁移性或应用价值的目标定位为掌握目标，把其他目标作为一般了解目标。②把课程分解为一系列学习单元，制定单元教学目标，针对单元目标编制简短的形成性测验，诊断学生掌握本单元学习内容的广度和深度。③设计单元掌握学习计划，帮助学生达到单元教学目标，同时设计有效的反馈矫正计划，利用形成性评价测验提供的反馈信息，提供可供选择的教学材料及各种形式的学习活动，帮助未掌握者矫正学习中的差错。

掌握学习教学模式体现了对每一位学生的信心和学生自身存在的差异的尊重，是一套有效的因材施教的教学实践尝试。但它存在的问题也是显而易见的，教师的负担大大增加、深化学习和扩展学习不易实现。

（四）暗示教学模式

暗示教学模式由保加利亚心理治疗医生洛扎诺夫提出。洛扎洛夫认为，以灌输为主的传统教学强调理性的、逻辑的心理活动，忽视无意识心理活动和情感在学习中的作用，限制了学生能力的发挥并造成了学生的心理压力。暗示教学旨在通过各种暗示手段，充分调动学生的无意识心理活动，运用鲜明的形象强化外围知觉（意识所关注的中心之外的知觉，如专心看书时播放的音乐）唤起学生的视听感觉，使学生在轻松、愉快的氛围中学习，从而提高学生的学习效率，促进学生心理潜力的发展。

暗示教学模式的理论依据主要有两个：一是人与环境的关系。洛扎诺夫认为，人的成长不能脱离环境，环境会潜在地影响人，使人形成某些观念。二是暗示学的相关理论，即人的可暗示性、人的三道反暗示防线（逻辑防线、情感防线、伦理防线）、无意识问题。洛扎诺夫希望通过运用暗示手段和创设优雅的外部环境，激发学生的情感因素,使学生在没有心理压力和学习负担的状态下进行高效学习，并能学会充分展示自我，开发自我的潜能，提高记忆力、想象力和创造力。而要实现这一目标，就需要教师创设优雅的外部教学环境，进行学习前的动员和采用各种暗示手段。其基本程序为：①入境。在一定的情境中通过对话、游戏等轻视愉快的活动进入学习氛围；②用对话形式解释教材；③使学生进入最佳状态；④教师用形象化手段授课；⑤用轻快的乐声唤醒学生，结束学习。[①]

暗示教学模式能够让学生处在轻松愉快的学习环境中，运用暗示、联想、联系和音乐等综合方式，激发学生学习的兴趣，使大脑两半球协调活动，有意识和无意识相结合，形成学习的最佳心理状态，从而充分发挥学习潜力，提高教学效果。但有人认为暗示教学所选的音乐难以适应不同文化背景的学生，另外记忆词句等不等于学会语言，提高记忆力是否能与其他能力相协调发展也有待研究。

---

① 刘艳玲，童莉芬. 课程与教学论[M]. 南昌：江西高校出版社，2015：162-163.

（五）范例教学模式

范例教学模式为德国瓦根舍因等教育学者所倡导，就是根据好的、特别清楚的、典型的事例进行教学与学习，从而掌握科学知识和科学方法，并把科学的系统性与学生的主动性统一起来，发展学生独立学习、独立解决问题能力的一种教学模式。①

范例教学模式是以“知识迁移”理论为主要依据，运用系统方法整体研究教学内容，促进学生由“知”向“能”的发展。范例教学模式意图通过向学生提供经过选择的典型事例，促使学生理解普遍性的问题，帮助学生掌握学科最本质的、结构性的、规律性的系统知识，以及学习这些知识的科学方法，减轻学生的学习负担，提高教学质量。范例教学在教材选择上，特别强调基本性、基础性、范例性。教和学的过程必须和学习者已达到的发展水平相联系，从学生的心理活动、认知、审美以及社交和道德发展水平出发。其基本程序为：①范例性地阐明“个”，使学生认识某一事物的本质特征；②根据范例“个”所获得的知识，推理特点，分析掌握“类”的特征，使对“个”的认识上升为对“类”的认识；③范例地掌握规律和范畴的阶段，即根据对“个”所获得的认识，进一步过渡到对“类”的认识，从而达到对更本质的关系—规律的认识；④范例地获得关于世界关系的经验，认识更为抽象或总结性的规律。②

范例教学模式的核心是学习者积极主动的学习，教学中的教是对学生积极主动学习的帮助，范例教学追求教学中对学生掌握学科知识结构和提高认知能力的培养。范例的选择和运用，需要教师充分发挥自己的主观能动性，也要求教师有较强的学科素质，不适于较分散的、课题结构不明显的内容。

（六）非指导性教学模式

该模式是由美国心理学家罗杰斯的非指导性教学理论发展而来的，其理论基础是以人本主义心理学。

这种教学模式把学生放在教学的中心位置上，极为强调学生的主体作用，把学生的自我实现作为教学的根本目的，在教学中十分重视和谐、融洽的人际关系和情感因素的作用。为此，教师应实现由控制者向促进者的角色转变，教师的作用不是指导学生，而是提供学习资源，尽力创造有利于学生展示自信、显露才能、实现和谐融洽、轻松自由的课堂氛围，以促进学生自主学习。“非指导性教学”是一种无严谨结构的教学，教学的目的、内容、进程和方法等由学生自己讨论。基本教学程序为：①确定帮助情境。教师鼓励学生自由表达自己的思想、情绪，并从学

① 吴立岗，夏惠贤. 现代教学论基础[M]. 南宁：广西教育出版社，2001：188.

② 杨小微. 现代教学论[M]. 太原：山西教育出版社，2004：256-257.

生自由流露的情感以及对某个问题表现出的困惑中，了解学生想要求助的问题；②探索发现问题。教师通过鼓励学生在自由讨论中发表自己的看法，澄清模糊或相互矛盾的观点，引出探索的实质性问题；③发展洞察力。教师和学生一起讨论问题，在讨论中教师应支持学生自由地发表看法，并适时而灵活地给学生提供必要的帮助，促进其能力发展；④制订计划和决策。学生自己选择学习方向、制订初步学习计划，并积极地准备付诸实施，教师为学生提供学习资料、澄清学生解决问题的可能决定；⑤整合。学生汇报并评价已实施的计划，教师引导并支持学生进一步完善计划，采取更为积极的行动，以保持学习过程持续不断。①

非指导性教学模式对学生自主地、有创造性地发挥潜能和对良好个性的塑造有重要的作用，使学生能充分认识自我的价值，形成自我概念。但它过分强调以学习者为中心，削弱了教师应有的作用，并且完全放弃课程内容对学生的教育作用，对教学是不利的。

三、当代我国主要的教学模式

（一）系统传授式教学模式

系统传授式教学模式也称传递接受式模式，主要用于系统知识、技能的传授和学习，它把教学看作学生在教师指导下的一种对客观世界的认识活动。这一认识活动包括掌握系统的基础知识、基本技能，提高认识能力，养成良好的学习习惯和思想道德品质等内容。该模式源于赫尔巴特的四段教学法，苏联教育学家凯洛夫等对其进行了重新改造。传入我国后经由教育学者的本土改造，成为我国中小学教学实践中长期以来普遍采用的、最为常见的教学模式。

（二）引导发现式教学模式

引导发现式教学模式又称问题探究式，是指教学活动以解决问题为中心，学生在教师的指导下通过发现问题、提出问题、寻找解决问题的方法并最终通过自己的行动找到问题答案的一种教学模式。它是依据杜威、布鲁纳等所提倡的“问题—假设—推论—验证”程序，并结合我国的一些教育教学成果归纳而成的。这种教学模式注重学生独立活动，着眼于对学生思维能力和意志力的培养，多见于理科教学，如我国湖北王辅湘的小学数学引导发现模式、武汉邓国材的启发探索模式等。

（三）自主探究式教学模式

自主探究式教学模式最早由杜威提出，后经施瓦布、布鲁纳、皮亚杰等的研究而最终完善。自主探究式教学模式强调学生自主性的发挥，使学生能够自觉地、

---

① 周忠生，田宗友. 罗杰斯的非指导性教学模式评述[J]. 外国中小学教育，2002（06）：44-46.

主动地探索，掌握认识问题和解决问题的方法和步骤，研究客观事物的属性，发现事物发展的起因和事物内部的联系，从中找出规律，形成自己的概念。

（四）示范操作教学模式

示范操作教学模式是通过教师讲解、示范，学生进行参与性联系而获得知识技能的一种教学模式。它是根据人类行为技能获得的一般规律提出的，这种模式主要用于训练行为技能，使学生掌握一些基本的行为技能，如读、写、算等，以及各种运动技能。

（五）自学辅导教学模式

自学辅导教学模式也称自学-指导教学模式，这是一种以学生的自学为主要形式，教师的指导贯穿学生自学过程始终的教学模式。这种模式意在使学生在获得知识的同时，掌握学习的方法，培养和提高自学能力。中国科学院卢仲衡研究员于 1965 年下半年，首次提出了班集体与个别化教学相结合的教育思想，并进行了数学自学辅导实验研究——中学数学自学辅导实验①，上海育才中学的“读读、议议、练练、讲讲”八字教学模式②，魏书生的中学语文教学“六步教学法”模式③，黎世法的“六课型单元教学”④，钱梦龙的“三主四式语文导读法”⑤等，都属于自学辅导教学模式。

第四节　教 学 原 则

在人类教学理论发展史上，关于教学原则的论述是一笔非常丰富而珍贵的财富，前人的智慧永远启示着后人。现代教学论研究者将建构一个完整而合理的教学原则体系作为自己的重要任务之一，并进行着多方面的努力。

一、教学原则的概念及确立依据

教学原则作为指导教学工作的基本要求，它从理论的高度指导着教学实践，同时也是对教学实践经验的理论性概括，它既是教学基本原理落实到实践中的媒介，也是保证教育实践遵循教育规律的重要环节。对教学原则概念及其确立依据的理解，有助于我们在实践中自觉遵循和贯彻落实科学的教学原则，促进教学实

① 苏春景. 中国新教学法实验研究[M]. 北京：中国文联出版公司，1998：223-236.

② 育才中学：“读读、议议、练练、讲讲”八字教学法[J]. 上海教育，2011（7）：14-15.

③ 苏春景. 中国新教学法实验研究[M]. 北京：中国文联出版公司，1998：142-156.

④ 王玉华，田霜月. 黎世法教授创立异步教学法[N]. 湖北日报，2001-10-10（B01）.

⑤ 何之文. 钱梦龙“三主四式语文导读法”简介[J]. 江苏教育，1985（15）：21.

践的发展。

（一）教学原则的概念

教学原则是根据一定的教育教学目的，遵循教学过程的规律而制定的指导教学工作的基本要求。它是指导教学活动的一般原理，既指导教师的教，也指导学生的学，是有效进行教学必须遵循的基本要求，应该始终贯彻于教学过程的各个方面。它包含三方面的含义：首先，教学原则从属于教学，是为实现教学目的服务的；其次，教学原则的确定有赖于人们对教学规律的认识；最后，教学原则对教学内容、教学方法、教学组织形式的设计与运用起指导作用。

（二）教学原则确立的依据

1. 教学原则是教学经验的概况和总结

人们在长期从事教学实践的活动中，不断探索出了一些成功的经验或失败的教训。人们对于这些经验或教训进行理论分析，不断深化，由感性认识上升为理性认识，经过概括抽象，对教学规律有所认识，从而制定了教学原则。如我国古代积累了丰富的教学经验，孔子基于其教学实践提出“因材施教”“启发性教学”的思想，《学记》提出了“教学相长”“长善救失”等主张，这些教学经验对今天制定教学原则仍然有借鉴意义。

当然，随着教育研究、教育实验的发展，教学原则不再限于对日常工作经验的总结，而是进一步通过实验研究，更加自觉地概括出来，如赞科夫在他的《教学与发展》中说，“我们的教学原则是在实验研究的过程中形成的”。并根据其近 20 年的教学改革实验，提出了高难度进行教学、高速度进行教学、使学生理解学习过程等五条著名的、具有启发意义的教学原则。

2. 教学原则是教学规律的反映

教学原则虽是人们主观制定的，但是反映了教学过程的客观规律，由于教学原则与教学规律的关系很复杂，因此规律与原则不是一一对应的关系，根据一条规律可以提出好几条教学原则，而有的教学原则也反映着不同规律的要求。

由于教学原则是人们根据对教学规律的认识而制定的，因此，它受到人们认识的制约，具有时代的特点。随着科学技术的进步，人们对教学规律的认识不断深入，教学原则将不断完善和发展。

3. 教学原则受到教育教学目的的制约

教育教学目的是教学工作的出发点和归宿，它规定了教学活动的发展方向和预定的结果，指导和支配着教学活动的各个方面。任何教学原则体系的确定，都要遵循和反映教育教学目的的要求。

4. 教学原则的确立要遵循学生的身心发展规律

教学是培养人的活动，教学目的也是为了人的发展，相关人员在制定教学原则时也必须考虑到学生的身心发展规律与要求，只有制定符合学生身心发展规律的教学原则，才能达到促进学生学习与发展的目的。

二、中小学教学的基本原则

现在在中小学常用的教学原则体系是根据我国现阶段教学目的的基本精神，以辩证唯物主义观点和方法为指导，在系统地总结教学实践经验的基础上，批判地吸收、改造古今中外教学原则的思想，全面而具体地分析教学过程中的规律，经过长期的总结和实践检验修正而形成的。

（一）科学性和思想性统一的原则

科学性和思想性统一的原则，是指教学要以马克思主义为指导，授予学生以科学知识，并结合知识教学对学生进行社会主义品德教育、心理健康教育和正确的人生观、世界观、价值观教育。这是培养德智体美劳全面发展的人的要求，是建设社会主义物质文明和精神文明建设的要求，体现了我国教育的根本方向，同时也是教学的教育性规律的反映。

科学性是指教学内容必须是正确的、科学的，教学方法、教学组织形式是科学的。思想性是指合理地、灵活地结合教材内容对学生进行思想教育、道德教育。在我国学校里，教学的科学性与思想性是一致的。科学性是思想性的基础和前提，思想性又是科学性的灵魂，是提高科学性的保证。

科学性和思想性统一原则的基本要求：保证教学内容的科学性与时代性；发掘教材的思想性，注意在教学过程中对学生进行情感、态度、价值观教育；教师要不断提高自己的专业素质和思想道德修养。

（二）理论联系实际原则

理论联系实际原则是指教师在教学中，应使学生从理论与实际的结合中来理解和掌握知识，并引导学生运用新获得的知识去分析问题和解决问题，培养学生分析问题和解决问题的能力，达到学懂会用、学以致用的目的。

理论联系实际原则的基本要求：加强基础知识的教学，在基础知识教学中注意联系实际；重视培养学生运用知识的能力；加强教学的实践性环节，逐步培养学生综合运用知识的能力；重视基本技能的训练，使学生有一定的动手操作能力；适当补充乡土教学材料，使学生能更好地结合各地的实际学习知识。

（三）直观性原则

直观性原则是指在教学活动中，教师应利用学生的多种感官和已有的经验，通过学生直接观察所学事物或通过教师形象的语言描述，引导学生对所学事物及学习过程形成清晰表象，由此使学生获得感性知识并丰富直接经验，使他们能够正确理解书本知识，同时提高认识能力。

直观性原则的基本要求：要正确选择直观教具和现代化教学手段；将直观实物与讲解相结合，同时重视运用直观语言。

（四）启发性原则

启发性原则是指教师在教学中要承认学生是学习的主体，教师发挥主导作用，注意调动学生的学习主动性，引导他们独立思考、积极探索，自觉地掌握科学知识，提高分析问题与解决问题的能力。启发性原则是在吸取宝贵的中外教育经验的基础上提出的，是教师主导作用与学生主体作用相统一的规律在教学中的反映。

启发性原则的基本要求：调动学生学习的主动性，培养学生积极的、自觉的学习态度；注意设置问题情境，启发学生独立思考，使学生掌握良好的思维方法并提高思维能力；让学生动手，培养学生独立解决问题的能力，鼓励学生将知识创造性地运用于实际；发扬教学民主，确立科学的师生观，让学生积极、愉快地思考、探索。

（五）循序渐进原则

循序渐进原则在西方常称为系统性原则，是指教学应根据所传授的学科知识的内在逻辑结构以及学生掌握知识、提高能力的顺序，循序渐进地进行教学，使学生掌握系统的科学文化知识，能力得到充分的发展。循序渐进原则首先是由科学知识本身的系统性和严密性决定的；其次是由学生心理发展的阶段性，学生认识活动进程本身由浅及深、由简单到复杂的有序性决定的。

循序渐进原则的基本要求：要处理好教学活动顺序与学科知识的逻辑顺序以及学生掌握知识与提高能力的顺序之间的关系；在教学时注意突出重点、难点，做到主次有别；按照学生的认识顺序，由浅入深、由易到难、由简到繁地进行教学，注重教学的系统性，培养学生系统学习的习惯；及时发现和补救学生在学习中的缺失。

（六）巩固性原则

巩固性原则是指教师在教学中要引导学生在理解的基础上牢固地掌握基本知识和基本技能，并使之长久地保持在记忆中，在需要的时候能够准确无误地再现出来，以利于知识和技能的运用。

巩固性原则的基本要求：在理解的基础上进行知识巩固；要重视组织复习的作用，教会学生记忆的方法；在扩充、改组和运用知识中积极巩固；教师要及时检验学生的学习质量。

（七）量力性原则

量力性原则又称为可接受原则，是指教学的内容、方法、深度和速度要适合学生的身心发展，使他们能够接受，但又要有一定的难度，需要他们经过努力才能掌握，以促进学生的身心发展。

量力性原则的基本要求：要正确认识和科学估计学生的发展水平及其潜在的发展可能；合理组织教学，使教学始终处在“最近发展区”水平，使之在促进学生发展上起重要作用；选择恰当的教学方法，使学生接受最高限度的新知识；注意考虑学生认识发展的时代特点。

（八）因材施教原则

因材施教原则是指教师要考虑学生的实际情况，从个别差异出发，有的放矢地进行有差别的教学，使每一个学生都能扬长避短，获得最佳的发展。

因材施教原则的基本要求：教师要研究学生特点，针对学生的特点进行有区别的教学；教师要善于发现每个学生的兴趣、爱好，并创造条件，尽可能使每个学生获得充分的发展。

第五节　教学组织形式

教学活动总是在一定的时空范围内进行的，教学组织形式就是规定教学以什么样的外部形式使教学活动的各要素在特定的时空条件下展开。它主要研究教师以什么形式把学生组织起来进行教学活动，如何科学组织与安排教学时间、空间，如何利用教材，使用何种教学方法等问题。在教学活动中，教学任务的完成、教学过程的实施、教学方法的运用、课程的开设等，都必须凭借和运用一定的组织形式来实现。教学组织形式随着社会历史的发展不断变化。从总体上看，教学组织形式的发展是以从古代的个别教学到近代的班级授课制为主线，并在此基础上呈多样化的趋势。近几年来，教学组织形式研究的问题领域变得更为广泛，极大地拓展了教学组织形式的内涵。

一、教学组织形式的含义

国内外学者对教学组织形式的认识可谓见仁见智，如苏联教学论专家斯卡特金认为："教学组织形式就是由既定的作息制度和规章制度规定的师生之间的相互作用。"①休金娜认为教学组织形式是教学过程的极重要的组成部分。教学组织形式中体现出对学生的学习活动进行的严密的、按时间的组织，它与教师的活动又是相互联系的。这种活动可以是全班教学、小组教学、个别教学，还可以是群众性的教学。②我国的教育学者鲁洁等认为："教学组织形式就是关于教学活动应怎样组织，教学的时间和空间怎样有效地加以控制和利用的问题。"③综观这些观点可以发现，他们都各自强调了教学组织形式的不同特点，但也蕴含着共性的东西，那就是教师和学生都要服从一定的组合形式，形成一定的"搭配"关系，并以此种关系共同活动。因此，"教学组织形式就是指为完成特定的教学目标，教师和学生按一定要求组合起来进行活动的结构。或者说，是师生的共同活动在人员、程序、时空关系上的组合形式"。④

二、教学组织形式的历史发展

教学组织形式不是一成不变的，它随着时代的发展、社会的进步而变化、发展，从古至今教学组织形式在不同的历史阶段展现了不同的形式。

（一）古代的教学组织形式

在漫长的古代社会，受当时社会生产力水平低、人口数量少等客观条件影响，世界各地普遍采用个别教学这一组织形式。所谓个别教学，是指教师分别对单个学生进行授业辅导的形式，这是最早的教学组织形式。在我国古代出现的私塾、书院等虽说有相当数量的学生，但授课内容不一、入学时间不同、学生年龄差异较大，教师还是依单个学生的具体情况施教，因此也是个别教学。这种教学组织形式有着明显的优点：它可以考虑到不同学生的不同特质因材施教，使教学内容、进度适合于每个学生的接受能力和水平，但这种个别教学由于学生的年龄相差较大，又没有严格的组织，难以完成系统化、程序化地传授知识的任务，因而教学效率较低。

（二）近现代的教学组织形式

到了近代社会，随着工商业的发展和经济、科技等方面的进步，个别教学已

① 斯卡特金. 中学教学论——当代教学论的几个问题[M]. 赵维贤，丁酉成，等，译. 北京：人民教育出版社，1985：266.

② 休金娜. 中小学教育学[M]. 华东师大比较教育研究所，译. 北京：人民教育出版社，1984：395.

③ 南京师范大学《教育学》编写组. 教育学[M]. 北京：人民教育出版社，1984：465.

④ 王本陆. 课程与教学论[M]. 2 版. 北京：高等教育出版社，2009：265.

不能满足社会对人才的需求，教育规模不断扩大，教育内容也不断扩充，相应地，教学组织形式急需变革。在这种背景下，欧洲率先开创了班级授课的教学组织形式，标志着近代制度化的集体教学的出现。16 世纪中叶，德国斯特拉斯堡古典文科中学采用分级教学制度。每个班学生年龄和水平基本一致，按固定的课程和教科书进行教学。这就是班级授课制的萌芽。到了 17 世纪，捷克教育家夸美纽斯在其著作《大教学论》中总结了当时集体教学的经验，对班级授课制从理论上加以总结和论证，使班级授课制作为一种基本的教学组织形式确定了下来。后来德国教育家赫尔巴特提出了教学过程的阶段理论，并将明了—联想—系统—方法四个阶段引入对班级授课教学过程的阐述之中，使班级授课的教学过程的设计与安排问题得到了有效解决，从而使班级教学制基本定型。以凯洛夫为代表的苏联教学论，提出了课的类型和结构的理论，使班级教学制成为一个较完整的体系。中国采用班级教学始于清代同治元年（1862 年）清政府在北京开办的京师同文馆。20 世纪初废科举、兴学校后，逐步在全国采用班级教学的组织形式。

班级授课制的产生是教育史上的一个重大进步。它大大提高了教学效率，符合现代学校发展和普及教育的需要，因而很快在全世界范围内获得发展并普及，成为现代教学的基本组织形式。尽管班级授课制大大提高了教学效率，但是其具有的难以照顾个别差异进行因材施教的弊端，使得班级授课制受到了责难。寻求既能提高教学效率又能照顾个别差异，促进每一个学生获得良好发展的教学组织形式成为教学组织形式改革探索的核心方向。自 19 世纪 70 年代以来，人们纷纷探索新的教学组织形式，出现了道尔顿制、分组教学、设计教学、文纳特卡制等不同的教学组织形式。20 世纪 80 年代以来，随着信息技术的发展，特别是互联网等新的通信技术的出现，产生了全新的教学组织形式——远程教学、网络教学、虚拟学校等，这些教学组织形式的改革无一例外地都在追求更高品质的教学，使每一个学生都能获得更好的发展。

三、班级授课制——现代教学的基本组织形式

（一）班级授课制的概念及特点

班级授课制又称为班级教学，是指将学生按年龄和文化程度编成有固定人数的班级，由教师按照课程计划中统一规定的课程内容和教学时数，根据学校的课程表进行分科教学的一种教学组织形式。

班级授课制属于集体教学范畴，与个别教学相比，有以下三个特点。

（1）以班为单位由教师同时对整个班级进行教学，班级是按照学生年龄和知识水平编成的，且人数和成员固定。

（2）教学内容按学校和学年分成许多既有系统联系又相对独立和均衡的部分，

每部分采用相应的教学方法和手段有计划，有步骤地展开教学活动，其中每一部分的内容和活动，就叫一课。

（3）每一课都限定在统一且固定的单位时间内进行，课与课之间有一定的休息时间，这个单位时间即课时。

（二）对班级授课制的评价

总体来说，班级授课制适应了现代社会大规模培养人才的需要，是一种富有生命力的经济适用的教学组织形式。它有利于提高教学效率，由一位教师在同一时间内同时对几十名甚至上百名学生进行教学，大大扩大了教育对象，加快了教学进度，提高了教学效率，有利于发挥教师的主导作用。它保证了每个学生的活动自始至终在教师的指导下进行，学生的学习活动得到了很好的组织，有利于发挥班集体的教育作用。由学生组成相对固定的教学班，构成一个有较严密组织领导的集体，各成员的学习内容相同、程度相近，既有利于教师利用集体的力量对学生进行教育，又有利于学生之间相互交流帮助，共同提高，也有利于教师系统地传授科学知识。以有序排列的“课”为教学活动单元，以教师的系统讲授为主要方法对知识进行系统的讲授，保证了学习活动的循序渐进，使学生获得了系统、扎实、完整的知识与技能，有利于教师进行教学管理和教学检查。同一班级的学生心理水平、认识水平相近，并且按照相同的进度进行统一教学，教学质量的评价标准基本相同，便于学校的教学管理和教学检查。

任何事物都是有利有弊的，班级授课制也不例外。它对全班学生使用同一教材，按照统一进度和要求进行教学，不利于照顾学生的个别差异，不利于因材施教，难以满足学生个性化的学习需要，不利于充分发挥学生学习的主动性和激发学生内在潜力。班级授课制过多地强调了教师面向集体的讲授，偏重于书本知识的学习，在实践中容易忽视对学生的学习主动性的激发和培养，忽视学生的实践活动，学生的创新能力和实践能力不易得到锻炼和提高。

四、教学组织形式的改革

随着时代发展，教育价值取向逐渐由重知、重教等转向更加注重学生学习的主体地位的确立，人们更加注重学生在教学中自主性、主动性和探究性行为表现，更加注重学生潜能的开发、创新意识和能力的培养，在教学组织上人们开始不断地反思班级授课制与以学习者为中心的教育价值取向相矛盾的弊端，着力探索能够最大化地关注学生个体差异，使每个学生的潜能都得以激发和展现，能够更好地支持学生作为学习主体的课堂教学组织形式的改革。在此背景下，人们开始了对班级授课制的改革，相继出现了将集体教学、小组讨论和个别指导等结合的教学组织形式改革。

（一）早期教学组织形式的改革

1. 设计教学

设计教学是美国教育家克伯屈在 1918 年依据杜威的实用主义教育思想而创设的一种教学组织形式。其突出的特点是废除传统的班级授课制，摒弃教科书，不受学科限制，由学生根据自己的兴趣自动、自发地确定自己的学习目的、选择学习内容，学生在自己设计的学习活动中获得相关的知识与能力。教师的作用在于激发学生的学习动机，指导学生从实际生活情境中自己确定学习目标，制订达到目标的工作计划，开展实际活动，并检查工作结果。这种教学组织形式能够发挥学生学习的主动性和积极性，引起学生学习的兴趣与动机，同时可以锻炼学生的实践能力，重视培养学生的合作意识，但是它打破了学科的逻辑体系，忽视了教学内容的系统性，不利于学生逻辑思维的培养和对系统科学知识的掌握。

2. 道尔顿制

道尔顿制是美国进步主义教育家帕克赫斯特（H.Parkhurst，1887—1973）在马萨诸塞州道尔顿市的道尔顿中学所试行的一种教学组织形式。其创立的初衷是解决班级授课制形式下容易使学生处于被动地位、学生的性格差异被忽视等问题，是一种典型的自学辅导式的教学组织形式。其具体做法为，教师每周进行有限的集体教学，然后指定学习内容，学生接受学习任务后，在由教室改成的各科作业室和实验室里进行自主学习，独立完成作业。各科作业室和实验室分别配有辅导教师，有疑难时才请教师辅导，学生完成一定阶段的学习任务后向教师汇报学习情况和接受考查，通过成绩记录表记录学生的学习进度。

道尔顿制强调自由与自主，学生可按自己的能力确定学习进度，能够较好地照顾到个别差异，能够培养学生独立学习的能力，有利于调动学生学习的主动性，培养他们的学习能力和创造才能。但其也存在较多弊端，如不再按教材系统授课，难以确保教学内容的系统性和连贯性，不利于学生形成良好的认知结构。学习任务不受课时限制，尤其是否定了教师的主导作用，也难以保障教学活动的效率。道尔顿制依赖学生高度的自觉性，由于大多数学生尚不具备独立学习和完成作业的能力，若没有教师的系统讲解，他们往往在摸索中白白浪费了时间而无多大收获，学不到系统的知识。同时，它对教师的要求也很高，还要求有较好的教学设施和条件，如较多的作业室、实验室、图书室和图书、仪器，一般学校很难具备这些条件。

3. 特朗普制

特朗普制是 20 世纪 50 年代由美国教育学教授劳伊德·特朗普创立的，又称

“灵活的课程表”。这种教学形式试图把大班上课、小班讨论和个人自学三种教学形式结合起来，以灵活的时间单位代替固定、统一的上课时间。大班授课由优秀教师采用现代教学手段给几个平行班统一上课，之后分成15～20人的小班组，研究讨论大班课上的教学材料，小班研究时安排普通教师或出色的学生领导负责，个人独立研究主要是完成指定或自选的作业，三种形式穿插进行。教学时间分配为：大班上课占40%，小班研究占20%，个人自学占40%。特朗普制兼容了班级授课、分组教学与个别教学的优点，既充分发挥了教师尤其是优秀教师的作用，使其能进行系统知识的讲授，又充分体现了学生学习主体的地位，使学生能够自主学习、独立学习；既能使学生获得系统的知识，又培养了学生的思维能力、自学能力以及合作学习的态度。

综观早期的教学组织形式的改革，可以发现无论是否定班级授课制的设计教学，还是兼顾班级授课优势的特朗普制，都力图体现对学生主体地位的尊重，使学生的主动性得到发挥，强调满足学生的个性化需求。

（二）当代教学组织形式的新发展

随着信息技术的发展、对学生学习的内在机理更深入的研究等，人们在教学组织形式改革的理论研究和实践创新上获得了更大突破，形成了更加尊重学生个体差异，使每个学生都能获得健全发展的多样化教学组织形式。

1. 个别辅导

个别辅导是指教师针对不同学生的情况给予引导、启示、咨询和指点，以帮助他们完成学习任务的教学组织形式。

个别辅导依内容不同可分为两类：一是针对在教材预习和复习中发现的问题进行辅导；二是针对与学科内容相关的学习中发现的疑难问题进行辅导。前者是让学生打下坚实基础，后者在于拓宽学生视野、发展学生思维。

个别辅导的意义在于能够从不同学生的不同需要和问题出发进行有针对性的辅导，从而更好地解决不同学生的不同疑难，保证每个学生的学习顺利进行；个别辅导还便于因材施教，给不同基础、不同学习程度的学生以不同的指导和引导，促进全体学生全面提高。

2. 个别化教学

现代意义上的个别化教育起源于美国的全纳教育，其核心思想是每一个孩子都有接受教育的权利，并且要尊重每个孩子自身的特点。在促进学生个性发展的教育改革浪潮中，个别化教学应运而生。1993年出版的《个别化教学》（*Individualized Teaching*）对其做了详细的界定，“指在教师的指导下，使每门学科的学习过程，按照学生各自的速度来组织。教学是不分年级的，以使每个孩子在学习每门学科时，根据其能力许可的程度前进”[①]。《教育大辞典》将个别化教学解释为：为满足每个学生的需要、兴趣和能力而设计的教学。[②]

当前，我国学界对于个别化教学概念的理解，尚未形成完全统一的认识，但在厘清概念的过程中，对其理解越来越透彻，已大致形成三种不同的观点：一是调适观，它假设学生在学习起点上、在一般能力和各种特殊才能上均有很大差异，个别化教学就是要适应这种差异，依据学生的能力倾向，施以相应的教学。二是发展观，它假设学生间的差异起因于不同的学习方法和个性特征，个别化教学的实质不是要减少甚至消除学生间的差异，而是根据学生的个性差异实施不同的教学，使学生获得发展。三是调适-发展观，它强调所有的学生都应该在自己的“最近发展区”内获得最大限度的进步。但是，考虑到班级教学的实际情况，它主张把同一班级的学生依据一定的标准（通常是学生的学业成绩、能力倾向）划分为不同的层次，给予不同的教学。在这一点上，它更接近于调适观。[③]

虽然，当前学界对于个别化教学的概念尚未形成完全一致的认识，但通过归纳总结可以发现，绝大多数研究都认为，个别化教学最本质的内涵在于教学要以学生的个性差异为依据，适合不同学生的特质和强项，实现不同类型、不同层次的学生的成长。

3. 分组教学

分组教学是 19 世纪末产生的一种教学组织形式，就是根据一定的标准，将学生分成一定形式的小组，由教师根据各小组的共同特点分别与各小组接触，进行教学或让学生共同完成某项学习任务。它是介于班级教学与个别教学之间的一种教学组织形式。[④]分组教学依据的标准可以是多角度的，如同一学习内容所采用的教学方法和媒介手段是不一样的，那么采用何种教学方法和媒介手段就可以作为分组的标准；学生的年龄、性别、学习能力、兴趣爱好等也是重要的分组标准，因而分组教学类型较为多样。

从分组教学组织形式的改革与发展来看，主要分为外部分组和内部分组两大类。内部分组就是在某门学科或某一学科组的教学中，在保持传统按年龄编班的班级组织的前提下，按学生的能力、学习速度、学习成绩发展变化或学习兴趣等

① 赵小红，华国栋. 个别化教学与差异教学在特殊教育中的运用[J]. 中国特殊教育，2006（08）：40-45.

② 教育大辞典编纂委员会. 教育大辞典（第 5 卷）[M]. 上海：上海教育出版社，1990：355.

③ 丁笑炯. 我国个别化教学研究述要[J]. 中小学管理，1998（Z1）：45-48.

④ 谢利民，郑百伟. 现代教学基础理论[M]. 上海：上海教育出版社，2003：215-216.

各种标准，进行分组，实行分组教学。具体的操作形式有两种：一是按不同学习内容、不同学习目标分组；二是相同学习内容和相同学习目标采用不同的方法和媒介手段进行分组。所谓外部分组，就是打破传统的按年龄编班，而按照学生的能力或学习兴趣分组。其中能力分组主要是以学生的学业成绩作为重要依据进行分组，具体包括两种形式：一是跨学科能力分组，即把某一年级的学生，按他们的“智力”高低，或者根据测验成绩的高低，分成若干个组，教师以不同的内容进行教学；二是学科能力分组，即按照某一年级学生在个别学科上的学习能力或成绩，在一定学科上分成水平不同的若干组。

4. 小组合作学习

20 世纪 70 年代以来，小组合作学习的理论研究和实践应用在美国得以广泛开展。理论研究者和实践者对小组合作学习的理论、小组合作学习的基本特征以及教学策略等进行了研究和探讨。他们认为，小组合作学习应该成为课堂教学组织的主要形式。只有当学生之间处于一种合作关系时，课堂教学才能够真正促进学生之间的积极协作，从而改善课堂教学的整体效益。因为，与他人合作的教学目标或任务可以促成学生间的合作，更有效地激发学生的自我意识，引导学生尊重自己、尊重他人，培养学生的主动参与精神和合作观念，使学生习得社会交往技能。它是学生在真正集体中获得个人发展的有效途径。

20 世纪 90 年代以来，理论研究者和实践者将团队理念融入小组合作学习，对适宜小组学习的任务特征和小组结构特征等问题进行了更为深入的探索，使人们更加认识到不是随便找几个学生凑到一起就可以产生高效的学习。合作小组要有明确的学习目标，较高的凝聚力，能使小组成员从中找到满意的归属感和较高的荣誉感。小组成员之间知识结构及个性特征互补，而且彼此坦诚、信任，学习的投入程度高，只有这样才能取得高效的合作学习效果。[①]基于此，可以将小组合作学习的概念概括为：“小组合作学习是一种以异质小组为主的学习共同体，旨在促进不同程度学生在小组内自主、合作、探究学习，共同实现学习目标，并以小组的总成绩为激励依据，全面促进学生知识、能力、情感、态度、个性和谐发展的学习创新体系。”[②]它的内涵涉及以下几个层面：一是激发全体学习者共同愿景的一种学习型组织；二是在教师指导下的以异质学习小组为主体进行的一种教与学的活动；三是同伴之间、小组学习者之间的一种合作互助性学习活动，包含小组学习者的自主性学习、探究性学习；四是以各小组在单位时间内实现共

① 丁桂凤. 合作学习研究的基本走势[J]. 南京师大学报（社会科学版），2005（04）：110-114.

② 韩立福. 小组合作学习概念重构及其有效策略[J]. 教学与管理，2009（10）：3-6.

同目标过程中的总成绩为评价依据；五是为实现共同的教学目标而展开的一种合作学习活动。

我国2001年开始了新一轮基础教育课程改革,其中着重强调了要改变学生的学习方式，倡导学生进行自主、合作、探究学习，培养学生搜集和处理信息的能力、分析和解决问题的能力以及交流与合作的能力。在此改革背景下，小组合作学习在我国基础教育课堂教学中被广泛采用，在实践的过程中，基础教育理论研究者和一线教师结合中国教育实际，对小组合作学习的实施原则、程序和策略等进行了有益的探索，大大拓展、深化和丰富了小组合作学习的理论和实践。

5. 分层教学

学生个体差异是客观的、普遍存在的，分层教学就是为了增强教学对不同个性发展需求的学生的适应性，最大限度巩固不同学生的发展基础满足其发展需求而产生和发展起来的教学组织形式。

英国和美国是最早出现分层教学实验的国家。19世纪中期，英美两国的学校教育开始与地方教育制度相结合，出现了分年级的学校，当时为了方便学生管理，学校通过年龄限制将婴幼儿和成人从班级中分离出去，实现了最早的“分层”教学。至此，以年龄来划分年级的学校成为学校的主流模式。[①]美国教育家哈里斯（W. T. Harris）在圣路易州创立的“活动分团制”又被称为“弹性进度制”，是目前学术界公认的“分层教学”的雏形，即教师讲授少量新教材，然后进行简短的测验，并根据测验成绩将学生分层，成绩最好的学生划分到A层，其余学生划分到B层，然后再进行教学和测试，将测试成绩不合格的学生编入C层。A、B两层的学生在课堂上集中做各种练习，教师对C层学生实施个别辅导。每学季结束时，都要根据学生学习成绩进行重新编班，成绩优良者提前结业，一般学生可以按期结业，不合格者则延缓结业。这种分层教学单纯依据测验结果，完全按照学业成绩划分层次。与班级授课制忽视学生差异、造成大量学生留级现象相比，“活动分团制”的实施能更好地促进学生的发展，逐渐获得了认可和推广，许多地方也对“活动分团制”进行改进、完善，开展了形式多样的能力分层教学，如芝加哥市的“永久分组制”[①]。此外，还出现了根据不同课程标准划分层次的能力分层教学，如流行于旧金山的“圣・巴巴拉制”。“圣・巴巴拉制”在班级编制的框架内对学生进行分组，设置三种程度不同的课程，各组学习年限相同，课程则各不相同。

20世纪90年代以来，素质教育改革的深入推进，极大地促进了我国分层教学的发展，许多学校纷纷开展分层教学实验。一是多学科综合性分层教学。是由

① 转引自吴佳莉. 英国中小学分层教学研究[D]. 重庆：西南大学，2016：11-12.

湖南省岳阳市进行的实验研究，主要根据学生语文、数学、英语等学科的整体学习水平进行分层教学。二是动态分层教学。上海齐齐哈尔路小学实行“自主选择、动态分层”教学，主要根据学生阶段发展变化及时调整分层情况，有效克服学生分层后的消极心理，鼓励学生积极进取。三是小班化分层。2001 年上海、北京、天津、江苏等进行了小班化分层教学实验研究。[①]这些基于本土教育实际的分层教学实验使分层教学形式不断拓展和深化，变得更为完善和多样化。

6. 走班制

走班制是指在教学目标和教学策略指导下，学生根据自己的知识基础与学习能力、兴趣，综合考虑各科教师的评价，并在教师指导下自主选择到不同层次的班级上课，是以固定的行政班和走动的学科分层教学班相结合的教学组织形式。根据学生的个性化需求，通过重组课程、重组教学班等方式进行教学，是对传统的以班级为单位的行政班授课的重大突破。[②]

走班制起源于美国。美国一些学校将课程分为一般课程、大学预备课程、职业课程与荣誉课程等，学生可以根据自己的学习条件和兴趣，自主选择学习课程，自主选择任课教师，自主选择研究方向。[③]

走班制目前在我国的中小学也得到关注并开展实验，如北京市十一学校从高中、初中尝试走班制的改革。学生可根据自己的成绩、兴趣，选择各科不同的难度层级、类型。同一学科水平相近的学生在一个学科教室上课。尊重学生对课程的选择，变一班一张课表为一个学生一张课表，课表由学生自选的各门课程组成。由于没有了“班”的概念，也就没有了班主任，取而代之的是导师制度，每 18 个孩子配备一个导师，负责学生的日常学习指导和生活监督。学生先选课再选导师。在中学阶段教学尝试的基础上，走班制又向小学延伸，北京十一学校亦庄实验小学在六年级全面尝试走班制教学，取消行政班限制，按照数学分层、语文分类的方式，将全年级 70 多名学生分为 A、B、C 三个层次。学校以年级部制管理为基础，实行导师制管理方式。6 名学科教师分别担任约 12 名学生的学业导师，同时承担学科教学任务与教学班学生管理责任，负责对学生进行必要的生活咨询、学业指导和心理疏导。

走班制本质是尊重每个学生的发展差异，使每个学生都能够得到最好的发展。这一教学组织形式改革在我国处于尝试探索阶段，它激发了学生学习的内在动力，

---

① 郑美玲. 分层教学的历史发展与当代审思[J]. 教育评论，2016（04）：144-146.

② 王本陆. 课程与教学论[M]. 3 版. 北京：高等教育出版社，2017：216-217.

③ 赵小雅. 必修课走班：试水人才培养模式转变——来自浙江省必修课程选课走班实验的一线观察[N]. 中国教育报，2014-05-14（06）.

满足了学生的个性需求，但同时也存在着如何提高教师专业素质、如何改进学校整体的管理方式等才能更好地支持和保障这一教学组织形式的有效、有序运行等有待进一步研究和解决的突出问题。

7. 慕课

慕课是伴随着现代信息技术和互联网的飞速发展而产生的一种新的课程形态，慕课继承了开放教育资源的开放共享知识理念，互联网的连接、移动设备的整合，使学习突破了时空限制，使个性而灵活的按需学习成为可能。它的出现契合了当代教育发展“国际化、信息化、个性化”三大主题，深刻地改变了人们传统的学习方式，对学校教育产生了极大的冲击和挑战，引发了人们对传统学校教育从理念到组织方式的诸多思考。

所谓慕课，是 Massive Open Online Course 的英文首字母缩写的中文音译，简单地说，慕课就是一种大规模开放在线课程，即把以视频为主且具有交互功能的网络课程免费发布到互联网上，学习者根据个人需要点击视频，并可反复观看的学习形式。①

慕课以开放、个性化的学习方式挑战了班级授课制更加强调以教师为中心，以统一进程和同一要求为特点的“标准化”规则，在教学组织上更加强调以学习者为中心的价值取向，突出学生的自主学习、个性化学习、合作性学习与随时、随地的开放性、交互性。慕课将世界名师、世界名校的优质资源“推送”到了学习者面前，它通过网络技术实施教学全过程，学习者自主选择课程与教师之后，自主安排上课、提问、分享、互动、讨论 、作业、考试等开放性的学习活动，教学不再有统一的教学地点、教学时间、教学进度。它将学习的主动权与选择权交还给学生，充分挖掘学生在学习过程中的主动性。学生按需制定个性化的学习方案：根据自己的学习兴趣、学习需求选择课程与教师，根据自己的能力水平控制学习进度。学生自发组织在学习社群中的多元互动，主动选择适合的学习方法、主动思考学习内容，主动向教师、助教或者其他学习者提问，主动在学习社群中分享自己的观点与答案，并且在慕课学习中不用局限于时间和地点，随时随地展开学习，学习者可以更加灵活地支配自己的学习活动。总之，慕课尊重学习者的学习意愿，发挥了学习者的主体性，有力地促进了个性化的教学方式变革。②

当然，慕课在实施过程中，也存在诸多不容回避的局限性，如借助虚拟网络

---

① 王彦明. 慕课（MOOCs）时代下的教学变革：一种理性之思[J]. 教育科学研究，2015（07）：59-64.

② 刘志军，冯永华. “颠覆论”下的慕课反思——兼论基于慕课的课堂“翻转”[J]. 课程·教材·教法，2015（09）：16-23.

而组织的教学活动难以实现师生真实的学校生活中所进行的各种体验、情感交流与价值互动，慕课难以适应所有的课程类型，特别是实验类课程、实践类课程等。

8. 翻转课堂

翻转课堂（Flipped Classroom）的想法来自 J. 韦斯利・贝克，最早是在 K-12 学段提出，并于 2007 年由美国科罗拉多州林地公园高中的两位化学教师乔纳森・伯尔曼（Jonathan Bergmann）和亚伦・萨姆斯（Aarom Sams）在化学课上首次使用。[①]他们开始使用录屏软件录制演示文稿的播放和讲课声音，并将视频上传到网络，以此帮助缺席的学生补课。后来，这两位老师让学生在家看教学视频，在课堂上完成作业，并对学习中遇到困难的学生进行讲解。这种教学模式受到了学生的广泛欢迎。人们对“以学生为中心”的教学理念的认可程度的加深和移动互联技术的发展，为翻转课堂的推广从思想、理念和技术支持层面打下了坚实的基础，使其以更快的速度为大众所接纳。

尽管研究者对翻转课堂的定义并不完全一致，但是基本认同翻转课堂大致包含两个部分：在课堂内进行的基于小组的交互式学习活动、在课外进行的基于计算机的个性化学习。基于此，可以将翻转课堂界定为，学生在课前登录互联网在线观看教学微视频以及拓展学习材料，完成任务清单中的学习任务，参与在线讨论等基本的教学环节；课堂中师生面对面交流、答疑和修正学生作业，帮助学生进一步掌握和运用所学知识。它是将网络视频课程学习和传统课堂答疑指导两者有机统合的一种教学组织方式。

翻转课堂的出现实现了对传统课堂上讲授知识、课后完成作业的教学组织形式的一系列革新。翻转课堂在颠倒课堂程序的同时也颠覆了教学形式，并引发了教师课堂角色的转换，教师更多的责任是帮助学生解决学习中存在的问题和引导学生去运用知识，真正实现了把课堂还给学生，为学生自主、高效学习创造了条件。[②]

尽管，翻转课堂在教与学中具有许多优势，但也对教师教育教学思想和观念的更新、课堂教学的组织和实施能力、教师的信息技术素养、各学科优质教学资源的研制与开发、学校基础设施、装置的更新等提出了极大的挑战。

综上，从当代国内外对教学组织形式改革的理论研究和实践研究中可以发现，教学组织形式改革趋势明显地表现出以班级授课制为基本形式，向多样化、综合化和个别化发展的趋势，同时也积极探索班级教学、小组教学和个别教学最佳的

① 严文法，包雷，李彦花. 国外“翻转课堂”教学模式的理论与实践探析[J]. 电化教育研究，2016（11）：120-128.

② 蔡宝来，张诗雅，杨伊. 慕课与翻转课堂：概念、基本特征及设计策略[J]. 教育研究，2015（11）：82-90.

优化组合。此外，伴随着信息技术的发展，还出现了计算机辅助教学和网络教学等形式，极大地丰富了课堂教学的组织形式，使课堂教学变得丰富有趣，使单位时间的教学内容得到拓展，学生学习的效率得到提高，学习的积极性也得到了提高。

第六节　教 学 方 法

一、教学方法的概念

一般认为，教学方法是指教师和学生为了达到一定的教学目标，完成一定的教学任务而在教学过程中所采用的方式的总称。对教学方法的深入理解，我们可以从以下三个角度进行。

（1）教学方法受教学目标的制约，要在一定的教学目标的指导下实施，采用何种方法，是由要达成何种教学目标决定的。

（2）教学方法是师生共同完成教学活动所采用的方式，而非单指教师教的方法。教学方法一定包含教的方法和学的方法，两个方面协同作用才能保证教学任务和目标的完成，任何一方面的缺失都会影响方法实施的有效性。

（3）教学方法要具有可操作性。教学方法最终是要实施于教学实践的，只有具备可操作性，才能保证教学的顺利进行，所以在研究教学方法时不能仅以理论上的可行性为标准，一定要考虑实践中的可操作性。

二、教学方法的选择和运用原则

（一）教学方法选择的原则

教学有法，但无定法，贵在得法。一般来讲，教学方法的选择应把握以下原则。

1. 符合教学规律和教学原则

符合教学规律、教学原则是选用教学方法最根本的标准，一切方法的选择都是为了更好地服务教学，因此，只有与教学规律和原则相适应的教学方法，才能成为推动教学发展的动力。

2. 符合教学目的和任务

教学方法是实现教学目的和完成教学任务的手段，不同的教学目的和任务，要求运用不同的教学方法。教师必须注意选用与教学目的和任务相适应并能实现教学目的和任务的教学方法。

3. 适合教学内容的性质和特点

教学目的和任务是通过教学内容来实现的，教学内容的性质和特点不同，决定了教学方法选用的不同。只有选用的教学方法与教学内容的性质和特点相符合，才能使学生更好地理解和掌握教学内容。

4. 符合学生的实际特点

学生的年龄、性别、经历、气质、性格、思维类型、审美情趣等的不同，对教学方法提出了不同的要求。只有选用与学生实际特点相适应的教学方法，才能有效地激发学生学习的兴趣，提高学生的知识、能力和思维水平，促进其健康发展。

5. 符合教师本身的素养与所具备的条件

教师自身的素养条件和驾驭能力，直接关系到选用的教学方法能否发挥应有的作用。教师应对自身素养及所具备的条件实事求是地进行分析，根据自身特点和条件选用恰当的教学方法，以扬长避短。

（二）教学方法运用的原则

1. 要发挥教学的整体功能

教学方法的运用，要考虑充分发挥由教学目的、教学内容、教学方法、教学组织形式和教学评价构成的教学过程的整体功能，使之实现“整体大于部分之和”的系统功能。

2. 必须坚持以启发式为指导思想

启发式是相对于注入式而言的，强调教学应从学生的实际出发，充分调动学生的积极性、独立性、主动性和自觉性，引导学生通过积极的学习活动去掌握知识、形成技能和促进个性健康发展。

3. 要注意综合性和灵活性

教学目标、教学内容、教师的素养、学生的身心特征以及教学手段、教学环境都是多样化的，这就决定了任何一个教学活动都不能只依靠一种教学方法，而必须综合使用多种教学方法。同时，教学过程本身是一个动态的过程，教师虽然在备课时根据教学目的、教学内容和学生的实际情况设计了某种教学程序，但实际教学中存在着各种可能的变化，因此要灵活使用教学方法。

三、中小学常用的教学方法

（一）讲授法

讲授法是教师通过语言（主要是口头语言）系统、连贯地向学生传授科学文化知识，提高学生的思想认识，发展其智力和能力的方法。讲授法是历史最悠久，也是使用得最为普遍的教学方法。

讲授法可以分为讲述、讲解、讲读和讲演四种。讲述是以叙述或描述的方式向学生传授知识的方法。讲解是教师向学生说明、解释和论证科学概念、原理、公式、定理的方法。讲读的主要特点是讲与读交叉进行，有时还加入练习活动，既有教师的讲与读，也有学生的讲、读和练，是讲、读、练结合的活动。讲演是教师对一个完整的课题进行系统的分析、论证并作出科学结论的一种方法。

为了提高讲授效果，教师在运用讲授法时应遵循以下基本要求。

（1）讲授的内容要具备科学性和思想性。这是对教师使用讲授法最基本的要求。教师讲授时首先要保证讲授内容的科学性，即教师在课堂上所讲的每一个概念，甚至每一句话都应该是准确无误的。另外，教师在讲授时还应充分挖掘教材内容中蕴含的思想品德教育因素。

（2）讲授过程要具备启发性。教师在讲授过程中不能一味地把知识倾倒给学生，而要重视问题情境的创设，激发学生学习的主动性，引导学生积极思考，达到使学生掌握知识、发展智力和能力的目的。

（3）讲授的语言要生动，具有艺术性。教师讲授的语言要努力做到清晰、准确、简练、形象、生动，同时教师要注意讲授的语速、语调的适度和变化，避免呆板乏味，要运用语言艺术，生动地讲授知识，让学生对学习的内容及过程产生兴趣。

（4）要重视板书的作用。教师要适当运用板书，以更好地突出教学要点，显示教学过程，使讲授内容具体化，从而加深学生对所讲授知识的理解和掌握。

（二）谈话法

谈话法又称问答法，是教师根据一定的教学目的、任务和内容，向学生提出问题，要求学生回答，在问答的过程中引导学生获得新知识或巩固所学知识的方法。

谈话法的基本要求有以下几点。

（1）教师要设计好问题。采用谈话法的关键是教师要根据教学目标、任务，教学内容的重点、难点以及学生身心发展的特点来设计问题。教师所设计的问题应对发展学生的思维能力有价值，要有一定的梯度，做到层层深入，有机联系。问题要有典型性和针对性，做到既面向全体学生，又因人而异。

（2）教师要善于发问。善问是教学艺术的一种具体体现，要求教师向学生提出的问题应具体明确，具有趣味性，以促使学生深入思考，培养学生的思维能力。

（3）教师要善于启发引导。教师不要直接把答案或观点提供给学生，要启发引导学生自己探寻答案，使学生形成自己的观点。

（4）教师要做好归纳、小结。谈话结束后，教师要及时总结谈话内容，将主要的、正确的观点加以提炼，使学生获得正确的认识。

（三）讨论法

讨论法是全班或小组成员在教师的指导下，围绕某一中心问题各抒己见、展开辩论，辨明是非真伪，以此提高认识或弄清问题的方法。

讨论法的基本要求有以下几点。

（1）讨论的问题要有吸引力。讨论法有效使用的关键在于问题解决路径具有一定的开放性，这样才能激发学生的探索欲望。同时，教师在设计问题时，要选择有趣味的、能引起学生注意和激发其积极性的问题，这样才能保证学生在讨论时积极参与。

（2）教师要善于在讨论中对学生启发引导。讨论中教师要对学生进行积极的引导，避免学生的讨论偏离主题。

（3）教师做好讨论小结。讨论结束后，教师要对所讨论的问题进行分析和综合，并做出科学的结论，对学生的表现也要给予客观评价，使学生不仅能获得知识，还能对自己的能力及表现有客观的认识。

（四）实验法

实验法是在教师指导下学生运用一定的仪器设备进行独立作业，观察事物或现象以及现象发生、变化的过程，以探求事物的规律，获得知识和技能的方法。

实验法的基本要求有以下几点。

（1）教师要做好实验前的准备。教师要在实验开始之前选择实验场所，准备好实验所需的器材及设备。

（2）教师要使学生明确实验的目的、要求与做法。教师要将实验的简要原理介绍给学生，向学生讲授实验的具体要求及详细步骤。

（3）教师要注意实验过程中的指导。实验中教师要随时对学生进行指导，对错误的做法及时纠正，对学生不理解、不清楚的地方要及时讲解。

（4）教师要做好实验后的总结。实验结束后，教师要对学生的实验情况进行总结，强调实验中涉及的知识点，对实验中体现的问题要总结归纳，提醒学生注意，并指导学生填写实验报告。

（五）实习作业法

实习作业法是指教师根据学科课程标准要求，指导学生运用所学知识在课上或课外进行实际操作，将知识运用于实践的教学方法。

实习作业法的基本要求有以下几点。

（1）教师要做好实习作业的准备。主要包括使学生了解实习目的，明确在实习中所要运用的理论知识以及实习中的操作注意事项等。

（2）教师要做好实习作业的动员。在实习作业前教师要动员全体学生积极参与，认真完成作业，保证作业质量。

（3）教师要做好实习作业过程中的指导。在实习过程中，教师要随时给予学生必要的指导，让学生顺利完成实践活动。

（4）教师要做好实习作业的总结。活动结束后，教师要将学生在实习作业中的表现进行评价和总结，使学生提炼经验，总结教训。

（六）演示法

演示法是教师通过展示事物、直观教具、进行示范性实验或采用现代化教学手段的方式，使学生掌握知识或巩固知识的方法。

演示法的基本要求有以下几点。

（1）教师要做好演示前的准备。教师要根据教学的要求明确演示目的，选择好演示所需要的教具和材料。

（2）教师要控制好整个演示过程。教师演示前要向学生传达演示的目的、对学生的要求和演示的过程，让学生有准备地观察演示。在演示过程中，应尽可能引导学生集中注意力，调动学生多种感官对演示的对象和过程产生清晰的感知，发展学生的思考力和观察力。同时，为了提高演示效果，教师在演示过程中要配以适当的讲解和谈话等。

（3）教师要做好演示后的总结。教师要引导学生分析观察结果以及各种变化之间的关系，通过分析、对比、归纳、综合得出正确的结论。

（七）练习法

练习法是指教师根据教学要求，指导学生通过课内或课外完成作业的方式掌握、巩固所学知识，使学生学会运用各种技能、技巧的方法。

练习法的基本要求有以下几点。

（1）明确练习目的。教师在要求学生练习时要向学生阐明练习的目的，让学生有准备地、目标明确地进行练习，以提高学生练习的主动性和针对性。

（2）指导练习方法。在练习时，教师要注意教给学生科学、正确的练习方法，以提高练习的效率。

（3）循序渐进，逐步提高。练习要由简入难，由浅入深，逐步深入，练习的作业要有利于学生基础知识的积累、巩固以及基本技能的提高。

（4）注重变式练习。练习的方式要多样，不可单一，运用不同的形式使学生熟练掌握知识与技能。

（5）严格要求，及时检查。教师要对练习过程与结果严格要求，及时检查学生练习的情况，做出评判与指导。

（八）参观法

参观法是教师根据教学任务的需要，组织学生进行实地观察、研究，以使学生获得新知识和巩固、验证已学知识的教学方法。

参观法的基本要求有以下几点。

（1）教师要做好参观前的准备。教师在带领学生参观前要使学生明确参观的目的与内容，选定参观地点。

（2）教师要注意参观中的指导。在参观过程中教师要注意对学生进行指导，提醒学生观察重点，对学生在参观过程中产生的问题要及时给予解答。

（3）教师要做好参观总结。教师要及时对学生的参观进行总结，强化参观的效果，必要时指导学生写参观感受或收获。

（九）自学辅导法

自学辅导法是学生在教师指导和辅导下，以自学为主，从而获得自学方法、提高自学能力的一种方法。

自学辅导法的基本要求有以下几点。

（1）教师应帮助学生养成自学习惯，提高自学能力。

（2）培养学生的独立性。在自学中逐渐培养学生独立思考、独立解决问题的能力，使学生能够独立学习。

（3）让学生形成自检能力。在教学效果检查中，适当增加学生自我检查的比重，最终促进学生自检能力的形成。

第七节 教学设计与教学实践

优化、高效的教学源于教师科学化、系统化的教学设计。作为专业化的教师必须拥有有关教学设计的专业知识和较高的教学设计水平。

一、教学设计

（一）教学设计的概念

关于教学设计的概念，国内外许多学者从不同角度、不同侧面进行了界定。有学者强调了教学设计是对教学过程的系统规划，如美国教育心理学家加涅认为："教学设计是一个系统化规划教学系统的过程。"[①]有学者则强调教学设计的技术特征，认为教学设计是"旨在促进教学活动程序化、精确化和合理化的现代教学技术"[②]。这些定义从不同方面指出了教学设计的重要特征，强调了教学设计所包含的范围、特点和性质。从教学活动本质属性和特点出发，综合已有的对教学设计的认识，可以发现教学设计的实质是为教学活动科学制定活动蓝图的过程。具体来说，教学设计是指"运用现代学习与教学心理学、传播学、教学媒体论等相关的理论与技术，来分析教学中的问题和需要、设计解决方法、试行解决方法、评价试行结果并在评价基础上改进设计的一个系统过程"[③]。

（二）教学设计的过程与方法

教学设计作为对教学活动的系统规划过程，它所遵循的程序一般包含以下几个方面[④]。

（1）确定教学目标。教学目标在教学和学习活动中起着重要的导向作用，因此在教学设计时首先必须对教学目标进行科学、准确定位，分析教学任务，并尽可能用可观察和可测量的学生行为变化来作为教学预期结果的指标。

（2）分析学生情况。分析学生情况是教学设计的关键环节。学生是教学活动的主体，只有全面分析学生，才能有针对性地设计学生主体活动，安排教学进程，实现教学目标。分析学生情况包括分析学生已有的知识水平、基本技能，以及学生的学习动机，设计和确定教学活动的起点状态；分析设计教学活动中学生从教学的起点状态向最终目标状态发展中应当掌握的知识和技能，以及应当形成的态度。

（3）制订教学策略。教学策略是在教学目标确定以后，根据已确定的教学任务和学生的特征，有针对性地选择与组合相关的教学内容、教学方法、教学媒体、教学组织形式等，形成有效的教学方案。具体来说，包括用什么方法呈现教材，用什么方法激发学生兴趣等。

---

① 转引自王本陆. 课程与教学论[M]. 2 版. 北京：高等教育出版社，2009：327.

② 李定仁，徐继存. 教学论研究二十年（1979-1999）[M]. 北京：人民教育出版社，2001：235.

③ 皮连生. 教学设计——心理学的理论与技术[M]. 北京：高等教育出版社，2000：2.

④ 王本陆. 课程与教学论[M]. 2 版. 北京：高等教育出版社，2009：333.

（4）设计教学评价。教学评价的目的是了解教学目标是否达到，从而作为修正设计和改善教学的依据。设计教学评价就是要研究和设计教学过程中所要进行的测量与评价的方式、方法等。

（三）教学设计的模式

教学设计虽有一套一般程序，但在具体的设计过程中，由于设计者依据的理论出发点不同，面临的教学任务、教学情境各异，因而采取的设计方法和步骤就会有一定差异，这种差异导致了许多教学设计模式的产生。其中，比较有影响的教学设计模式有以下几种。

1. 系统分析模式

系统分析模式是在借鉴了工程管理科学的某些原理的基础上形成的。[①]从图 8-1 可以看出，目标是系统分析模式的基础，它具体规定着教学系统产出的预期结果，目标不同，整个系统的分析、组合与设计也就不同。为进一步完善这一设计模式并使之更富有操作性，美国心理学家加涅和布里格斯提出了系统分析应遵循的十个基本步骤：①分析和确定现实需要；②确定教学的一般目标及特定目标；③设计诊断的或评估的方法；④形成教学策略，选择教学媒体；⑤开发、选择教学材料；⑥设计教学环境；⑦教师方面的准备；⑧小型实验，形成性评价及修改；⑨总结性评价；⑩系统的建立和推广。

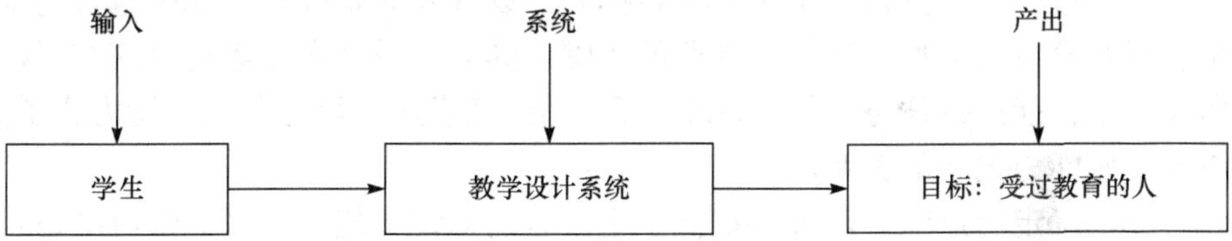

图 8-1 系统分析模式

其中，前七个步骤是对教学的预先设计，后三个步骤则着眼于设计方案的验证、评价和修订。

2. 目标模式

目标模式又称系统方法模式。目标模式是由美国教学设计专家迪克（Dick）和卡里（Carey）提出的。[②]这一模式包括九个教学设计环节和最后的信息反馈环节。这些环节是教学设计者在进行有效教学设计时需运用的一些步骤和技术，

① 王本陆. 课程与教学论[M]. 2 版. 北京：高等教育出版社，2009：334.

② 皮连生. 教学设计——心理学的理论与技术[M]. 北京：高等教育出版社，2000：17-18.

具体内容见图 8-2。

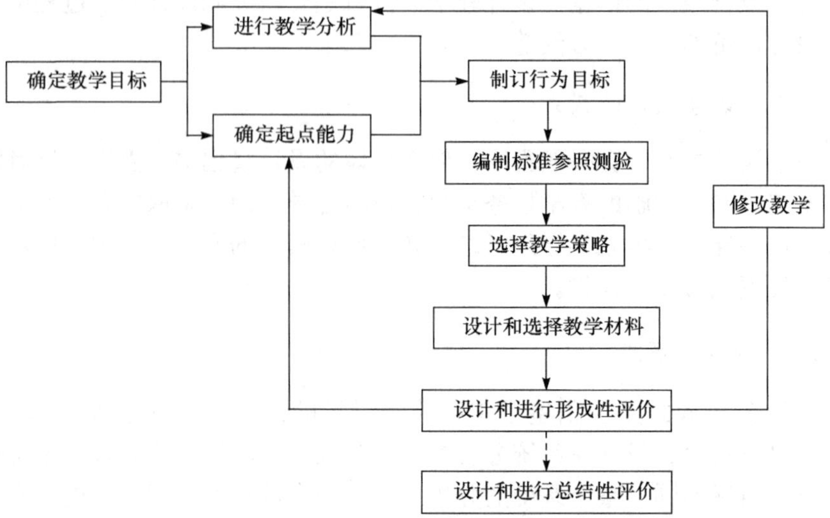

图 8-2　目标模式教学设计图

（1）确定教学目标。教学设计的第一步是确定在教学之后学生应该能够做什么。教学目标制订的依据包括教学目的、学生需求评估、现实中的学习问题、工作分析或者其他一些因素。

（2）进行教学分析。确定教学目标后，设计者需要确定目标中包含的学习类型，以及分析完成目标任务所需要的步骤。同样，设计者也需要对完成目标能力所需的子技能进行任务分析，通过分析，得出完成这一目标所需的能力或子能力，以及这些能力之间的关系。

（3）确定起点能力。准确把握学生已有的知识、能力水平，学习准备状态和一般身心发展特点。

（4）制订行为目标。在前期工作的基础上，教学人员要详细描述在教学任务完成之后，学生应该能做什么或有怎样的表现。行为目标的陈述内容包括学习者将要学习的行为，行为发生的条件以及完成任务的标准。

（5）编制标准参照测验。测验项目测量的内容应该是行为目标中所揭示的学习者的习得能力。设计者应注意测验项目与行为目标的一致性。

（6）选择教学策略。为达成预定的目标，教师必须考虑采用何种教学策略和方法来有效实施教学。

（7）设计和选择教学材料。教师应根据教学需要，合理开发并选择、利用有用的资源。

（8）设计和进行形成性评价。在构思了一个完整的教学方案后，教师还需做出一系列评价，以便对方案进行调整和修改。

（9）修改教学。教师应根据形成性评价所得到的信息，发现教学中存在的不足，并对其进行修改。

尽管总结性评价是确定教学是否有效的步骤，但在这一教学模式中，迪克和卡里认为它是教学结束时所进行的，并非由教学设计者来设计与执行的，因此不认为它是教学设计的一个环节。

这一模式的特点是以学生为中心，强调学生学习任务的分析以及起点能力的确立，同时它也强调教学设计是一个反复的过程，需要设计者不断进行分析、评估和修正，以期完成具体的教学任务，实现教学目标。

3. 过程模式

过程模式是美国新泽西州立大学肯普（J. E. Kemp）提出的教学设计模式。[①]在肯普的早期模式中，他是用线条把各个要素顺时针连接起来的，但在他后来的研究与实践中，他看到教师和设计人员所面临的教学问题与实际情况千差万别，实际的设计并不是完全按照一定顺序实施所有步骤的，因此，肯普对原模式做了改进，提出了由十要素构成的环形结构模式（图 8-3）。该模式的主要特点是：①强调了确定学习需要和学习目的、选择课题与任务、分析学习者特征等十要素是相互联系、相互作用的，一个要素采取的决策会影响其他要素的决策；②要素

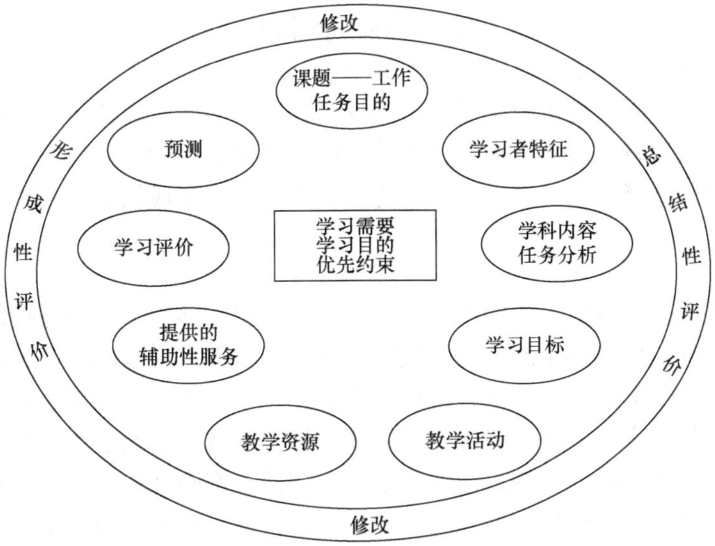

图 8-3 过程模式设计图

① 乌美娜. 教学设计[M]. 北京：高等教育出版社，1994：46-47.

（五）学业成绩的检查与评定

学业成绩的检查与评定是教学工作的重要环节，是诊断学生学习效果和教师教学效果、调控教学进程的重要途径。学业成绩的检查与评定主要有平时考查和考试两种方法。平常考查在平时的教学中随时进行，包括平时的口头提问、平时的作业检查等，而考试是对学生学习情况的一种较全面的检查，包括笔试、口试和实践性考试等，多集中在期末或教学一段时间后进行，如期中、期末、毕业考试等。

学业成绩检查与评定的基本要求是：①检查和评定要注意科学性、有效性和可靠性；②检查和评定的内容应力求全面，又突出重点；③检查和评定的方法要灵活多样；④对检查和评定的结果要做出必要的分析。

教学工作包含多个不同环节，每个环节都有不可替代的作用。各个环节之间是相互联系、相互促进的，只有充分发挥每个环节的作用，才能整体优化、全面提高教学质量。

思考题

一、单项选择题

1. 教学的任务包括（　　）。

①指导学生掌握系统的科学文化基础知识、基本技能。②发展学生的智力，培养能力，促进学生个性健康发展。③引领学生学会学习，掌握科学的学习方法，养成终身学习的习惯。④进行思想品德教育，为学生奠定科学的世界观、道德观、审美观和劳动观基础。⑤单纯教授课本知识。

A ①②③⑤　　B ①②③④

C ①③⑤　　D ①②④⑤

2. 教学过程由四个阶段组成：阐明“个”的阶段、阐明“类”的阶段、掌握规律与范畴的阶段、获得世界经验与生活经验的阶段。这种教学模式属于（　　）。

A 发现教学模式　　B 掌握学习教学模式

C 范例教学模式　　D 非指导性教学模式

3. 教学是学校进行全面教育的（　　）。

A 基本途径　　B 最终途径

C 工作途径　　D 学习途径

4. 启发性教学原则的实质是（　　）。

A 充分发挥学生的主观能动性　　B 教师少讲，学生多活动

C 教师多问，学生多回答　　D 教师要讲深、讲透、讲全

5. 班级授课制的特点可以用以下几个字概括，即（　　）。
A 班、课、时　　B 师、生、课
C 师、生、时　　D 班、课、室

6. 打乱传统的按年龄编班的做法，而按学生的能力或学习成绩编班，这是（　　）。
A 外部分组　　B 内部分组
C 设计教学法　　D 道尔顿制

7. 布鲁纳所倡导的“发现学习”的教学方法是一种以（　　）为主的教育方法。
A 情感陶冶　　B 探究活动
C 直观感知　　D 实际训练

8. 教师采用摸底考试的方法了解学生已有的知识与能力属于（　　）。
A 形成性评价　　B 总结性评价
C 相对性评价　　D 诊断性评价

9. 备课包括钻研教材、设计教法和（　　）。
A 阅读大纲　　B 制定计划
C 了解学生　　D 信任学生

二、简答题

1. 简述教学的任务。
2. 贯彻启发性教学原则的要求是什么？
3. 教学方法选择和运用的原则是什么？

三、论述题

简要论述班级授课制的优缺点。

阅读推荐

1. 王策三. 教学论稿[M]. 2 版. 北京: 人民教育出版社, 2005.
2. 李秉德. 教学论[M]. 北京: 人民教育出版社, 2003.
3. 李定仁, 徐继存. 教学论研究二十年[M]. 北京: 人民教育出版社, 2001.
4. 田慧生, 李如密. 教学论[M]. 石家庄: 河北教育出版社, 1999.

5. 李如密. 现代教学理论研究[M]. 长春: 吉林人民出版社, 2003.
6. 泰勒. 课程与教学的基本原理[M]. 施良方, 译. 北京: 人民教育出版社, 1994.
7. 王本陆. 课程与教学论[M]. 3 版. 北京: 高等教育出版社, 2017.
8. 范梅南. 教学机智——教育智慧的意蕴[M]. 李树英, 译. 北京: 教育科学出版社, 2001.

第九章　德　　育

学习目标

1. 了解各个阶段的德育目标和德育内容；掌握德育任务与德育过程的规律。

2. 理解德育原则，掌握和运用德育方法，熟悉德育途径。

3. 理解皮亚杰、科尔伯格、弗洛伊德的德育理论，理解影响品德发展的因素，掌握促进中学生形成良好品德的方法。

4. 掌握常见的五种德育模式。

5. 了解我国当前德育改革背景、存在的问题及其主要趋势。

6. 掌握新时期德育工作的新形式。

基本概念

1. 德育。有广义和狭义之分。广义的德育泛指所有有目的、有计划地对社会成员在政治、思想与道德等方面施加影响的活动，包括社会德育、社区德育、学校德育和家庭德育。狭义的德育是指学校教育中的德育，是教育者按照一定社会或阶级的要求，有目的、有计划、有系统地对受教育者施加思想、政治和道德等方面的影响，并通过受教育者积极的认识、体验和践行，使其形成一定社会和阶级所需要的品质、品德的教育活动。

2. 德育目的。德育目的指社会对受教育者在品德方面要达到的总体状态的设想和规定。

3. 德育目标。各级各类学校德育对受教育者品德发展的具体要求。

4. 德育原则。教师对学生进行德育必须遵循的基本要求，它反映了德育过程的规律，是对德育实践经验的概括和总结。

5. 德育方法。德育方法指为达到德育目的在德育过程中采用的教育者和受教育者相互作用的活动方式的总和。

框架结构

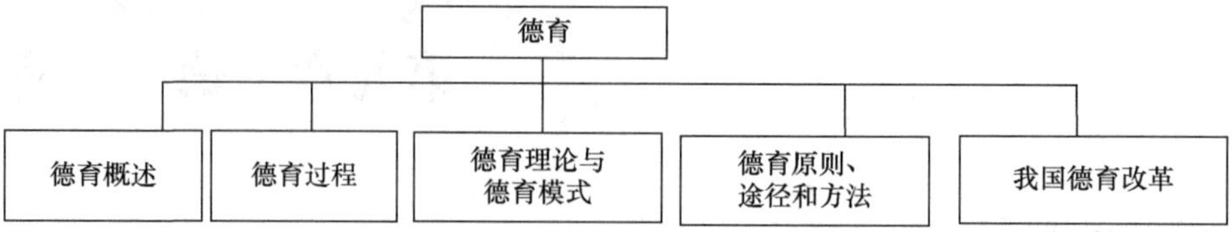

第一节　德育概述

一、德育的概念

广义的德育泛指所有有目的、有计划地对社会成员在政治、思想与道德等方面施加影响的活动，包括社会德育、社区德育、学校德育和家庭德育。

狭义的德育是指学校教育中的德育，是教育者按照一定社会或阶级的要求，有目的、有计划、有系统地对受教育者施加思想、政治和道德等方面的影响，并通过受教育者积极的认识、体验和践行，使其形成一定社会和阶级所需要的品质和品德的教育活动。

无论广义的德育还是狭义的德育，都属于大德育的范畴。德育有“大德育”“小德育”之分，大德育是培养学生道德、思想、政治、法纪和心理品质的教育，而小德育仅仅指道德教育或品格教育。在我国，德育一般指“大德育”，简单地说就是教师有目的地培养学生品德和品质的教育活动。品德、品质、品格是三个词，含义接近，都指涉人的素质特征，但又有明显差别：品德偏重道德素质，是人的道德素质的核心；品质偏重一般行为和心理，是一个人在行为及心理过程方面表现出来的特质；品格偏重人格，是一个人的整体素质。品质是包含品德在内的诸多特质，品德是品质之一，但在大德育范畴中，品德被视为与品质等同，本章沿袭这一用法。

德育具有社会性、历史性、阶级性和相对独立性等特点。

（1）社会性。一个社会只要正常运行，就必须建立各种秩序：伦理秩序、法理秩序、道德秩序、政治秩序、文化心理秩序。德育既是建构社会秩序的需要，也是社会建构过程中的一个环节，德育的内容、目标、任务和实施方法，都与社会息息相关，体现着社会性，在阶级社会里德育具有阶级性。

（2）历史性。德育的历史性是指德育会随着社会的发展变化而变化，表现在学校德育的目标、原则、内容和方法等会随着社会的发展变化而不断地调整。德育的历史性缘于道德、思想、政治等内容的历史性，随着历史的发展，社会价值和社会规范也在不断地发展。

（3）阶级性。阶级是在特定的社会经济结构中处于不同地位的人们所构成的社会集团或共同体。不同的阶级除了有公共的规范体系以外，还有各自特定的规范。这些特定的规范往往也是以公共面目出现的，但首要目的是维护本阶级利益，为本阶级服务。传统社会都特别强调忠诚和服从，就是因为忠诚和服从的规范更有利于维护优势阶级的利益。教育总是倾向于传播优势阶级的规范，培养优势阶级需要的德行，使德育工作表现出明显的阶级性。

（4）相对独立性。德育相对独立性指不同时期的德育有一定的继承性，不同民族乃至国家的德育有一定的共同性。一个民族和国家的文化传统中总有一些核心内容在历史发展过程中保持一定的稳定性，进而决定着某些德育内容或德育方法、模式的相对独立性。①

二、德育目的与德育目标

（一）德育目的

德育目的是指社会对受教育者在品德方面要达到的总体状态的设想和规定。

德育目的的表述有两种思路，一是从整体上描绘道德人格，如“教育要培养社会主义的建设者和接班人”“教育要培养公民”“教育要培养独立个人”等；二是从细节上刻画道德品质。从整体上描绘道德人格有利于宏观地理解和把握教育目的，但不利于进行具体的德育操作。从细节上刻画道德品质有利于教育操作，但由于品目繁多，容易陷入细节。

对这两种思路的选择要基于对人格和品质关系的理解。人格是指一个人整体的面貌，尤其是精神面貌，它是具有一定整体性、稳定性、倾向性的心理特征系统。品质是表现在行为及心理过程的一般特质，每种品质都是局部特征。德育目的固然是要使受教育者具备符合社会要求的品质，但对品质的描述容易走向支离破碎的局面。

基于人格和品质的关系，综合德育目的的两种表述思路，最适宜的方法是兼顾这两种思路，先整体上描绘理想的道德人格，再从细节上刻画关键道德品质。

改革开放以来我国德育目的在整体上无论如何表述，其核心内容都是“培养社会主义建设者和接班人”；在对受教育者品质的基本要求上都是“培养有理想、有道德、有文化、有纪律的一代新人”②。十八大以来，党和国家把立德树人作为教育的根本任务，更加重视德育工作。教育要始终坚持育人为本、德育为先，大力培育和践行社会主义核心价值观，以培养学生的良好思想品格和健全人格为根本，以促进学生形成良好行为习惯为重点，以落实《中小学生守则》为抓手，

① 杨秀治. 教育学[M]. 济南：山东大学出版社，2007：203.

② 戚万学，唐汉卫. 学校德育原理[M]. 北京：北京师范大学出版社，2012：144.

为中国特色社会主义事业培养合格建设者和可靠接班人。

（二）德育目标

德育目的是从社会和国家的宏观层面对各级各类教育培养的人的品德提出的总体要求，具有一般性。德育目标是各级各类学校对受教育者品德发展的具体要求。德育目的和德育目标是教育德育活动的出发点，它不仅仅决定德育的内容、方法，而且制约着德育工作的基本过程。我国各级教育通过法律、政策、工作指示等文件对德育目标都有过明确的表述。2017 年《中小学德育工作指南》对德育的总体目标和学段目标都做了明确而全面的表述。

1. 德育的总体目标

培养学生爱党爱国爱人民，增强国家意识和社会责任意识，教育学生理解、认同和拥护国家政治制度，了解中华优秀传统文化和革命文化、社会主义先进文化，增强中国特色社会主义道路自信、理论自信、制度自信、文化自信，引导学生准确理解和把握社会主义核心价值观的深刻内涵和实践要求，养成良好政治素质、道德品质、法治意识和行为习惯，形成积极健康的人格和良好心理品质，促进学生核心素养提升和全面发展，为学生一生成长奠定坚实的思想基础。

2. 小学低年级的德育目标

教育和引导学生热爱中国共产党、热爱祖国、热爱人民，爱亲敬长、爱集体、爱家乡，初步了解生活中的自然、社会常识和有关祖国的知识，保护环境，爱惜资源，养成基本的文明行为习惯，形成自信向上、诚实勇敢、有责任心等良好品质。

3. 小学中高年级的德育目标

教育和引导学生热爱中国共产党、热爱祖国、热爱人民，了解家乡发展变化和国家历史常识，了解中华优秀传统文化和党的光荣革命传统，理解日常生活的道德规范和文明礼貌，初步形成规则意识和民主法治观念，养成良好生活和行为习惯，具备保护生态环境的意识，形成诚实守信、友爱宽容、自尊自律、乐观向上等良好品质。

4. 初中学段的德育目标

教育和引导学生热爱中国共产党、热爱祖国、热爱人民，认同中华文化，继承革命传统，弘扬民族精神，理解基本的社会规范和道德规范，树立规则意识、法治观念，培养公民意识，掌握促进身心健康发展的途径和方法，养成热爱劳动、自主自立、意志坚强的生活态度，形成尊重他人、乐于助人、善于合作、勇于创新等良好品质。

5. 高中学段的德育目标

教育和引导学生热爱中国共产党、热爱祖国、热爱人民，拥护中国特色社会主义道路，弘扬民族精神，增强民族自尊心、自信心和自豪感，增强公民意识、社会责任感和民主法治观念，学习运用马克思主义基本观点和方法观察问题、分析问题和解决问题，学会正确选择人生发展道路的相关知识，具备自主、自立、自强的态度和能力，初步形成正确的世界观、人生观和价值观。

三、德育的任务和意义

（一）德育的任务

学校德育是我国社会主义精神文明建设的重要组成部分，并为精神文明建设服务。学校德育的任务就是以共产主义思想和道德规范来教育青少年，引导他们主动积极地进行社会主义实践，逐步养成高尚的社会主义品德，成为全面发展的社会主义国家的公民。

中小学德育工作的基本任务是把全体学生培养成为热爱社会主义国家的具有社会公德、文明行为习惯的遵纪守法的公民。在这个基础上，引导他们逐步树立科学的人生观、世界观，并不断提高社会主义思想觉悟，使他们中的优秀分子将来能够成为坚定的共产主义者。

德育的基本任务可以分解为以下几个方面。①引导学生树立坚定正确的政治方向。②引导学生树立科学的世界观、人生观、价值观；了解中华优秀传统文化和革命文化、社会主义先进文化，践行社会主义核心价值观。③使学生逐步具有社会主义的道德观念、道德行为和道德能力。④引导学生奉行社会主义的法治观念和践行文明行为。⑤培养学生具有一定的品德心理和良好的品德能力。

（二）德育的意义

德育是社会主义现代化建设的重要条件。精神文明是社会主义现代化建设的重要组成部分，而德育是精神文明建设的重要基础和保证，也是精神文明建设的主要渠道。

德育是青少年健康成长的基本保证。青少年时期是思想品质形成的关键时期，青少年容易受各种思想的影响，因此必须运用正确的思想和方法对他们进行教育，以使他们形成良好的品德。

德育是实现教育目的的主要途径。社会主义的教育目的是培养德智体美劳全面发展的社会主义建设者和接班人。这几个方面是相互联系、相互影响的，通过德育促进青少年的品德发展，可为他们其他方面的发展提供方向和保证。

四、我国学校德育的基本内容

德育内容指的是用什么样的政治思想、世界观和道德规范来教育年青一代。德育内容具体规定学生发展的政治方向，还规定学生应掌握的思想观点与社会规范，明确学生应当具有的品德。它是进行德育的依据，是完成德育任务、实现德育目的的重要保证。

（一）中小学德育内容

中华人民共和国成立后，党和国家一直重视德育工作。2010 年 7 月国家发布了《国家中长期教育改革和发展规划纲要（2010—2020 年）》，指出：坚持德育为先。立德树人，把社会主义核心价值体系融入国民教育的全过程。党的十九大报告再次强调：“要全面贯彻党的教育方针，落实立德树人根本任务。”中华人民共和国教育部 2017 年颁布了《中小学德育工作指南》，提出中小学德育的五项主要内容，具体内容如下。

（1）理想信念教育。开展马列主义、毛泽东思想学习教育，加强中国特色社会主义理论体系学习教育，引导学生深入学习习近平总书记系列重要讲话精神，领会党中央治国理政新理念新思想新战略。加强中国历史特别是近现代史教育、革命文化教育、中国特色社会主义宣传教育、中国梦主题宣传教育、时事政策教育，引导学生深入了解中国革命史、中国共产党史、改革开放史和社会主义发展史，继承革命传统，传承红色基因，深刻领会实现中华民族伟大复兴是中华民族近代以来最伟大的梦想，培养学生对党的政治认同、情感认同、价值认同，不断树立为共产主义远大理想和中国特色社会主义共同理想而奋斗的信念和信心。

（2）社会主义核心价值观教育。把社会主义核心价值观融入国民教育全过程，落实到中小学教育教学和管理服务各环节，深入开展爱国主义教育、国情教育、国家安全教育、民族团结教育、法治教育、诚信教育、文明礼仪教育等，引导学生牢牢把握富强、民主、文明、和谐作为国家层面的价值目标，深刻理解自由、平等、公正、法治作为社会层面的价值取向，自觉遵守爱国、敬业、诚信、友善作为公民层面的价值准则，将社会主义核心价值观内化于心、外化于行。

（3）中华优秀传统文化教育。开展家国情怀教育、社会关爱教育和人格修养教育，传承发展中华优秀传统文化，大力弘扬核心思想理念、中华传统美德、中华人文精神，引导学生了解中华优秀传统文化的历史渊源、发展脉络、精神内涵，增强文化自觉和文化自信。

（4）生态文明教育。加强节约教育和环境保护教育，开展大气、土地、水、粮食等资源的基本国情教育，帮助学生了解祖国的大好河山和地理地貌，开展节粮节水节电教育活动，推动实行垃圾分类，倡导绿色消费，引导学生树立尊重自然、顺应自然、保护自然的发展理念，养成勤俭节约、低碳环保、自觉劳动的生活习惯，形成健康文明的生活方式。

（5）心理健康教育。开展认识自我、尊重生命、学会学习、人际交往、情绪调适、升学择业、人生规划以及适应社会生活等方面教育，引导学生增强调控心理、自主自助、应对挫折、适应环境的能力，培养学生健全的人格、积极的心态和良好的个性心理品质。

这五项内容既有对以往德育内容的高度概括和继承，又有面向中国特色社会主义新时代的内容创新。

（二）德育内容的构成

德育有大德育和小德育之分，尽管学者对德育的应然内容众说纷纭，争议不断，但德育的实然情况是大德育这一点无可争辩。事实上，目前的德育由道德教育、政治教育、思想教育、法制教育和心理健康教育构成。

道德教育是关于个体与个体、个体与群体和社会、个体与自然的行为规范和准则的教育，包括家庭伦理道德、社会公德、公民道德、职业道德和个人品德修养等方面的教育。

政治教育是关于对民族、阶级、政党、国家、政权、社会制度和国家关系的情感、立场、态度的教育，它与一个国家现实的政治及其发展趋向直接相关。爱国主义教育是德育永恒的主题。

思想教育是对事物的态度和思想观点的教育，以个体的价值认知为核心，其最终目标是使受教育者形成一定的世界观、价值观和人生观。社会主义核心价值观是新的内容。

法制教育是关于法律、纪律、民主、法制的意识与观念的教育。我国中小学法制教育的目的在于用社会主义民主和法律知识来教育学生，使他们从小就受到民主的训练，确立法治意识，懂得和善于履行社会主义公民的权利和义务，养成自觉遵守法律的行为习惯。

心理健康教育是根据学生生理、心理发展的规律和特点，运用特定的教育方法和手段，提高全体学生的心理素质，充分开发他们的潜能，培养学生乐观、向上的心理品质，促进学生人格健康发展的教育。心理健康教育主要有三方面的内容，即学习辅导、生活辅导和择业指导。

德育的五个构成部分既相互联系、相互促进，又相互区别。一方面，他们有着各自的特点、内容和任务；另一方面，他们又相互作用。政治教育是方向，思想教育是基础，道德教育是核心，法治教育是保障，心理健康教育是关键，它们共同塑造完整、健全的新人。①

---

① 杨秀治. 教育学[M]. 济南：山东大学出版社，2007：203.

第二节 德 育 过 程

一、德育过程的概念

德育过程是教育者按照一定社会的要求和受教育者品德形成规律，对受教育者有目的地施加教育影响，并引导受教育者进行自我教育，从而促进其品德发展的过程。从本质上说德育过程是个体社会化与社会规范个体化的过程。

二、德育过程与品德形成过程的区别与联系

联系：德育只有遵循受教育者的品德形成与发展规律，才能有效地促进受教育者的品德形成与发展，而青少年的品德形成与发展也离不开德育因素的影响。

区别：德育过程是一个教育过程，是教育者有目的、有计划、有系统地对青少年品德进行培养和发展的过程。教育者根据社会发展需要对人们在政治、思想、道德等方面提出要求，并依据青少年自身的特点，以适当的方式调动青少年的主观能动性，从而将相应的社会规范转化为青少年的品德，不断提高青少年的道德水平。品德形成过程是青少年的政治、思想、道德结构不断建构、完善的过程。品德形成过程属于人的发展过程，影响这一过程实现的因素包括生理的、社会的、主观的和实践的等多种因素。

三、德育过程的构成要素

德育过程由教育者、受教育者、德育内容等相互制约的要素构成。

教育者包括直接的和间接的个体教育者和群体教育者。教育者主要是教师，教师在德育过程中发挥主导作用。在德育工作中，教师群体只有团结协作、相互配合，才能圆满完成德育任务。在德育过程中，受教育者既是德育的客体，又是德育的主体。德育内容是用以形成受教育者品德的社会思想、政治和道德规范，是受教育者学习、修养和内化的客体，是教育者和受教育者双方活动的中介。从知识形式上看，德育内容是应然知识。

四、德育过程的规律

（一）德育过程是促使学生的知、情、意、行互动发展的过程

1. 学生的思想品德是知、情、意、行的统一体

学生的思想品德是知、情、意、行的统一体，学生的品德形成过程就是知、情、意、行交互作用、相互促进的过程。知、情、意、行四个要素相互依存、相

互促进，共同推动学生品德的发展。其中知是前提和基础，它可以使学生在明辨是非、善恶、美丑的基础上，有选择地行动；情、意因素是在知的基础上形成的精神力量，它对学生品德的发展起着巨大的调节作用；行是人的思想品德的外部表现，是衡量学生认识与修养水平高低的重要标志。

2. 德育过程要促进学生的知、情、意、行诸因素的和谐统一发展

德育过程的推进要注意全面性。教师对学生晓之以理、动之以情、导之以行、持之以恒，使四者相辅相成、全面而和谐地得到发展。德育过程要注意多端性。知、情、意、行在发展方向和水平上常处于不平衡状态，教师要根据学生的实际情况，从相应的要素进行教育。德育过程还要注意长期性和反复性。一个人的良好思想品德的形成和不良品德的克服都要经历一个反复的培养教育或矫正训练过程。

（二）德育过程是组织学生的活动和交往的过程

1. 学生的思想品德是在活动和交往中形成的

学生的思想品德是在活动和交往过程中逐步形成和发展起来，并接受其检验的。学生的思想品德是在接受家庭、社会和学校的影响中形成的。学生接受影响的过程是在能动地吸取环境和教育影响的过程中实现的。

2. 德育过程要善于通过组织和指导学生的活动，促进学生思想品德的形成与发展

作为教育者的教师要做到以下几点。第一，组织各种活动和交往。活动和交往可以激发学生思想道德行为。第二，要加强指导和引导。教育者应发挥积极因素的作用，抓住时机，不断提升学生的思想品德水平。

（三）德育过程是促进学生的思想品德矛盾积极转化的过程

1. 学生的思想品德形成过程是各种矛盾斗争转化的过程

学生的思想品德的发展受多种因素的影响，学生思想品德的发展往往就是各种因素之间的矛盾转化。学生思想品德内部各构成要素之间的矛盾构成内部矛盾；影响学生思想品德形成的诸因素之间的矛盾构成外部矛盾。德育过程的基本矛盾，就是教育者提出的德育要求（社会要求）与受教育者现有品德水平之间的矛盾，它的实质是社会矛盾在德育过程中的反映。

2. 德育过程是要促进学生的思想品德矛盾的积极转化

首先，德育过程要促进学生的思想品德发展内部矛盾的转化。要敏锐把握知、

情、意、行之间的关系，使其协调发展。其次，德育过程要协调影响学生品德发展的外部矛盾。把握好外部影响因素，因势利导，促成内部转化。

（四）德育过程是一个学生自我教育能力逐步提高的过程

1. 学生的品德形成过程是外在教育与自我教育的辩证统一过程

学生的自我教育能力是学生品德赖以形成的内部因素，也是学生品德发展程度的一个主要标志。德育的任务就在于通过外在的教育，引发学生内在的发展需求，经过学生的认识和实践，把学生从缺乏道德经验与能力、依赖性较强的个体逐步培养成具有自我教育能力、能独立自主地待人接物的社会成员。

2. 德育过程要促进学生自我教育能力的发展

自我教育的能力主要由自我评价和自我调控能力构成。学生自我意识和自我教育能力的发展一般是从自我中心发展阶段，到他律阶段，再到自律阶段。教师要遵循学生自我教育能力的发展规律，从实际出发，因势利导，有计划地培养与提高学生的自我意识、自我评价和自我调控能力，以形成和发展他们的自我教育能力。自我教育能力的形成与发展，反过来会帮助学生更加积极地吸收外在的教育因素，促进自身的品德发展。

（五）德育过程是教师教导下学生能动的道德活动过程

学生的道德思想和道德行为不是与生俱来的，而是在社会活动特别是德育活动中逐步发展起来的，具体表现在三个方面：①学生品德的发展是在与环境的相互作用中能动地实现的。学生不仅是被影响、被教育的对象，而且是能动地吸取环境和教育影响的主体，外界的影响只有通过学生内在的思想情感活动，才能被理解、被选择、被吸收，成为个体的观点、需求和追求。②道德活动是促进外在的德育影响转化为学生自身品德的基础。外在的德育影响不能自动成为学生的品德，必须通过学生的主动选择，才能内化为学生内在的品德。基于青少年的身心发展特点，若采取单纯道德说教的方式，这种内化很难实现。只有在活动中，通过教师积极的引导，才能顺利实现转化。③进行德育要善于组织、指导学生的活动。在德育过程中，教师既要组织学生积极参与各种外在的教育活动，又要引导学生自觉进行个人内部的道德修养，使两者联系起来，相互促进，才能引导学生的品德能动地发展。①

① 全国考研教育学配套教材委员会. 2018 全国硕士研究生招生考试教育学专业基础综合考试解析[M]. 北京：高等教育出版社，2017：47.

第三节 德育理论与德育模式

一、道德哲学理论

德育的最终理想是经过德育过程后，学生能明辨善恶，去做应该做的事情。要明辨善恶首先要明确善恶判断的标准。对人或行为进行道德判断的终极标准到底是什么，不同理论给出不同的解释，目前最有影响力的理论是功利论、义务论。

（一）功利论

功利论即功利主义道德哲学，也称为后果论或目的论。功利主义是根据行为所带来的功利或效用多少进行善恶评价的学说。道德判断的终极标准是功利。功利就是欲望的满足所带来的快乐和幸福。如果行为 A 带来的快乐比行为 B 带来的快乐更多，那么行为 A 比行为 B 更善。最善的行为能带来“最大多数人的最大幸福”①。

（二）义务论

功利论以行为的后果来判定行为道德与否，义务论则认为行为的善恶不取决于行为的后果，而取决于行为动机或行为本身的性质。义务论又称为道义论，可以分为直觉主义的义务论、规则主义的义务论和契约主义的义务论。②近代以来最典型的义务论是以康德为代表的义务论，康德义务论主要观点如下：行为善的决定因素是善良意志，善良意志是纯粹意志，它摆脱了外在利益和内在偏好的束缚，只是为了责任而责任，也就是说善良意志是出于责任而不仅仅是合乎责任。责任不是外在的强加的，而是自由意志为自己立法，立法必须尊重规律，否则意志会陷入内部的自我否定或不同意志之间的相互冲突。这样的规律只有一个：要只按照你同时认为也能成为普遍规律的准则去行动。这个规律被称为道德命令、定言命令、绝对命令、无上命令。道德是自由意志的自主和自律，即法由己出，绝对服从。③

二、心理学理论

（一）道德认知发展理论

瑞士心理学家皮亚杰在对儿童一般认知发展理论研究的基础上把儿童道德认

---

① 穆勒. 功利主义[M]. 徐大建，译. 上海：上海人民出版社，2008：7.

② 龚群，陈真. 当代西方伦理思想研究[M]. 北京：北京大学出版社，2013：215.

③ 康德. 道德形而上学原理[M]]. 2 版. 苗力田，译. 上海：上海人民出版社，2012：19.

知划分为三个阶段。①前道德阶段（5 岁前）。这一阶段儿童很难遵守规则，不懂得道德的基本作用是协调人们的社会行为和关系。②他律道德阶段（5～8 岁）。儿童在这一阶段已经能遵守规则，但认为道德是他人强加于自己的。在做道德判断的时候不考虑行为动机和意图，只考虑结果。③自律道德阶段（9～11 岁）。儿童在此阶段认识到规则是人们商定的，可以通过协商而修改。

美国学者科尔伯格在教育和研究中通过对道德两难问题的构建、讨论和应用有效地促进了儿童道德判断能力的发展，道德两难问题是指带有冲突性的交往和生活情境。儿童道德判断能力可以分为三种水平六个阶段。①前习俗水平。在这种水平上儿童从行动的结果及与自身的利害关系来判断是非。这一水平有两个阶段：阶段一，惩罚与服从定向阶段；阶段二，工具性的相对主义的定向阶段。② 习俗水平。在这种水平上儿童关注他人和社会，以满足人和社会的需要为道德。这种水平有两个阶段：其一，人际关系的定向阶段或好孩子定向阶段。一个人的行为正确与否主要看是否赢得别人的喜爱和称赞。其二，维护权威或秩序的道德定向阶段。所有人都应该尊重权威，服从法律等社会秩序。③后习俗水平。这种水平的儿童不再盲目尊崇权威，力图对道德、法律等普遍的社会秩序做出自己的理解。这一水平有两个阶段：一是社会契约定向阶段。此阶段儿童认识到社会法律与社会秩序是社会契约，不是一成不变的。二是普遍的道德原则定向阶段。此阶段儿童认识到在法律、道德、规章制度之上的具有普遍意义的道德原则是更为重要的。

（二）精神分析理论

精神分析学派是心理学的主要流派之一。

弗洛伊德认为人格中有三个层面，即本我、自我和超我。新生儿阶段人格中只有本我层面，本我是由无意识的全能自恋本能、攻击本能、性本能构成，按照快乐原则行事。婴儿和小儿阶段，自我逐渐产生，儿童在努力满足自己需要的同时也逐渐考虑周围的环境条件，按照现实原则行动。5 岁之后，超我层面浮现，超我指父母或社会的价值观和标准被内化为儿童的良心和自我理想，它反过来抑制本我的冲动，规范人的思想和行动。

弗洛伊德强调本我的重要性，埃里克森更强调自我的重要性。埃里克森是美国著名心理治疗师，也是新精神分析派的代表人物。他认为，人的自我意识发展持续一生，根据自我意识的形成和发展，人的心理发展过程可划分为八个阶段，这八个阶段的顺序是由遗传决定的，但是每一阶段能否顺利度过却是由环境决定的，所以这个理论可称为心理社会发展理论。每一个阶段都是不可忽视的。第一阶段为婴儿期（从出生到 2 岁）。婴儿在本阶段的主要任务是满足生理上的需要，发展信任感，克服不信任感，体验希望的实现。第二阶段为儿童早期（约 2～4 岁）。这个阶段儿童主要是获得自主感而克服羞怯和疑虑，体验意志的实现。第三阶段为学前期或游戏期（4～7 岁左右）。本阶段儿童的主要发展任务是获得主动感和克服内疚感，体验目标的实现。第四阶段为学龄期（7～12 岁）。本阶段的发展任务是获得勤奋感而克服自卑感，体验能力的实现。第五阶段为青年期（12～18 岁）。这一阶段的发展任务是建立角色同一感和防止同一感混乱，体验诚实的实现。第六阶段是成年早期（18～25 岁），发展任务是获得亲密感以避免孤独感，体验爱情的实现。第七阶段是成年中期（25～50 岁），主要发展任务为获得繁殖感而避免停滞感，体验关怀的实现。第八阶段为老年期（50 岁直至死亡），主要发展任务为获得完善感和避免失望与厌倦感，体验智慧的实现。[①]

三、德育模式

德育模式是在德育实施过程中德育理念、德育内容、德育原则、德育方法的有机组合方式。每种模式都包括人们如何发展道德的理论观点以及促进道德发展的一些原则和方法。当代较有影响的德育模式有认知模式、体谅模式、社会学习模式。大体上说，认知模式重知（皮亚杰、柯尔伯格）、体谅模式重情（彼得·麦克费尔）、社会学习模式重行（班杜拉）。另外还有价值澄清模式（拉斯、哈明、西蒙）、集体教育模式（苏联马夫连柯）。

（一）认知模式

道德认知模式是当代德育理论中最为广泛、占据主导地位的德育学说，它由瑞士学者皮亚杰提出，而后由美国学者科尔伯格进一步深化。

道德教育应该奉行发展性原则。根据学生已有的发展水平确定教育内容，创造机会让学生接触和思考高于前一个阶段的道德推理方式，造成学生认知失衡，引导学生在寻求新的认知平衡之中不断地提高道德判断水平。

（二）体谅模式

体谅模式形成于 20 世纪 70 年代，为英国德育学家彼得·麦克费尔所创立。体谅模式把道德情感的培养置于中心地位。[②]

该模式的主要观点如下：①与人友好相处是人类的基本需要，帮助学生满足这种需要是教育的职责；②道德教育重在提高学生的人际意识和社会意识，引导学生学会关心、学会体谅；③鼓励青少年试验各种不同的角色和身份；④教育即

---

① 檀传宝. 德育与班级管理[M]. 北京：高等教育出版社，2013：25.

② 周桂珍. 现代教育理论与实践[M]. 济南:山东大学出版社，2005：257.

学会关心。

行为和态度是富有感染力的，品德是感染来的而非直接教来的。教师应在关心人、体谅人上起道德表率作用。要营造相互关心、相互体谅的课堂气氛，使猜疑、谨小慎微、提心吊胆、敌意和忧虑在课堂生活中逐渐消失。

（三）社会学习模式

社会学习模式主要由美国班杜拉创立。该理论认为，学习并非刺激-反应（S-R）的结果，而是相当复杂的过程，刺激-反应说既不能说明新行为的产生，也无法解释人的完整行为和复杂行为系统。该理论主张用替代性学习概念，建立了观察学习的理论体系来说明个体对刺激的反应和对行为体系的建构。该理论认为人类不必事事经过直接反应、亲身体验强化，而只需要通过观察他人在相同环境中的行为，从他人行为获得强化的观察中进行体验学习，所以建立在替代基础上的观察学习是人类学习的重要形式，是品德教育的主要渠道。

（四）价值澄清模式

价值澄清模式的代表人物是美国的拉斯、哈明、西蒙等。在价值多元的社会背景下，这种模式着眼于价值观教育，试图帮助人们减少价值混乱。该模式主张教育不应该通过灌输的方法形成人们的价值观，而应该通过澄清的方法形成人们的价值观，并通过分析、评价、认同的方法促进人们形成统一价值观。

价值澄清模式构建了三个阶段七个步骤的价值形成过程。

1. 选择阶段

1）自由选择

个人的价值观必须经过自由选择的历程才能生根。在未经胁迫下个人所做的决定或选择，才能引导个人行为，填鸭式的强迫灌输，大多仅止于表面行为而已。经过自由选择后产生的价值观念，才能引导个人的行为。

2）从多种选项中选择

真正的价值观念是经过选择的结果，个人若无选择的途径，事实上选择的行为就不可能发生，而真正的价值也就无法实现。因此，个人价值的建立，要从多种可能的选项中选择才有意义。

3）深思熟虑后选择

在感情冲动下，或未经思考若贸然选择，不能主导真正的价值。个人唯有对各种不同途径的后果加以深思熟虑，经过分析，比较利弊得失后做出理智的决定，才能成为真正的价值，才可作为生活的指南。

2. 珍视阶段

1）重视所做的选择

个人对自己认为有价值的事物一般都会加以珍惜、重视，必定为之感到骄傲和快乐。而成为其价值体系的部分，则会作为生活上的准绳。

2）愿公开表示选择

个人经审慎思考后的选择，常会愿意在大众面前表示自己的价值，承认自己的价值，以及拥护自己的价值，以它为荣，自然乐意对外公开。

3. 行动阶段

1）采取行动

价值观念能左右行动的方向，当个人认为具有价值的东西，一定会努力去实践、完成，百折不挠、锲而不舍地采取行动。

2）重复实行

当个人的一些信念、看法和态度，已达到价值阶段时，则会成为价值体系的一部分，一而再、再而三地表现在行为上，出现在不同的空间中。

（五）集体教育模式

集体教育模式的典型代表是苏联教育家马卡连柯。马卡连柯在 16 年间，将 3000 多名失足青少年培养成为将军、工程师、医生、教师等，创造了教育史上的奇迹，而他成功的秘诀就是集体教育。马卡连柯认为，全部教育过程应该在“通过集体”“在集体中”“为了集体”的原则下进行，这为我们如何培养一个良好的集体提供了很好的借鉴。①教育的前提是尊重与信任。如何把流浪儿童和青少年培养成社会有用的人才，重要的一条就是热爱、尊重和信任他们。在马卡连柯看来，尊重人、信任人是教育的前提；只有从尊重人、信任人出发，才能产生合理的教育措施，才能取得良好的教育效果。②教育的原则是集体教育和前景教育。集体教育原则也称为“平行教育影响”，旨在让学生成为教育的主体，通过集体来教育个人。在这里，教育者对集体和集体中每一个成员的教育影响是同时的、平行的。这种方法的优点是教师在教育学生时，不要使学生总感到自己是被教育的对象，而产生厌恶感，要让学生体验到自己才是教育的主体，从而提高他们的自尊心和自信心。前景教育以任务驱动实现目标。马卡连柯认为，在改造过程中，不应该把注意力集中在过去的错误上，而应引导学生看到美好的未来，即给学生提供一个或几个需要经过一定努力才能完成的新任务，吸引集体中的每一个成员为完成新的任务，实现新的前景，由近及远、由易到难地开展活动，由简单的原始满足发展到最新的责任感，从而使整个集体朝气蓬勃，永葆青春。这个原则又被称为“明日快乐论”。③教育的手段和途径是劳动教育，辅之以合理惩罚。劳动教育可以强化学生的组织性和纪律性，培养学生良好的道德品质，发展智力和能力。而合理惩罚则有助于学生形成坚强的性格。[①]

第四节　德育的原则、途径和方法

一、德育的原则

德育原则是教师对学生进行德育必须遵循的基本要求，它反映了德育过程的规律，是对德育实践经验的概括和总结。[②]

（一）导向性原则

导向性是指教师进行德育时要有一定的理想性和方向性，以指导学生向正确的方向发展。导向性原则是根据青少年的身心发展特点和社会主义教育的性质和目的确定的，是我国长期德育工作的经验总结。

导向性原则的基本要求：①坚持正确的政治方向；②德育目标必须符合新时期的方针政策和总任务；③要把德育的理想性与现实性结合起来。

（二）疏导原则

疏导原则是指教师进行德育教育要循循善诱，以理服人，从改变学生的认识入手，调动学生学习的主动性，使他们积极向上。疏导原则就是循循善诱原则，是根据学生的品德形成规律确立的。

疏导原则的基本要求：①讲明道理，疏导思想；②因势利导，循循善诱；③以表扬激励为主，坚持正面教育。

（三）知行统一原则

知行统一原则又称为理论与实际相结合的原则，是指教师在德育过程中，既要对学生进行马克思主义基本理论教育，又要引导他们进行实践锻炼，把理论教育与组织实践活动、提高思想认识与培养良好的道德行为习惯相结合，使他们知行统一、言行一致。

这一原则的基本要求：①对学生进行马克思列宁主义理论、新时代中国特色

---

① 全国考研教学配套教材委员会. 2018 全国硕士研究生招生考试教育学专业基础综合考试解析[M]. 北京：高等教育出版社. 2017：51.

② 李剑萍，魏巍. 教育学导论（2006 年修订版）[M]. 北京：人民出版社，2006：279.

社会主义思想和道德规范的系统教育，切实提高学生的思想觉悟；②要有计划地组织学生参加各种社会实践活动，培养良好的道德行为；③教师应把言传和身教结合起来，言行一致地给学生做出表率。

（四）尊重信任与严格要求相结合原则

尊重信任与严格要求相结合原则是指进行德育要把对学生个人的尊重和信任与对他们的思想和行为的严格要求结合起来，使教育者对学生的影响与要求易于转化为学生的品德。

社会主义社会人际关系应该是平等互助的，这就需要把尊重信任和严格要求结合起来。苏联教育家马卡连柯说“要尽量多地要求一个人，也要尽可能地尊重一个人”，“我们对每个人提出的要求，表示出对于个人的力量和能力方面的尊重；而在我们的尊重里，同时也表示出我们对个人的要求”[①]。

尊重信任与严格要求相结合原则，体现了我国社会主义的新型师生关系。

这一原则的要求：①爱护、尊重和信赖学生；②教育者对学生提出的要求，要合理正确、明确具体和严宽适度；③教育者对学生提出的要求，要认真执行，坚定不移地贯彻到底，督促学生切实做到。

（五）教育的一致性与连贯性原则

教育的一致性与连贯性原则是指德育应当有目的、有计划地把来自各方面对学生的教育影响加以组织、调节，使其相互配合、协调一致，前后连贯地进行，以保证学生的品德能按教育目的的要求发展。德育的一致性和连贯性原则是由学生品德形成的基本规律决定的。

这一原则的基本要求：①要统一学习内部各方面的教育力量；②要统一社会各方面的教育力量；③对学生进行德育要有计划、有系统地进行，做好衔接工作，以确保对学生的教育连贯一致。

（六）因材施教原则

因材施教原则是指德育要从学生的思想认识和品德发展的实际出发，根据他们的年龄特征和个性差异进行教育，使每个学生的品德都能得到最好的发展。

因材施教原则是由学生的身心发展个别差异性规律决定的。因材施教原则的基本要求：①深入了解学生的个性特点和内心世界；②根据学生个人特点有的放矢地进行教育；③根据学生的年龄特征有计划地进行教育。

---

① 转引自王道俊，王汉澜. 教育学（新编本）[M]. 北京：人民教育出版社，1999：383.

（七）集体教育与个别教育相结合的原则

在德育过程中，教师要教育集体、培养集体，并通过集体去教育个人。同时又要注意个别教育，通过教育个人影响集体的形成和发展，把教育集体和教育个人辩证统一起来。

这一原则的基本要求：①引导学生关心、热爱集体，重视班级集体的建设，密切关注非正式群体；②通过集体教育个人，通过学生个人转变影响集体；③调动每个学生的积极性，针对学生的不同情况进行个别指导，促使其个性在集体中得到充分发展，并初步培养他们自己教育自己的能力。①

（八）正面引导与纪律约束相结合原则

教师在德育过程中，要正面疏导、调动学生接受教育的内在积极性，同时又要有纪律约束，将引导与要求学生遵守《学生守则》、学校规章制度等结合起来，对学生进行教育管理。

这一原则的基本要求：①讲明道理，疏通思想；②因势利导，循循善诱；③以表扬、激励为主，批评、处分为辅，选择适当的时机，以达到教育的目的。

（九）发挥积极因素与克服消极因素相结合原则

发挥积极因素与克服消极因素相结合原则是指教师进行德育时要调动学生自我教育的积极性，激发他们自身的积极因素，以克服其品德上的消极因素，实现品德发展内部矛盾的积极转化。

这一原则的基本要求：①“一分为二”地看待学生；②长善救失，通过发扬优点来克服缺点；③引导学生自觉进行自我评价，提高自我修养水平。

二、德育的途径

德育的途径是指德育实施的渠道或形式。学校必须充分发挥主导作用，坚持教育与生产劳动、社会实践相结合，坚持学校教育与家庭教育、社会教育相结合，运用多种途径，共同完成德育任务。

《中小学德育工作指南》提出实施德育的六大途径：课程育人、文化育人、活动育人、实践育人、管理育人、协同育人。课程育人从严格落实德育课程、发挥其他课程德育功能、用好地方和学校课程等方面，发挥课堂教学在育人中的主渠道作用；文化育人从优化校园环境、营造文化氛围、建设网络文化等方面加强校园文化建设，让校园处处成为育人场所；活动育人主要是开展节日纪念日、仪式

① 李剑萍，魏薇. 教育学导论（2006 年修订版）[M]. 北京：人民出版社，2006：49.

教育活动、校园节（会）、团队活动等形式多样、主题鲜明的教育活动，以鲜明正确的价值导向引导学生；实践育人指通过开展各类主题实践、劳动实践、研学旅行、志愿服务等，增强学生的社会责任感、创新精神和实践能力；管理育人是指推进学校治理现代化，从完善管理制度、明确岗位责任、加强师德师风建设、细化学生行为规范、关爱特殊群体等方面，将中小学德育工作的要求贯穿于学校管理的每一个细节之中；协同育人是指加强家庭教育指导，构建社会共育机制，争取家庭、社会共同参与和支持学校德育工作。

小学德育的具体途径有：①思想品德课；②其他各科教学；③校级、班级教育和各种教育活动；④少先队教育；⑤家庭教育和社会教育。

中学德育的具体途径有：①思想政治课和时事课；②其他各学科教学；③班主任工作；④共青团、学生会工作；⑤劳动和社会实践活动；⑥活动课程与课外、校外教育；⑦心理咨询和职业指导；⑧校园环境建设。

三、德育方法

德育方法是为达到德育目的在德育过程中采用的教育者和受教育者相互作用的活动方式的总和。中小学德育的主要方法有以下几种。

1. 说服教育法

说服教育法是教师通过摆事实、讲道理，使学生提高认识、形成正确观点的方法。说服教育是德育工作的基本方法。说服教育的方式主要有语言说服和事实说服两种。

1）语言说服法

语言说服法是教师运用口头和书面语言向学生讲述道理，使学生明辨是非的方法，主要包括讲解、报告、谈话、讨论、指导阅读等方式。

运用语言说服法应注意以下几点。①要有针对性。任何形式的说服教育都是为了解决一定的问题，因而活动之前要明确目的，围绕目的进行，切忌空洞无物，废话连篇。②要注意学生的接受能力。中小学生特别是小学生、初中生的理解能力还不是很强，因而各种形式的教育都应该深入浅出，使其易于理解。③引导总结。各种活动结束后，教师要及时引导学生总结学习收获。

2）事实说服法

事实说服法是教师组织学生接触社会实际，用各种生动具体的事实来说服学生，使学生获得直接经验，形成正确认识的方法，主要包括参观、访问、调查等形式。

运用事实说服法应注意以下几点：①明确目的，制订计划。事先做好思想动员，让学生明确活动的目的和要求；同时要制订周密的计划，做好组织工作。

②做好充分准备。对于被参观、访问、调查的对象必须认真选择，事先联系，让接待方根据学生的特点和活动目的做好接待的准备。③加强指导。在活动中，教师必须加强对学生的指导，以免活动流于形式。④做好总结工作。活动结束后，教师要指导学生做好总结，可以采用座谈、记日记、写作文、写调查报告等形式，进一步提高学生的认识。

2. 情感陶冶法

情感陶冶法是教师利用高尚的情感、美好的事物和优美的环境感染和熏陶学生的方法。情感陶冶主要是运用以情染情、以境触情、以境陶情的原理对受教育者进行耳濡目染、潜移默化的影响，使受教育者在认识上和情感上逐渐完善。情感陶冶法的基本特点是直观具体、生动形象、情景交融，易于激起学生情感上的共鸣，于无声处教育学生。其主要形式是以教师自身的美、环境美、情景美和艺术美来感染和熏陶学生。

运用情感陶冶法应注意以下几点：①加强修养。教师，特别是班主任应清醒地意识到自己是学生日常学习和生活中最具影响力的人物和最易模仿的对象。为此，教师必须加强自身的修养，通过学习和实践，形成高尚的品质、高雅的气质、健康的性格和高超的能力。②创建良好的环境。教师应选择优美的环境和典型的艺术形式，营造健康的氛围来熏陶和感染学生。③引导学生。教师要引导学生对高尚人格、美好事物的追求，引导学生发现美，特别要引导学生参与美好情境的创造之中。

3. 实际锻炼法

实际锻炼法是教师指导学生参加各种实践活动，以形成一定的道德品质和行为习惯的方法。

实际锻炼法主要包括两种形式：一是常规训练；二是实践锻炼。

（1）常规训练是指教师指导学生按照一定的规章制度进行经常性的行为练习，以形成良好的行为习惯的方法。常规训练的内容和方式多种多样，主要有学生守则训练、课堂常规训练、卫生常规训练、礼貌常规训练等。

运用常规训练应注意以下几点：①建立健全各种规章制度；②使学生明确常规的内容、要求和意义；③坚持不懈、循序渐进地进行训练。

（2）实践锻炼是指教师指导学生参加各种实际活动，使学生在活动中形成优良品德和行为习惯的方法。实践锻炼的形式很多，主要有学习活动、社会活动、生产劳动和课外文体科技活动等。其中学习活动是学生最主要、最常见的锻炼方式。学习活动可以培养学生的优秀品质，如责任心、义务感、主动精神、创造精神以及坚韧不拔、顽强拼搏的精神等；也可以培养学生的良好习惯，如按时作息、及时作业、认真听课、仔细研究等。

运用实践锻炼法应注意以下几点：①目的明确，计划周密；②生动活泼，灵活多样；③以学为主，加强指导；④持之以恒，随时总结。

4. 榜样示范法

榜样示范法是指教师以他人的模范行为作为榜样，来影响学生的思想、感情、行为的方法。榜样的力量是无穷的，因为榜样能把真实的思想道德关系表现得更直接、更亲切、更典型。同时，青少年又极善于模仿。用来示范的榜样主要有家长和教师、同学、英雄人物、革命领袖、历史伟人和文艺形象等。

运用榜样示范法应注意以下几点：①要使学生了解榜样人物的先进事迹，理解榜样人物的优秀品质及其成因；②指导学生明确学习榜样的什么、怎样学习。③狠抓落实。学习榜样的关键是落实到行动上。要开展必要的活动，引导学生把榜样与自己的思想行为联系起来，落实到行动上。

5. 评比竞赛法

评比竞赛法是教师利用学生的竞争心理，运用评比、竞赛等形式激发学生积极性的方法。竞争心理即人的争强好胜心理，它在人与人的比较中体现出来。竞争心理人皆有之，青少年的竞争心理更为外露，情感体验更为强烈。教师如果能够运用恰当的评比、竞赛正确引导学生的竞争心理，就能有效地调动学生的学习和发展积极性。

运用评比竞赛法应注意以下几点：①要建立良好的评比、竞赛的氛围和环境；②要在日常的学习和活动中培养学生健康的竞争意识；③要运用多种形式开展评比、竞赛。

6. 奖励与惩罚法

奖励与惩罚法是指教师通过对学生的思想和行为进行肯定或否定的评价，以引起学生愉快或痛苦的体验，进而强化或纠正学生某些行为的方法。

（1）奖励是指教师通过对学生的思想和行为进行肯定的评价以引起学生愉快的体验，进而强化学生的良好品德和优良行为的方法。

奖励的方法可以用于个人，也可以用于集体，其形式有三种：一是赞许，这是对学生良好品德和正确行为的赞同和肯定；二是表扬，是对学生的良好品德和正确行为的较为正式的评价，分口头表扬和书面表扬、对集体的表扬和对个体的表扬等；三是奖赏，这是对学生较为突出的表现时的奖励，如评选三好学生、优秀少先队员等。

（2）惩罚是指教师通过对学生的不健康思想和行为进行否定的评价以引起学生内疚、悔恨的体验，进而纠正学生不良行为的方法。合理的惩罚能引起学生的痛苦体验和认真反思，有助于学生及时终止和纠正自己的不良品德和行为。

惩罚的方法主要有三种：一是否定，这是对学生不太严重的行为的制止和纠正；二是批评，这是对学生不良品德和行为的较为正式的否定评价，分口头批评和书面批评、对集体的批评和对个体的批评等；三是处罚，这是对学生较为严重错误的惩罚。

运用奖励与处罚法应注意以下几点：①提高对奖惩的认识；②目的明确，具体有度；③客观公正，有利于团结；④奖励为主，抑中带扬。

7. 自我教育法

自我教育法是在教师引导下学生经过自觉学习、自我反思和自我行为调节，使其品德不断完善的一种方法。

在这个过程中教师也应该给予指导，以实现学生思想转化及行为控制。这种方法可以增强学生的主体意识，促进其自我意识及自我修养水平的提高，推动学校德育工作的开展以及学校德育目标、内容的实现。①

四、德育方法的选择

选择德育方法，要考虑以下四个方面。

（1）德育目标。德育目标是德育工作的预期结果，德育方法是为实现德育目标服务的，所以选择德育方法，首先要考虑德育目标的要求。

（2）德育内容。德育内容规定着对德育方法的特定要求，如属于社会政治意识的德育内容，通常采用说服教育法，而属于道德品质和行为习惯的德育内容，大多采用榜样示范法和实际锻炼法。

（3）学生的年龄特点和个性差异。德育方法的选择和运用必须符合学生身心发展的年龄特征、个性差异以及品德发展的状况和需要。同一种德育方法对适用于不同性别、不同个性的学生时，运用的具体方式和要求也应有所不同。

（4）文化传统、时代的特征、学生的思想状况、学校和教师的实际情况都是应考虑的因素。

第五节　我国德育改革概述

一、当前我国德育改革的背景

面对国际国内形势的深刻变化，我国中小学德育既面临新的机遇，也面临严

① 全国考研教学配套教材委员会. 2018 全国硕士研究生招生考试教育学专业基础综合考试解析[M]. 北京：高等教育出版社，2017：49.

峻的挑战。

（1）全球化格局渐已形成，我国对外开放不断地扩展和深化，为广大中小学生了解世界、增长知识、开阔视野提供了更加有利的条件。与此同时国际敌对势力利用各种途径对我国中小学生进行思想文化渗透，某些腐朽没落的生活方式对学生的影响不能低估。

（2）我国社会主义市场经济的深入发展，社会经济成分、组织形式、就业方式、利益关系和分配方式的日益多样化，为学生的全面发展创造了更加广阔的空间，与社会进步相适应的新思想、新观念正在丰富着学生的精神世界。与此同时，一些领域道德失范、诚信缺失、造假售假、欺骗欺诈活动有所蔓延；一些人价值观发生扭曲，拜金主义、享乐主义、极端个人主义滋长，以权谋私等消极腐败现象屡禁不止等，也给中小学生的成长带来不可忽视的负面影响。

（3）互联网等新兴媒体的快速发展，给中小学生学习提供了信息来源，为中小学生的发展开辟了新的渠道。与此同时，冗余有害的信息和不正确、不健康的文化也通过网络腐蚀中小学生的心灵，影响中小学生的身心健康。

二、当前我国德育存在的问题

（1）重智育、轻德育的现象依然存在，立德树人、德育为先的办学思想未得到完全落实。在现行的课程体系中，思想品德课、思想政治课不是考试重点，学生的思想素质、政治素质、道德素质、心理素质的提升也很难通过简易的方法测量出来。这就导致了一些地方和部门的领导对德育工作认识不足，重视不够，没有真正担负起领导责任。

（2）德育目标脱离实际且杂乱无序。在我国学校德育工作中，学生众多，情况各异，很难做到了解每一个学生思想品德现状，提供有针对性的个性化教育，德育目标在具体的设置上往往脱离学生身心发展的特点，搞“一刀切”。

传统文化、历史发展、教育现实等多重因素决定了中国的德育是大德育，大德育由多个部分构成，每个部分往往都有其特殊性，而且不断有时代性的新的内容加入，从多元而异质的各组成部分中找到一个涵盖性极强的德育目标始终是理论工作者和实践工作者未完成的课题。

（3）德育内容与学生的思想实际、生活实际和发展需要脱节。教育领域很多时候都倾向于保守，当经济生活、社会生活改变了以后，教育才陆续跟进。当经济领域的改革已经步入市场阶段时，教育领域的招生、管理、后勤仍然是计划模式的，其中德育工作的计划色彩仍然极其浓厚，德育课程和教学中的服从教育特征仍然突出。

在德育内容上，内容陈旧、单薄，提供给学生的理论知识不足以解释当前复杂的社会现象，也不能解决学生的思想实际，这一方面是由于社会变化太快；另一方面是社会科学理论研究迟滞导致。德育的某些内容成了与现实生活和学生实际不相干的东西，不能激发学生的情感使其认同，更难以内化。

（4）知与行分离，重视道德知识的灌输，轻视实践教育和道德行为的养成。长期以来德育仅仅局限于道德知识的传授和道德原则的灌输，忽视了学生的情、意及道德践行能力的培养，道德灌输成了主要的甚至唯一的方法。这种德育方法不仅不适应迅速发展的社会生活，也严重违背品德形成的内在规律。

知是为了行，真正的知识也一定在正确的行动中，道德知识尤其如此。道德知识不同于陈述性知识和程序性知识，它是规范性知识或应然性知识，只有在理智上说服学生，在情感上打动学生，才能让学生形成道德意愿，贯彻到行动中。仅仅是知识的灌输，不但达不到预期的效果，在信息冗余、知识负担过重的今天，往往适得其反。

（5）形式主义和简单化盛行，缺乏吸引力和感染力。首先，了解品德形成的规律，洞悉学生品德心理过程和特征，都需要长期的教育实践和深入思考。其次，了解思想、政治、道德、心理等领域的知识，熟悉这些领域的思想行为规范和价值规范，需要广泛涉猎和细致入微的思考。

三、我国德育改革的主要趋势

（1）在素质教育中通过多种渠道落实立德树人的根本任务。素质教育就是要全面提升人的素质，其中品德素质是最重要的核心素质。素质教育是全面发展的教育，德育处于首要位置。素质教育要针对应试教育的弊端，把教育目的从应试拉到提升全面素质的正确轨道上来，通过课程、教学、管理、文化、实践等多渠道落实德育工作。

（2）以学生为本，确立符合学生思想品德发展实际的多层次的德育目标。德育工作的开展首先要明确德育目标。学校德育是对人工作，工作人员要研究学生，了解学生思想品德发展的实际状况，找出客观存在的实际问题，确定符合学生实际情况的德育目标。唯其如此，才能确定工作目标和重点，提高德育工作成效。

（3）坚持贴近实际、贴近生活、贴近学生的德育方式，改进德育内容。怎样生活就怎样思考，生活的边界决定知识的边界。德育知识只有贴近实际、接近生活、接近学生才能为学生所理解和接受。德育最终的成果在于学生身体力行、形成习惯，只有贴近学生、贴近生活的知识才容易被学生应用到生活中。

（4）积极改进思想品德、思想政治教学方法和形式。教学是双边性活动，其主体是学生，可以有学无教，却不可以有教无学，所以教学应以学生为中心，思想品德、思想政治课也应以学生为中心，先要走进学生心里，思学生之所思，想学生之所想，然后规划设计，采取生动活泼的方式进行教学，在传授知识的同时陶冶学生的情操，养成学生的良好习惯。

（5）坚持知与行相统一，积极探索实践教学和学生参加社会实践、社区服务的有效机制，建立科学的学生思想道德行为综合考评制度。

道德认知的目标是道德实践，教师不但要在课堂教学中坚持理论联系实际，而且要积极开展实践教学，让学生参与社会实践和社区服务。学校要做好外联公关，开拓实践教育基地、爱国主义教育基地、人文教育基地。教师在对德育工作进行评估或对学生思想道德进行评价鉴定的时候，不能仅仅看学习成绩，重点应放在学生的行为上，综合考核行为、心理、认知各方面的情况并做出评价。

（6）因地制宜开展德育活动。因地制宜是说德育活动的开展要考虑本地实际情况，充分利用本地资源优势。首先，学校要充分利用现有资源，开展形式多样的活动。学校可以充分利用现有的教师资源，开发德育课程；利用现有的场地，开展室外活动；利用墙壁展板，开展道德宣传活动。其次，学校要充分挖掘周围环境中的潜在资源。如果学校周围有少年宫、文化宫等文化机构，学校可考虑与之合作开展德育主题活动。

四、德育工作的新形式

（一）通过开展社区教育进行德育

学校作为区域性社区教育的组织者和协调者，具有得天独厚的资源和优势。由学校率先成立的社区教育委员会要经常研究学生的德育工作,并反馈来自社会、家庭和学校的教育信息，切实做好协调工作。在德育内容上要更加切合当地社区和学生的实际需要，在德育途径和方法上要联合社区内各种教育力量，采取多元化和综合化的教育方式，形成学校、家庭、社会一致的育人合力，协同育人。

（二）开展心理健康教育活动

学校通过心理健康教育可以培养学生积极向上的情绪，坚强的意志，促进他们健康成长。心理健康教育的形式、途径多样，除了与原有的思想品德课、思想政治课、青春期教育等相关教学内容有机结合起来外，还可以利用活动课及班与团队活动、举办心理健康教育的专题讲座来开展。

（三）建立德育基地

品德的本质在于实践。德育基地的建立，给学生提供了良好的品德实践机会，从而弥补了单纯和过多依靠课堂教学进行德育的不足。德育基地的建立能使学生在思想意志、生活自理能力、集体主义精神与合作意识等诸多方面经受锻炼，得到提高。

（四）创办业余党校

普通高中创立业余党校，对学生中的先进青年进行党的知识教育，是培养社会主义接班人的需要。业余党校的教育内容以政治教育为主，一般每期 10 天左右，授课形式灵活多样，注重理论和实践的统一。

思考题

一、单项选择题

1. 学校德育就是教师有目的地培养学生（　　）。
A 知识的活动　　B 品德的活动
C 能力的活动　　D 审美的活动

2. 品德是道德品质的简称，它是一种（　　）。
A 社会现象　　B 集体现象
C 个体现象　　D 文化现象

3. 我国小学阶段，德育内容体现在（　　）中。
A 班级教育活动　　B 思想品德课
C 全校思想政治教育活动　　D 班会和校会

4. 以形成受教育者一定思想品德为目的，教育者和受教育者共同参与的教育活动是（　　）。
A 德育过程　　B 美育过程
C 智育过程　　D 心育过程

5. 针对中小学生常见的“言行不一”问题，德育应（　　）。
A 从“知”开始　　B 从“行”开始
C 从“意”开始　　D 具体情况具体分析

6. 在知、情、意、行四个德育环节中，基础性的要素是（　　）。
A 知　　B 情　　C 意　　D 行

7. 教育家马卡连柯所提倡的“平行教育”，反映的德育原则是（　　）。
A 知行统一原则　　B 尊重信任与严格要求学生相结合的原则
C 一致性和连贯性原则　　D 集体教育与个别教育相结合的原则

8. 下列选项中，不属于对学生严格教育原则的是（　　）。
A 严而有理——合理　　B 严而有礼——礼节
C 严而有度——适度　　D 严而有恒——永恒

9. 把道德情感的培养置于中心地位的德育模式是（　　）。

A 认知模式　　B 体谅模式

C 社会学习模式　　D 说理教育模式

10. “让学校的每一面墙壁都开口说话。”这充分运用了下列哪一种德育方法？（　　）。

A 陶冶教育法　　B 榜样示范法

C 实际锻炼法　　D 品德评价法

二、简答题

1. 简述德育过程的规律。
2. 简述德育工作的新形式。
3. 简述道德认知与发展阶段理论。
4. 简述道德教育体谅模式。

三、论述题

试论述常见的德育原则和德育方法。

阅读推荐

1. 鲁洁. 当代德育基本理论探讨[M]. 南京：江苏教育出版社, 2003.
2. 班华. 现代德育论[M]. 合肥：安徽人民出版社, 2004.
3. 檀传宝. 学校道德教育原理[M]. 北京：教育科学出版社, 2003.
4. 袁桂林. 当代西方道德教育理论[M]. 福州：福建教育出版社, 2005.
5. 马卡连柯. 论共产主义教育[M]. 刘长松, 杨慕之, 译. 北京：人民教育出版社, 1954.

第十章　教师与学生

学习目标

1. 掌握教师和学生的定义。
2. 掌握教师专业发展的定义以及途径。
3. 了解学生的义务，掌握学生的权利。
4. 理解师生关系的类型，掌握建立师生关系的方式。

基本概念

1. 教师。从广义来看，教师与教育者是同义语，是对教育机构中所有工作人员的总称；从狭义来看，教师专指教育机构尤其是学校中从事教育教学工作的专职教师。

2. 教师专业发展。又称教师专业化，是指教师在整个职业生涯过程中，依托专门组织、通过持续不断的专业教育，习得教育教学专业知识和技能，实现专业素养包括专业理念、专业知识、专业能力、专业情意等方面的提高与完善，成为合格的教师专业人员的过程。它包括教师群体的专业发展和教师个体的专业发展。

3. 正式群体。正式群体指在校行政部门、班主任或社会团体的领导下，按照一定的章程组成的学生群体，通常包括班集体、共青团、少先队等。

4. 非正式群体。非正式群体指学生自发形成或组织起来的群体，包括因兴趣和爱好相同、感情融洽的同学或老乡等关系而形成的学生群体。

框架结构

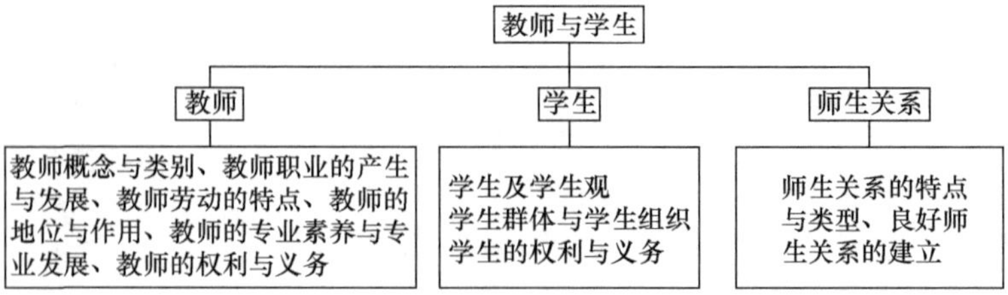

第一节　教　　师

一、教师的概念与类别

（一）教师的概念

古今中外，诸多学者对教师这一角色都做过精辟的论述。仅就我国古代而言，就有："师，谓诸侯师氏，有德行以教民者。"①"师也者，教之以事而喻诸德者也。"②"智如泉源，行可以为表仪者，人师也。"③"师者，人之模范也。"④"师者，所以传道、授业、解惑也。"⑤"齐襄王时，而荀卿最为老师。"⑥"伯安入小学，颖悟非凡儿。属句有夙性，说字惊老师。"⑦以上这些论述有的是按照教师的功能和作用界定的，有的是从教师所具备的品质来加以说明的。

到了近现代，一些思想家、教育家、政论家比较全面、深刻地论述了教师的内涵。例如，培根曾把教师看作"知识的传播者，文明之树的培育者，人类灵魂的设计者"；夸美纽斯认为"太阳底下再没有比教师这个职务更高尚的了"；拥有"俄国教师的教师"美誉的教育家乌申斯基把教师称为"争取真理和幸福的人的神圣遗训的保存者"。政论家高尔基则认为世界上最美好的职业就是做一个人民教师。这些都揭示了教师在社会发展中的意义。

要真正理解教师的本质内涵，必须从教师与社会和学生的关系中去理解。首先，教师处于社会中，要为社会发展做出贡献；其次，教师与学生的关系是以"传道、授业"为中介，要为学生发展做出贡献。从广义来看，教师与教育者是同义语，是对教育机构中所有工作人员的总称；从狭义来看，教师专指教育机构尤其是学校中从事教育教学工作的专职教师。本章所取的教师概念就是狭义的教师概念。

（二）教师的类别

对教师进行类别划分有助于深刻理解教师的内涵，根据不同的分类标准，我

---

① 陈衍. 周礼疑义辩证[M]. 北京：华夏出版社，2011：72.
② 戴圣. 礼记[M]. 陈澔注. 上海：上海古籍出版社，2016：238.
③ 韩婴. 白话韩诗外传[M]. 曹大中，译. 长沙：岳麓出版社，1994：291.
④ 扬雄. 法言[M]. 北京：中华书局，1985：2.
⑤ 韩愈. 韩愈选集[M]. 孙昌武选注. 上海：上海古籍出版社，2013：220.
⑥ 司马迁. 史记[M]. 长沙：岳麓书社，1988：569.
⑦ 元好问. 遗山先生文集（四）[M]. 北京：商务印书馆，1937：13.

们可以将教师划分为不同的类别。

1. 学校层次标准

学校种类是多样的，按学校层级不同，可以将学校分为：幼儿园、小学、中学、大学。相应的，根据教师隶属学校层次的不同，可将教师划分为：幼儿教师、小学教师、中学教师、大学教师。

2. 学校类型标准

我国的学校大致可分为三种类型：普通学校、职业学校、特殊学校。普通学校主要学习基础的、普通的科学文化理论知识，不太涉及专门的、具体的职业技术知识；职业学校主要学习专业性、操作性强的职业技术知识，经过短期学习后能踏上工作岗位，实现就业的目的；而特殊学校主要是专门对残疾儿童、少年实施义务教育的机构，其目的是最大限度地完善他们的人格，增强其社会适应能力，使之成为对社会有用的人才。可见，在不同类型学校工作的教师，其任务也是不一样的，因此根据学校类型不同，可将教师划分为普通学校教师、职业学校教师以及特殊学校教师。

3. 教师与学校的关系标准

根据教师与学校的关系可以将教师划分为具有事业编制、与学校签订聘用合同的教师和无事业编制、与学校签订聘用合同的教师（含代课教师）。

4. 教师专业化程度标准

根据教师专业化程度的差异，将教师划分为新手型教师、熟手型教师以及专家型教师。

教师类别的划分标准是多种多样的，如还可以从学科角度、教学任务、教师职称等维度对其进行归类区分。总之，对教师类别的划分，我们不能停留在某个单一的维度去考虑，应该从各个维度整体把握教师的类别。

二、教师职业的产生与发展

教师，是人类社会最古老的职业之一，其产生与发展的历程是和社会生产力的发展以及教育的产生与发展相伴而行的。

（一）原始社会兼职教师的出现

原始社会氏族首领和具有生活经验的长者，把一些生活经验、生产知识、行为习惯等有意识地传授给下一代，以维持本氏族部落的生存和发展，于是形成了最早的以长者为师、以能者为师的兼职教师。由于教育并没有从生产劳动中分离出来，因此，这个时候的教师处于非职业化阶段。

（二）古代专职教师的产生

学校教育的出现是专职教师产生的前提条件，教师也开始成为一门职业。中国古代有官学教师与私学教师两类。例如，西周官学中设有专门从事教育的“大师”“小师”；汉代官学中则有“博士”“祭酒”“助教”等专职教师。除官学外，春秋战国时，私学开创，一些官吏兼任私学教师或辞官还乡专任私学教师。在西方，古代希腊的“智者”是最早出现的以收费授徒为职业的巡回教师；中世纪时，修道院、教会学校常以僧侣、教士为师。在古代社会，虽然专职教师开始出现，教师走向职业化阶段，但他们并没有经过专业化训练，教师职业处于非专门阶段。

（三）近代教师职业地位的提高

近代，随着教育的制度化，教师越来越成为一种重要的职业。一方面是社会发展推动的结果，另一方面是由于社会发展而带来的独立师范教育的产生。

世界上最早的独立师范教育机构产生于法国。1681 年法国的拉·萨尔（La Salle，1651—1719），创立了第一所师资训练学校，成为世界独立师范教育的开始。1695 年德国的法兰克在哈雷创办了一所师资养成所，施以师范教育，成为德国师范教育的先驱。1795 年法国在巴黎设立公立师范学校，1810 年设立高等师范学校。1832 年法国颁布法令，建立统一的师范学校系统，统一隶属中央，1833 年的《基佐法案》明确规定各省均设一所师范学校。1870～1890 年，世界许多国家颁布法规设立师范学校，中国也在 1897 年创立了以专门培养教师为主的师范学校。师范教育是培养师资的专业教育，师范学校的诞生标志着教师职业开始进入专门化阶段。

（四）现代教师的新特点

20 世纪 50 年代后，世界主要发达国家基本普及基础教育，教师需求总量萎缩，质量要求提高，教师职业逐渐成为令人羡慕的社会职业。随着教师资格证书制度的实施，现代教师必须经过培养和培训，取得合格证书才能工作，教师职业走向了专业化阶段。

古往今来，教师职业一直被称为太阳底下最光辉的职业。那么，现代意义上的“教师”和古代意义上的“教师”相比有哪些本质区别呢？

1. 现代教师的多功能性

首先，教师是社会赋予的职业角色，从社会视角来看，教师不仅是人类文化的继承者与传递者，也是社会物质财富的创造者，还是社会发展与变革的重要力量；其次，教师是从事教学与管理的职业，教师不仅是学生学习的引导者和促进者、学生班集体的组织者与管理者，还是学校教学与课程资源的开发者；再次，教师不仅仅作为传播知识的教书者，还是学生心理健康的引路者和培育者，教师要理解和宽容学生，给予他们真善美的情感体验；最后，教师职业不仅仅只停留在教书育人的利他层面，同时也是自我实现的利己职业，通过这个职业，教师可以认识自我，成为自我成长的研究者和设计者。

2. 现代教师的专门性

1993 年颁布的《中华人民共和国教师法》第三条明确规定：教师是履行教育教学职责的专业人员。这一条款为我国教师职业的专门性提供了法律依据。现代教师必须具备规定的学历，普通话、年龄、身心健康等符合要求，还要经过严格的专业训练，取得合格证书才能上岗工作。

3. 现代教师的高素质性

现代教师的内涵更丰富，必须具有很高的素质，是“经师”与“人师”的统一。现代教师要从单纯的课程执行者向课程开发者转变，从单纯的知识传递者向学生终身学习方式的培养者转变，对学生学习进行整体审视，全方位负责，成为学生学习的设计者。①所谓“经师易得，人师难求”。新时期对教师的素质需求，要求现代教师不但必须具有渊博的知识、高尚的人格修养，而且把学习设计者作为专业素养的追求目标，在各方面提升自身的素质、能力，以自身的高素质在教育实践中真正担负起育人的神圣职责。

4. 现代教师的发展性

现代社会，每一个人必须终身不断地学习，才能不被迅速发展的社会所淘汰。随着社会生产力和科学技术的发展，琳琅满目的信息资源虽然在一定程度上成为教师做出正确选择的阻碍，但也成为现代教师提升自我发展的驱动力。当代教育已成为社会持续发展的动力，在这个快速发展的信息时代，教师必须顺应时代潮流，成为能发展、愿发展、会发展的现代人。可见，新时代教师能够利用智能信息技术搜集并整合信息资源，不断更新自己的知识结构、能力结构，使自己成为

① 孟健. 学习设计者：新时期教师的专业发展追求[J]. 教育理论与实践，2018，38（17）：36-38.

愿学习、会学习、不断发展的人尤为重要。

三、教师劳动的特点

研究教师劳动的特点必须将教师劳动的适配度以及与相近劳动的区分度两个因素考虑在内。教师劳动是塑造人的，是劳动力、科学知识和社会成员再生产的特殊劳动，是社会劳动的组成部分，属于脑力劳动范畴，但又有别于其他脑力劳动。教师劳动具有利师利生性、人师合一性、劳动双重性与率性修道性等特点。①

（一）利师利生性

教育教学活动是一个教师与学生双边的互动过程，教师的劳动既有利于教师自身的进步与发展，又有助于学生的成长与发展。

1. 教学相长

《学记》有言："是故学然后知不足，教然后知困。知不足，然后能自反也；知困，然后能自强也。故曰：教学相长也。"②迄今为止，人们对教学相长存在两种不同的观点。一种观点认为，教与学的主体指的都是教师，教师在教学活动过程中，发现自己知识、技能等方面的不足，然后自我反省、加强学习，以弥补自身短处，使自己不断进步。另一种观点则认为，学的主体指的是学生，教师的教与学生的学是相互促进、相互依存的关系，教师的教使学生获得发展，而学生的学又为教师的教助益。其实，不管哪种观点，都反映出教师的劳动是利己利人的。

2. 学诲相依

子曰："学而不厌，诲人不倦。"③就是说，做人要不断学习，不感到厌烦；教育学生要有耐心，不感到疲倦。这句话非常形象地刻画出教师劳动利于他人又利于自己、蜡炬成灰的奉献精神。教师一方面对知识充满渴求，刻苦学习，使自己获得长足的进步；另一方面教书育人，孜孜不倦，用自己渊博的知识和高尚的人格修养教育学生，使学生获得和谐完善的发展。学在利己，诲在利生，边学边诲，边诲边学，学诲相依，利人利己。

3. 育人前先自育

以身作则、为人师表是对教师提出的必然要求，教师要通过自己的一言一行，

---

① 王毓珣，王颖. 教师劳动特点新解[J]. 教育科学，2015，31（06）：14-18.

② 戴圣. 礼记[M]. 陈澔注. 上海：上海古籍出版社，2016：415.

③ 张燕婴译注. 论语[M]. 北京：中华书局，2006：86.

以自己的思想、才学、品德和言行去影响和感染学生。这就要求教师在教育学生之前必须进行自我教育，只有品德高尚、学识渊博、教学技艺精湛，才可能胜任教师这项复杂的工作，才可能得到学生的尊重、热爱和信赖，进而使学生以教师为榜样塑造自身，趋于完善和成熟。

（二）人师合一性

教师的劳动不是一蹴而就的短期行为，而是一种具有终身性的劳动过程。“学为人师，行为世范”，应是教师的不懈追求。

1. 德业一体

从事教师职业的人，必须遵守教师道德规范和行为准则，以及相应的道德观念、情操和品质。这是教师应有的道德和行为规范，是全社会道德体系的组成部分，是学生道德修养的楷模之一。从实践的角度看，也只有那些具有高尚情操、渊博学识和人格魅力的教师，才可能在教师这一职业上奉献自己的热和光，将教育作为自己一生的事业去长期坚持。

2. 角色一体

教师不仅仅是教育者，他还扮演着社会成员和家庭成员的角色。作为教育者，教师的根本任务是教书育人，不仅仅只对上课负责，也要对学生的全面发展负责。除了教育者角色，教师其他社会或生活角色也在时时刻刻、潜移默化地感染着学生。因此，教师劳动是多种角色共同劳动的统一体，渗透到学生发展的方方面面。这就要求教师无论是在教育学生过程中，还是在日常生活做人上都必须谨言慎行、严于律己，以身作则。“学高为师，身正为范”，用这个标准衡量，教师要先正己身，方可施教于人。

（三）劳动的双重性

教师劳动是一种复杂性的劳动，具有双重性的特点，体现在以下几个方面。

1. 劳动知识的双重性

教师劳动既要求教师掌握教育学、心理学知识，又要求教师拥有自己所教特定学科的学科知识，如语文知识、数学知识等。一方面，一个具有丰富教育学、心理学知识的教师，才可能根据学生的心理特点，运用科学有效、温情脉脉的方法真正地去“育人”。另一方面，教师只有对学科知识了如指掌、信手拈来，才可能将知识精髓教给学生，实现“教书”的目的。

2. 劳动任务的双重性

教师是履行教育教学职责的专业人员，承担教书育人、培养社会主义建设者和接班人、提高民族素质的使命。首先，教师劳动不仅仅体现在课堂时间上，而且体现在时时刻刻、每分每秒上，教师要在课堂上关注学生，教给学生知识，还要在生活上关注学生，教给学生做人的道理。这就是说教师劳动不仅要“教书”，还有“育人”的属性。其次，教师劳动不仅培养社会主义建设者和接班人，而且教师还承担着提高整个民族素质的使命，具有双重性的特征。

3. 劳动对象的双重性

教师的教育活动是教师与学生双边性的互动过程，这也就决定了教师劳动对象具有双重性的特点。一方面，教师的首要劳动对象是学生。学生通过学习，获得知识和技能，使自己身心得以和谐健康发展。另一方面，教师的劳动对象是教师自身。教师的备课（包括选择教材内容、确立课堂目标、设计教学步骤等）、上课（包括讲解知识重难点、与学生互动交流、引导学生思考、布置课后作业等）、课后辅导（包括批改课后作业、课下与同学交流等）等过程，都是教师自我教育、自我完善的劳动过程。

（四）率性修道性

《中庸》曰：“天命之谓性，率性之谓道，修道之谓教。”这里的“性”指人善良的本性。教师的劳动是创造性和复杂性的劳动，学生的差异性、教育内容的复杂性，教育影响的不确定性等都会对学生的发展产生影响。因此教师劳动必须以人独有的“性”为依据，通过因材施教，使学生“率性修道”，成为求真、向善、尚美的身心和谐全面发展的人。这里所讲的“性”，内涵更为广泛，既包括先天本性，又包括后天形成的自身性格、特点、爱好、脾气等多方面的内容。

1. 学生的个体差异性

学生是一个个活生生的人，各自具有其特殊性，有着不同的兴趣、爱好、气质、性格、禀赋、能力，并且处于不断变化之中。教师必须根据每个学生的禀赋特征，因材施教，通过不尽相同的方法、途径，确保每位学生得到适当的发展，确保每位学生都成为一个具有丰满个性的社会人。

2. 教育内容的适切性

不同年龄阶段的学生在生理和心理上表现出不同的特性，教师的劳动要遵循学生发展的顺序性和阶段性，不断选取最适合学生习性的教育内容，循序渐进，做到由浅入深，由易到难，由具体到抽象，由低级到高级。同时，教师劳动要考虑各阶段教育内容的衔接性。

3. 教育影响的复杂性

教师的劳动对象是学生，影响学生发展的因素极为复杂，人的复杂性也就决定了教师劳动的复杂性。学校教育是众多人参加、多方配合的集体劳动，具有很强的协作性。因此，不管教育影响多么复杂多变，教师们协同劳动过程中都必须以学生的天赋、禀性、性格以及习性为重要抓手和依据。

以上特点说明，教师的劳动和一般的生产性劳动有着本质区别。一般的生产性劳动的对象是“物”，劳动者可以根据事先构想的蓝图对劳动对象进行加工处理，但教师的劳动对象是“活生生的人”，不能由教师任意摆布。只有真正洞悉教师的劳动特点，我们才能在教育中“以人为本”，才能更好地育人。

四、教师的地位与作用

（一）教师的地位

1. 教师的社会地位

教师的社会地位是通过教师职业在整个社会中所发挥的作用和所占有的地位资源来体现的，主要包括政治地位、经济地位、法律地位、专业地位和职业声望。

（1）教师的政治地位主要通过教师在政治上享有的各种权利、待遇和荣誉等体现出来。在古代，我国教师的政治地位低下；在封建社会，教师的政治地位受到人们的歧视；中华人民共和国成立后，教师的政治地位在党和政府的推动下有所提高。从 1985 年起国家把每年的 9 月 10 日定为教师节，以号召全社会都来尊师重教；在 1993 年颁布的《中华人民共和国教师法》，以法律的形式保障教师应有的权利和待遇；同年，国家还把中小学教师纳入享受政府特殊津贴的选拔范围。同时，各级政府还选举教师当人大代表，参政议政，公开表彰、奖励优秀教师，以及从教师中选拔人才进入各级政府的领导班子等。可见，随着社会的发展，教师政治地位日益得到提升。

（2）教师的经济地位指通过教师的工资收入及其福利待遇与其他职业相比较而确定的经济生活状态情况。自古以来，普通教师的经济地位一直比较低，教师始终扮演着“两袖清风”“蜡炬成灰”的角色。但在高科技的今天，教师的价值已被世界广泛认可，人们越来越意识到，国际竞争取决于人才的竞争，优秀人才的培养需要一支高素质的教师队伍，教师的经济地位也在不断提高。金一鸣曾指出“教师的工资应受到格外地重视，其确定要考虑两点：首先，应反映教师对社会的重要性，从而反映出教师的重要性以及从就位教职之日起便肩负起来的一切责任；其次，应比支付给需要类似的或同等资格的其他职业的工资更为有力”。[①]

（3）教师的法律地位指教师享有法律规定的权利，履行法律规定的义务，忠诚于人民的教育事业。国家实行教师资格定期注册、教师聘任制度，国家保护教师的合法权益。教师的权利与义务是相统一的。

（4）教师的专业地位指教师作为专业人员从事教育工作的内在标准要求。教师的从业标准既有软性标准要求又有硬性标准要求。软性标准指教师从业所必须具有的内在的一些道德、素质、个性等精神方面的要求；硬性标准是指教师从业所必须获得的学历水平、资格证书等物质方面的要求。例如，1993 年颁布的《中华人民共和国教师法》对教师就业的学历标准提出要求，即小学教师应当具备中等师范学校毕业及其以上学历，初级中学教师应当具备高等师范专科学校或者其他大学专科毕业及其以上学历，高级中学教师应当具备高等师范院校本科或者其他大学本科毕业及其以上学历。我国于 1995 年开始实行教师资格证书制度。这两个标准的存在，既保证了教师职业的专业性，也成为教师专业地位高低的指示器。

（5）教师的职业声望指人们对教师职业的社会评价，主要是他人和社会对教师职业的有利评价和认可，如公众的认可和称道、尊敬和钦佩等。[②]相比于经济、政治、法律和专业地位来说，教师的职业声望是较为隐性的地位。我国自古以来就有尊师重道的传统，“蜡炬成灰”“辛勤园丁”“甘为孺子牛”“桃李满园”等美誉更是形象生动地刻画出教师具有被社会公认的、较高的职业地位。也正因如此，教师的职业声望易陷入社会公众的刻板印象之中。当教师行为符合“授业解惑”“无私奉献”的印象时，教师就会有较高的职业声望；反之，教师则会受到社会公众的批评、厌恶，甚至唾弃，教师的职业声望就会降低。

2. 教师在教育过程中的地位

教育活动中存在着“教”与“学”两种活动，各自的职责重点不同，以教为职责的是教育者主要是指教师，以学为主要职责的是学生。在教育史上，关于教师与学生在教育过程中所处的地位问题，存在两种相互对立的观点。一种是教师是教育过程的中心，以赫尔巴特的“教师中心论”为代表，过分强调教师的地位；另一种则认为学生是教育过程的中心，以杜威的“儿童中心论”为代表，过分贬低了教师的地位。这两种观点厚此薄彼，都是不正确的。

不可否认，教师在“教”的教育实践中面对着教育过程的设计、教育内容的安排、教学方法的科学性选择、疑难问题的解答、道德素质的培养、智力水平的

① 金一鸣. 教育社会学[M]. 南京：江苏教育出版社，1992：227.

② 陆明玉，孙霞. 现代教育学[M]. 北京：北京邮电大学出版社，2014：204.

发展等一系列问题。教师能够引导着学生的发展方向和规格。因此，教师应该处于教育教学过程的指导地位。我们也应该看到，教育过程是“教”与“学”的双向过程，如果没有学生积极主动地学习，教师指导者的地位也难以维持下去。这就要求教师在教育过程中，积极引导、调动学生的学习兴趣及主动性。这也是教师发挥指导作用的重要指示器。

（二）教师的作用

教育是社会持续发展的动力之一，而教师作为教育教学活动的主体，无论是对于人类社会文明的延续、进步和发展，还是对于个人的成长、自由和幸福都起着不可替代的作用。①

1. 教师的社会作用

教师的社会作用是指教师对一定社会发展所产生的实质性影响，它是教师地位的客观基础。一般来说，教师的社会作用与其社会地位呈正相关。教师对社会发展的作用是巨大的。首先，教师是人类文化的继承者与传递者，在人类社会发展中起着承上启下的作用；其次，教师是社会物质财富和精神财富的创造者，通过理论建构、知识创新、品德示范、宣传咨询等直接参与社会物质文明和精神文明建设，起着先导作用；最后，教师是培养人才的主要承担者，担负着培养一代新人的重任，在学生发展中起着引导作用。因此，教师的社会作用不可取代，教师的劳动理应受到全社会的尊重与承认。

2. 教师的个体作用

教师的个体作用是教师内在价值的体现。首先，教师是一种社会职业，教师通过职业劳动获得经济报酬，使自身生活得到物质保障；其次，教师通过教育他人，得到众人的尊重和爱戴，获得较高的职业声望，使自身生活获得满足感和幸福感；最后，教师不断付出的过程也是不断收获的过程，教师在其职业生涯中收获成长的喜悦，使个人心情舒畅，精神层次得到提升。总之，教师职业使教师在物质层面和精神层面获得“大丰收”，这对教师个体的生存和发展起着不可估量的作用。

五、教师的专业素养与专业发展

（一）教师专业素养的构成要素

专业素养是专门职业对从业人员的整体要求。教师的专业素养是教师作为教

① 全国十二所重点师范大学. 教育学基础[M]. 2 版. 北京：教育科学出版社，2008：119-120.

育教学过程中的专门人员所必备的职业品质。它是以一种结构形态而存在的，主要由专业理念、专业知识、专业能力、专业情意四部分构成，各部分又包含不同的要素，它是教师实施教育教学行为的基本规范，是引领教师专业发展的基本准则。

1. 专业理念

教师专业理念是指“教师在理解教育工作本质的基础上形成的关于教育的观念和理性认识”[①]，它为教师的专业行为提供了理性支点，指引着教师的思考方式和行为举止，使得作为专业人员的教师和其他非专业人员区别开来。教师所持有的专业理念会直接决定其教育活动的目的、内容、方式、效果以及其自身专业发展的方向。2012 年 2 月 10 日，教育部正式公布《中学教师专业标准（试行）》，明确提出师德为先、学生为本、能力为重、终身学习四项基本理念。

（1）师德为先。教师应热爱中学教育事业，具有职业理想，践行社会主义核心价值体系，履行教师职业道德规范，依法执教。关爱中学生，尊重中学生人格，富有爱心、责任心、耐心和细心；为人师表，教书育人，自尊自律，以人格魅力和学识魅力教育感染中学生，做中学生健康成长的指导者和引路人。

（2）学生为本。教师应尊重中学生权益，以中学生为主体，充分调动和发挥中学生的主动性；遵循中学生身心发展特点和教育教学规律，提供适合的教育，促进中学生生动活泼学习、健康快乐成长，全面而有个性地发展。

（3）能力为重。教师应把学科知识、教育理论与教育实践相结合，突出教书育人实践能力；研究中学生，遵循中学生成长规律，提升教育教学专业化水平；坚持实践、反思、再实践、再反思，不断提高专业能力。

（4）终身学习。教师应学习先进中学教育理论，了解国内外中学教育改革与发展的经验和做法；优化知识结构，提高文化素养；具有终身学习与持续发展的意识和能力，做终身学习的典范。

2. 专业知识

教师专业知识是教师职业区别于其他职业的理论体系与知识经验，是教师专业素养的基础。我国学者辛涛等提出教师的专业知识架构包括：本体性知识、条件性知识、实践性知识及文化知识。[②]

（1）本体性知识指教师拥有的特定学科的学科知识及相关知识，是教师从教

---

① 叶澜. 新世纪教师专业素养初探[J]. 教育研究与实验，1998（01）：41-46，72.

② 辛涛，申继亮，林崇德. 从教师的知识结构看师范教育的改革[J]. 高等师范教育研究，1999（06）：12-17.

的基础，如语文知识、数学知识等，这是人们所普遍熟知的一种教师知识。

（2）条件性知识指教师拥有的教育学知识、心理学知识，即认识教育对象、开展教育活动和研究、指导教育实践所需要的教育与心理学科的知识与技能。

（3）实践性知识指教师在教育教学过程中所具有的课程情境知识和与之有关的知识，体现教师个人的教学技巧、教学智慧及教学风格。

（4）文化知识指文化与知识的总称，既包括中国文化知识，也包括世界文化知识，总之，教师需要具有广博的知识以拓展学生的精神世界。

3. 专业能力

教师专业能力是指教师在教学过程中运用一定的专业知识和经验顺利完成某种教学任务的基本技能和能力。它是教师综合素质的集中体现，也是评价教师专业化水平的核心因素。包括教学认知能力、教学操作能力、教学监控能力、教育教学研究能力。

（1）教学认知能力指教师对自己所教学科的知识的概括与理解能力，以及对自己所教学生的身心特点和所采用的教学策略的理解水平。

（2）教学操作能力指教师在实现教学目标的过程中解决具体教学问题的能力，它表现为教师如何机智地在实际教学过程中处理学生的疑难问题，如何以生动的技巧唤起学生的注意力和兴趣，如何用艺术的语言与学生沟通讨论等。

（3）教学监控能力指教师为了保证教学的成功，达到预期的教学目标，在教学过程中将教学活动本身作为意识的对象，不断地对其进行积极主动的计划、检查、评价、反馈、控制和调节的能力。

（4）教育教学研究能力指教师对学生、对教育教学实践和理论进行探索，发现问题并试图解决问题的能力。

4. 专业情意

教师专业情意是教师在教育教学工作中形成的有关教育本质、教育目的和价值的理想与信念，是指导教师教育教学工作的世界观和方法论，是教师专业行为的理性支点和精神内涵。教师的专业情意日益受到人们的重视，它涉及价值观、信念和自我意识等多个方面（通常所说的专业理想、专业精神也包含其中），它贯穿于教师专业发展的始终，是教师成为一个好教师的关键。

根据布鲁姆的教育目标中的分类,我们可以把教师的专业情意分为专业理想、专业情操、专业性向和专业自我四方面。

（1）专业理想是教师对其所从事职业的一种向往和追求，是指导教师致力于教育教学工作，加强对教育教学工作的强烈使命感与责任感的精神动力。其核心是对学生的爱，包括诸如事业心、责任感和积极性等方面内容。

（2）专业情操是教师对教育教学工作带有理智性的价值评价的情感体验。它是构成教师价值观的基础，是构成优秀教师个性的重要因素，也是教师专业情意发展成熟的标志。它包括专业理智感、专业道德感和专业美感。专业理智感是指教师在教育活动过程中认识、探索、评价教育规律时产生的主观情感体验；专业道德感是教师根据教师职业道德规范和行为准则对自己或他人的行为举止进行感知、比较、评价时产生的情感体验；专业美感是教师根据自身的审美需求和标准，对其专业活动和教育的基本要素进行评价时产生的情感体验。

（3）专业性向是教师成功从事教学工作所具备的人格特征，或者说适合教学工作的个性倾向。它包括教师对教育工作的兴趣、交流沟通的意愿、心灵的敏锐性等人格特征，也包括教师处理教育工作问题的能力、语言表达的能力、逻辑思维的能力等职业品质。

（4）专业自我是教师个体对自我从事教学工作的感受、接纳和肯定的心理倾向。教师在职业生活中形成自己的独特的教育教学生活方式与价值体系，形成符合自己志趣、爱好、个性的独具特色的教学风格。一旦专业自我形成，就会对教师的教学行为和教学效果产生显著的影响。

（二）教师专业标准

教师肩负着培养社会主义建设者和接班人、提高民族素质的使命。如何建立一支庞大、专业、高质量的教师队伍，成为各国学者、政府、国际社会共同关注的焦点。为了实现这个目标，各国、各地区纷纷制定和出台了一系列教师专业标准来规范教师的活动。汇集各国、各地区制定和出台的教师专业标准，结合国内实际，连榕提出“可以从教师的专业素质、专业制度、专业精神三个方面来考察教师专业标准”[①]。

1. 专业素质

教师的专业素质是教师职业对从业人员的整体要求，是教师拥有的知识、能力和信念的多种专业品质的集合，它是在教师具有优良的先存特性的基础上经过正确而严格的教师教育所获得的。一名合格的教师应该具备多方面的专业要求，概括起来包括四个方面：专业理念、专业知识、专业能力和专业情意，这四方面的发展水平决定了教师专业化的水平。

2. 专业制度

（1）教师专业组织。专业组织是具有共同理想或志趣的人组成的团体或协会，

① 连榕. 教师专业发展[M]. 北京：高等教育出版社，2007：8.

它能够给其成员提供支持或其他资源，出版相关资料，为自身事业的发展而努力。赛格和维尔森认为，一种专业最显著的特征之一是存在专业组织。专业组织在保护和造就专业人员、保障客户和公众利益，以及孕育和维持一个专业特定的知识和服务的意识形态等方面扮演关键角色。为了推行政令，增强教师的专业精神，提高教师福利和鼓励教育研究，世界上许多国家均有种类繁多、性质功能不尽相同的教师专业组织。

（2）教师资格证书制度。在21世纪的今天，为了提高教师的专业素养和专业发展水平，管理制度的完善和强化是我们的基本选择。实行教师资格证书制度是当今世界教师任用制度的重要一环，也是促进教师专业化的基本策略。20世纪80年代以后，我国开始规范教师的管理、重视教师专业化问题。1995年国务院颁布了《教师资格条例》，开始实行教师资格制度。2000年教育部发布了《〈教师资格条例〉实施办法》，这标志着全面实施教师资格制度工作的正式启动。至此，我国教师资格证书制度终于以立法的形式得以确定。

（3）教师任用制度。教师资格证书制度和教师任用制度密切相关，但是两者是不同的。也就是说，教师的任用是以教师资格证书的获得为基础的，有了教师资格证书，并不意味着可以得到教师职位，而要得到教师职位必须首先获得教师资格证书。

（4）教师进修制度。教师进修制度与教师资格制度、教师任用制度一样是世界教育发展的潮流。国内外学者、专家都认为教育质量仅靠职前的师范教育是远远不够的，还要把教师的在职进修作为职前培养的延续和师范教育不可或缺的组成部分，实现在职进修和职前培养的一体化。

3. 专业精神

作为现代教师素养和教师专业化的核心组成部分，教师专业精神越来越受到国内外学者和专家的重视。教师的专业精神是教师基于对工作的热爱，在教育教学活动中表现出来的自信、热情、活力以及不懈追求的精神风貌。根据教师的专业性质和专业发展的过程，教师的专业精神包括以下七个方面。

（1）专业道德。教师专业道德是教师专业精神的核心。教育是百年树人的大计，具有神圣庄严的职责。教师的专业特性首先是以道德要求为基础的，教师专业道德是教师专业的基本规范，是作为教师所必须具备的最起码的专业精神。

（2）专业认同。教师专业认同是教师专业精神的最主要部分。专业认同是指教师对自己从事的专业活动的态度或价值倾向性。专业认同是专业性职业共同的特征，教师的专业认同表现为一种对教育事业的热爱，对学生的热爱，表现为对国家社会和人民未来的高度责任感、使命感，表现为体验到较高的教学效能感和获得自我实现的满足以及由此而产生的自豪感。

（3）敬业奉献。敬业奉献是专业人员在从事专业活动的过程中对待专业的态度和内心的趋向，是考查专业精神的重要指标。敬业奉献是任何一门专业存在的基础。从业者敬业奉献意识的树立和强化，是专业发展的结果。

（4）专业责任。教师的专业责任意识是教师专业精神的重要组成部分，它包括对社会的责任感、对学校的责任感、对学生的责任感、对同事的责任感、对家长的责任感、对文化继承与创造的责任感等。专业是具有较大自由和较强自治的职业，长期严格的专业规范使从业人员形成了对专业规范的尊重和服从，并进而内化为自觉的专业责任意识，表现为一种不断学习、不断进步的职业精神，体现为敬业爱岗和高度的责任感。教师的工作是一种个体性的隐蔽性劳动，教育的成效总是隐蔽的和滞后的，教师只有具备高度的责任感和使命感，才能达到教育的预期成效。

（5）专业追求。专业性的职业都要求从业人员对专业精益求精，不断追求专业提升与发展。专业追求是教师专业精神的要求。当教师将自己的职业活动提升到专业层次的高度加以自我审视的时候，就会通过自觉不断地勤学和进取来维护专业尊严、赢得社会的尊重。教师作为专业工作者也有义务通过不断追求和提高自身专业发展，并通过自身的专业发展增强专业的不可替代性。

（6）专业创新。“教育工作”之所以“应被视为一种专业”，是因为它本身具有“创造性”。目前，社会正处在一个开放的时代，创新是这个时代的特征和主旋律，追求专业创新必然成为教师专业精神的内在需求。作为21世纪的专业从业者，面对不断成长的生命个体和教育教学实践活动的动态发展，只有与时俱进，开拓创新，不断提高专业活动水平，才能适应时代发展的要求。

（7）专业合作。教师专业合作是教师专业化素养的基本内容，也是教师专业活动的基本载体。教师的专业合作包括：教师与教师间的合作、教师与学生间的合作以及教师与家长间的合作等。教师的专业活动是“合作性集体劳动”，每个教师的工作都只是整个专业活动的一部分，教师与教师之间构成一种分工协作的关系。教师专业活动的对象是学生，教师作为一个专业工作者，要履行自己的职责，完成自身的使命，首先必须强化师生合作精神，在合作和尊重中寻求建立自己的专业权威。同时，为了整合教育资源，教师必须争取家长的配合和协作，共同做好青少年的培养和教育工作。

我国对教师专业标准越来越重视，2012年2月10日，教育部根据《中华人民共和国教师法》和《中华人民共和国义务教育法》，发布《关于印发〈幼儿园教师专业标准（试行）〉〈小学教师专业标准（试行）〉和〈中学教师专业标准（试行）〉的通知》。专业标准包括基本理念（师德为先、学生为本、能力为重、终身学习）、基本内容（专业理念与师德、专业知识、专业能力）和实施建议三个部分，是国家对合格幼儿园教师、小学教师、中学教师的基本专业要求，是教师实施教育教学行为的基本规范，是引领教师专业发展的基本准则，是教师培养、准入、培训、考核等工作的重要依据。这对于构建教师专业标准体系、建设高素质专业化教师队伍具有重要意义。

（三）教师专业发展的内涵

教师专业发展，又称教师专业化，是指教师在整个教师职业生涯过程中，依托专门组织、通过持续不断的专业教育，习得教育教学专业知识和技能，实现专业素养包括专业理念、专业知识、专业能力、专业情意等方面的提高与完善，成为合格的教师的过程。它包括教师群体的专业发展和教师个体的专业发展。[①]

1. 教师群体的专业发展

教师群体的专业发展是指教师职业不断成熟、逐渐达到专业标准，并获得相应的专业地位的过程。其内容主要包括国家或社会公众对教师资格、教师教育机构、教师专业团体等采取的认定制度和管理制度等。它既是教师个体专业化的条件与保障，同时也最终代表着教师职业的专业化。

2. 教师个体的专业发展

教师个体的专业发展是指教师作为专业人员，从专业理想到专业知识、专业能力、专业心理品质等方面由不成熟到比较成熟的发展过程，即由一名新手教师逐渐成长为专家型教师或教育家型教师的发展过程。一个人取得教师资格证书，仅仅是能够从事教师职业的第一步，并不代表他是一个成熟的专业人员；一个人从事了一辈子教师职业，也并不代表就能成为教育家型的专业人员。教师个体专业化是一个教师自身素质、能力和自我等各方面持续不断地提升的过程，是一个没有终点的终身学习的过程。

（四）教师专业发展的取向与途径

一般认为，教师专业发展取向有三种：理智取向、实践-反思取向、文化生态取向。[②]理智取向是一种由外而内的发展取向，主张教师通过正规的培训，向专家学习先进的“教育知识”与“学科知识”，以提高自己的理性认识水平和教学技能，在这种取向中，教师专业发展的主要目的是及时更新教师的知识和技能，以及对既定的知识和技能更加有效地、理性地运用。实践-反思取向是一种由内而外的发展取向，主张教师反思自己的专业实践，发现教育教学意义，获得实践智

---

① 全国十二所重点师范大学. 教育学基础[M]. 2 版. 北京：教育科学出版社，2008：125.

② 全国十二所重点师范大学. 教育学基础[M]. 2 版. 北京：教育科学出版社，2008：129.

慧，从而提出切实的发展策略，其主要方法有写日记、写传记、构想、文献分析、叙事研究、教师行动研究等。文化生态取向主张教师专业发展不仅仅依靠个人努力，在更大程度上依赖文化为其提供意义、支持和认同，其主要方式是通过学习团队建设进行协同教学、合作教研，实现共同发展。这三种教师专业发展取向各有优点和特色，因此教师专业发展的途径要充分考虑这三种取向的各自优势，实现三种取向的整合。

以教师职业生涯周期作为实践参照指标，教师专业发展阶段从整体上可被划分为职前培养、入职辅导、在职培训三个阶段。基于每个阶段教师专业化程度不同，每个阶段教师专业发展的最优路径也不尽相同。

1. 教师的职前培养阶段

教师的职前培训是指人们从进入师范学院或大学接受培养开始到初入新岗位时的再培训，该阶段是教师角色的储备阶段。这一阶段通常采取的措施是师范教育专业化，强化其培养教育专业人才的职能，在培养目标、课程设置、培养方式、实践教学等各方面提高其专业化水平。

2. 新教师的入职辅导阶段

新教师的入职辅导是 20 世纪 70 年代发展起来并被人们所广泛接受的一种促进教师专业发展的指导措施。入职辅导是一个安排有序的计划，意在专门向新教师提供短期、系统而持续的帮助，使之尽快适应环境，进入角色。经常采取的、最有效的策略是安排有经验的资深教师进行现场指导，以搭建学习交流的平台。

3. 教师的在职培训阶段

教师的在职培训是一个十分广阔的活动范围，除了传统意义上教师之间的课堂教学观摩、互相研讨，以及校外的相互研讨、进修以外，近几年还发展了若干有效促进教师专业发展的培训模式，主要包括以下几种途径和模式。

（1）教师专业发展学校。教师专业发展学校是以中小学为基地，大学与中小学合作建设，旨在通过合作研究实现教师专业发展，并以教师专业发展促进学生发展的学校，如首都师范大学于 2001 年、2002 年先后与北京市、石家庄市等地的部分中小学合作，建立了教师发展学校。

（2）校本培训。校本培训是为中外教育专家和学校所推崇的有效的在职培训方法。这种培训由学校发起并组织实施，旨在提高教师的教育教学能力，使教师得到专业发展的一种方式。校本培训的特征：培训对象以其所在学校的教师为主；培训内容考虑学校及教师个人发展需求；教师参与培训计划的制定、实施、评估；

常采取导师制、开展学术讲座、案例教学法和课题带动法等形式。

（3）反思性教学。反思是教师着眼于自己的活动过程来分析自己做出某种行为、决策以及所产生结果的过程。教学反思包括教学活动前的反思、在教学活动中的反思和教学活动后的反思。

（4）教学行动研究。教师行动研究的特点是为了行动而研究，对行动进行研究，在行动中研究。研究性教学最终将改变教师的生活方式，使教师职业由技术型向学术型转变。

（5）智慧学习。智慧学习是在互联网、大数据、人工智能等现代技术支持下提出的，是现代教师以自身为主体，对所遇到的问题，快速利用智能信息技术搜集并整合信息资源，最终形成解决问题的方法。它是增强自我学习能力的一种新型学习范式。教师专业发展是一个终身的过程，需要教师的终身学习来促进其成长和完善。而智慧学习则为教师的终身学习提供了一个可靠的、高效的学习方法。因此，智慧学习也成为教师专业发展的有效途径，教师的教育教学生涯也会因智慧学习而更加美好。①

（6）教师协同学习共同体。教师协同学习共同体具有超越合作、协作等学习共同体的内涵和运行特征，指以提高教师专业智能为目的，围绕真实教育教学实践问题，以协同原则为指导，整合学习中各种要素进行深度学习的自组织系统，是当代教师成长的主要范式。②

教师职前师范教育是教师个体专业发展的起点和基础，新教师的入职辅导是教师个体专业发展的重要过程，而教师的在职培训是教师个体专业发展的关键，它几乎囊括了教师整个职业生涯的全部过程。因此，教师专业发展的途径必须是一个一体化的教师教育过程，必须将职前培养、入职辅导和在职培训进行全盘考虑、整体规划，以有利于教师的专业发展和成熟。

六、教师的权利与义务

权利和义务是法律关系的核心内容。教师的权利和义务是教师作为主体参加法律活动的重要保障。而教师具有哪些权利和义务，则直接影响教师的实际教育教学工作。

（一）教师的专业自主与教师的权利

教师专业自主是指教师作为专业人员以其专业理念、专业知识、专业能力与

---

① 韩吉珍. 智慧学习：教师专业发展的新路径[J]. 中国教育学刊，2018（08）：84-88.

② 王淑莲，金建生. 教师协同学习共同体：教师专业发展新范式[J]. 中国高教研究，2017（01）：95-99.

专业情意从事教育教学活动专业工作时，独立地做出决定与判断，掌控自己的工作方式与过程，不受他人干扰、控制与强制的自由调控的过程。教师拥有依自己的自由意志支配、选择能够满足自身需求和实现教师期望的专业自主权。

教师的权利是指教师在教育教学活动中享有的由国家法律赋予的权利，是国家对教师在教育教学活动中可以为或不可以为的许可和保障。教师具有的权利与其身份密切相关，因而教师的权利可以分为两个部分，一是教师作为公民所享有的各种权利；二是教师作为专门职业所享有的特定的权利。

1. 作为公民的权利

公民的权利有：选举权和被选举权；言论、出版、集会、结社、游行、示威的自由；宗教信仰自由；人身自由不受侵犯；人格尊严不受侵犯；住宅不受侵犯；通信自由和通信秘密受法律的保护；劳动权；休息权；受教育权；等等。

2. 作为教师的专业权利

教师作为履行教育教学职责的专业人员，享有《中华人民共和国教师法》赋予的特殊权利，具体表现在以下几点。

（1）教育教学自主的权利。《中华人民共和国教师法》第七条第一款规定：教师有权进行教育教学活动，开展教育教学改革和实验。这是教师为履行教育教学职责而必须具备的基本权利。

（2）学术自由的权利。《中华人民共和国教师法》第七条第二款规定：教师享有从事科学研究、学术交流，参加专业的学术团体，在学术活动中充分发表意见的权利。这是教师作为专门技术人员所享有的基本权利之一，也是宪法规定的公民基本权利的具体化。教师在教育教学活动中，应按基本要求进行讲授，不能任意发表、讲授与内容无关且有损学生身心发展的个人看法。

（3）指导、评价学生的权利。《中华人民共和国教师法》第七条第三款规定：教师有权指导学生的学习和发展，评定学生的品行和学业成绩。教师有权根据学生的身心发展状况和特点，有针对性地指导学生的学习，并对学业的特长、就业、升学方面给予指导。教师有权对学生的品德学习、社会活动、劳动文体活动、师生及同学关系等方面的表现做出公正的评价。教师有权严格要求学生，对好的行为进行表扬，对不良行为提出批评。这是教师所享有的在教育教学过程中居于主导地位的基本权利。

（4）获取报酬待遇的权利。《中华人民共和国教师法》第七条第四款规定：教师享有按时获取工资报酬，享受国家规定的福利待遇以及寒暑假期的带薪休假的权利。这是教师所享有的一项重要权利，也是宪法规定的公民有劳动的权利和劳动者有休息的权利的具体化。

（5）参与民主管理的权利。《中华人民共和国教师法》第七条第五款规定：教师享有对学校教育教学、管理工作和教育行政部门的工作提出意见和建议，通过教职工代表大会或者其他形式，参与学校的民主管理的权利。这是教师参与教育和学校管理的民主权利。

（6）参与进修培训的权利。《中华人民共和国教师法》第七条第六款规定：教师享有参加进修或者其他方式培训的权利。这是教师享有的继续教育的权利。

（二）教师的义务

教师的义务是指教师从事教育教学工作而必须履行的责任，表现为教师在教育教学活动中必须做出一定行为或不得做出一些行为。教师的义务可以分为两部分。一是作为公民应承担的义务；二是作为教师应承担的义务。

1. 作为公民的义务

我国宪法规定，公民的基本义务主要有：维护国家统一和全国各民族团结；遵守宪法和法律，保守国家秘密，爱护公共财产，遵守劳动纪律，遵守公共秩序，尊重社会公德；维护祖国的安全、荣誉和利益；依照法律服兵役和参加民兵组织；依法纳税；夫妻双方实行计划生育；父母有抚养教育未成年子女的义务，成年子女有赡养扶助父母的义务；等等。

2. 作为教师的义务

我国《中华人民共和国教师法》第八条对教师义务做了相应的规定，对教师在教育教学活动中应当履行的义务提出以下要求。

（1）遵守宪法、法律和职业道德，为人师表。

（2）贯彻国家的教育方针，遵守规章制度，执行学校的教学计划，履行教师聘约，完成教育教学工作任务。

（3）对学生进行宪法所确定的基本原则的教育和爱国主义、民族团结的教育，法制教育以及思想品德、文化、科学技术教育，组织、带领学生开展有益的社会活动。

（4）关心、爱护全体学生，尊重学生人格，促进学生在品德、智力、体质等方面全面发展。

（5）制止有害于学生的行为或者其他侵犯学生合法权益的行为，批评和抵制有害于学生健康成长的现象。

（6）不断提高思想政治觉悟和教育教学业务水平。

总之，教师的权利和义务是相辅相成的统一体。2015 年 12 月公布的《中华人民共和国教育法》第三十三条明确规定："教师享有法律规定的权利，履行法律规定的义务，忠诚于人民的教育事业。"教师对权利的拥有是以他履行相应的义务为条件的，教师对义务的履行是以他所拥有的权利作为保障的，因此，教师要树立正确的权利观和义务观，在权利与义务之间保持良好张力，不能只想着行使自己的权利，而忘记自己必须要履行的义务。

第二节　学　　生

一、学生及学生观

（一）学生

1. 什么是学生

学生既是教育活动的对象，又是教育活动的另一个主体。这里的学生是指在国家法律认可的各级各类学校或其他教育机构接受教育的人。简言之，学生就是在教师的指导下从事学习的人，主要指在校的儿童和青少年。

2. 学生的基本特征

（1）学生是一个完整的、独立的个体。学生并不是单纯的抽象的学习者，而是有着身心诸方面需要及丰富个性的完整的人。学生既是自然实体和社会实体完整统一的人，也是有思想、有个性、有差异的人。这就要求教师在教育活动的过程中既要树立"完整人"的学生观，真正促进学生"整个人"的和谐、全面发展，又要善于发现每个学生的个体差异性，因材施教，扬长补短，从而实现学生全面人格、自由个性、主体性、创造性的发展。

（2）学生是发展中的人。学生是一个不断发展变化的人，其生理和心理机能都还不成熟，需要得到身心的和谐发展。学生的发展性表现在以下三个方面：第一，学生具有和成人不同的身心发展特点；第二，学生具有发展的巨大潜能；第三，学生具有获得成人教育关怀的需要。

（3）学生是以学习为主要任务的人。学生是教育活动的对象，其主要任务就是学习。通过学习，他们获得知识和技能，把人类已有的科学文化知识变成自己的精神财富，以成为身心和谐发展的人，进而参与、创造社会实践。

（二）学生观

所谓学生观，就是对学生的本质属性及其在教育过程中所处位置和作用的看法。简而言之，就是如何看待学生的问题。树立正确的学生观是教育活动取得理想效果的根本保证。在不同的历史时期，由于经济、政治、文化背景的差异，学生观的确立经历了漫长而曲折的历程。

1. 传统的学生观

（1）教师中心论。在我国上至春秋战国，下至清末民初，对师生关系的理解一直定格为“师为上，生为下；师为主，生为仆；师为尊，生为卑”。不只是我国，包括日本、韩国在内的东方传统学生观基本上都强调师道尊严，强调严格管理和纪律约束，视学生为被动的客体，教师处于绝对权威的地位。

（2）学生中心论。以美国为代表的西方的传统学生观，倾向于把学生当作独立的个体和平等的公民看待，强调学生的自由，尊重学生的权利，甚至把学生比作太阳，把教师比作月亮，主张教师的教育活动要围绕着学生转。

2. 现代的学生观

学生是具有独立人格的、发展中的、有着完整生命表现形态的人。因此，现代学生观必须建立在“以人为本”的基础之上。

（1）教师要用全面的眼光看待学生，视学生为一个有独立地位、有主体意识和发展需要的个体。

（2）教师要认识到学生是有个性差异的、独特的人，因材施教地促进学生个性发展。

（3）网络等信息科学技术的发展，使得教师不再是学生获得知识的唯一渠道，学生在某些方面也可以是教师，要培养民主平等的师生关系。

（4）教师要及时反思自己的教育教学行为，树立全心全意为学生发展服务的意识。

二、学生群体与学生组织

（一）学生群体

1. 正式群体

正式群体，是指在校行政部门、班主任或社会团体的领导下，按照一定的章程组成的学生群体，通常包括班集体、共青团、少先队等。这些正式群体的目标与任务明确，成员稳定，有一定的组织纪律和工作计划，经常开展丰富多彩、凝聚力强的群体活动。正式群体活动中的成员不是被动、消极的参加者，而是具有相对独立性和主动性的主体。他们积极参与活动的设计、准备和组织工作，学生的兴趣、爱好、能力等能得到充分表现与发展，对于培养学生的组织协调能力、合作能力和奉献精神有较大的作用。

2. 非正式群体

非正式群体，是指学生自发形成或组织起来的群体，包括因兴趣和爱好相同、感情融洽的同学或老乡等关系而形成的学生群体。非正式群体常以“小集团”“小圈子”的方式出现，且类型多样。非正式群体对其成员的感染力很大，为实现共同目标，成员之间彼此相互鼓励，并力求行动一致，注重实效。非正式群体具有正式群体不能替代的积极作用，其成员覆盖面广，舆论宣传作用强，能够弥补正式群体的不足，创造生动活泼的校园文化。不过非正式群体没有正式的组织机构和长远的活动计划，其成员也不稳定，易受外部条件和内部人际关系变化的影响，有消极的一面。

（二）少年儿童组织

少年儿童组织是由成人指导，将年龄范围在6～14岁的少年儿童团结起来进行教育的学生组织形式，是有特定目标、共同活动和组织规范的少年儿童社会团体，是社会的重要组成部分。

少年儿童是一个庞大的群体，在全球化和信息化的今天，少年儿童的教育环境发生了重大改变，他们的价值观、道德观、思想意识形态等都受到广泛影响。因此，研究如何通过少年儿童组织教育、帮助少年儿童把一定的社会思想、价值观、道德转化为自身的思想意识和品德，实现社会主义核心价值观的传承是非常重要的。

（三）学生群体与组织的作用

学生群体与组织的作用有以下几个方面。

1. 学生之间的互相影响

学生群体与组织一旦形成，其内部的成员之间就会产生或多或少的直接或间接联系，这种联系产生了学生彼此之间的互相影响。学生与学生间的沟通交流、通力协作都会对彼此产生影响，这种影响可能是积极的，也可能是消极的。

2. 学生的自我管理

不管是正式群体还是非正式群体抑或是学生组织，都是群体与组织内所有成员共同组成的统一体，都强调友谊、合作、互助，学生以共同的目标协作、主动、积极地完成群体与组织活动，从而实现自我管理功能。

3. 风气舆论对学生的影响

学生处于群体与组织之中，集体环境的风气舆论对学生的感染力不容小觑，热情和谐而自由的集体氛围使学生享受群体与组织生活，进而积极地、主动地、高质量地、高效率地参与以及完成集体活动任务。然而，严肃紧张而压迫的集体氛围则会导致学生厌恶群体与组织生活，进而产生排斥情绪，甚至使集体最终解散。

4. 学生群体与组织的自我教育

群体与组织往往具有共同的目标，在共同目标旗帜的引领下，学生们共同努力，以更好地融入群体与组织生活以及与他人和谐相处。对于不能够很好融入群体与组织生活的学生，其他成员有责任对其开展动之以情、晓之以理的说服教育，这本身也属于一种自我教育的过程。

三、学生的权利与义务

（一）学生的权利

学生的权利指学生依照国家法律法规的规定而拥有的一切权利。学生具有的权利与其身份密切相关。学生兼具多种身份，不同身份享有不同的权利。在教育领域，学生通常具有公民、未成年人和受教育者三重身份。

1. 作为公民的权利

学生作为公民享有的权利：选举权和被选举权，言论、出版、集会、结社、游行、示威的自由，宗教信仰自由，人身自由不受侵犯，人格尊严不受侵犯，住宅不受侵犯，通信自由和通信秘密受法律的保护，劳动权，休息权，受教育权，等等。

2. 作为未成年人的权利

作为未成年人的学生，一些权利还受到特殊保护，主要包括：身心健康权、受教育权（如不得开除义务教育阶段的学生）等。

3. 作为受教育者的权利

学生作为受教育者，享有 2015 年 12 月公布的《中华人民共和国教育法》第四十三条款规定的权利：①参加教育教学计划安排的各种活动，使用教育教学设施、设备、图书资料；②按照国家有关规定获得奖学金、贷学金、助学金；③在学业成绩和品行上获得公正评价，完成规定的学业后获得相应的学业证书、学位证书；④对学校给予的处分不服向有关部门提出申诉，对学校、教师侵犯其人身权、财产权等合法权益，提出申诉或者依法提起诉讼；⑤法律、法规规定的其他权利。

（二）学生的义务

学生的义务是指学生依照教育法及其他有关法律、法规，在参加教育活动中必须履行的义务。2015 年 12 月颁布的《中华人民共和国教育法》第四十四条款规定，学生应该承担如下义务：①遵守法律、法规；②遵守学生行为规范，尊敬师长，养成良好的思想品德和行为习惯；③努力学习，完成规定的学习任务；④ 遵守所在学校或者其他教育机构的管理制度。

第三节 师 生 关 系

师生关系是指教师和学生在教育教学过程中结成的相互关系，包括彼此所处的地位、作用和相互对待的态度等。它是一种独特的社会关系和人际关系，是教师和学生为实现教育目标，以各自独特的身份和地位通过教与学的直接交流活动而形成的多性质、多层次的关系体系。师生之间的关系如何，直接影响教育教学活动的效果。

一、师生关系的特点与类型

（一）师生关系的特点

师生关系随着主体需要的不同，相互作用的内容、方式的不同和环境的差异而呈现出不同的特点。

1. 工作关系

教师和学生的工作关系主要表现为教师“教”与学生“学”的双边关系，教师与学生各自扮演着教育教学活动中不同的角色，承担了不同的责任和义务。教师作为教育者，履行培养受教育者成为合格人才的使命，在教育教学活动中引导学生积极主动地学习。学生作为受教育者，承担以学习为主要任务的使命，在教师引导下，以自我为主体，建立起良好的师生工作关系。

2. 人格平等关系

师生关系在人格上是平等的关系，双方均是人，均具有独立的人格，各自享有法律法规规定的各项权利。教师要求学生做到的，首先要自己做到，不凌驾于学生之上，要具有向学生学习的意识和行为表现。学生尊重爱戴教师，但不能对教师“唯命是从”，也不能把教师奉为“绝对权威”，要以一种平等的心态与教师沟通和交流。

3. 道德和心理关系

师生关系在社会道德和心理层面是相互影响的关系。主要包括：①以年轻一代成长为目的的社会关系（背景关系）；②以直接促进学生发展为目的的教育关系（基本关系）；③以维持和发展教育关系为目的的心理关系（教育关系的基础和深化）。

（二）师生关系的类型

师生之间的现实关系是不断变化和丰富多样的，按不同的标准可以划分为多种不同的类型。

1. 以教师和学生在教育过程中的地位为标准

（1）学生中心论。学生中心论以卢梭、杜威为代表，把学生视为教育过程的中心，把教师置于教育过程的辅助的地位，强调学生在教育过程中的中心地位，强调学生的发展是一种主动的过程，教师的作用只在于引导学生的兴趣，满足学生的个人需要，而不是直接干预学生的学习，学生只能在个体经验中获得发展，通过直接经验获取他们所需要的知识。

（2）教师中心论。教师中心论以赫尔巴特为代表，与学生中心论相反，强调教师在教育过程中的权威地位，强调教师对学生学习活动的控制和学生对教师的服从，学生对教师必须保持一种被动的状态，它忽视了学生的积极性。

2. 以教师的领导方式为标准

（1）专制型。师生关系模式以命令、权威、疏远为其心态和行为特征。在这种相处模式下，教师一味地按照自己的想法去要求学生，很少听从学生的意愿，也很少关注学生的情感世界。学生也因为教师的独断专行而处于被动的学习状态，这易引起学生的厌烦甚至憎恶情绪。这是一种约束、紧张的不健康关系。

（2）放任型。师生关系模式以无序、随意、放纵为其心态和行为特征。在这种相处模式下，教师对学生采取置之不理、视若无睹、任其自然发展的心态。学生因为教师的无视，缺乏关爱，对教师失去信任，无心学习。这样的师生关系，班级秩序失控，学生学习效果差，不利于教师和学生亲密关系的建立。

（3）民主型。师生关系模式以开放、平等、互助为其主要心态和行为特征。在这种相处模式下，教师以平等、包容、幽默、友好的方式与学生沟通交流，具有较高的威信。学生也以一种积极、主动、感恩、信赖的方式配合教师的工作，与教师以一种“亦师亦友”的情怀，共同塑造良好的师生关系。民主型师生关系，是最理想的师生关系。

二、良好师生关系的建立

（一）影响师生关系的因素

1. 教师因素

教师在教育教学中处于主导地位，对师生关系的影响巨大。

（1）教师的态度。教师的态度对学生的影响很大，教师偏爱学优生，忽视成绩中等生，厌恶学困生，会使学生与教师产生不同程度的距离，进而出现教师态度对学生成绩产生直接影响的罗森塔尔效应[①]。

（2）教师的领导方式。在民主型领导方式模式下，师生关系民主、平等、融洽，而在专制型和放任型领导方式下，师生关系对立和漠视，两者都不利于教育教学活动的积极开展。

（3）教师的智慧。教师的智慧是学生亲近教师的重要因素之一，如果教师学识渊博，讲课旁征博引，深入浅出，必定能吸引学生的注意力，让学生喜欢上这门课，进而主动亲近教师，与其建立良好的师生关系。

（4）教师的风格。教师的风格包括教师的性格、气质和兴趣等，这些因素会对师生关系的建立产生重要影响，那种有个人魅力的教师最受学生欢迎。

2. 学生因素

学生对教师的认识和看法是影响师生关系的主要因素。学生如果不能对教师形成正确的认识，那么师生之间的良好关系就很难维系。有的学生将教师神化，一旦教师有一定的失误，学生就表现出失望或不屑，影响师生关系的正常发展。

3. 环境因素

学校的人际关系和课堂的组织环境是影响师生关系主要环境因素。学校领导与教师、教师与教师、教师与家长的关系，必然影响师生关系。课堂的组织环境主要包括教室的布置、座位的安排、学生的人数等。例如，“圆桌式”课桌摆放比“秧田式”摆放更便于师生间互动交流。

---

① 又称“皮革马利翁效应”或“期待效应”，是美国著名心理学家罗森塔尔和雅各布森于 1968 年验证并提出。

（二）良好师生关系的标准

良好的师生关系是教育教学活动顺利进行和教育目标达成的基本保证，建立良好的师生关系，是教师和学生的共同追求，也是教育规律的必然要求。判断良好的师生关系的标准有以下几个方面。

1. 人际关系标准

尊师爱生、互相配合。教师与学生之间彼此尊重、相互友爱，教育教学过程中师生才会默契配合，这是建立良好师生关系的感情基础。

2. 社会关系标准

民主平等、和谐亲密。教师与学生之间无论是在政治上还是在人格上，都是平等的。教师尊重学生的人格，发扬教学民主，有助于教师发挥创造性和主导作用，也有助于学生主体性作用的发挥。民主平等是建立良好师生关系的基本要求。

3. 教育关系标准

共享共创、教学相长。教育教学活动是师生双边性活动的过程，需要师生共同参与，只有双方相互促进、彼此推动，才能使教师的知识和智慧得以充分发挥和提高，才能使学生更好地获得知识，实现自身和谐完整的发展。

4. 心理关系标准

相互包容、彼此信赖。教师与学生要达到心理上的相互包容，情感上的相互支持，这就要求教师能够对学生的不同特点有充分的认识，能够理解学生间的差异，宽容学生的不足，同时学生要相信教师，所谓“亲其师，信其道”。

（三）建立良好师生关系的途径与方法

教师在师生关系建立与发展过程中占有重要地位，起着主导作用。要建立民主和谐、充满活力的师生关系，教师需要掌握以下策略。

1. 了解和研究学生

教师了解和研究学生是师生之间形成共同语言，并使教育影响深入学生内心世界的前提条件。教师要了解学生的思想意愿、兴趣爱好、知识水平、个性特点、身体状况以及学习态度和方法等。

2. 树立正确的学生观

学生观就是教师对学生的基本看法，它影响教师对学生的认识以及态度和行为，进而影响学生的发展。树立正确的、以人为本的学生观，有利于建立和谐的师生关系。

3. 热爱、尊重学生，公平对待学生

在素质教育理念下，公平对待每一位学生是教师必备的职业道德。教师要热爱所有的学生，对学生充满爱心，要尊重学生的人格，保护学生的自尊心。

4. 主动与学生沟通，善于与学生交往

在师生交往的初期，学生往往出现羞于表达或不敢表达的情况，这就要求教师掌握沟通与交往的主动性，常和学生聊天谈心，以一种朋友的心态和学生一起交流沟通、一起参加各类活动。

5. 努力提高个人修养，健全人格

教师素养是影响师生关系的核心因素。教师的师德修养、知识能力、教育态度、个性心理品质等都会对学生心理产生深刻的影响。教师要不断学习，提高自己的知识水平，培养自己多方面的兴趣爱好，经常进行自我反思，正确评价自己，以自己独特的人格魅力吸引学生。

思考题

一、单项选择题

1. 教师合理的知识结构包括条件性知识、实践性知识、文化知识和（ ）。
   A 本体性知识　　B 智慧型知识
   C 经验性知识　　D 哲学性知识
2. 教师的专业素养包括专业理念、专业知识、专业能力和（ ）。
   A 专业情意　　B 专业动机
   C 专业兴趣　　D 专业智慧
3. 学生主要的权利是（ ）。
   A 人身自由权　　B 人格尊严权
   C 受教育权　　D 隐私权

4. 教师职业对社会发展的作用是巨大的，教师的作用不包括（　　）。

A 精神财富的创造者　　B 人类文化的传播者

C 人才生产的承担者　　D 祖国花园的建设者

二、简答题

1. 教师的地位主要表现在哪些方面？教师的作用有哪些？
2. 教师专业素养的基本内涵是什么？
3. 教师劳动的特点有哪些？
4. 教师专业化的含义是什么？应如何实现教师的专业化？
5. 学生的权利和义务有哪些？
6. 良好师生关系的标准有哪些？
7. 新型师生关系的内涵是什么？如何建立新型师生关系？

阅读推荐

1. 陈永明. 现代教师论[M]. 上海：上海教育出版社, 1999.
2. 苏霍姆林斯基. 给教师的建议[M]. 2 版. 杜殿坤，编译. 北京：教育科学出版社, 1984.
3. 斯腾伯格，霍瓦斯. 专家型教师教学的原型观[J]. 高民，张春莉，译. 华东师范大学学报(教育科学版), 1997(01): 27-37.
4. 联合国教科文组织. 世界教育报告 1998：教师和变革世界中的教学工作[M]. 罗进德，等，译. 北京：中国对外翻译出版公司, 1998.
5. 费斯勒, 克里斯坦森. 教师职业生涯周期：教师专业发展指导[M]. 董丽敏，高耀明，等，译. 北京：中国轻工业出版社, 2005.

第十一章　教育评价与改革

学习目标

1. 了解教育评价的概念、功能；掌握教育评价的不同分类标准与具体类型。
2. 了解信度和效度的含义，能够正确区分。
3. 了解教育评价的原则和步骤。
4. 知晓当代教育评价的主要问题和未来教育评价的改革趋势。

基本概念

1. 教育评价。一般认为，教育评价是依据一定的教育目标和评价标准，在系统科学地收集和运用相关信息的基础上，对教育活动的过程及结果进行价值判断并为教育决策服务的活动过程。

2. 诊断性评价。又称“准备性评价”，是指在某项教育活动开始之前，为保障教育活动更加有效地实施，对各项准备条件的完成情况进行评价，或对评价对象的现状和存在的问题做出鉴定。

3. 形成性评价。又称“过程性评价”，是在教育活动开展的过程中所进行的评价。通过对教育方案或计划、教育过程与活动中存在的问题的诊断，为正在进行的教育活动提供反馈信息，以调节活动过程，提高正在进行的教育活动质量的评价。

4. 终结性评价。又称“结果性评价”或“总结性评价”。顾名思义，终结性评价是对教育活动最终结果的评价，是对一定时期内教育目标完成情况或程度进行的评价。

5. 目标参照评价。也称绝对评价，是指以预先设定的特定标准作为基准，以此判定评价对象是否完成了预期目标的一种评价方式。

6. 常模参照评价。也称相对评价，是指在评价对象的群体中建立评价基准，确定“评价常模”，再对每个评价对象在这个群体中所处的相对位置进行评定的一种评价方式。

7. 定量评价。又称量性评价，主要以“量”的形式对评价对象进行评定。

顾名思义，定量评价是指采用数学的方法，收集和处理数据资料，对评价对象做出定量结果的价值判断的一种评价方法。

8. 定性评价。也称质性评价，主要对评价对象进行“质”的分析。与定量评价相对，定性评价是指评价者根据评价对象平时的表现、状态或对文献资料的分析，直接对评价对象做出定性结论的价值判断。

框架结构

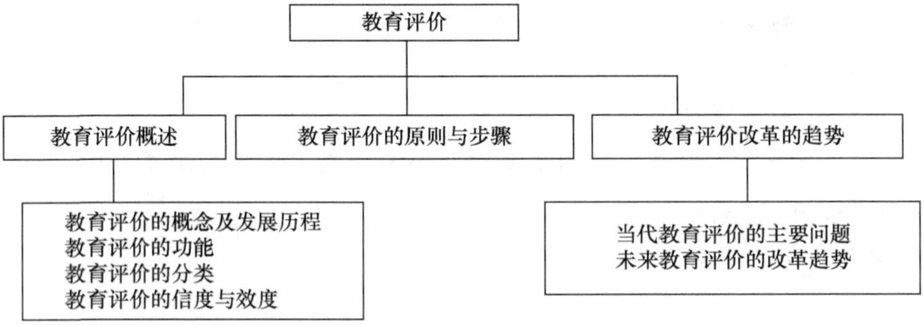

教育评价是教育科学研究的重要组成部分，也是教育实践活动有效实施不可或缺的环节，更是教育改革目标有效达成的必要保障。教育评价是一项复杂的系统工程，贯穿学校教育活动的整个过程和各个方面，是学校教育工作系统中无法回避的任务。全面理解教育评价的内涵，建立健全教育评价的依据和标准，选择科学有效的教育评价方法，归纳总结当前教育评价面临的主要问题，把握教育评价的改革趋势，对于通过教育评价更好地服务于教育理论的构建和教育实践的优化至关重要。教育评价作为教育理论和教育实践中的重要组成部分，在教育发展与改革中的作用越来越重要。

第一节　教育评价的概述

教育评价是从教育测量中逐步发展起来的，是在对教育测量批判的过程中固定下来的。至 19 世纪中叶，笔试作为一种评价方式，已在欧美地区被用来作为授予学位，聘用政府职员，颁发律师、医生、教师的从业执照的依据。①时至今日，测验或测试成为我们用于评估学生学业成绩、价值观念、政治态度、行为倾向、职业期望、职业胜任力等的主要工具和方式。了解现代教育评价理论的形成背景，

① 理查德·沙沃森，丽萨·汤. 教育的科学研究[M]. 曹晓南，等，译. 北京：教育科学出版社，2006：31-32.

正确把握现代教育评价的理论内涵和实践方法，使教育评价有效发挥功能，更好地服务于教育实践的优化。

一、教育评价的概念及发展历程

（一）教育评价的内涵与概念

人类一切有目的的活动都会伴随着对活动结果的反思与总结，这种反思与总结可视为评价的萌芽。因为教育是一种有目的的活动，所以在一切教育活动中都伴随评价发生。据考证，“评价”一词最早见于我国北宋时期，《宋词·戚同文传》中就有“市物不评价，市人知而不欺”的记载。这里的“评价”是讨价还价、商议货物价格的意思。评价通常的用法是指对事物价值大小的判断，包括对事物进行定性或定量描述的基础上做出的价值判断。评价在教育中的运用形成了教育评价。

20 世纪 30 年代，美国心理学家、“课程评价学之父”泰勒在对 20 世纪 20 年代盛极一时的“测量运动”（measurement movement）展开批判的背景下，首次提出和正式使用“教育评价”（educational evaluation）的概念。泰勒在主持实施课程实验研究——“八年研究”的过程中，提出了新的教育评价理念，并构建和研究了教育评价的理论与方法。[①]泰勒提出，所谓“教育评价”不同于一般意义上的教育测量（measurement）、测验（test）和考试（examination），其主要目的是为教师、学生、家长和其他人（如教育管理人员）提供可资利用的信息，以此帮助教师和学生更好地完成教学任务、达成预定的教育目标，实现“从测量到评价”的范式转向。这也是现代教育评价的核心理念和未来教育评价改革的基本趋势。在世界范围内，教育评价范式的这一转向，使教育评价从原来的针对学生的考试、排名，以及据此实施的教育奖励与惩戒、选拔与淘汰，转向保障教育质量的提升、促进教育公平的实现，使教育评价真正服务于教育改革目标的实现。教育评价作为科学的概念及运用，特别是现代课程评价理论作为一个相对独立的研究领域和较为规范的实践活动，则是 20 世纪 30 年代在美国进步主义教育联盟的新教育课程的改革实验“八年计划”中逐渐形成的。

泰勒的教育评价思想为教育评价学开辟了新的道路，现代教育评价的理论与方法也主要是在泰勒评价理论的基础上形成和发展起来的。对教育评价概念内涵的理解和实践目标的定位，不仅制约着教育评价知识体系的构建路径，更直接决定着教育评价实践的有效性。在英语中，“evaluate”（评价）一词是从“value”（价值）一词演变而来的，其在词源学上含有“引出和阐发价值”的意思。由此，价值选择、价值确证和价值实现，是教育评价的出发点和归属。基于以上认识，

---

① 田中耕治. 教育评价[M]. 高峡，田辉，项纯，译. 北京：北京师范大学出版社，2001：29-30.

我们把教育评价定义为：依据一定的教育目标和评价标准，在系统科学地收集和运用相关信息的基础上，对教育活动的过程及结果进行价值判断并为教育决策服务的活动过程。

不难发现，教育评价与教育测量既有区别又有联系。“测量”是一个过程，是对某人或某种行为、某一事物或者事件的某些特征或属性通过明确的程序进行价值衡量，并通过某些技术手段把所得的信息转化为量化的或类别化的形式的过程。教育测量是借助一定的工具，通过规范的程序，对教育的效果进行判定的过程。“评价”最简洁通俗的定义是“泛指对人或事物价值的衡量”，即运用特定的标准和准则对事物属性满足主体需要的情况进行评估的过程。在评价实施的过程中，常常要以测量所获得的信息为依据或标准。教育测量是教育评价的依据，教育评价是教育测量的目的所在。很明显，没有教育测量便无法进行教育评价，但是，教育测量本身并非教育评价的全部。“测量搜集的仅仅是反映评价对象某个时段某个侧面的资料、信息和数据，若不对此进行分析、比较、作出价值判断”，①便没有教育评价发生，也就不能说明什么问题。

教育评价是工具、是手段，服务于教育目的的实现。从教育评价主体和评价对象的相互关系分析，教育评价担负着四个方面的任务：一是分析评价对象达到当前教育目标的程度以及对实现长远目标的意义；二是根据评价结果，对评价对象的现状与满足人们需要的程度进行评估分析，并制定进一步满足人们教育需求的决策；三是分析教育投入用于实现教育目标的合理性，为合理配置教育资源提供依据；四是分析教育资源配置合理性及其实际效益，为做出进一步发挥教育资源效益的决策提供依据。②

通过对教育评价理论演变及概念内涵的分析不难发现：首先，“价值判断”是教育评价的核心。教育评价关注的是教育理念、行动及结果的有效性，是教育价值观的具体反映，是对教育活动满足社会和个体需要程度的价值判断。实施教育评价是改善教育的手段和过程，并以促进教育目的的实现为最终目的。教育评价的真正目的并不是要对学生进行估价、分组或排序，而是要根据评价得到的信息来检验教育活动成效及背后的“教育假说”或“教育主张”，并加以修正和完善，为实现“教育过程最优化”提供有效的信息和策略。依据苏联教育学家巴班斯基的观点，教学过程最优化的基本标准也就是师生在耗费合理时间的前提下获得尽可能大的成效③，这也是实施教育评价的根本所在。其次，教育评价必须以一定的客观事实为依据。“促进学生和社会的发展”作为教育的最终目的，决定

① 王道俊，郭文安. 教育学[M]. 北京：人民教育出版社，2009：266-267.

② 陶西平. 教育评价辞典[M]. 北京：北京师范大学出版社，1998：64.

③ 巴班斯基. 论教学过程最优化[M]. 吴文侃，等，译. 北京：教育科学出版社，2001：96.

了教育价值本身具有一定的抽象性和不确定性。所以，教育评价必须以一定的标准建立可操作的评价指标体系，继而通过收集、整理、加工有关评价对象的信息，以此提高教育评价的客观性和真实性。再次，教育评价应贯穿教育的整个过程。教育评价作为教育价值实现的必要保障，既是教育活动开始的行动指南，也是教育活动实施过程中调整、修正教育行为的依据，更是确证教育活动最终效果的手段和方式。

（二）教育评价的历史发展

评价在教育中的运用有着悠久的历史。教育评价起源于古代学校对学生的学力检验,系统的教育评价理论和方法直接来源于20世纪初兴起的以追求考查教育效果的客观性为目的的教育测验运动。一般认为，中国古代的科举制度可视为教育评价思想的萌芽期，“八年计划”则是现代教育评价理论和实践的形成期。有关观点认为，我国古代的科举制度算是一种较为正规的教育评价活动。[①]例如，《学记》中就有教育评价的有关记载：“一年视离经辨志，三年视敬业乐群，五年视博习亲师，七年视论学取友，谓之小成；九年知类通达、强立而不反，谓之大成。”[②]西方教育评价理论的发展历史，可以追溯到19世纪后期，是在反思、批判传统评价理论的基础上逐步发展形成的，大约有100多年的发展历史。

对西方教育评价的历史发展阶段的划分，因分类标准不一，不同研究者分类的具体内容也存有差异。以色列著名教育家、课程论学者利维（A. Lewy）把西方教育评价的发展历史划分为三个时期：古典考试时期、测量主导时期和后现代时期。美国评价专家库巴（E. G. Guba）和林肯（Y. S Lincoln）把教育评价的发展过程划分为四个时期：测量和测验时期、描述时期、判断时期和建构时期。[③]一般认为，现代教育评价的发展历史可概括为如下四个阶段。

1. 以测量为特征的第一代教育评价

这一阶段以各种心理测量为主，时间为19世纪后期至20世纪30年代，可以说这一阶段的教育评价是心理测量的拓展和应用。当时的教育评价主要是各种形式的心理测验和测量在教育领域的应用，通过各种精心设计的测验和测量量表，对学生的智力、知识掌握情况或其他方面进行测定。英国人类学家、优生学家高尔顿通过对个体差异的长期研究，于1869年出版了《遗传的天才》一书，揭开了教育测量的序幕，他也被视为心理测量学“生理计量法”的创始人和“差异心理

① 施良方. 课程理论——课程的基础、原理与问题[M]. 北京：教育科学出版社，1996：149.
② 戴圣. 礼记[M]. 陈澔，注. 上海：上海古籍出版社，2016：415.
③ 涂艳国. 教育评价[M]. 北京：高等教育出版社，2007：23-24.

学之父”。1879 年德国的冯特在莱比锡首创了心理学实验室，逐步摸索出一套测量方法，对教育测量的发展起到了积极影响。1904 年美国的桑代克（E. L. Thorndike，1874—1949）出版了《心理与社会测量导论》一书，系统地介绍了统计方法和编制测验的基本原理。也正是在该书中，他提出了“凡存在的东西都有数量，凡有数量的东西都可以测量”的观点，为教育测量奠定了理论基础，桑代克也因此被称为“教育测量运动之父”。后来，麦柯尔（W. A. McCall）对桑代克的话进行了补充：“凡是有数量的东西都是可以测量的”，正是这一测量观念大大推动了教育评价的发展。[①]在桑代克的影响下，各种标准测验量表纷纷出现，美国一时兴起了教育测量热潮。这一时期，心理测验日趋定型，这对教育测量的标准化大有裨益，其中尤以智力测验对教育测量的影响为甚。许多今天大家比较熟悉的智力量表，如比纳-西蒙智力量表、斯坦福-比纳量表等，都是在这一时期出现的。

2. 以描述为特征的第二代教育评价

第二代教育评价盛行于 20 世纪 30～50 年代，这一阶段的评价以“描述”为首要形式和主要特征。20 世纪 30 年代，一方面，美国开始对此前盛行的“教育测验运动”进行批判，逐渐认识到教育测验不应被视为万能的，应在研究的基础上加以改进。另一方面，由于出现了世界性经济危机，美国经济萧条造成当时大批青年就业困难，他们被迫重新回到学校继续读高中。但是当时美国的高中课程都是为升大学服务的，而大多数学生则希望能够尽快就业，希望所学能帮助他们为参与社会生活做好准备。因此，校长和教师希望对普通高中的课程和教学计划进行重建，但又不想因为改革而影响学生升入大学的机会。于是由进步教育协会组织，选择了 30 所私立和公立高中，展开了长达八年的实验研究，旨在编制一套更加统一连贯的课程，同时要帮助学生适应社会生活，从而满足学生的不同需要。这就是著名的“八年研究”。1942 年发表的“八年研究”报告《斯密斯-泰勒报告》，正式提出了“教育评价”的过程性概念，即“在本质上是一个确定课程和教学计划实际达到教育目标的程度的过程”[②]。后来，这一报告也被称为“划时代的教育评价宣言”。教育评价的思想和实践，很快被全美的学校所采用，泰勒也因此被誉为“教育评价之父”。

3. 以判断为特征的第三代教育评价

第三代教育评价出现在 20 世纪 40 年代末 50 年代初到 70 年代。第二次世界大战结束不久，世界各国普遍增加了教育的投入，美国与苏联进入冷战阶段，科学技术成为两国竞争的主要领域。1957 年，苏联第一颗人造卫星上天，美国大为

① 转引自罗黎辉，高翔. 教育测量与评价[M]. 昆明：云南教育出版社，1996：14.

② 泰勒. 课程与教学的基本原理[M]. 施良方，译. 北京：人民教育出版社，1994：85.

震惊并很快把科技落后的根源归结于失败的教育。出于一种危机感，美国开始投入更大的人力和财力进行大规模的教育改革，这一过程也对教育评价提出了新的要求。美国政府十分关注教育评价的开展，民众也迫切要求对学校的办学成效进行评定。理论与实践界也开始对泰勒式评价模式所暴露出的缺点进行批评，并在批判泰勒模式基础上出现了斯塔弗尔比姆的CIPP评价模式[①]、斯克里文的目标游离模式、斯塔克的应答模式、欧文斯和沃尔夫的反对者评价模式等新的教育评价模式。[②]这一时期的研究者认为，评价不仅要以目标为中心，更要注重对教育方案、教育决策、教育过程等进行价值判断。评价者不仅要关心课程制定者规定的目标，检验这些目标达到的程度，更应注意对目标的合理性的判断，明确提出教育评价为决策服务的思想，关注所做的决策和决策的依据，强调和重视过程性评价，明确提出了形成性评价和非正式评价的思想。

4. 以建构为特征的第四代教育评价

第四代评价诞生于20世纪80年代，以美国的库巴和林肯为代表人物。该评价观认为，评价的本质就是一种通过协商形成的“心理建构”，人类对“评价”的理解、认识也是一个不断发展、建构的过程。[③]1989年，库巴和林肯在其著作《第四代评价》一书中，在批评传统教育评价理论的基础上首次提出了“第四代评价”（fourth generation evaluation）理论。库巴和林肯在第四代评价理论中，批判了前三代评价的不足，并首次使用“assessment”一词取代了“evaluation”。与“evaluation”相比，“assessment”以判断为基础，更加强调评价目的的全面性和针对性。第四代评价认为，前三代评价至少有三方面不足：忽视价值的多元性、管理主义倾向和对已有科学范式的过度推崇。[④]第四代评价有以下主要特点：强调质性方法的运用，弥补了客观量化方法的局限性和缺点；把评价视为评价者和被评价者通过“协商”进行的共同的心理建构过程，评价的效果取决于参与者的合作、沟通、协商情况；强调教育评价中价值标准和价值判断的多元化，尊重学生的个体差异和多样化需求。建构性评价的以上进步性理念，使其很快在理论和实践界引起了强烈的反响，也因此开创了教育评价的新时代。

二、教育评价的功能

“评价”作为一种特殊而经常发生的价值判断活动，是对客体属性满足主体需

---

① CIPP模式是一种以决策为中心，将背景（context）、输入（input）、过程（process）和结果（product）四类评价结合起来的评价模式。

② 陈文远，潘玉驹. 美国第三代教育评价研究[J]. 教育评论，2012（01）：159-161.

③ 朱小蔓. 中国教师新百科·小学教育卷[M]. 北京：中国大百科全书出版社，2002：518.

④ 杜瑛. 高等教育评价范式转换研究[M]. 上海：上海教育出版社，2013：41.

要情况的判断。“权，然后知轻重；度，然后知长短。物皆然，心为甚。”[①]教育评价是对教育活动满足社会与个人需要程度的判断，即对教育目的实现程度的判断，对教育活动的顺利实施和教育目的的实现具有重要的意义，这也是教育评价的功能所在。教育评价的功能是多样性的，且各功能之间又具有内在的依存性。由于实施教育评价的主体、过程和目的不同，教育评价具有不同的功能。概括起来，教育评价一般具有如下几种主要功能。

1. 诊断功能

教育评价是手段而不是目的，是教育质量提升的重要保障。教育评价不同于一般意义上的测验或测量所强调的排序、选拔和淘汰，而是发现问题、查找原因、探寻改进策略，继而服务于教育过程的最优化，这是教育评价的本质所在。

教育评价的诊断功能是指教育评价能够通过对教育活动达到预期效果的程度、存在的问题进行分析，总结成功经验，找寻问题症结，继而为提高教育活动的质量提出改进策略和补救措施。教育评价作为一种反馈调整机制，能够帮助发现教育教学过程中存在的各种缺陷与问题，继而弄清、查明影响教育目标达成的各种因素，为优化教育教学过程、改进教育教学管理方式、提升教育质量提供依据。因此，设计良好的教育评价，能够为学校和教师的决策提供有针对性的指导意见和建议。诊断取向的教育评价主要有两种类型：一是了解评价对象的教育教学准备情况，为教育决策和活动设计提供起点依据；二是在教育教学实施的过程中，针对出现的各种具体问题，通过教育评价帮助查找问题原因，以此为依据设计有针对性的调整和修正策略。

2. 监督功能

教育评价的监督作用是指教育评价对被评价对象具有检查、督促的功效和能力。教育作为一项社会事业，不仅需要教育系统内部的自我评价，还要接受其他社会系统、社会组织的监督评价。通过教育评价信息的反馈和公开，能够让教育活动的质量接受外界的监督，继而为教育活动的组织和开展提供有效的督促和监督，特别是以第三方或中介机构实施的教育评价，能够有效规避教育浪费和其他不作为现象，使教育活动更好地围绕预定的目标展开。教育评价监督功能的合理运用和有效发挥，还有利于在教育活动中形成必要的良性竞争，促进教育水平的整体提升。教育评价监督功能的发挥，主要表现在教育评价总是将被评价对象与评价目标或类群体水平进行比较，以此确定目标达成情况；其督促作用主要体现在教育评价能够发现被评价对象与目标的差距，继而明确以后努力的方向和途径，

① 孟子. 孟子[M]. 牧语，译注. 南昌：江西人民出版社，2017：15.

督促被评价对象朝着评价目标前进。各级教育主管部门就是通过教育评价来实现对下级教育行政部门及学校的宏观管理的。

3. 导向功能

教育评价的导向功能是指教育评价本身所具有的引导评价对象朝着理想目标前进的功效和能力，这是由评价标准的方向性决定的。因为在教育评价中，对任何被评对象所做的价值判断，都是根据一定的评价目标、评价标准进行的。这些评价的目标、标准、指标及其权重，对被评价对象来说，起着“指挥棒”的作用，为他们的努力指定方向。被评价对象必须向着目标努力才能达到合格的标准，否则就达不到合格的标准，得不到好的评价。评价目标是由目标制定者根据社会需要而制定的，是评价者对被评价对象应达到的社会价值的反映，也是社会需要的体现。总体来说评价教育办得好与不好，关键就是看它是否符合社会当前与长远发展的需要，客观评价上和微观评价上都是如此。所以，评价的导向作用是一种社会导向作用。教育评价提供了衡量教育过程或结果好坏的标准，对整个教育教学活动具有一种导向或指导作用。它就像一根“指挥棒”一样支配着或引导着教育教学工作的各个环节，包括教育目标的制定、教育内容与方法的选择、教育过程的展开等。

4. 预测功能

评价的预测功能就是指评价以评价对象的现状为依据对评价对象的发展趋势及可能性进行分析和推测的功效与能力。教育评价作为一种对评价对象在一系列测验、调查、观察的基础上，进行逻辑分析，做出价值判断的过程，不仅仅要对评价对象的现状做出解释与分析，还要在此基础上对评价对象的未来发展进行预测，避免评价对象在其发展的道路上走许多弯路。斯塔弗尔比姆（L. D. Stufflebeam）强调，“评价最重要的意图不是为了证明，而是为了改进”[①]。教育评价的预测功能常常与教育实践中的筛选和选拔相联系，其目的是通过评价预测哪些或哪类人更适合特定的教育。

5. 激励功能

教育评价的激励功能是指合理有效地运用教育评价，能够激发和维持评价对象的内在动力，调动被评价者的内部潜力，提高其工作的积极性和创造性，从而达到教育管理的目的。评价的激励作用是分等级鉴定的必然结果，它也包括对后进单位与个人的督促作用。这是因为在被评价对象比较多的情况下，不同的等级

① 转引自陈玉琨，赵永年. 教育学文集·教育评价[M]. 北京：人民教育出版社，1989：298.

会使个人与个人、单位与单位之间进行不自觉的比较。这对被评价对象来说，是一个积极的刺激和有力的推动。因为在一般情况下，被评价对象无论是个人还是单位，都有获得较高评价和实现自身价值的愿望，这是人类普遍存在的一种心理趋向。恰如其分的评价结果能给人以心理上的满足感，从而激励人们不断进取。对于先进的单位和个人来说，评价的结果是对自己过去成绩的肯定与表扬，会对成功的经验起强化作用，使被评价者更加努力、更加主动，以保持或取得更大的成绩；对于落后者来说则是一种有力的鞭策，如果仍不努力就会被落得更远。

三、教育评价的分类

教育评价具有多种分类标准和具体类型。依据不同的分类标准，教育评价可以划分为多种不同的类型。

（一）根据评价的作用分类

依据评价实施的时间和作用，可分为诊断性评价、形成性评价和终结性评价。

1. 诊断性评价

诊断性评价又称“准备性评价”，是指在某项教育活动开始之前，为保障教育活动更加有效地实施，评价者对各项准备条件的完成情况进行评价，或对评价对象的现状和存在的问题做出鉴定。诊断性评价的目的是了解评价对象的基本情况，了解其对某一事物在某一发展阶段的兴趣、态度，并判断是否具备开展教育活动的准备条件，以便达到预期的效果。诊断性评价一般在学年或学期初进行，比较常用的方式是教师编制的各种形式的“摸底测验”，或称为“准备性测验”。这类准备性测验以前一学年或前一学期的知识、技能为测验对象，旨在了解学生是否具备接受新学习任务的知识和能力的准备条件，然后依据测验结果，有针对性地安排教育教学活动。如果具备了条件，就实施正常的计划；如果不具备，就要调整计划，甚至采取补救措施。在教育实践中，进行诊断性评价所借助的手段主要有：相关成绩记录、学期测验、教师和家长调查访谈等。诊断性评价如同医生给病人做检查，然后参照检查的结果“对症下药”，以期达到最佳的治疗效果。

2. 形成性评价

形成性评价又称“过程性评价”，是在教育活动开展的过程中所实施的评价。实施形成性评价主要是发现教育活动设计的得失，以便及时采取针对性的改进或补救措施。形成性评价是通过诊断教育方案或计划、教育过程与活动中存在的问题，为正在进行的教育活动提供反馈信息，以调节活动过程，提高正在进行的教育活动质量的评价。一般来说，形成性评价不以区分评价对象的优良程度和等级情况为目的，而是为了查找教育活动实施过程中存在的主要问题及阶段性目标的完成情况，以便及时修正或调整活动设计，从而顺利达成最终教育目标。在实施形成性评价时，评价者应在活动过程中根据活动进程有计划地进行评价，一次形成性评价的内容是活动进程某一阶段的全部内容。就教育活动的整体目标而言，形成性评价具有不可替代的重要作用，能够及时发现各种教育问题，为教育活动的高效实施提供实时反馈信息。基于形成性评价这一特殊作用，重视形成性评价成为现代教育评价和教育改革的重要特点和发展趋势。

3. 终结性评价

终结性评价又称“结果性评价”或“总结性评价”。顾名思义，终结性评价是对教育活动最终结果的评价，是对一定时期内教育目标完成情况或程度进行的评价。终结性评价旨在对教育教学活动做出总结性的评价，以此甄别优劣、总结经验与不足，为今后教育教学工作的改进提供参考依据。终结性评价侧重于对教育活动的最终结果做出评价，往往是在教学或学习活动结束之后实施评价，并为不同类型的选拔、决策等教育管理行为提供参考依据。终结性评价的目的是了解特定教育活动最终目标的实现情况，是在教育活动实施后关于整体教育效果的判断。终结性评价具有综合性，因此在教育教学中的运用十分普遍，如我们比较熟悉的学期期末考试、各种形式的升学考试，都属于终结性评价的范畴。

（二）根据评价的基准分类

在教育评价中，评价基准不同，评价结果的解释也就不同，人们常将它们分为“目标参照评价”和“常模参照评价”，又称“绝对评价”和“相对评价”。

1. 目标参照评价

目标参照评价，也称绝对评价，是指以预先设定的特定标准作为基准，以此判定评价对象是否完成了预期目标的一种评价方式。对标准参照评价的结果来说，解释的有效性是以设计良好的任务或行为目标为前提的，是在评价对象的集合之外，确定一个评价的标准，称为客观标准。以教学评价为例，通常是以教学大纲规定的教学目标为依据来制定这一客观标准，再把评价对象与这个客观标准进行比较，以是否达到标准作为评价的主要依据。学校中的教学评价、学科测验多属于此类。

2. 常模参照评价

常模参照评价，也称相对评价，是指在评价对象的群体中建立评价基准、确定“评价常模”，再对每个评价对象在这个群体中所处的相对位置进行评定的一种评价方式。“评价常模”简称“常模”，指特定群体在所评价特性上的普遍水平或水平分布状况，通常以该群体（即“组内常模”）或更大范围群体间（即“组间常模”）的平均水平作为常模。利用相对评价可以了解学生之间的差异，便于比较个体学习成绩的优劣，这也是它的优点。一般大型的标准化考试、升学考试、心理测试，以及各种选拔性考试等都属于此类评价。常模参照评价以正态分布的理论为基础，评价的基准会随群体的不同而变化，评价对象在这类测验上所得的分数单独解释是毫无意义的，评价结果也无法为教育活动提供针对性的改进意见，这是它的不足之处。

（三）依据评价分析的方法分类

教育评价按其分析方法划分，可分为定量评价和定性评价。

1. 定量评价

定量评价，又称量性评价，主要以“量”的形式对评价对象进行评定。顾名思义，定量评价是指采用数学的方法，收集和处理数据资料，对评价对象做出定量结果的价值判断的一种评价方法。定量评价强调数量计算，以教育测量为基础。它具有客观化、标准化、精确化、数量化、简便化等鲜明的特征。它在一定程度上满足了以选拔、甄别为主要目的的教育需求。但是，定量评价往往只关注可测性的品质与行为，过分要求量化，强调共性、稳定性和统一性，过分依赖纸笔测验，有些内容勉强量化后，只会流于形式，并不能对评价结果做出恰如其分的反映。因而，它忽略了那些难以量化的重要品质与行为，忽视个性发展与多元标准，把丰富的个性心理发展和行为表现简单化为抽象的分数表征与数量计算。

2. 定性评价

定性评价，也称质性评价，主要对评价对象进行“质”的分析。与定量评价相对，定性评价是指根据评价者对评价对象平时的表现、状态或对文献资料的观察和分析，直接对评价对象做出定性结论的价值判断，如评出等级、写出评语等。定性评价是利用专家的知识、经验和判断进行评审和比较的评价方法。定性评价强调观察、分析、归纳与描述。就应用于教育评价这一领域的现象而言，定性评价更加关注学生“质”的方面的发展，关注教育结果与教育目标之间的一致性；强调对学生的优缺点进行系统的调查，并对个体独特性做出“质”的分析与解释，是具有实质性内容的一种评价机制。因此，定性评价可以关注更广泛的教育目标及学习结果，强调关注现场和专业判断，对学生种种表现做出具有教育学、心理学意义的解释与推论。如果说定量评价关注“量”而走向抽象并且侧重定量描述，那么定性评价则关注“质”而走向具体并且侧重定性描述。因而，定性评价是更具有现代人本思想和发展性评价的理念。但是，定性评价有时使评价结果模糊笼统，弹性较大，难以精确把握。

四、教育评价的信度和效度

1. 评价的信度

所谓评价的信度（evaluation reliability），主要是指评价结果的可靠性、一致性和稳定性，是对同一评价对象多次实施相同评价所得评价结果的一致性。比如，用同一杆秤称一个人的体重，如果两次或多次称得的结果较为一致，如两次的结果分别为 75 千克和 74 千克，我们就认为用这杆秤称体重的信度较为理想。相反，如果两次的结果分别为 75 千克和 50 千克，我们则认为用这杆秤称体重的信度太低。理想的教育评价首先应是有信度的评价，前后多次评价的结果应保持一定的稳定性和一致性。当然，由于评价误差（不同于因操作不当或错误产生的“评价错误”）的存在，不需要、也无法做到多次评价结果的绝对恒定不变，只要把误差控制在允许的范围内就可以。以学业测验为例，即使在不同时间对同一个人实施同一测验，其前后所得的分数也可能不一样，就会面临测验的信度问题，即“考试分数的前后一致性”。最初提出信度的概念是基于如下简单的假设：要求测验结果前后一致，是因为理想的测验工具应指向一个或若干个确定的内在特质，而测验结果前后的不同是由不可区分的、恒定的测验误差所造成的。只要测验的操作过程正确，就可以把误差控制在理想的范围内，这样前后多次实施测验的结果就会相对稳定、一致。

基于对信度的以上理解，计算评价信度的方法也相对直接，主要通过计算多次评价结果的相关系数作为衡量信度的指标。克鲁格和斯皮尔曼（Krueger 和 Spearman）最初使用“信度系数”，便是用类似于相关系数来计算不同的、但有可比性的试题所产生的考生排名的变化。①一般情况下，评价信度以信度系数为指标，它是一种相关系数，通常是对同一评价对象实施两次评价所得到的两组结果的相关程度。信度系数愈高即表示该测验的结果愈一致、稳定与可靠。信度只受随机误差的影响，随机误差越大，信度越低。因此，信度可以视为测试结果受随机误差影响的程度。系统误差产生恒定效应，不影响信度。还是上面称体重的例子，如果所用秤的刻度比标准刻度低 2 千克，那么即使每次称出的体重都一样，那也只是一再重复错误。在实际的评价过程中，随机误差可能导致评价结果的不一致性，从而降低信度。但由于随机误差影响的程度又具有一定的恒定性，有时

① 理查德·沙沃森，丽萨·汤. 教育的科学研究[M]. 曹晓南，等，译. 北京：教育科学出版社，2006：32-33.

尽管误差较大，却不影响评价的信度。因此，信度高并不代表准确性就高。衡量评价的准确性，还要看评价的效度。

2. 评价的效度

评价的效度（evaluation validity）即评价的有效性，是指评价能够准确测出评价对象真实情况的程度。效度最初被视为考试分数和日后行为的相关程度。如果说根据某项特征能够区分人、物或事件的真实差别，那么说某个评价、测评该特征的工具或方法是有效的，就是指它的评价结果能把具有不同特征的人、物或事件进行有效的区分。例如，欲借助实施某一教育评价在特定群体中筛选出具有数学天赋的学生重点培养，如果选拔出来的学生能够在今后的学习和培训中表现出理想的数学天赋，我们就认为这次评价是有效的，评价具有较高的效度。相反，如果在其他条件相同的情况下，被淘汰的学生表现出数学天赋的人数的比例比选拔出来的要高得多，那么我们就说这次评价的效度很低。因此，效度也就是所评价得到的结果反映所要评价内容的程度，即“评价结果和评价内容的吻合程度”。评价结果与要考察的内容越吻合，效度越高；反之，则效度越低。在社会测量中，对作为测量工具的问卷或量表的效度要求较高。现实中常见的各种形式的入学考试、公务员考试、事业编考试等，都是这类评价的具体形式。这类评价都对效度有较严格的要求，评价效度的高低直接影响着所选拔人员对今后学习或工作的胜任能力。

事实上，评价工具或评价方法的效度高低只是相对而言的，我们很难找到最有效的评价工具或方式。效度是与如何应用和解释评价结果相联系的，而不是评价本身的一个固有特征。例如，如果用上面评价选拔具有数学天赋的学生的方法筛选具有音乐或绘画天赋的学生，结果显然是无效的。

3. 信度和效度的关系

信度是效度的前提条件，评价有信度不一定有效度，但有效度的评价，必定是有信度的评价。信度是效度的必要条件，但不是充分条件。信度低，效度不可能高。因为如果连续多次测量的数据前后差距过大或根本不一致，自然也就无法深入获得评价对象待评定属性的真实情况。例如，用上面比标准刻度小 2 千克的秤称一个人的体重，虽然多次称的结果都一样，但始终无法称出该人的真实体重。再比如用上面评定数学天赋的问卷测音乐天赋，即使多次测验的结果一致性很高，但也无法选拔出具有音乐天赋的学生。当然，如果音乐天赋和数学天赋有很高的正相关，则另当别论。因此，信度高效度不一定高，效度低信度也可能高，反之亦然。但若要保证效度高，则信度一定要高，没有较高的信度，绝不会有理想的效度。

第二节　教育评价的原则与步骤

教育评价作为一项系统性的专业实践活动，应遵循一定的原则和步骤。只有依据一定的标准和程序，掌握正确的评价方法，才能达成预期的评价目的。明确教育评价的基本原则，了解教育评价的一般步骤，是教育评价有效实施的前提。

一、教育评价的原则

原则是人类基于对规律的正确认识确立的行为准则，是规律的反映和运用。教育评价的原则是开展教育评价所必须遵循的基本准则，是开展教育评价的根本指导思想和基本要求。教育评价的原则既具有客观性，又体现了特定的主观需要。教育评价既要遵循教育与评价的基本规律，又必须体现评价主体特定的价值诉求。

1. 客观性原则

客观性原则是教育评价的首要性原则，决定着教育评价的真实性和有效性。所谓客观性原则，就是指实施教育评价要客观公正、有理有据，坚持“有一份证据，说一份话”，不应掺杂个人的情感好恶等主观因素，以致影响评价结果的可靠性和有效性。客观性原则是评价功能有效发挥的保障，违反客观性原则，教育评价的意义自然就无从谈起。因此，客观性原则可以说是教育评价的底线原则。

2. 发展性原则

教育评价的根本目的是促进教育质量的提升,促进学生全面发展目标的实现。所谓教育评价的发展性原则，是指教育评价应着眼于教育过程的优化和学生的全面发展，着眼于教师的教学改进和能力的提升，以此调动教育教学活动参与者的积极性，提高教育教学效率。以教师对学生的评价为例，发展性原则要求教师始终在关爱、信任、尊重的基础上评价学生，从发展的视角、用发展的观点、以发展的眼光去评价每一位学生。把教育评价作为帮助学生进步和发展的工具、促进教学优化的手段。因此，实施教育评价应积极发现和发扬学生的优点，正确对待并帮助学生克服缺点和不足，绝不应对学生一味批评指责，而要帮助学生树立自信心，促使其自我发展和自我超越。

3. 教育性原则

教育性原则是指教育评价应以促进教育活动的改善为目标，而非仅仅停留在鉴定、评比或选拔的阶段，更不应损害或阻碍教育目标的达成。教育评价只是整个教育活动的一个组成部分，而非教育活动的总结，能否促进教育教学活动的质量和效率的提升，是衡量教育评价有效性的关键。教育性原则是教育评价中最基本的原则，贯穿教育评价的整个过程。因此，我们说教育评价既是一门科学，也是一门艺术。教育评价既要恪守科学性，又要讲究评价的艺术性。从科学的角度看，要保证评价结果的客观、公正、准确；从艺术的角度看，又要让被评价者最大限度地理解和认同评价的结果，不应有损于被评价者的身心健康，更不应违背一般的道德伦理。这就要求评价者树立正确的评价目的观，慎重对待评价的结果，始终以教育的改善和学生的发展作为教育评价的出发点和归宿。

4. 导向性原则

导向性原则是指教育评价应在发现教育活动存在问题的基础上，查找问题的症结，然后有针对性地给出调整和改善的意见或建议。如果评价仅仅停留在指出缺点和不足的水平上，而不能明确指出改进的方向和策略，这样的教育评价是没有多少意义的。导向性原则要求重视教育评价的过程性和形成性功能，淡化其鉴定和总结功能。教育评价一定要服务于教育活动的优化，因为“评价最重要的意图不是为了证明，而是为了改进”①。教育评价的本质就是了解教育目标的实现程度，以及探寻改进教育效果的途径和方式，继而引导后续教育活动有效实施。如果不能为教育质量的提升提供有效的指引，也就违背了教育评价的导向性原则。

二、教育评价的步骤

教育评价本身的复杂性和系统性，要求教育评价的实施必须建立一套科学、严谨、规范化和可操作性的评价程序和评价方案。教育评价的步骤是指组织和实施评价一般所应经历的基本过程和遵循的基本程序。遵循科学的程序组织与实施教育评价，对保证教育评价的质量、达到预期的评价目的具有非常重要的意义。盖伊（L. R. Gay）在《教育评价与测量》一书中，把教育评价实施的步骤划分为三个阶段：教育评价的准备、教育评价的实施、教育评价的总结。

1. 教育评价的准备

教育评价的准备阶段是教育评价顺利、高效实施的基础。任何评价工作的开展，都有特定的目的和指导思想，因此，在开展教育评价时，首先，要明确评价的目的和意义，增强实施评价的思想自觉和理论自觉；其次，要明确评价对象和评价内容，分析评价实施需考虑的各种因素及可能面临的特殊情况，在此基础上设计准备评价方案及其相关工具、器材，确定评价方法等；最后，确定评价领导

---

① 陈玉琨，赵永年. 教育学文集·教育评价[M]. 北京：人民教育出版社，1989：297.

小组及其他组织机构，明确分工职责及规章制度，确保评价工作的纪律性和规范性，特别是评价方案的有效制定，决定着整个评价活动的结果。评价方案是评价活动的先行组织者，是依据具体的评价目的，遵循教育和评价活动的一般规律，对评价内容、对象、方法、手段、程序、组织等方面的宏观把握和具体安排。

2. 教育评价的实施

教育评价的实施是评价过程中最核心的部分，也是对评价结果影响最大的一个阶段。为提高评价结果的有效性和可信度，一般要在评价正式实施前进行预评价。预评价也称“自评”，是指在正式实施评价前被评价对象进行的自评。自评是评价过程中的一个必要环节，具有不可替代的重要作用。首先，自评能够充分了解被评价对象的价值判断和主观认识，有助于全面收集被评价对象的信息。其次，实施预评价还能够有效提高评价的信度和效度，为评价方案的修整和正式实施提供宝贵的参考资料。最后，实施自评，还可以减轻评价者的工作负担，提高工作效率，节约评价成本。评价对象有时最了解自己的情况，能帮助评价者有效甄别、剔除无效的评价，提高评价的针对性和工作效率。

3. 教育评价的总结

评价总结是教育评价过程的最后一个环节，是对整个教育评价活动的反思与总结，是对评价工作全过程进行的检查。这一阶段的主要任务是归纳反馈评价活动的成效，既要肯定成绩，又要明确存在的问题，吸取经验教训，为后续评价工作做好准备。教育活动本身的复杂性，特别是不同主体间价值观念的差别，对相同评价资料的分析可能得出不同的结论。因此，在得出评价结论之后，“要根据评价中发现的问题制订改进工作的计划和措施，否则评价就失去了意义”[①]。评价总结既要对本次评价活动目的的达成情况进行评估，还要为下次或类似评价活动的开展提供经验借鉴。比较正规的教育评价，评价活动结束后一般都要撰写评价报告。评价报告是对整个评价工作进行全面总结的报告，要对评价过程、结论进行全面叙述，并提出有针对性的改进意见或建议。

第三节　教育评价改革的趋势

传统教育评价理念存在把教育与评价本末倒置的误区，使原本应处于服务地位的评价凌驾于教学之上，将“评价为优化教学服务”扭变为“教学为满足评价”，

① 胡德海. 教育学原理[M]. 2 版. 兰州：甘肃教育出版社，2006：515.

扭曲、异化了教育评价的作用。①

一、当前教育评价存在的主要问题

从传统评价的特点、未来教育评价发展趋势和教育评价科学化要求来看，传统教育评价在功能和目标定位、内容和项目的确立、方法和指标的选择等方面均存在不同程度的误区和缺陷。

1. 教育评价的指标体系不够科学

传统教学评价方法过于重视测验与考试，注重分数和纯量化的结果，忽视了通过作品评价、形成性评价来得到重要的质性信息，其评价结果不能全面真实地反映学习者的能力水平。

教育评价的指标体系是将评价所依据的有关教育目标逐步分解成各级指标而形成的一个系统化的具有联系的指标群。教育评价就是通过观察、测量评价对象具体的外化的行为指标以进行价值判断的过程。因此，能否设计出一个比较有效、简明、科学的指标系统，直接影响着评价结果的科学性和可信性。然而，由于教育活动所涉及的多是精神产品，在大多数情况下，教育评价要将不可直接观察的事物转化为可观察事物的一种替代物，然后才能进行评价。由于指标和我们真正要评价的属性并非必然一致，因此就必然存在评价的效度问题。

教育评价存在着由指标体系不够科学而导致的评价的信度、效度不高的问题，同时有些评价内容由于人们到目前为止还没有找到一个直接测量这种信息量的科学方法，从而使人们回避对这些因素的测评，加之评价指标过于抽象、操作性差、评价结论解释的主观性等问题，影响了教育评价的科学性。科学的教育评价需要科学的评价指标体系，而建立科学的评价指标体系的难度是很大的。因为教育评价的对象主要是人的活动，评价对象的特殊性、复杂性决定了教育评价很困难，这在某种程度上也是评价指标体系不够科学的一个重要原因。

2. 教育评价的价值取向单一、片面

评价项目单一，传统教学评价体系主要面向低水平的认知领域，忽视了对学习者学习能力、学习态度、过程方法，以及高级思维技能的评价。教育评价发展到今天，许多方面由于人们极端化的追求而走向它的反面。这不仅无助于促进学生的健康发展，而且还阻碍了学生的发展，使教师、学生成为评价的“奴隶”。因为评价片面强调知识的价值，忽视学生的主体价值，导致学生的畸形发展，最明显的表现就是教育评价在有些国家尤其是发展中国家，已演变成纯粹的升学考

① 胡小勇. 问题化教学设计：信息技术促进教学变革[M]. 北京：教育科学出版社，2006：173.

试的分数竞争，忽视对作为学习成果的能力、学力的全面考核，评价被限制在以测定记忆、理解有关知识为中心的极其狭隘的领域，而且在许多情况下这种极端片面、狭隘的评价结果不仅被视为整体学力的代表，甚至还被看成是学生个人价值的代表。因此，越来越多的学校为了得到能在外观上反映出来的更为理想的评价结果，甚至不惜牺牲有助于学生发展的活动，而只将教学活动限制在狭小范围之内。最能说明这一问题的现象就是在升学竞争中，无论教师还是学生都只重视同提高升学考试分数这个表象有关系的课程的学习，至于与升学考试无关的课程、活动则被忽视。不仅如此，即使升学考试科目的学习也是偏重知识的理解、记忆以及单纯的运用，而忽视这些科目对学生认知能力、情感态度、价值观念的综合培养。所以在这种情况下，即使制订了比较均衡的课程学习计划，实际的教学与学习活动也会在升学考试的压力下失去平衡。①其实，将教育评价视为万恶之源的观点已相当普遍，且早已有之。毋庸赘言，无论是考试还是成绩评定，都应有助于教育的基础更加科学和合理，推动学生的全面成长发展。②然而，不幸的是问题依然存在。当前教育评价中的诸多误区，不仅无助于甚至还阻碍着学生的全面发展。

3. 教育评价的目的功利化

教育评价的根本目的在于促进教育工作的改进和教育质量的提高，评价不是为了证明，而是为了改进。然而，人们在教育评价的过程中极端强化终结性评价，相对忽视形成性评价、诊断性评价，导致在多数场合下教育评价只能起到各种意义上的分等划类的作用，造成了不是为了教育的评价，而是为了评价的教育现象。在实践中表现为把考试、测验、分数作为评价的主要工具，评价的功能被窄化到仅仅是对评价对象做出某种资格证明，如选拔评优、分级排名次等，忽视了评价的诊断、调节功能和教育、改进功能。评价主要被用来鉴定与区分学生、选拔适合教育教学模式的学生，而不是创造适合学生发展的教育教学。可见，教育评价的畸形发展已从根本上束缚了学校教育，成为奴化教师和学生的异己力量。如果不从根本上改变这种状况，教育评价就很难发挥积极的促进作用。

二、未来教育评价的改革趋势

教育评价的主要目的在于优化教育实践，即如何运用各种方法去实现理想的教育目的，这也是教育评价的指导方向和改革趋势。实施和完善综合素质评价不仅是建立科学的教育质量评价体系的一部分，也是教育评价制度和人才评价制度

---

① 钟启泉. 教育方法概论[M]. 上海：华东师范大学出版社，2002：275.

② 梶田叡一. 教育评价[M]. 李守福，译. 长春：吉林教育出版社，1988：35.

改革的重要组成部分。全面开展由政府、学校、家长及社会各方面参与的教育质量评价活动，探索促进学生发展的多种评价方式，是未来教育评价发展和改革的目标与趋势。

1. 重视和发挥教育评价的改进功能

当前教育评价存在面面俱到、不痛不痒的弊病，评价年年进行，结果往往是“你好我好大家好”，评价本身异化为目的。重视教育评价的改进功能，提高教育评价的针对性，让教育评价更好地服务于教育改革和教育实践的优化，无疑成为未来教育评价的重要发展趋势。从“选择适合教育的儿童”到“创造适合于儿童的教育”，评价从选拔少数精英，发展到根据学生个体发展的需求和现实水平引导其获得最佳发展，评价更多的是寻找问题，发现有效的教育方式，以促进学生发展。

2. 探索构建第三方参与评价的新机制

教育评价逐步中介化。教育评价中介化趋势，主要是由于以往教育评价者与被评价者的利益冲突与不对等关系所致。以往的教育评价主要由政府教育职能部门担当，它本身属于被评价者的上级部门，与被评价者构成了自上而下的关系。正是这种利益上的对等性，使评价者很难做出真正客观科学的评价。因此，引入作为利益无关者的第三方——教育评价中介机构，不仅有助于解决利益冲突，而且有利于推动教育评价专门化、专业化发展的进程。第三方评价最早起源于 15 世纪的欧洲，当时是为了保证产品的质量，后期则向不同的领域扩展和延伸。目前，第三方教育评价在我国尚处于探索和起步阶段。2010 年颁布的《国家中长期教育改革和发展规划纲要（2010—2020 年）》明确指出，“开展由政府、学校、家长及社会各方面参与的教育质量评价活动”。2013 年发布的《教育部关于推进中小学教育质量综合评价改革的意见》中，也有“整合和利用好相关评价力量和评价资源，充分发挥各方面优势”以及“逐步建立政府主导、社会组织和专业机构等共同参与的外部评价机制”的表述，这为我国教育评价引入“第三方评价”提供了政策和法规依据。由于我国第三方教育评价的发展尚处于起步阶段，政府倡导第三方评价的政策并未有效落实。其中，培育更加专业化的第三方教育评价机构，完善中国教育评价体系，无疑是我国教育评价发展的客观需要和必然趋势。

3. 坚持定性评价和定量评价的结合

当前的教育评价过于依赖于可观察的、可测量的定量资料，甚至走向“数据迷恋主义”的误区。诚然，定量评价具有准确高效、适应性广泛、客观公正等诸多优点，但同时也有其自身难以克服的缺点，如重结果轻过程、忽视评价过程中的人文因素、易造成评价信息的缩水等。质性评价的有效运用，恰恰可以有效弥补定量评价的局限性。质性评价由于重视过程评价、强调评价过程中人与人的交流、方法灵活、重视评价中多种因素的交互作用，这恰是定量研究的局限性。因此，一个设计良好而全面的教育评价应兼顾教育的“质”和“量”双重品质，综合运用定性和定量两种评价方式，提高教育评价的质量。今后的教育评价将呈现定性方法和定量方法相结合的格局，在实证研究的基础上引入更多的质性评价范式和质性评价方法。

4. 强调参与性评价和评价主体的多元化

在传统教育评价中，被评价者往往处于弱势地位，既无表达意见和意愿的机会，又无法从评价中获取有价值的反馈信息。因此，关注被评价者的价值取向，强调评价者与被评价者之间的协商、沟通，成为教育评价改革的重要趋势，这也是“第四代评价”的核心理念。强调被评价者参与评价，也就是要重视评价主体的多元化。教育评价作为一种价值判断活动，要充分了解和尊重价值主体的多元化和差异性，这样才能减少评价信息的损耗。“教育评价主体的多元化主要体现在包括被评价者在内的相关人员都参与评价，不仅改变了以往的对立关系，加强了信任与合作，而且充分体现了个体需要的多元价值取向。”①实施多元评价还要特别关注教育评价中的文化要素，关注文化差异与教育评价的依存关系，探索引入人类学的评价范式，这也是未来教育评价理论与实践中的前沿课题。

思考题

一、单项选择题

1. “多一把衡量的尺子，就多一个好学生。”这反映的评价观是（　　）。

A 评价是促进学生发展的动力　　B 评价应该多关注过程

C 学生是评价的主体　　D 评价标准应该多元化

2. 评价主体通过科学合理的教学评价，激发教师和学生的内在动机，调动他们的潜能，提高其工作、学习的积极性和创造性等。这体现了评价的（　　）功能。

A 导向　　B 鉴别　　C 调控　　D 激励

3. 教学评价的功能不包括（　　）。

A 导向功能　　B 诊断功能　　C 选择功能　　D 发展性功能

4. 以某一群体的平均成绩为参照标准来确定被试相对位置的评价属于

① 辛涛，李雪燕. 教育评价理论与实践的新进展[J]. 清华大学教育研究，2005（06）：38-43.

（　　）。

A 实验定向评价　　　　B 标准参照评价

C 常模参照评价　　　　D 个体内差异评价

5. 教师在教学过程中想要了解可能存在的问题，以便调整教与学的步骤，需使用（　　）。

A 诊断性评价　　　　B 形成性评价

C 终结性评价　　　　D 结果性评价

6. “你是个文静的孩子，学习认真，能独立思考，语言表达能力很强。”该教师对学生的评价属于（　　）。

A 前置评价　　　　B 即时评价

C 量化评价　　　　D 质化评价

7. 王晓红期中考试的数学成绩在班级中排名第五，这种评价属于（　　）。

A 诊断性评价　　　　B 终结性评价

C 相对评价　　　　D 绝对评价

8. 教学评价的实施一般可分为三个基本步骤：①准备工作；②评价实施；③评价结果的处理。以下不属于评价结果处理的是（　　）。

A 评价结果的分析判断　　　　B 资料的收集整理工作

C 作出综合评价的结论　　　　D 评价结果的信息反馈

二、简答题

1. 简述教育评价的功能。
2. 简述未来教育评价的改革趋势。

阅读推荐

1. 陈玉琨. 教育评价学[M]. 北京: 人民教育出版社, 1999.
2. 金娣, 王刚. 教育评价与测量[M]. 北京: 教育科学出版社, 2002.
3. 艾尔·巴比. 社会研究方法[M]. 11 版. 邱泽奇, 译. 北京: 华夏出版社, 2009.
4. 沃尔博格. 教育评价[M]. 张莉莉, 等, 译. 重庆: 西南师范大学出版社, 2011.

第十二章　班级管理

学习目标

1. 掌握班级管理的概念，了解班级管理的功能、班级管理的内容和模式，熟悉班级管理的常用方法。

2. 掌握中小学班级活动的概念，了解中小学班级活动的特点、意义、类型、组织与管理。

3. 了解中小学课外活动的含义、特点、作用、基本内容、组织形式、组织和管理。

4. 了解少先队活动的特点、类型、组织和管理。

5. 认识班主任的不同角色，了解班主任的工作任务、工作的主要内容。

基本概念

1. 班级管理。教师根据一定的目的、要求，采用一定的手段、措施，带领全班学生，对班级中的各种资源进行计划、组织、协调、控制，以实现教育目标的组织活动过程。

2. 班级活动。班级活动指为了实现教育目标，由班级管理者（主要是班主任）组织班级所有成员参与的集体教育活动。

3. 课外活动。课外活动指学校在学科教学活动之外有目的、有计划、有组织地对学生进行的多种多样的教育实践活动。

框架结构

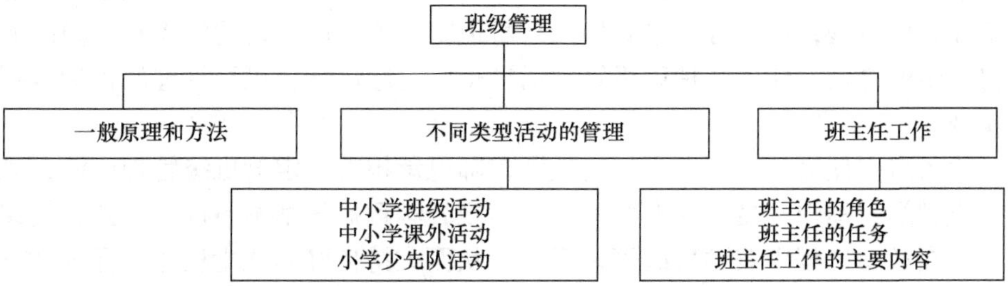

第一节　班级管理的一般原理和方法

捷克教育家夸美纽斯在 1632 年出版的《大教学论》中首次系统论证了班级授课制，自此，近代意义上的班级概念得以确立，班级授课制作为一种教学组织形式逐渐得到发展，但班级组织全面普及却是 19 世纪中期以后的事。在现代社会，班级已经成为学校教育教学活动的基本组织，成为学生接受集体教育影响、实现个体社会性发展的重要途径。班级对学生的教育意义越来越得到教育理论和教育实践工作者的重视。

班级教育意义的充分发挥并不是自然而然的事情，如果不对班级组织进行有效的引导与管理，则班级只能作为“批量生产”的教学工具而存在，达不到促进学生社会性发展的教育目标。因此，为了使班级的教育意义得到充分体现，必须重视对班级组织的管理和引导。

一、班级管理的概念

班级管理是教师根据一定的目的、要求，采用一定的手段、措施，带领全班学生，对班级中的各种资源进行计划、组织、协调、控制，以实现教育目标的组织活动过程。因为班级活动状况直接关系到学生的生活、学习和教学质量，所以，有经验的教师都会把班级管理放在极其重要的地位，并采取各种方法强化对班级活动的引导和管理。

对班级管理的概念可以从以下几个方面来理解。

（1）班级管理是一种有目的的社会活动，这一活动的根本目的是实现教育目标，使学生得到充分的、全面的发展。班级是学校进行教育教学的基本单位，班级管理从根本上说是为实现学校教育教学目标服务的，因此，班级管理也必须以学校教育教学目标为导引，通过各种活动的组织和开展来促进学校教育目标的实现，最终促进学生的全面发展。

（2）班级管理的主体是教师，包括班主任与任课教师。班主任在班级活动中承担着主要管理职能，对班级管理工作起着十分重要的作用。因此，在班级管理过程中，班主任一方面要加强班级管理的理论学习，丰富和拓展班级管理的理论储备和具体方法；另一方面也要加强自身道德修养，以丰富的学识和高尚的人格赢得学生的尊敬，使得各种班级管理活动得以有序进行，班级管理的目标得到充分实现。

除了班主任之外，所有学科的任课教师也承担着一定的班级管理职能，尤其在课堂教学过程中，良好的课堂秩序是实现教学目标的基本条件，因此，任课教师必须在教学过程中兼顾班级管理活动，从而维持良好的课堂秩序，保证教学目标的实现。

（3）班级管理的对象是班级中的各种资源，主要对象是学生。班级管理是一种组织活动过程，它的对象是班级的全部资源，包括全体班级成员（学生和相关教师）以及与班级活动有关的时间、空间和物质资源等。班级管理的主要对象是学生。班级是由几十名知识基础不同、能力水平不同、性格各异的学生组成，在班级活动中，为了促进全体学生的发展，教师要在照顾学生个体差异的基础上，有效地组织各种资源，开展各种活动，拓展学生的知识和能力水平，并有意识地促进学生自主性和自我管理能力的发展。

（4）班级管理的主要手段有计划、组织、协调、控制。班级管理是一项烦琐而细致的工作，教师要对班级实施有效的管理，必须争取校内外各种教育力量的配合，调动各种积极因素。班主任要定期联系任课教师，经常互通情况，调节各学科教学；要协助和指导班级团队活动，协助团队组织制订工作计划，帮助团队组织落实计划；要协调班干部进行日常管理，帮助班干部提高思想认识和工作能力；要争取和运用家庭和社会教育力量，以此来促进学校教育目标的实现。

二、班级管理的功能

班级管理对于班级活动的顺利进行，对于学生的健康成长和全面发展，都具有很大的影响。

（一）提高学习效率，实现教学目标

课堂教学与班级管理是教师教学中相辅相成的两个方面，班级管理有助于维持良好的教学秩序，有助于各种教学活动的顺利开展，从而能够提高学生的学习效率，最终为教学目标的实现提供保障。

（二）维持班级秩序，形成良好班风

班级是学生学校生活的基础，是学生交往活动的主要场所，班级组织无论在促进学生社会化发展方面，还是在促进学生个性化发展方面，都具有重要作用。教师在班级管理的过程中要充分调动班级成员参与班级管理的积极性，在教师和学生协同管理的基础上，建立良好的班级秩序和班级风气，这是班级管理的一项重要功能。

（三）锻炼学生能力，学会自治自理

班级组织中存在着最基本的人际交往和社会联系，存在着一定的组织层次和工作分工，因此，为学生的认识与自我认识能力、社会组织与自我发展能力提高

提供了实践基地。通过班级管理，教师要充分发挥班级对学生各项能力的促进作用，不但要帮助学生成为学习自主、生活自理、工作自治的人，而且要帮助学生进行社会角色学习，获得认识社会、适应社会的能力。

三、班级管理的内容

日常教学中，教师的班级管理工作非常琐碎，小到学生生活和学习习惯，中到班干部的培养和班集体建设，大到班级活动的宏观调控，事无巨细，到处都有教师尤其是班主任忙碌的身影。

（一）班级组织建设

班级组织最初的形成带有一定的偶然性，是人为地由个体集结而成的。要想成为一个具有组织特性的团队，需要经过一个发展变化的过程。班级组织的发展一般要经历从松散群体到班集体的发展过程，在此过程中，教师要让全体学生在行为和心理上认同组织规范，指导学生逐步适应集体生活环境，使班级成员对班级组织有一种归属感和认同感，形成一个有序稳定的班级组织，保证班级各项教育教学活动的开展。

（二）班级制度建设

俗话说“没有规矩不成方圆”，任何组织的运行都需要制度保障，班级组织概莫能外。严明的班级管理制度、正确的舆论导向是一个班级成为优秀集体的基本条件，也是学生在集体中健康成长的保证。班规班纪有助于学生明确行为规范，有助于形成良好的班风班貌，教师在班级管理过程中必须首先让学生明确认识班级管理制度。在制度制定的过程中要吸引学生参与，这有助于学生对制度的认同和遵守。

（三）班级教学管理

学习是学生在学校的主要任务，教学是教师在学校从事的主要工作，班级管理的一项重要内容就是对班级教学进行管理。首先要优化教学环境，通过教室的环境布置、学生的座位排列等为教学活动的顺利实施提供保障；其次要建立教学秩序，调动全体学生的学习积极性，配合各任课教师共同完成学习任务，使课堂焕发出生命活力；最后要加强对学生的学习指导，使学生按照课程目标的要求，努力达到各门学科所蕴含的知识与技能、过程与方法、情感态度价值观方面的教学目标。为此，班主任不仅要对学生进行学业辅导，更重要的是进行学习目的和学习态度、方法的教育；不仅要对学生的学习作个别指导，更重要的是要形成班级的优良学风，保证群体学习质量的提高。

（四）班级活动管理

班级活动是班级活力和生命力的具体体现，广泛开展丰富多彩的班级活动，对培养学生良好的身心素质有着极为重要的作用。在班级管理过程中，班主任应该根据班级建设的不同阶段开展相应的活动，从而使班集体产生巨大的吸引力和凝聚力，增加学生对集体的认同感和归属感。

四、班级管理的模式

随着管理学理论的发展，教师的班级管理工作也越来越注重科学性和创新性，形成了在具体的班级管理理念指导下各种各样的班级管理模式。综合起来，在现代班级管理中通常采用的管理模式主要有四种。

（一）班级常规管理模式

班级常规管理是指制度化管理理念指导下通过制定和执行规章制度去进行班级管理的活动方式。现代制度建设的基本依据：个人的理性行为能力是有缺陷的，受情感等非理性因素支配的个体缺乏对事件和问题的完备的应对能力，而通过科学规划所建立的行动规范有利于增强人的行动的合理性。规章制度是学生在学习、工作和生活中必须遵守的行为准则，它具有管理、控制和教育作用。在班级管理过程中，由于班级管理的主要对象是身心发展尚不成熟的学生，他们在很多具体的事情上缺乏理性的分析能力和有效的自控能力，通过规章制度的制定，有利于规范和杜绝学生的不合理行为，使班级各项工作有章可循、有条不紊，通过规章制度的贯彻，学生可以养成良好的行为习惯，班级可以形成优良的班风。

（二）班级平行管理模式

班级平行管理是指班主任既通过对集体的管理去间接影响个人，又通过对个人的直接管理去影响集体，从而把对集体和个人的管理结合起来，以增强管理效果的管理方式。这种管理模式把集体的管理和个人的管理结合起来，使它们形成合力，相辅相成地共同促进班级管理水平的提升。

班级平行管理模式的理论基础源于苏联教育家马卡连柯的“平行影响”的教育思想。他把为了影响个别学生而影响集体的方法称为“平行影响教育法”。他说：“公社的教育方针概括地说，就是建立合理的集体，建立集体对个人的合理的影响。”这也就是“在集体中，通过集体和为了集体进行教育”的方式。马卡连柯认为，能够有效地与个体教育相配合共同发挥教育力量的集体需要具备一定的条件，即良好的集体必须有共同的目的、一致的行动，必须有正确的舆论、必要的制度和纪律，以培养学生集体义务感、责任感和荣誉感。他主张集体的教育和个人的教育应当有一致的方向。

班主任在实施平行管理时，应该重视两个方面的工作：首先，要充分发挥班集体的教育功能，使之成为真正的教育力量；其次，要通过转化个别学生，促进班集体的管理与发展。

（三）班级民主管理模式

班级民主管理模式是指班级所有成员在保证集体正常运转和承担责任的基础上，民主、平等地参与对各项班级事务的管理。

班级管理的民主化是社会民主化趋势的一个缩影，它是班主任将班级作为初级社会组织，特意为学生设置民主的教育情境，让学生民主地参与管理的方式。班级民主管理的实施主要表现在对班干部的民主选举、对班级事务的民主决策以及对学生的民主评价等方面。在进行民主管理的时候，班主任要重点做好以下工作：第一是通过民主的程序选举班干部及各种先进个人，让学生选出自己满意的“民选代表”；第二是要为学生创造参与班级管理的机会，组织全班同学平等地参与到班级的全程管理中，一起协商班级管理的计划、施行、监督、检查、总结等相关事项，而班主任主要起引导和指导的作用；第三是班主任要与学生协商制定健全的民主管理制度，包括干部轮换制度、值日制度、评议制度等。

（四）班级目标管理模式

班级目标管理模式是以学生自我管理为主要手段来完成教育教学目标的管理方法，其思想来源于美国管理学家德鲁克在《管理的实践》一书中提出的目标管理，即“以目标为中心进行管理活动的一种现代管理方法”。

在进行目标管理过程中，由班主任与学生共同制定班级的总体发展目标，然后逐步细化、分解成小组目标和个体目标，使班级成员明确各自的目标、任务及其要求，以此指导和规范自己的行动。学生因此由“他控”变为“自控”，由被动变为主动，成为管理的主人，在目标的引导下进行自主教育、自我管理。在这种管理模式中，目标发挥着举足轻重的作用，而为了保证目标制定的合理与正当，在目标的制定过程中也应该注意以下两个基本问题：第一，制定出来的目标是符合班级具体情况的，是班级全体学生经过努力能够成功实现的，过高或过低的目标要求都不利于班级工作的开展；第二，只有吸引全体学生参与目标的制定，才能保证学生对目标的认同和有效实施。总之，班级目标管理模式只要操作得当，对于推进班级管理活动、实现班级发展目标就会具有积极的意义。

五、班级管理的一般原理

班级管理原理是在对班级这一特定对象进行科学分析的基础上揭示出来的班

级管理的基本规律。对班级管理原理的认识和把握，有助于教师班级管理工作的科学性和高效化。因此，班主任和相关教师更需要依据科学的管理理论和教育学原理对学生进行正确的行为规范和教育引导。

（一）整分合原理

整分合原理是现代管理的基本原理之一，它要求人们从系统原理出发，从整体上把握系统的环境，分析系统的整体性质、功能，确定总体目标；然后，围绕着总目标，进行多方面的合理分解、分工，以构成系统的结构与体系；分工之后，要对各环节进行强有力的组织管理，使各个方面同步协调、综合平衡地发展，以实现总体目标。这种对系统的“整体把握、科学分解、组织综合”的管理方法就是整分合原理。

整分合原理也被作为现代班级管理的有效法则而自觉或不自觉地加以运用。按照这种原理进行班级管理，要求教师尤其是班主任首先从整体上认识班级组织的特点。也就是说，在刚接触一个新的班级的时候要从整体上着眼，把班级学生当作一个整体来认识，综合把握其整体状况，确定班级的目前发展状态与理想目标的差距。其次从各组成要素出发分析其构成，把班级按照影响因素分解为任课教师、学生干部、学生小组、学生个体、物质与心理环境以及学生家长等各种方面，分析各要素的作用、特点及其相互关系和矛盾运动规律，抓住教育管理中的关键环节和关键因素，解决班级运行中的主要矛盾，使各要素、各部分发挥最优功效。最后，在分析的基础上，从班级目标的实现出发，综合协调各要素的关系，将其组成一个统一体协调一致地发挥作用，以保证整体目标的实现。

（二）全员参与原理

如前文所述，班级管理的最终目标是实现学生的发展，因此，在班级管理的过程中，也应该从学生发展的角度出发，让学生参与管理过程，在班级管理和自我管理过程中提高学生的自主意识、自律意识、管理与协调能力。

按照这一原理进行班级管理，需要班主任摈弃独断专制、不民主的管理方式，将部分管理权力让渡给学生，调动学生参与管理的积极性和主动性，提高管理效率，优化班级管理效果。在此过程中，班主任要认识到，学生既是管理的对象，也是管理的主体，班主任要与学生共同协商班级管理的目标、制度、方法和策略，让学生以共同约定的目标为导向，发挥自己的聪明才智和管理与协调能力，促进各项目标的实现。

（三）实践锻炼原理

相对于成年人来讲，学生的身心素质和能力具有更强的可塑性，教师应该创造各种各样的活动机会，让学生在实践中达到促进身心发展的目的。相对于说教等传统的教育方式来说，实践活动往往能以更具有实效的方式潜移默化地促进学生的发展，而且对学生产生的影响也更加深远。我国《基础教育课程改革纲要（试行）》已经明确了综合实践活动作为必修课程在课程体系中的地位，“从小学至高中设置综合实践活动并作为必修课程，其内容主要包括：信息技术教育、研究性学习、社区服务与社会实践以及劳动与技术教育。强调学生通过实践，增强探究和创新意识，学习科学研究的方法，发展综合运用知识的能力。增进学校与社会的密切联系，培养学生的社会责任感。在课程的实施过程中，加强信息技术教育，培养学生利用信息技术的意识和能力。了解必要的通用技术和职业分工，形成初步技术能力。”随着课程改革实践的深入，综合实践活动课程对学生发展的作用越来越受到重视。既然实践活动对学生发展具有如此重大的意义，教师在班级管理过程中就应该根据课程改革的要求和学生的身心特点，设计各种各样的实践活动，引导学生积极参与，使学生在实践中锻炼能力、获得发展。

（四）整体育人原理

在班级管理中，整体育人原理是指通过班集体以及班风班貌等整体力量实现对个体的规约和教育。在班级组织发展过程中，班集体是学生群体发展的高级阶段。在这一时期，班内各种学生小群体在相互交流、为实现班级目标而共同奋斗的过程中，彼此融合而成为班级组织的有机组成部分。各种具有积极社会意义的班级活动不断开展，同学之间能互相提出教育要求，而且无须外来的监督，班级已成为教育的主体，对学生个体不合规范、与集体目标相背离的行为具有很强的监督与约束作用。干净整洁的教室、积极的班风学风、良好的人际关系作为学生发展的环境因素对学生具有潜移默化的影响。这些整体性因素时刻影响着学生的价值观念、思维方式和行为准则。在日常的班级管理过程中，教师应该注重班集体和班风班貌的建设，通过这些整体性因素实现对学生个体的引导和规约。

六、班级管理的常用方法

（一）建立健全班级制度

班级是依据学校制度的规定而建立起来的正式组织。作为学校组织的组成部分，它服从于学校组织的目标与规范，它的活动要为实现学校规定的任务服务，为此，教师在班级管理过程中必须从学校组织目标的实现出发，制定班级管理制度并不断完善，发挥班级制度的积极作用。一个班级如果没有一套合理的管理制度，师生就没有是非观念，没有行为规范，或无所适从，或各行其是。因此，班主任应该教育班级全体成员正确认识班级制度，一切从班级实际需要出发，制定切实可行的班级制度，充分发挥班级制度的积极作用。

（二）选拔和培养班干部

每个班级都有一些学生在执行经常性的集体工作任务，并且在集体活动中表现突出，成为各项班级活动的积极分子。班主任要善于从中发现和选拔那些能力强、热情高、威信高同时又能够以身作则的学生担任班干部。班干部选出后，班主任要结合学生的个人特长、爱好和能力，给他们分配适宜的工作；要充分信任他们，放手让其开展工作；要鼓励他们大胆开展工作，激发班干部搞好工作的愿望和热情，培养他们独立工作的能力；要教育他们善于分析班级情况，热情帮助后进生，严格要求自己，正确对待别人，提高工作能力，增强工作实效；要对他们进行适时指导和帮助，使其顺利开展工作并从中得到提升；还要注意不断充实班级积极分子队伍，努力创造更多条件，使更多学生从中得到锻炼。

（三）协调好任课教师之间的关系

马卡连柯认为，没有对孩子们的统一要求，就不可能有任何教育。班主任应加强与各任课教师的沟通，了解他们对班级管理的意见和建议，与他们形成一致认识和统一的教育要求，增强对学生的教育合力。在具体实施过程中，班主任应经常同任课教师取得联系，定期召开任课教师会议，共同研究班级问题，制止教学中可能出现的“撞车”现象和其他偏离集体目标的行为。同时，班主任应及时沟通教师间的信息，开展思想交流，以增进了解，密切情感，增强凝聚力。

（四）开展丰富多彩的班级活动

班级活动为学生提供了展示才华的舞台，是实现班级管理目标的手段和中介。因此，班主任必须根据班级管理目标，指导学生设计并开展丰富多彩的班级活动，既为全班学生提供展示个人才能的机会，又为学生之间充分交往、相互了解、形成和谐的集体奠定良好的情感基础。这些规划的系列活动，必须将针对性、趣味性、知识性、灵活性、创新性融为一体，具有启迪意义，成为学生自主教育、自我管理的乐园。班主任要发挥对活动设计与实施的主导作用，既不能越俎代庖，也不能放任自流，而是要指导学生自主进行主题选择、活动组织和实施，使活动能充分发挥对学生的教育力量。

（五）密切联系家长，争取社会配合

家庭教育是对学生影响最深刻、最持久的力量。班主任必须要借助各种方式，积极争取家庭的积极配合，统一认识，共同研究和制定教育学生的具体措施，促进学生的健康成长。这些方式主要有家长会、家校互访、家长学校、家长委员会、家长开放日、通信联系等。

现代教育越来越受社会因素的影响，社会的风气、学校的社区环境、社会某个时期的动态及其他社会条件，都在时刻影响着学生的价值观念和行为方式。班主任应该采取积极主动的态度，充分利用积极的社会因素，努力化解消极因素，让学生获得最大限度的发展。例如，班主任可以利用社会教育机构、社区中其他的人力资源对学生开展不同形式的活动；可以利用周围社区的客观环境对学生进行教育；可以利用社会中的各种信息，组织学生进行讨论，提高学生分辨是非、善恶的能力，帮助学生从中获得有利的影响等。

第二节　不同类型活动的管理

在班级生活中，学生的综合素质是在参加不同类型的活动中培养并提高的，而各种教育活动又为学生的个性和才能发展提供了舞台。教育活动与课堂教学是学校教育的两个重要途径，它们相辅相成，又相对独立。课堂教学主要是以知识的学习为目标，而教育活动则是以能力的锻炼为核心。各种活动的开展能为学生提供身心发展和才能展示的机会，在班级生活中具有不可替代的作用。教师在班级管理过程中必须重视教育活动的价值，通过各种活动的开展丰富学生的实践体验，促进学生的认知和能力的发展。

一、中小学班级活动

（一）班级活动的概念和特点

班级活动是指为了实现教育目标，由班级管理者（主要是班主任）组织班级所有成员参与的集体教育活动。然而，中小学生的年龄特点决定了他们对班级活动的组织和管理能力还不是很强，因此，要使中小学班级活动发挥应有的功能，尤其需要发挥班级管理者的作用。所以，中小学班级活动就是班级管理者指导学生依据一定的教育目标而设计的、组织班级所有成员共同参与的活动。

中小学班级活动的特点主要体现在以下几个方面。

1. 目的性

中小学班级活动是学校教育的重要形式，其出发点是为了促进全体学生的身心发展，也就是说，班级活动的组织要服从国家的教育目的和学校教学目标。这就要求班级管理者不论是制定学期活动计划还是组织临时教育活动，都应该有明确的目标，而且要使目标贯穿于活动的始终。

2. 兴趣性

由于中小学生的注意力的持久性、稳定性差，班级活动的组织尤其需要关注学生的兴趣，也就是说，活动的形式和内容要从中小学生的心理特征出发，使学生感到新奇有趣，使他们能积极主动、兴趣盎然地完成班级活动，达到预期的教育效果。

3. 计划性

既然班级活动有明确的目的，那么班级管理者就要对每学年、每学期的班级活动进行通盘考虑和长远规划，并精心设计每次活动的主题和形式，以保证活动的前后相继、整体协调以及整体效果的最大化。

4. 阶段性

在班级活动过程中，学生是活动的主体，班主任是活动的指导者，尤其是相对于中小学阶段的学生来说，由于身心发展不成熟，更需要教师作用的有效发挥，因此，在中小学阶段的班级活动中，教师的指导作用和学生的自主作用始终是融合并存的。但是，中小学阶段学生的各方面能力都发展得非常快，所以，中小学不同年级段的班级活动中，教师的指导作用和学生的自主作用所占据的地位也各不相同。低年级学生由于知识和能力的欠缺，班级活动主要是教师设计并组织实施；到了中年级，学生的知识和能力有了一定的发展，自主意识也明显增强，班级活动可以在教师的指导下，由班干部和学生骨干共同设计、组织、实施；进入高年级，更多的学生具有了组织班级活动的能力和经验，教师就要退居幕后，其指导作用就表现为帮助学生解决难题、提供智力支持和条件支持。

（二）中小学班级活动的意义

1. 班级活动对学生的全面发展具有促进作用

班级活动是以学生为主体的活动，丰富多彩的班级活动是在课堂教学之外促进学生健康成长的重要途径，通过班级活动，学生的综合素质和个性品质均能得到发展。班级活动对学生个体发展的作用主要表现在以下几方面。

第一，班级活动能激发学生的学习兴趣，拓展学生的学习领域。班级活动是以感性体验的方式深化和拓展课堂所学的重要途径。在班级活动中，学生能巩固课堂所学知识，激发学习兴趣，拓展知识范围，深化认识体验。当教师有意识地把班级活动的组织和课堂教学结合起来的时候，学生不仅可以在实践情境中检验课堂所学的知识，而且可以在应用知识解决问题的时候促进思维的发展，培养自主探究意识和创造能力。

第二，班级活动能为学生提供社会实践途径，培养学生的社会责任感。在学校生活中，学生除了借助书本和教师等途径学习间接经验外，还要通过参与社会实践活动积累直接经验，发展人际交往与合作能力，班级活动为学生提供了走出校门、接触社会的机会。在班级活动中，学生通过参与一些与社会生活密切相关的课题，如环保问题、健康问题、社区问题、科普问题等，不仅可以为他们提供社会历练的平台，而且可以使他们深化对社会的认识和形成社会责任感。

第三，班级活动能够促进学生良好个性的形成。中小学生正处在身心快速发展的阶段，他们的个性具有很强的可塑性，根据学生兴趣和发展需要组织的丰富多彩的班级活动能为学生的个性成长提供条件，使他们更好地展现自我、发展自我，同时也有利于学生在互相交流中更好地认识自我，从而有助于在未来的发展中扬长避短，促进良好个性的形成。

2. 班级活动对班集体的形成和发展具有促进作用

班集体是由班级全体成员组成，以完成学校教育任务为共同目标，有一定组织机构、规章制度的学生共同体，它是班级群体发展的高级形式。班级活动是班集体形成和发展的重要基础。

第一，班级活动是形成班集体的重要机制。对于一个新组建的班级来说，只能算是一些陌生的同学组成的松散的群体，要把这样一个松散的群体凝聚起来，就必须开展丰富多彩的班级活动，这是集体形成和发展的整合因素。如果一个班级缺少有效的班级活动，学生就感觉不到集体的凝聚力和向心力，良好的班级组织和班级风气就很难形成。

第二，班级活动是巩固和发展班集体的重要保证。班级活动的有效开展，能够增强学生的集体观念和集体荣誉感，调动每个班级成员的积极性和责任意识，从而促进集体目标的实现和班集体的发展。

3. 班级活动对学校教学目标的实现具有促进作用

学校是由各个班级组成的，学校的办学思想、教学目标一方面要依靠学校的整体规划和课程实施，另一方面也需要通过班级活动得以贯彻落实。

第一，班级活动使学校的教学目标具体化。学校的教学目标一般都是比较宏观的，其具体落实还需要依靠课堂教学和班级活动等工作，班级活动的开展在一定程度上影响着学校教学目标的实现，从而影响着学校的办学水平。因此，班级管理者在班级活动方面必须贯彻学校的教学目标，围绕目标制订好周密的计划，有步骤地把学校的教育教学方案落实到班级，使学校培养目标具体化、阶段化，以保证学生的健康成长。

第二，班级活动使学校的教学内容和教学方式丰富化。班级活动是非常鲜活而灵动的，在内容上可以突破教材的限制，将学生的认识范围扩展到自然和社会，在形式上可以是参观访问、社会调查、读书报告、主题表演、手工制作等，正是这种内容和形式上的多元性，使得学校教育突破了课堂教学的局限而变得更加生动多彩、充满乐趣。

（三）中小学班级活动的类型

根据班级活动的时间分布，可以分成日常性班级活动和阶段性班级活动两大类。

1. 日常性班级活动

日常性班级活动就是每天或每周都要进行的、为维持班级有机体正常运转所必需的活动以及班级内自发进行的活动。主要包括以下几项。

（1）班级晨会与班会。根据需要，晨会一般会有两项内容：固定性的项目和根据需要临时增加的内容。固定性的项目反映了班级和学校生活的常规需要，一般是根据计划提前安排好的。晨会中临时性的内容大都是根据需要临时组织和安排的，一般与社会形势、班级内的突发事件、学校某些临时的要求相关。班会的内容一般与安全教育和德育等直接相关，但不同年级也会增加一些特色性教育内容，如与年级阶段、年龄段相关的青春期教育、毕业班的就业指导等。班会的内容应帮助解决学生精神上的迷惑、忧虑和不安，给他们力量，促使他们奋发向上。

（2）值勤。值勤活动有两种：一种是班级内部值勤，每天由1～2名学生轮流担任；另一种是班级派出成员的全校性的值勤，一般由校内中、高年级的班级轮流担任。班级内部值勤的具体职责在不同的学校和不同的班级中有不同的规定，教师应在可能范围内对值日生的权利和义务做出规定，定期进行最佳值日生的评比，发扬学生在值日活动中的主人翁精神和创造精神。全校性的值勤由部分学生代表班级执行任务。全校性值勤为学生提供了更广泛的活动范围和更多、更复杂的具体问题，需要全体值勤人员的分工合作，对学生的工作能力、创造能力和责任感的提高，具有积极作用。

（3）班级自办报刊等舆论宣传活动。作为班级舆论宣传活动的正规阵地主要是黑板报、学生自创的周刊（或月刊）等各种班级报刊，学校创办的报刊和学生组织的校广播台也是班级可以利用的舆论阵地。

2. 阶段性班级活动

阶段性班级活动的内容或者随全校性的活动进程而变化，或者根据班级实际需要，围绕某种主题而设计和组织。主要有以下两大类。

（1）工作型活动。工作型的阶段性活动指全校每个班级在学期不同阶段都必须完成的班级活动，如学期初班级计划的制订、学期末先进人物的评选等。

（2）竞赛型活动。各种全校性的竞技比赛除了能够发掘人才和活跃学生生活，还能促进班集体的形成和班级之间的相互影响。

（四）中小学班级活动的组织与管理

中小学班级活动管理是班级管理的基本任务之一，也是班主任进行班级组织建设的重要途径。班级活动所承载的教育功能必须通过有效的管理才能得以实现，所以，班级活动的管理者只有依据教育目标和学生实际，有针对性地选择活动内容，精心设计活动形式，组织学生认真实施并进行有效的总结反馈，班级活动的作用才能得以体现，学生才能在活动中得到最大化的发展。

1. 组织班级活动的要求

（1）活动要有主题和计划。主题是班级活动的出发点，也是活动最终要达到的教育目的，活动要有针对性，开展班会活动的缘由、期望达到什么结果都要依据主题精心设计，对活动的开展要有周密计划，从活动目的、内容安排、时间地点、材料准备、人员安排等不同层面规划好学期活动计划、系列活动计划和某项具体活动计划，并使各层次的活动有机联系、互相呼应，共同促进学生的整体发展。

（2）活动的内容和形式要符合学生的年龄特点。班级活动要具有学生喜闻乐见的内容和形式，这就要求班级活动的设计要基于学生的成长需要，要符合学生的年龄特点。比如，中小学低年级的活动可侧重入学适应的引导和学习习惯的养成，中小学中年级的活动可侧重学生的自我管理，中小学高年级的活动可侧重青春期的准备教育。

（3）活动的开展要力求展现班级特色。随着班集体的形成和发展，每个班级都会有独特的班风班貌，这是学生归属感和集体荣誉感形成的基础。班级活动的组织要充分展现班级特色，使活动的开展成为凝聚班级力量、展现和发展班级优势的过程。

（4）活动应充分调动学生的积极性和创造性。班级活动中学生是活动的主要参与者，学生的发展是设计班级活动的出发点，因此，班级具体活动的设计与组织应该以学生为主体，教师在其中对学生进行引导，并给学生提供必要的帮助。由学生参与设计的活动方案更容易激发学生的积极性，彰显他们的创造性，使活动成为他们“自主设计”“实现自我”的活动，从而提高活动的实效。

（5）活动要坚持全员参与。在中小学阶段，学生都非常喜欢参与班级活动，希望通过班级活动来吸引他人关注。因此，班主任在组织班级活动时要尽量坚持全员参与，不要让任何一个学生感觉自己在活动中受到漠视。

2. 组织班级活动的步骤

班级活动大致有五个步骤，每个步骤都有一系列具体工作要做，班主任要从活动的全过程着眼，去抓好每一步的工作。

1）选择活动主题

这是最初的也是最重要的工作之一。活动的主题选不好，活动就不会搞好。我们所说的选题，主要是指活动内容主题的选择和确定。选题要经过三个层次的工作。首先班主任要充分思考。班主任是活动主体的中心人物。班主任对每项要组织的活动，要有“主心骨”，事先要做到心中有数。班主任的选题设想要注意几个参照：一是注意当前班集体建设活动的内容是否符合班集体的奋斗目标和建设计划；二是注意班集体的现实情况，看看是否有急需解决的热点问题；三是注意学校教育计划和教育活动安排。这几个方面是提出班级活动选题的重要依据。其次要经过班委会的充分讨论。班主任可以把自己的设想讲给班委会成员听，也可以先引导班委会进行酝酿，特别要引导班委们考虑几个方面的参照情况。要允许学生提出独立的见解，在大家畅所欲言的基础上进行归纳。最后要由班委会向广大同学征求意见。这个步骤可以采取个别交谈或开小型座谈会的方式进行，对同学们的反馈信息，要认真收集、整理，作为组织活动的重要参考。有些活动还可征求任课教师、校领导以及部分家长的意见。

2）制订活动计划

选题确定之后，要由班主任和班委会共同制订活动计划，并且落实组织工作。活动计划应该包括以下内容：活动的内容和目的，活动的基本方式，活动的组织领导，活动的时间、地点安排，活动的具体方案等。活动计划的每一项内容都要反复斟酌，以便落实。要明确具体分工，谁总体负责，谁负责宣传，谁负责对外联系，谁负责组织发言（或节目），谁负责布置会场，谁做主持人等，都应有人牵头。

3）进行活动准备

准备工作，关键是抓落实，主要负责人要检查每一项任务的落实情况。有些任务难度较大，要多花精力，会场的布置关系到活动的气氛和效果，要注意与活动主题相适应；同学发言或演节目的环节要写稿子（或提纲）或进行排练；主持人要对主持过程有详细的计划，而且要写出主持词。开头与结尾、中间各活动内容的衔接都要写好，并进行必要的演练；一些重要环节还要注意搭配适当的背景音乐。

4）实施活动

这是组织活动的关键，是活动全过程的高潮。为了保证活动的成功，在这个环节还须注意几个问题：活动实施前的1～2天，班上要创造一种准备积极投入活动的态势，准备工作要抓紧进行，发出具有鼓动性和号召力的信息，班级骨干和每个成员都表现出积极的姿态。对于一些干扰因素，如班上出现了某种偶发事件，引起情绪波动，或者有人对活动抱怀疑态度以至说风凉话等，班主任和班委会要及时做出处理，及时调整大家的心理状态，使干扰降到最低限度。在活动进行时，一旦出现突发事件，如突然停电、发言或演节目的人过分紧张忘了词、突然有人不舒服……班主任应该保持镇定，妥善处理偶发事件，使活动能够顺利进行。

5）总结反馈

总结是理性的反思过程，是学生形成正确的观念和认识的必要途径。在班级活动开展后，只有通过具体而深刻的总结，班级活动的成效和缺憾以及下一步努力的方向和活动应注意的问题才得以清晰。总结的方法多种多样，可以开小范围座谈会，可以写总结，可以广泛征求意见，也可以开全班总结大会。

二、中小学课外活动

（一）课外活动的含义与特点

1. 课外活动的含义

课外活动是指学校在学科教学活动之外有目的、有计划、有组织地对学生进行的多种多样的教育实践活动。课外活动在教育内容及结构方式上区别于以学科教学为中心的教学活动，它不以课程中的学科为单位，内容不受教学计划、教学大纲的限制，有相对自由的主题和形式。

在我国古代，已经出现了课外活动这一教育形式。《学记》中记载："大学之教也，时教必有正业，退息必有居学。"[①]所谓"正业"就是指的课堂教学，"居学"就是指课堂教学以外的活动，即是说，学生在课堂学习之外，还要进行与课堂学习有关的课外活动。这样才能使学生"安礼""乐学"从而实现"安其学而亲其师""乐其友而信其道""虽离师辅而不反"的教育目的。后来，班级授课制普及以后，课外活动作为课堂教学的有益补充而日益发展，形式和内容也逐渐丰富和完善。

2. 课外活动的特点

如果说教学是学校实践活动中的主干部分，那么课外活动与班级活动则是它不可缺少的两翼。各类活动的相互协调，能有效地促进学校教学目标的实现。课外活动的开展，不仅满足了学生求知、求乐、求发展的要求，有利于学生身心全面发展，而且完善、丰富了学校教育实践活动，有利于促进学科教学改革和提高教师的教育教学水平。课外活动具有以下几个特点。

（1）灵活性。课外活动的主题、形式、人员等不受学校教学计划、课程标准的限制，内容丰富多彩，活动项目广泛，形式灵活生动，为学生提供了一个自由的、生动活泼的学习和发展的环境。

---

① 戴圣. 礼记[M]. 陈澔注. 上海：上海古籍出版社，2016：417.

（2）综合性。课外活动是以活动为中心展开的，从而为学生提供了综合运用多种学科知识来分析和解决问题的机会。

（3）实践性。课外活动是通过活动促进学生发展的重要形式，在活动过程中，不论是阅读、研讨、实验、制作还是调查、参观、访问，都应注意引导学生在实践中提升认识、发展能力，把理论学习与实践能力有效地结合起来。

（4）自主性。课外活动是学生自己的活动，学生是活动的主体。在课外活动中，学生根据自己的兴趣爱好自愿选择主题，学生自己制订活动计划、选择活动内容和方式，学生自己来进行活动的组织管理。教师在课外活动中主要起指导、辅助作用。课外活动为培养学生的独立自主能力提供了充分的机会。

（二）课外活动的作用

课外活动是实现教育目的的重要途径。它能丰富学生的课余生活，减轻学生的课业负担，积极促进学生的全面发展。具体说来，课外活动的作用具有以下几个方面。

（1）课外活动不仅能加深、巩固和扩大课堂上所学到的间接知识，而且能引导学生不断地获得新的知识。在课外活动中，一方面，学生可以把在课堂上获得的知识运用于实践，从而加深对知识的理解。在已获知识的基础上，学生能进行实际操作，并能不断地发现新的知识，掌握新的技能。另一方面，课外活动还能激发学生的学习动机，推动学生不断地去探求知识，并且能够培养和发展学生的创造才能以及手脑并用的能力。

（2）课外活动可以培养学生良好的思想品德，丰富和活跃学生的精神生活。在课外活动中，学生通过参加多种形式的政治教育活动、思想道德教育活动，能够提高自身的思想觉悟，培养积极健康的人生观和价值观；学生通过参加课外阅读、参观、访问、讲演、竞赛等活动，可以丰富自身的精神生活，使自身素质和能力得到综合发展。

（3）课外活动可以发展学生的身体机能、审美能力、社会生活能力。在课外活动中，学生通过参加体育锻炼、艺术活动、社会公益活动等，发展自身的身体机能、审美能力，发展其劳动能力和劳动技能，更好地适应社会生活的需要。

（4）课外活动还可以使教育者从中及早地发现人才，促进人才的早期培养。课外活动内容丰富、形式多样，学生的个人志趣、爱好、特长以及各种才能都可以在活动中得到充分的发挥和表现。因此，教师以及活动组织者可以从中发现学生的特殊才能，并及时培养和训练，防止人才的埋没。

（5）课外活动有利于学生个性的形成和培养，是学生个性得以充分施展的最好途径。课外活动不仅使学生的业余时间得以利用，使其愉快而有意义地度过课余时光，而且使他们获得了知识，发展了能力，为学生个性的充分施展提供了平台。

（6）课外活动可以锻炼学生的社会交往能力。现代社会，随着社会环境的日趋复杂，学会生活和学会交往对人的一生发展来说具有越来越重要的作用。每一个人都应该学会如何去与人交往和合作，课外活动为学生提供了培养和锻炼社会交往能力的机会，学生在课外活动中可以接触各种各样的人，需要应付各种环境和困难，这些方面的锻炼为学生走向社会、适应社会打好了基础。

（7）课外活动也是训练学生善于利用闲暇时间的一种有效方式。通过参加多种多样、丰富多彩的课外活动，学生能够合理地安排闲暇时间，发展自己的爱好、特长，培养自己的各种能力。

（8）课外活动也是培养良好公民的一种手段。课外活动应从一开始就培养学生做一名合格的社会公民，培养他们拥有热爱祖国、遵纪守法、热情助人、诚实守信等品质。

（三）课外活动的基本内容及组织形式

1. 课外活动的基本内容

（1）科技活动。科技活动内容很广泛，既有科技新知识、新技术的探究，也有科技基础知识的学习。科技活动能扩大学生的知识眼界，激发他们学科学、爱科学的兴趣，培养其具有科学的思想、方法和态度。

（2）学科活动。学科活动是多种多样的科学文化学习活动，包括哲学、社会科学和自然科学。它不是课内学科教材的补充或延伸，而是学科中某一领域的拓展，是学科的一些新理论、新知识或学科的专题等。

（3）文学艺术活动。文艺活动种类多种多样，通过文艺活动，学生可以培养自身的兴趣爱好和发展自身鉴赏美、表现美、创造美的能力。

（4）体育活动。体育活动是以发展学生健康体魄及体育文化修养为目标，根据学生年龄特点，因地制宜地组织起来的丰富多样的活动。

（5）社会活动。社会活动包括社会调查、社会专题考察、军训，以及各种无偿的社会服务和公益劳动。社会活动能够使学生了解社会、了解民情国情，培养学生热爱祖国、热爱人民的思想情感。社会活动还能够帮助学生树立社会责任感，提高其实际工作的能力。

（6）传统的节假日活动。学生通过参与节假日活动，能够加深对传统文化的认识，从而强化自身的民族情感。

2. 课外活动的组织形式

（1）群众性活动。群众性活动带有普及性质，可以吸收大批学生参加，能激发学生的参与热情，有利于活动的开展。群众性活动包括：①报告和讲座；②各种集会；③各种比赛；④参观、访问、调查、旅行；⑤社会公益活动等。

（2）小组活动。小组活动是学校课外活动的基本组织形式。课外活动小组以自愿结合为主，根据学生的兴趣、爱好和学校的具体条件而组成，进行有目的、有计划的经常性活动。小组活动主要包括学科小组、技术小组、艺术小组、体育小组等的活动。

（3）个别活动。个别活动是学生在教师指导下，根据个人的兴趣、特长，以个人为单位进行的课余活动。

（四）课外活动的组织和管理

课外活动是促进学生全面发展的重要途径之一，是落实素质教育必不可少的形式，学校和教师必须高度重视，使各种课外活动能够顺利开展并取得应有的效果，在具体的组织和管理过程中需注意以下几点。

1. 加强对课外活动的认识，明确课外活动的目的

不同种类的课外活动，对学生发展的影响也各有侧重。学校和教师必须重视各种课外活动，充分认识其对学生发展和对学校工作的意义，制订周密的计划，保证各项课外活动能够得到落实。同时要明确各种课外活动的目的，不能为了活动而活动，使活动陷入形式主义，劳神费心却无法取得应有的成效。

2. 活动内容要丰富，形式要多样

课外活动没有强制性，是完全凭学生自主选择而参加的活动。若想发挥其对学生的影响力，必须考虑到学生的兴趣、爱好、特长，符合他们的年龄特征，以丰富多彩的内容、喜闻乐见的形式，对学生产生吸引力，使他们乐于参加各种活动并从中受益。

3. 发挥学生的积极性、主动性，并注重教师的指导作用

课外活动是学生自主自愿参加的活动，活动的开展需要充分发挥他们自身的积极性和主动性。活动内容的选定、活动方式的选择，都需结合学生的需求，由他们自己确定。在活动中，教师也需要给学生机会，使他们积极动脑动手，发挥他们自身的创造性，让学生在活动中得到充分的锻炼。同时，教师也要积极提供意见和建议，出谋划策，和学生一起将课外活动设计好、组织好，为学生创造良好的活动条件。

4. 积极争取家长和社会力量的支持与帮助

课外活动往往需要较多的人力、物力等方面的资源，有时甚至是学校范围内不能满足的，因此需要广泛争取社会上各种资源的支持，为学生提供各种条件。将学生带出教室甚至校园，更需要争取家长的支持，只有在各种力量的相互协调

下，才能共同促进学生的健康成长。

三、小学少先队活动

少先队是中国共产党创立和领导下的少年儿童组织，是“建设社会主义和共产主义的预备队”。少先队活动就是以少先队为单位，在辅导员的指导和帮助下，由少先队员自己组织的活动。少先队活动是对少年儿童进行共产主义思想品德教育的重要途径。《中国少年先锋队章程》明确指出：“我们的活动：举行队会、队课，组织参观、访问、野营、旅行、研学、故事会，开展文化科学、娱乐游戏、军事体育等各种有意义有趣味的活动，以及参加力所能及的志愿服务、公益劳动和社会实践。”

（一）少先队活动的特点

同班级活动相比，少先队活动具有以下鲜明特点。

1. 组织性

少先队活动与班级活动的最大区别是少先队的组织教育，这是少先队教育的根本特性。少先队有一整套独特的组织管理教育的内容和教育的方式方法，如队旗、队礼、红领巾、誓词等，有一套自己特有的组织管理制度，如入队、编队、队长（委）选举、奖励和处分、队长学校、少代会等，还有特有的礼节和仪式。少先队活动只有与少先队的组织教育这一根本特性相结合，才能真正发挥对学生进行共产主义教育的积极作用。

2. 自主性

少先队活动的自主性特征也称主体性特征，是少先队教育活动的基本特征之一。少年先锋队是中国少年儿童的群团组织，从某种意义上讲，就是要让少年儿童在自己的组织和活动中学习当主人，树立主人翁意识，培养主人翁的责任感和当主人的能力，养成民主意识，为将来做社会和国家的主人奠定基础。

（二）少先队活动的类型

少先队的队会是少先队活动的一种基本形式，是实施少先队组织教育的基本途径，是具有强烈吸引力的少先队活动方式，是全体少先队员必须参加的集会。队会按其规模大小可以划分为大队队会、中队队会、小队队会及大队、中队委员会。按其类型可分为一般性队会、主题队会和即兴队会。一般性队会以处理队务和队的常规教育为主要内容；主题队会是围绕奋斗目标（或教育目标）有计划地安排专题的教育形式；即兴队会是由辅导员当场出题，队员稍做准备召开的队会。

无论哪一级、哪一种队会，通常都要有计划，定期举行。大队、中队组织队会一般要举行队会仪式。

1. 大队队会

大队由两个以上的中队组成，大队队会是由大队全体队员参加的队会，通常是为了纪念重大节日，进行大型教育活动，或者为了解决队员实际教育工作中的重要问题。大队队会参加的人数多，规模大，要有隆重热烈的气氛，按一整套固定的少先队仪式进行。大队队会次数不宜过多，每学期可召开 2～3 次。

2. 中队队会

少先队中队由两个以上的小队组成，一般以班级为单位组建，也可根据队员要求和实际工作需要跨年级、跨班级建立临时性或更长时间的联合中队。中队辅导员一般由班主任兼任。中队队会活动由中队全体少先队员参加。中队队会比大队队会人数少，每一个队员更容易发挥自己的积极性、主动性和创新精神，中队队会的内容、形式更容易被队员所接受。中队队会有较完整的仪式程序，一般每月举行一次。

3. 小队队会

小队由 5～13 人组成，设正、副小队长。小队队会由小队全体少先队员参加。小队会参加的人数少，队员更容易发表自己的意见，容易和同学交流思想，增进友谊。小队队会最能满足队员们的兴趣和要求，凡是少先队组织的活动在小队队会上都可以进行。在小队队会里可以进行少先队日常工作，除了中队委员会分配的任务外，还可以有自己的独立性活动。小队队会可以根据内容、场地等实际情况，灵活开展。小队队会不举行队会仪式。

4. 大队、中队委员会

大队、中队都成立委员会，由队员选举产生，负责领导和组织队里的工作和活动。大队委员会是学校少先队组织的最高领导和决策机构，由 7～13 人组成，中队委员会由 3～7 人组成。大队、中队委员会的职权是处理少先队组织的日常事务：制订少先队工作计划；部署、主持少先队活动；决定表彰先进个人和集体；决定批评不正确行动和决定处分队员；对大队、中队一些重要事情及时做出决议或决定。大队、中队委员会一般每周召开一次。

（三）少先队活动的组织和管理

丰富多彩的少先队活动是少先队团结少年儿童的主要途径和方式，也是少先队工作生机与活力的体现和保障。在少先队活动的开展过程中，辅导员应该按照以下原则有效地组织活动。

1. 尊重自主与积极指导相结合

少先队活动的设计、组织和实施，要面向全体学生，要充分调动队员的积极性和主动性。少先队的活动内容、形式和方法要考虑到每个少先队员的特点和爱好，让少先队员逐步学会自我教育、自我管理。同时，辅导员在活动中也要有效地发挥引导作用，对于年幼的少先队员要进行有效的指导和引领。

2. 严肃教育与生动有趣相结合

少先队是少年儿童学习共产主义的学校，而这所学校的学习方式不只是上课，还要组织各种活动。这就要求少先队活动的主题、内容、方式方法以及活动的地点、环境都要有教育性。而在开展活动时，又要结合少年儿童的实际情况和兴趣特点确定活动的目的、内容和形式，使活动开展得丰富多彩、生动有趣。

3. 统一活动与具体实际相结合

少先队大队通常会定期不定期地开展统一活动，中队辅导员要针对中队队员的年龄特征和思想实际，把大队的活动主题有效地贯彻到中队的工作任务中，还可以根据中队实际开展特色活动，以深化和拓展少先队活动的教育效果。

第三节　班主任工作

在我国中小学校，每个班级都配备一名班主任承担班级管理任务，教育部《中小学班主任工作规定》指出："班主任是中小学日常思想道德教育和学生管理工作的主要实施者，是中小学生健康成长的引领者，班主任要努力成为中小学生的人生导师。班主任是中小学的重要岗位，从事班主任工作是中小学教师的重要职责。"可见，班主任作为班级组织的具体领导者和建设者，在班级管理过程中承担着重要角色和特殊任务。

一、班主任的角色

角色是指个体在特定的社会关系中的身份以及由此而决定的行为规范和行为模式的总和。作为对一个班全体学生的身心发展负全面责任的教师，班主任所担任的角色主要包括以下几点。

（一）班主任是班集体的组织者、管理者和领导者

班主任是受学校委托担任班级组织的管理者和领导者，对班集体的形成和发展起着重要作用。班级组织的发展方向与特点、班级内部的舆论和风气等有关班级组织的一切，都和班主任息息相关。实践证明，班主任的思想水平、工作能力和道德面貌往往决定着班集体建设的水平，从而也影响着班级学生的思想和能力发展。

（二）班主任是对学生产生全面影响的教育者

班主任是学生的启蒙老师，是学生在学校生活中接触最多、对学生影响最大的人，学生德、智、体、美、劳的全面发展，学习习惯以及健康心理的形成都是班主任工作的重要内容。班主任不仅通过自身的教育和管理活动育人，还通过自身的素养、人格魅力对学生进行言传身教，引导学生学习做人做事，对学生各方面的成长与发展产生积极的影响。

（三）班主任是班级教师集体的灵魂

学生的成长与发展是教育合力的结果。一个班级往往由多名任课教师任教，他们个性迥异、观念不同，学术修养和教学风格也有较大的差异，如何充分发挥各任课教师的积极影响，这就需要班主任进行协调，使其形成教育合力，提高教育的效益。

（四）班主任是联系班级与班级、班级与学校的纽带

班级是学校的基层教育单位，学校各个层面的教育意图和活动，只有通过班主任才能得以贯彻、落实。学校内部的班级与班级之间，往往存在着各种形式的竞争与合作，这也需要班主任作为班级代表，与其他各班级进行沟通协作，共同促进学生的发展。

（五）班主任是沟通家庭、社区与学校的桥梁

班主任是沟通学校教育、家庭教育甚至社会教育的桥梁，优秀的班主任不仅能有效地利用家长会、家长学校、家庭访问等形式密切学校和家长之间的关系，还能积极协调社会教育力量，引导学生参加社会实践活动，从而使学校教育、家庭教育和社会教育形成合力，联合为校内外教育综合网络，为学生的成长构建一个健康、协调的教育环境，加速学生成长的步伐。

二、班主任的任务

班主任工作的基本任务是带好班级，教好学生。依据我国《中小学班主任工

作规定》，具体职责和任务包括以下几点。

（1）全面了解班级内每一个学生，深入分析学生思想、心理、学习、生活状况。关心爱护全体学生，平等对待每一个学生，尊重学生人格。采取多种方式与学生沟通，有针对性地进行思想道德教育，促进学生德智体美全面发展。

（2）认真做好班级的日常管理工作，维护班级良好秩序，培养学生的规则意识、责任意识和集体荣誉感，营造民主和谐、团结互助、健康向上的集体氛围。指导班委会和团队工作。

（3）组织、指导开展班会、团队会（日）、文体娱乐、社会实践、春（秋）游等形式多样的班级活动，注重调动学生的积极性和主动性，并做好安全防护工作。

（4）组织做好学生的综合素质评价工作，指导学生认真记载成长记录，实事求是地评定学生操行，向学校提出奖惩建议。

（5）经常与任课教师和其他教职员工沟通，主动与学生家长、学生所在社区联系，努力形成教育合力。

三、班主任工作的主要内容

（一）了解和研究学生

了解和研究学生是做好教育工作的前提，也是班主任工作的难点之一，因为学生来到班主任面前的时候都不是白板一块，而是带有因为家庭背景和成长经历不同而形成的独特的思想印记，班主任只有全面了解学生，班级管理的措施才能具有针对性，才有可能建立一个健康向上、和谐发展的班集体。

了解和研究学生，要从整体和个体两个视角出发，也就是说既要了解和研究学生群体，也要了解和研究学生个体。了解学生群体包括学生的年龄特征、班集体的基本情况、班集体的发展状况和班级内部的组织结构等；了解和研究学生个体包括了解学生的一般情况、学生的学习状况、学生的心理状况、学生的发展水平等内容。了解学生个体是在了解学生群体状况的基础上进行的。班主任一般先要了解整个班级的情况，如处于哪个年龄阶段、处于哪个年级、容易出现什么问题等，然后再深入细致地了解个体。班主任要注意把这两个方面结合起来，综合分析，做到全面、深入、细致，才能为班级管理与教育奠定良好的基础。

班主任了解和研究学生常用的方法主要有观察法、访谈法、资料分析法等。

（1）观察法。这是了解学生最基本的方法。班主任可以通过对学生个体或整个班级的课堂表现、集体活动中的表现、自由活动中的表现等进行有目的、有意识的观察，从而掌握班级的总体情况和学生的个体特征。

（2）访谈法。这是一种积极主动了解学生的方法。班主任可以通过与个别学生和班干部谈话以及组织集体讨论等了解情况，还可以通过访谈任课教师、学生家长、前任班主任以及学生同伴等获取学生信息，了解学生的内心世界和思想动向。

（3）资料分析法。这是班主任根据学生有关的材料记载，分析、比较、综合，从而掌握情况、找出规律的方法。能够反映学生信息的书面材料一般包括学生成绩表、作业、作文、日记、体格检查表、学籍卡片等。这些材料可以帮助班主任了解学生过去的基本情况，但需注意用发展的眼光看待学生，不能以偏概全，更不能把这些过去的材料作为对学生进行教育的唯一依据。

以上这些方法，在具体运用过程中，班主任既可以单独使用，也可以灵活地综合使用，以便更加深入、全面地了解学生。

（二）组织和培养班集体

班级组织的建设一般要经历松散组织阶段、稳定组织阶段和形成班集体的阶段。班集体是班级组织建设所达到的最高水平，因此，组织和培养良好的班集体是班级管理的核心工作，也是班主任的基本工作。一个良好的班集体，应该具有坚定正确的政治方向和明确的奋斗目标，具有健全的组织机构与坚强的领导核心，具有严格的规章制度和严明的组织纪律，具有正确的舆论和良好的班风。以上标准，既为我们建设班集体明确了理想目标，也指明了方法和路径。在组织和培养班集体的过程中，班主任要注意从以下几方面开展工作。

1. 树立明确的奋斗目标

班集体的目标是班集体前进的方向和动力，也是班级成员的共同愿景，对班级成员发挥着引导和激励作用。在确立班级目标时，既要符合教育目的、学校的整体工作计划，又要考虑到班集体发展和学生的实际状况，做到近期、中期、远期目标的结合；既要充分发挥学生的积极性，又要注意班主任的引导作用。

2. 选择和培养班干部

班干部是开展班级活动的骨干力量，是班集体的核心，也是班级目标的积极实践者和带动者，在班级管理中发挥着重要作用。班主任要善于从日常工作和活动中发现那些表现优秀、能力突出的学生，并结合他们的个人特长、性格表现和工作能力，安排他们担任适宜的班干部职位。一旦班干部人选确定之后，班主任就要充分信任他们，并在工作中对他们进行适时指导和帮助。

3. 建立健全班级制度

规范的班级管理制度是班级成员行为的共同准则，也是班级正常运行的保障。班级管理制度能为班级成员提供行为参照和评判标准，从而能够有效地规约学生的行为，促使班级各项活动稳定有序进行。因此，在班级管理过程中，班主任要从一开始就引导学生认识班级制度的重要性，并在班级制度的建立健全过程中引导学生参与，并通过班会向全体学生公布，尽量使制度的制定和完善能反映学生的意愿，得到学生的认同。

4. 培养正确的集体舆论和优良的班风

正确的集体舆论和优良的班风是衡量一个班集体是否形成的重要标志。舆论是在班级中占优势的、为多数人所赞同的言论和意见，它以议论、褒贬的方式肯定或否定集体的动向和集体成员的言行。班风是班集体长期形成的言论、情绪和行动等方面的共同倾向和精神风貌。一个班的集体舆论持久地发生作用就会形成一种班风，而班风一旦形成，就会对班级成员具有强大而持久的影响力。因此，在这一过程中，班主任要注意在重大的、基本的价值观念、社会观念和道德观念等方面对学生进行明确的教育，使他们能够分辨是非曲直；要抓好各种典型，以身作则，为学生树立各种好榜样，培养学生实事求是、敢讲真话、嫉恶扬善的好思想、好作风。

（三）做好个别教育工作

在日常班级管理工作中，班主任必须认真地分析不同类型的学生特点，有针对性地运用教育理论对学生因材施教地进行教育和管理，引导学生朝着健康的目标发展。班主任要在开展集体活动的同时，做好个别教育工作，把集体教育与个别教育结合起来，这对班集体的形成和发展有着深远意义。

班级内部的学生，尽管每个人都有自己的兴趣、爱好、性格等，但一般可以分为先进、中间、后进三种层次和状态。班主任在进行班级管理时，多采用“抓两头，促中间”的方式带动整个班级工作。优秀的学生一般自尊自信、意志坚定、好胜心强、习惯优良，但容易产生优越感，滋生自满情绪以及嫉妒心，因此对他们既要大胆信任支持，充分肯定他们的成绩，又要对他们严格要求，防止自满，提高他们的耐挫能力，消除嫉妒心，发挥他们的优势，带动全班。中间的学生，各方面往往表现平平，容易受到班主任的忽略，班主任要注意对他们多加关注、多激励，根据其不同特征进行有针对性的教育。班主任工作中个别教育的重点是学困生的转化问题。

学困生一般指那些在学业成绩和思想品德方面暂时落后的学生。这类学生一般求知欲不强，学习习惯较差，意志薄弱，学习能力较弱。有的学生缺乏正确的道德观念和分辨是非、善恶的能力；有的学生自卑、猜疑和逆反心理较为严重等。针对这类学生，班主任可以从以下几个方面入手。

第一，关心、热爱学生，建立融洽的师生关系，使学生能够接纳教师，接纳教师的教育。学困生在多数人眼中是问题学生，得不到应有的尊重和理解，长此以往会使他们形成一种畸形心理，不自觉地抵抗外来的意见。所以班主任应从情入手，以自己亲切、和善的态度激励学生，架起师生间友谊的桥梁，建立学生对教师的信任。

第二，弄清情况，分析原因，“对症下药”。每个学困生的形成都有不同的主观原因和客观原因，要做好转化工作必须从根源入手，班主任需要深入了解学生，把握学生“症状”，分析原因，有的放矢地对其进行教育。

第三，扬长避短，长善救失。学困生不是一切都差，他们也有好的方面和“闪光点”，但由于这些微弱、细小的“闪光点”常被大量的消极因素所掩盖，往往给人造成一种一无是处的感觉。为此，班主任要善于发现学困生身上的“闪光点”，哪怕仅仅是一些苗头，也要给予表扬，促使其发展成为稳定的积极因素，使学生在表扬和鼓励中获得信心，使学生在支持和帮助中形成奋发向上的决心。与此同时，班主任也要诚恳而热情地指出他们的缺点，并帮助他们克服，切不可一味迁就姑息。

第四，反复抓，防反复。学困生的转化是一项十分细致而艰巨的工作，绝非一朝一夕就能见成效。学困生由于长期得不到应有的尊重，一旦有人有意无意地触及他们的痛点，便会“旧病复发”，甚至变本加厉。转化学困生除了有良好的愿望和有效的方法之外，还要正确认识学困生转化过程中的困难，认清学困生转化过程中的反复点，反复抓，防反复，直至其形成良好的习惯与品质。

（四）协调学校、家庭和社会的关系

我国教育正处于由单一、封闭的传统教育体系向多元、开放的现代教育体系转变的过程中，构建一个协调发展的教育网络体系，营造适于学生发展的教育环境，成为学校、家庭和社会共同关注的问题。教育越来越被看成是学校教育、家庭教育和社会教育“三结合”整体育人的系统工程，在这个系统工程中，学校、家庭、社会都担负着重要的、不可推卸的责任，其中学校是主体，家庭是基础，社会是依托。只有学校、家庭、社会各个方面共同努力，多管齐下，才能形成有利于学生身心健康发展的教育环境。班主任作为班级的管理者和领导者，必须做好各方面的联系工作，使其协调一致，共同发挥对学生成长的正面影响。

1. 协调学校内部的各种教育力量

学校内部的教育力量除了班主任以外，还有任课教师、同伴群体以及学校领导等。班主任应加强与任课教师的沟通，了解他们对班级管理的意见和建议，向他们传达学生的思想情况和其他学科的学习情况，与他们形成一致认识和统一的教育要求，形成对学生的教育合力。学校教务、总务、团队组织以及兄弟班级，

也与班级管理工作有着密切的联系，班主任也需要协调好和他们之间的关系，排除班级管理中不必要的干扰因素，获得更广泛的支持，把班主任工作做好。

2. 做好家校沟通，协调学校教育和家庭教育之间的关系

学校教育和家庭教育是促进学生健康成长的两个重要方面，任何一个单独作用都不可能完成培养人这一复杂而艰巨的任务。班主任必须要借助各种方式，积极争取家庭的配合，统一认识，共同研究和制定教育学生的具体措施，促进学生的健康成长。

（1）家长会。家长会是最为普遍的一种沟通形式。定期或按需要召开的家长会，其意义在于报告学校或班级工作情况，有针对性地征求家长意见，回答家长普遍关心的问题，使家长了解学校和班级所面临的实际困难和问题，取得家长的理解和帮助，并共同探讨一些教育问题。通过这种方式班主任与家长的联系面广、效率高，但难以和每一位家长就个别学生的具体情况进行深入的沟通，需要和其他方式相互配合。

（2）家校互访。这是教师或家长根据个别学生的教育问题而展开的个别交流。教师进行家访、家长到校走访教师，可以互相通报学校（主要是孩子所在班级）、家庭的基本情况，以及近期发生的重大变化；了解学生所在学校、班级、社会、家庭的基本情况，可以相互交换教育学生的意见，共同商讨教育学生的对策等。这种方式针对强，但耗时较多。在家长和班主任进行交流时，也要注意以坦诚、合作的态度对个别学生的情况进行全面沟通，避免“告状式”的互访或者只谈优点回避问题的做法。

（3）家长学校。大多数家长学校是由学校和教育部门配合，采取专题讲座的形式，邀请校长、教导主任、教师和有关方面的专家、教授，向家长讲解教育科学、心理科学、生命科学等方面的系统知识，开展家庭教育咨询活动或家长之间的经验交流活动。家长学校可以提高家长教育素养，更加科学合理地对子女进行教育，促进家校合作沟通。

（4）家长委员会。家长委员会是一种由学校出面组织的家长自己的集体组织。一般是在学生入学后，按班级人数推选出一定数量的家长代表而成立的。家长委员会作为学校与家长联系的桥梁，既可以及时反映家长对学校工作的意见和建议，又可协调家长之间、家长与学校之间的关系，协助学校做好家长工作。不同职业或者不同文化背景的家长的加入，不仅可以给学校带来丰富的教育内容，又能为学校的教育和管理提供多种支持与服务。

（5）家长开放日。每学期或学年学校向家长开放一天或半天作为家长开放日，展示学校的教育教学成果，展示学校的教育教学实践。家长通过听课、参加主题班会、观摩学生活动、参加学校联欢等各种形式的活动，了解学校、了解老师、

了解孩子，增进与学校的感情。

（6）通信联系。通信联系是家长和学校联系及沟通的简便而有效的形式。通信联系的内容是交流信息，如学生的学习情况和平时表现、学校和家庭的主要变化和新的建议和要求，以及家庭教育方面的科学知识、教育子女的成功经验等。通信联系的形式主要有书面联系，包括在学校和家庭之间传递《学生手册》《家长联系册》，电话联系，微信联系等。

3. 协调学校教育和社会教育之间的关系

社会教育是学校教育的延续和补充，学校教育只有充分地利用社会、融入社会，才能形成全社会关心、支持并参与教育的社会风气，也才能使得教育的发展与社会的需要保持一致。社会的教育资源极其丰富，作为班主任要注意充分利用和挖掘社会教育资源，使学校教育与社会教育对接，形成校内外一致的教育网络体系，如学校可以充分利用社会的企业资源进行专业技能教育，也可以利用社会教育基地，如历史文化遗址、博物馆、纪念馆、军事基地、养老院、素质拓展基地等加强对学生的教育，不定期组织学生到社会教育基地参加各种素质拓展活动，培养学生能力、锻炼和磨炼学生体魄和意志，提高学生的综合素质。对于社会的风气和各种社会实践，班主任要以辩证的眼光来引导学生进行讨论，提高学生分辨是非、善恶的能力，帮助学生从中获得有利的影响，端正对社会的认识，加强社会适应和社会改造能力。

思考题

一、单项选择题

1. 学校一切教育、教学活动主要是通过（　　）来进行的。

A 班级　　B 教研组

C 年级　　D 学校

2. 班级管理的主要功能是（　　）。

A 维持班级秩序　　B 实现教学目标，提高学习效率

C 形成良好班风　　D 锻炼学生能力，学会自治自理

3. 班级管理的模式有常规管理、平行管理、民主管理和（　　）。

A 权威管理　　B 目标管理

C 课堂气氛　　D 人际关系

4. 著名教育家（　　）的“平行影响”教育思想是班级平行管理的理论根源。

A 赫尔巴特　　B 马卡连柯

C 夸美纽斯　　D 布鲁纳

5. （　　）是班集体形成和发展的重要基础。

A 班级活动　　B 小组活动

C 课外活动　　D 科技活动

6. 少先队大队会每学期不少于（　　）次。

A 1 次　　B 2 次

C 3 次　　D 4 次

7. （　　）是中小学思想道德教育和学生管理的主要实施者，是中小学生健康成长的引领者，要努力成为中小学生的人生导师。

A 校长　　B 班主任

C 班长　　D 任课教师

8. 家校合作包括家校互访、家长会和（　　）。

A 家长委员会　　B 打电话

C QQ 群　　D 微信

9. （　　）是做好班级管理工作的前提，也是提高班主任工作效率的条件。

A 了解和研究学生　　B 树立育人意识

C 具备管理能力　　D 具备专业化素质

二、简答题

1. 简述班级管理的模式。
2. 简述班主任工作的任务。

三、论述题

联系实际论述了解学生的内容和方法。

阅读推荐

1. 唐云增，李鸿基，顾岫荫，等. 中学少先队辅导员手册[M]. 杭州：浙江少年儿童出版社，1987.
2. 陈孝彬，高洪源. 教育管理学[M]. 3 版. 北京：北京师范大学出版社，2008.
3. 叶澜，郑金洲，卜玉华. 教育理论与学校实践[M]. 北京：高等教育出版社，2000.
4. 李伟胜. 班级管理新探索：建设新型班级[M]. 天津：天津教育出版社，2006.
5. 陈桂生. 学校管理实话[M].上海：华东师范大学出版社，2004.

6. 朱晓斌. 教师与学生情感行为的发展[M]. 北京: 教育科学出版社, 2014.
7. 俞文钊. 管理心理学[M]. 大连: 东北财经大学出版社, 2000.
8. 林冬桂, 张东, 黄玉华. 班级教育管理学[M]. 广州: 广东高等教育出版社, 1999.